# Wissenschaftliche Monographien zum Alten und Neuen Testament

Begründet von
Günther Bornkamm und Gerhard von Rad

Herausgegeben von
Cilliers Breytenbach, Bernd Janowski,
Reinhard G. Kratz und Hermann Lichtenberger

99. Band
Jenö Kiss
Die Klage Gottes und
des Propheten

Neukirchener Verlag

Jenö Kiss

# Die Klage Gottes und des Propheten

Ihre Rolle in der Komposition und Redaktion
von Jer 11–12, 14–15 und 18

2003

Neukirchener Verlag

© 2003 Neukirchener Verlag
Verlagsgesellschaft des Erziehungsvereins mbH, Neukirchen-Vluyn
Alle Rechte vorbehalten
Umschlaggestaltung: Kurt Wolff, Düsseldorf
Satz und Druckvorlage: Jenö Kiss
Gesamtherstellung: Breklumer Druckerei Manfred Siegel KG
Printed in Germany
ISBN 3-7887-1944-3

# Vorwort

Die vorliegende Untersuchung wurde im Wintersemester 2000/2001 an der Theologischen Fakultät der Reichsuniversität Utrecht als Dissertation angenommen. Sie wurden für den Druck leicht überarbeitet. Der Weg zum Abschluß dieser Untersuchung sowie zur Anfertigung der Druckvorlage war lang und nicht immer geradlinig. Die Anregung zu dieser Arbeit ging von Herrn Prof. Dr. W. Thiel aus, der in 1987 mein Interesse für das Thema „Die Klage Gottes im Jeremiabuch" geweckt hat. Danach erschien mir die Arbeit an diesem Thema – wegen Mangel an Spezialliteratur in meiner Heimat und ohne die Möglichkeit des Austausches mit ausländischen Theologen – schier aussichtslos. Dann öffnete sich durch die politische Wende in Rumänien unerwartet der Weg für ein Auslandsstudium. Ich bin meinen theologischen Lehrern dankbar, daß sie mich für das Stipendium Bernardinum in Utrecht vorgeschlagen haben. Danken möchte ich auch den Kuratoren dieses Stipendiums, insbesondere Herrn Prof. Dr. H. W. de Knijff. Letzterer hat mein Studium an der Theologischen Fakultät in Utrecht gefördert und mich zur Promotion ermutigt. Zu Dank bin ich auch meinen Freunden und dem Spenderkreis aus Lichtenstein gegenüber verpflichtet, die den Aufenthalt meiner Familie in Holland durch ihre finanzielle Unterstützung ermöglicht haben. Dankbar denken wir an die vielen Freunde und Bekannte, insbesondere an die Familien Veeninga und Tüski, die uns während unseres zweijährigen Aufenthalts in Houten freudig aufgenommen und mit viel Aufmerksamkeit und Unterstützung begleitet haben.
Die Zulassung zur Promotion erfolgte nach zwei Jahre, gerade als wir nach Rumänien zurückkehren mußten, darum war der Abschluß meines Auslandsstudiums zugleich der Anfang eines schwierigen und langen Weges. Daß ich zum Ziel gekommen bin und meine Dissertation neben Gemeindedienst und Lehrtätigkeit fertig schreiben konnte, verdanke ich in erster Reihe der ständigen Ermutigung und der verständnisvollen und hilfreichen Begleitung meines Doktorvaters Prof. Dr. B. E. J. H. Becking. Herrn Prof. Dr. W. Thiel bin ich über den Themenvorschlag hinaus für die fruchtbaren Gespräche und für seine kritischen Anmerkungen sowie für die Korrektur der fertigen Arbeit erkenntlich. Dankbar denke ich auch an die guten Gespräche mit Herrn Prof. Dr. J. Jeremias während meines durch das Diakonische Werk der

EKD ermöglichten Aufenthalts in Marburg im Frühjahr 1997 zurück. Zu danken habe ich Herrn Prof. Dr. B. Janowski und Prof. Dr. R. G. Kratz für die freundliche Aufnahme meiner Arbeit in die Reihe WMANT.

Das Zustandekommen dieser Arbeit wäre ohne die Finanzierung meiner Auslandsreisen und der Anschaffung der in meinem Heimatland nötigen Literatur durch das Stipendium Bernardinum sowie die Unterstützung von vielen Freunden, Bekannten und Institutionen in Holland unmöglich gewesen. Ihnen allen gilt mein aufrichtiger Dank. Danken möchte ich der Theologischen Fakultät in Hermannstadt für den Raum, den sie mir gewährt hat. Meinen Kollegen bin ich für Ihre Freundschaft und für die vielen hilfreichen Gespräche, den Studierenden für ihr Verständnis sowie für ihre kritischen Fragen und Anregungen dankbar.

Die Arbeit an dieser Dissertation hat meine restliche Zeit und Energie neben dem Dienst des Pfarrers und des theologischen Lehrers völlig in Anspruch genommen. Darum konnte ich für meine Familie nur beschränkt anwesend sein und die alltäglichen Sorgen nur in geringem Maße mittragen. Ich danke ganz herzlich meiner Frau Ágnes für ihren Beistand und dafür, daß sie viele von den Aufgaben eines Familienvaters – um mich zu entlasten – bewußt auf sich genommen hat. Gábor, Dániel und Levente, unsere drei Jungen, haben oft Verständnis, oft Geduld gezeigt dafür, daß sie ihren Vater häufig entbehren mußten. Meiner Frau und meinen Kindern sei dieses Buch gewidmet.

Cluj-Napoca/Kolozsvár/Klausenburg
bzw. Sibiu/Hermannstadt, im Juli 2003                          Jenő Kiss

# Inhalt

# Einleitung

## I. Problemstellung

Nach Claus Westermann ist „(b)ei Jeremia [...] das Motiv der Klage so stark und mannigfaltig wie bei keinem Propheten sonst ausgebildet"[1]. Diese Mannigfaltigkeit zeigt sich gegenüber den anderen Propheten vor allem darin, daß die Klage häufig als Äußerung Gottes auftritt. Die Eigenart der Gottesklage hat Westermann darin gesehen, daß in ihr „die gerichtliche und die ganz persönliche Klage"[2] nahe beieinander stehen. Dabei hat er die „Klage Jahwes über sein Land" und die „Klagen Jeremias" in einem Atemzug erwähnt[3]. Später wies er in seiner „Theologie des Alten Testaments in Grundzügen"[4] auf das Nebeneinander der Klage Gottes und Jeremias hin, jedoch ohne das Verhältnis zwischen der göttlichen und der prophetischen Klage zu einem Problem zu erheben.

H. D. Bak nannte in dem Titel seines Buches „Klagender Gott – klagende Menschen" die beiden erwähnten Klagen, die Klage Gottes und der Menschen, ebenfalls zusammen. Der Beziehung zwischen den beiden Klagen widmete er aber, weil er die Zielsetzung seiner Arbeit in der Untersuchung der „sogenannten Konfessionen Jeremias und einige(r) andere(r) Klagetexte des Buches im Rahmen der angenommenen Weiterbildung der jeremianischen Klagetradition"[5] sah, keine große Aufmerksamkeit.

Die göttliche und die prophetische Klage brachte erst H. D. Preuß in dem zweiten Band seiner „Theologie des Alten Testaments" miteinander in Verbindung, indem er schrieb: „In seinen Klagen [...] bringt Jeremia die Not seines Volkes angesichts des drohenden und bereits sich anbahnenden Gerichts vor JHWH, welcher nach dem Jeremiabuch ein Gott ist, der auch selber über sein Volk und Land klagt [...]"[6].

---

[1] *Westermann*, Grundformen, 145.
[2] *Westermann*, Grundformen, 146.
[3] *Westermann*, Grundformen, 145f.
[4] Vgl. *Westermann*, Theologie, 153.
[5] *Bak*, Klagender Gott, 3.
[6] *Preuß*, Theologie 2, 98.

Die vorliegende Arbeit setzt sich zum Ziel, die Gottesklage sowie die Prophetenklage – für die in dieser Arbeit die in der alttestamentlichen Wissenschaft eingebürgerte Bezeichnung „*Konfession*" verwendet wird – des Jeremiabuches hinsichtlich ihrer Charakteristika und ihrer gegenseitigen Beziehungen zu untersuchen. Diese Aufgabe stellt ihr das Jeremiabuch selber dadurch, daß in den Kapiteln Jer 11 - 12, 14 - 15 und 18 die Klage JHWHs und des Propheten nebeneinander stehen[7].

Dieses Nebeneinander erweckt schon beim ersten Anblick den Eindruck der Zusammenhörigkeit und Aufeinanderbezogenheit der göttlichen und prophetischen Klage. Diese Annahme erscheint vor allem dann als begründet, wenn wir voraussetzen, daß die Klagetexte von dem Propheten Jeremia selber verfaßt und nebeneinandergestellt wurden. Ist dies der Fall, so spiegelt sich in dem Nebeneinander der göttlichen und der prophetischen Klage das Selbst- sowie das Gottesverständnis Jeremias wider: Aufgrund eines innigen Verhältnisses erweist sich JHWH als der Partner des wegen seines Leidens klagenden Propheten und Jeremia als der Partner des wegen seines Gerichts leidenden JHWH. Allerdings muß die durch die Stellung der Gottes- und der Prophetenklage nahe gelegte Annahme der Zusammengehörigkeit oder Aufeinanderbezogenheit der beiden Klagen durch ihre literarischen und inhaltlichen Beziehungen bestätigt werden.

Spielen wir die Erklärungsmöglichkeiten für das Nebeneinander der beiden erwähnten Klagen durch, so scheint die redaktionelle Arbeit an dem Jeremiabuch die zweite plausible Erklärung zu sein. In diesem Fall reflektiert die Aneinanderreihung der beiden Klagen das Verständnis der Bearbeiter des Jeremiabuches über die JHWH-Prophet-Beziehung. Von diesem Verständnis müßten die zwischen den beiden Klagen bestehenden redaktionellen Verbindungen sowie die Komposition der einzelnen Großabschnitte zeugen.

Als dritte Möglichkeit nehmen wir die Beziehungslosigkeit zwischen den beiden Klagen in unsere Überlegung auf, die durch eine sukzessive Entstehung der erwähnten Großabschnitte erklärt werden könnte. In diesem Fall müssen die Beziehungen der Klage JHWHs und des Propheten zu jener Textschicht aufgezeigt werden, zu der sie gehören.


II. Zur Methode

Der relativ geringe Umfang des Textmaterials – etwa ein Zehntel des Jeremiabuches – und die Natur der behandelten Texte lassen die neueren Fragestellungen der Jeremiaforschung und ihre Methoden kaum zur Geltung kommen. Die analysierten Texte zeigen keine solche Be-

---

[7] Vgl. Jer 11,18-23; 12,1-6 mit 12,7-12; Jer 15,5-9 mit 15,10-21 und Jer 18,13-17 mit 18,18-23.

ziehungen zu den weiteren Teilen des Jeremiabuches, die über die Aufnahme von vorgegebenen Sprüchen oder die Anlehnung an aussagekräftigen Textformen hinausgehen. Aus diesem Grund stellt sich in dieser Untersuchung die Frage nach buchumfassenden Beziehungen nicht und spielt die Frage nach dem Jeremia*buch* fast keine Rolle. Die Art der Fragestellung läßt für das Endgestaltprogramm und die synchrone Untersuchung ebenfalls wenig Raum. Für die Bewältigung der Aufgabe, das dem Jeremiabuch charakteristische Nebeneinander der Gottesklage und der Prophetenklage plausibel zu erklären, scheint die literarkritische Untersuchung der Großabschnitte Jer 11 - 12, 14 - 15 und 18 erfolgversprechend zu sein. Diese Überlegung erklärt die unverkennbar literarkritische Ausrichtung dieser Arbeit. Dazu kommt noch das hauptsächlich in dem exegetischen Teil hervortretende Interesse des Verfassers, die historischen Situationen sowie die mit ihnen verbundenen existentiellen und theologischen Fragen herauszustellen, die sich hinter den unterschiedlichen Textschichten von Jer 11 - 12, 14 - 15 und 18 verbergen. Diese theologiegeschichtliche Zielsetzung hat sich insbesondere bei den spätexilischen Texten als fesselnd erwiesen, da wir von den existentiell-theologischen Fragen dieser Periode nur bescheidene Informationen besitzen. Die redaktionskritische bzw. redaktionsgeschichtliche Befragung richtet sich vor allem auf die einzelnen Unterabschnitte, bzw. auf die Beziehung zwischen ihnen innerhalb der behandelten Großabschnitte.

Das in der letzten Zeit intensiv diskutierte Problem des MT - LXX - Verhältnisses spielt in dieser Untersuchung wegen den geringfügigen Abweichungen[8] zwischen den beiden Fassungen innerhalb von Jer 11 - 12, 14 - 15 und 18 keine allzu wichtige Rolle[9]. In unseren textkritischen Entscheidungen lassen wir uns von Fall zu Fall vor allem von literar- und formkritischen sowie von theologischen Überlegungen leiten.

Auf die prosaische bzw. poetische Formulierung der betreffenden Texte wird in den Analysen zwar immer wieder hingewiesen, jedoch ohne von vornherein einen qualitativen Unterschied zwischen ihnen zu machen. Die formale Eigenart der Texte wird – angesichts der geführten Diskussion über Poesie und Prosa sowie der differenzierten Beurteilung der Prosa des Jeremiabuches – vorsichtig ausgewertet und vor allem in der Bestimmung der Beziehung von einzelnen Unterabschnitten in Betracht gezogen.

In der *Datierung* der herangezogenen Parallelstellen stützen wir uns auf die neueren Einleitungen, auf die betreffenden Kommentare sowie auf Einzelstudien.

---

[8] Diese Abweichungen zeigen sich, von Jer 11,7-8a.bβ$_{1-2}$ abgesehen, auf der Wortebene.
[9] Für die Diskussion vgl. *Tov*, Textual Criticism, 319-327, und *Soderlund*, The Greek Text of Jeremiah. S. auch *Schmid*, Buchgestalten, 15-23.

Die *Gliederung* der vorliegenden Arbeit ergibt sich aus dem behandelten Stoff: In einem ersten Kapitel behandeln wir den Großabschnitt Jer
11 - 12, dem sich die Analyse von Kap 14 - 15 anschließt. Den exegetischen Teil der Arbeit schließt die Untersuchung von Jer 18 ab. Die
Ergebnisse werden in einem abschließenden kurzen Kapitel (Ertrag)
zusammengefaßt.

In unserer Untersuchung folgen wir dem Nacheinander der einzelnen
Unterabschnitte, wobei wir ihrer Eigenart und Beziehungen große
Aufmerksamkeit widmen. Ihre Erforschung geschieht in einem ersten
analytischen Teil („Analyse"), die Ergebnisse werden in einem zweiten Teil („Bilanz") zusammengefaßt. Diese Arbeitsweise eignet sich
insbesondere bei den längeren prosaischen Unterabschnitten, in denen
mehrere Textschichten voneinander abgehoben werden. Bei denjenigen Passagen, in denen die Argumentation auf die Zwischenergebnisse
baut, lassen wir die „Bilanz" weg, um unnötige Wiederholungen zu
vermeiden.

*Übersetzungen* wurden in diese Arbeit nur bei denjenigen Texten aufgenommen, wo die textlichen Schwierigkeiten sowie die komplizierten
literarkritischen Probleme es gefordert haben bzw. wo die Textverglei-
che für das Aufhellen bzw. für die Lösung der Probleme nicht aus-
reichen.

# Erster Teil
## Jeremia 11 – 12

Den ersten großen Textkomplex, in dem die Klage des Propheten und die Klage JHWHs unmittelbar nebeneinander auftreten, stellt Jer 11–12 dar. Er weist eine übersichtliche Gliederung auf: Den Anfang bildet eine große Prosarede (11,1-14), der sich ein überwiegend poetisch gestaltetes Stück (11,15-17) anschließt. Der nächste Abschnitt setzt sich aus den beiden prophetischen Klagen 11,18-23 und 12,1-6 zusammen, dem die Klage JHWHs 12,7-13 folgt. Der letzte, prosaisch formulierte Abschnitt Jer 12,14-17 schließt den Textkomplex ab. Die folgende Analyse hat diese Abschnitte zum Gegenstand.

## I. Die Prosarede Jer 11,1-14

### 1. Analyse

Als erster großer Textabschnitt innerhalb von Jer 11 - 12 hebt sich Jer 11,1-14 durch seine prosaische Formulierung ab. Da der Umfang des ersten Textabschnittes in der Forschung unterschiedlich bestimmt wird[1], dient diese Abgrenzung nur als Ausgangspunkt unserer Analyse. Auf die Frage nach der Zugehörigkeit von V. 14 sowie nach dem Verhältnis zwischen Jer 11,1-14 und 11,15-17 werden wir später eingehen. Mit Ausnahme von wenigen Autoren, die die Passage Jer 11,1-14 auf den Propheten Jeremia zurückführen[2], bezeichnet sie die Mehrheit der Exegeten als eine in der Exilszeit entstandene Prosarede deuterono-

---

[1] *Bright*, Jeremiah, 88, *Holladay*, Jeremiah 1, 348f, *Craigie / Kelley / Drinkard*, Jeremiah 1-25, 159, und *Weiser*, Jeremia 1-25,14, 98, halten Jer 11,1-17 für die erste Texteinheit. *Lundbom*, Jeremiah 1–20, 616, macht dagegen bei V. 13 eine Zäsur und zählt V. 14 zu dem nächsten Abschnitt (VV. 14-17).
[2] Vgl. *Holladay*, Jeremiah 1, 351, *Craigie / Kelley / Drinkard*, Jeremiah 1-25, 169, *Lundbom*, Jeremiah 1 - 20, 615, *Weippert*, Prosareden, 20, und *Weiser*, Jeremia 1-25,14, 94. Letzterer erklärt den prosaischen Stil durch die Prägung der gottesdienstlichen Tradition.

mistischen Charakters[3]. Anlaß dazu geben neben dem prosaischen Stil
die verdichtete Anwesenheit deuteronomischer und deuteronomistischer Wendungen und das zentrale Thema von Jer 11,1-14, das mit
dem Wort „Bund"[4] als Terminus für den „Dekalog und dessen Auslegung, das Deuteronomium"[5] bezeichnet wird.
Der Abschnitt Jer 11,1-14 wird in der neueren Forschung[6] meistens als
ein mehrschichtiger Text angesehen, dem ein jeremianischer Kern[7]
oder ein nichtjeremianischer Grundtext[8] zugrunde liegt. Für die Einheitlichkeit des Textes tritt hingegen Thiel[9] ein, indem er die ganze
Passage auf D[10] zurückführt. Diese letzte Frage und damit die Frage
nach der Herkunft dieser Passage steht im Zentrum unseres Interesses,
wenn wir die einzelnen Unterabschnitte von Jer 11,1-14 und ihre gegenseitige Beziehung analysieren.
Dieser Text wird durch die für das Jeremiabuch typische Einlei-
tung/Überschrift[11] הדבר אשר היה אל־ירמיהו מאת יהוה eingeleitet. Auf sie
folgen drei Unterabschnitte, deren Ende jeweils eine Setuma markiert
– VV. 2-5.6-8.9-13(14), die letzten beiden mit der Formel ויאמר יהוה אלי
an der Spitze –, die wir in der folgenden Analyse untersuchen werden.

---

[3] Vgl. *Carroll*, Jeremiah, 267ff, *Schreiner*, Jeremia 1-25,14, 78f, *Seybold*, Der
Prophet Jeremia, 33, *Thiel*, Redaktion von Jeremia 1-25, 140, und *Wanke*, Jeremia
1, 119f. *Rudolph*, Jeremia, 71, zählt ihn zu der Quelle C. *McKane*, Jeremiah I, 246,
hält ebenfalls die Periode des Exils für die Entstehungszeit.

[4] Vgl. die „Worte dieses Bundes" in VV. 3b.6b bzw. „mein Bund" in V. 10b.

[5] *Thiel*, Redaktion von Jeremia 1-25, 147.

[6] In dieser Arbeit werden hauptsächlich die Ergebnisse der Forschung nach Rudolph berücksichtigt. Für die ältere Forschung s. *Thiel*, Redaktion von Jeremia 1-
25, 139, Anm. 4.

[7] *Rudolph*, Jeremia, 73, meint, dem Text liege ein Selbstbericht zugrunde. *Schreiner*, Jeremia 1-25,14, 79, erblickt in VV. 9.10-11 ein Jeremiawort. Nach *Bright*,
Jeremiah, 88f, VV. 1-17 „reflects Jeremiah's actual sentiments and activity". *Levin*, Verheißung, 75f, erkennt in VV. 3b-6 eine Grundschicht, die „in der historischen Situation des Jeremia" (76) spielt.

[8] *McKane*, Jeremiah I, 246, rechnet mit einer Entstehung „by successive supple-
mentations over an unknown period of time". Nach *Wanke*, Jeremia 1, 119f,
stammt „der Textabschnitt nicht von einer einzigen Hand". Dem Text könnte ein
Selbstbericht (VV. 3b-6) zugrunde liegen, der nicht von Jeremia stammt.

[9] Vgl. *Thiel*, Redaktion von Jeremia 1-25, 144. *Schmid*, Buchgestalten, 296, optiert
ebenfalls für die Einheitlichkeit von Jer 11.

[10] Thiel verwendet dieses Siglum in Anlehnung an Hyatt für die deuteronomistische Redaktion des Jeremiabuches. Vgl. *Thiel*, Redaktion von Jeremia 1-25, 43.

[11] Die Frage, ob die in VV. Jer 1.3aβ vorliegende Formulierung eine Einleitung
oder eine Überschrift darstellt, muß hier offen bleiben. Auf sie können wir im
Rahmen unserer, sich auf einzelne Großabschnitte des Jeremiabuches begrenzen-
den Untersuchung keine endgültige Antwort geben. Eine vorläufige Antwort wird
in dem Schlußkapitel dieser Arbeit im „Ertrag" versucht (214, Anm. 1). Für die
Diskussion über die Wortempfangsterminologie vgl. *Neumann*, VT 1973, 171-218,
und *Herrmann*, Jeremia, 9f.

## a) Fluch und Bund in Jer 11,2-5

### α) Die Einheitlichkeit von Jer 11,2-5

Der erste Unterabschnitt (VV. 2-5) fängt mit einer Aufforderung an eine unbestimmte Mehrzahl (V. 2) an, gefolgt von einem Text (VV. 3-5), in dem sich ein als Gespräch zwischen JHWH und Prophet gestalteter „Rahmen" (VV. 3b.5b) von einer „Füllung" (VV. 4-5a) abhebt. Der an eine unbestimmte Mehrzahl gerichtete Aufruf zum Hören (שָׁמְעוּ אֶת־דִּבְרֵי הַבְּרִית הַזֹּאת) und zur Weitergabe des Gehörten (וְדִבַּרְתָּם אֶל־אִישׁ יְהוּדָה וְעַל־יֹשְׁבֵי יְרוּשָׁלָ‍ם) in V. 2 wird nach der Einleitung von V. 1, in der von Jeremia in dritter Person die Rede ist, von den meisten Forschern als ungewöhnlich empfunden[12]. Um diese stilistische Unstimmigkeit zu beheben, scheiden Holladay[13], Schreiner[14], Thiel[15] und Wanke[16] aufgrund literarkritischer Überlegungen, dem Vorschlag der BHK folgend, die deplazierte Anrede in V. 2a aus und ändern das Waw-Perfekt וְדִבַּרְתָּם von V. 2b in den Imperativ דַּבֵּר um. McKane[17] und Rudolph[18] streichen dagegen, BHS folgend, VV. 2.3aα. Levin[19] streicht VV. 2.3a. Entscheiden wir uns mit der Mehrheit der Exegeten für die erste Lösung, so entsteht durch die Ausscheidung von V. 2a ein Text, der in seinem Aufbau Jer 7,1f (und 26,1f) nahe steht: Der berichtenden Einleitung schließt sich ein erster Befehl (in der Form des Imperativs עֲמֹד in 7,2aα bzw. דַּבֵּר in 11,2b) an, gefolgt von einer durch ein Waw-Perfekt ausgedrückten (וְקָרָאתָ in 7,2aβ bzw. וְאָמַרְתָּ in 11,3aα) Aufforderung zum Reden[20] (vgl. die Tabelle).

| Jer 7,1 | הדבר אשר היה אל־ירמיהו מאת יהוה לאמר |
| | עמד בשער בית יהוה וקראת... |
| Jer 11,1.2b.3aα | הדבר אשר היה אל־ירמיהו מאת יהוה לאמר |
| | דבר אל־איש יהודה ... ואמרת... |

Trotz des gut gefügten Textes sind einige Ungereimtheiten und stilistische Besonderheiten zu beobachten, die diese Textrekonstruktion mit einem Fragezeichen versehen: Ein dem Dialog zwischen JHWH und dem Propheten vorausgehender Redebefehl wirkt höchst ungewöhn-

---

[12] Eine Ausnahme bilden *Lundbom*, Jeremiah 1-20, 620, *van Selm*, Jeremia I, 173, und *Weiser*, Jeremia 1-25, 14, 93, Anm. 1 und 95, Anm. 3.
[13] Vgl. *Holladay*, Jeremiah 1, 346.
[14] Vgl. *Schreiner*, Jeremia 1-25, 14, 78.
[15] Vgl. *Thiel*, Redaktion von Jeremia 1-25, 141.
[16] Vgl. *Wanke*, Jeremia 1, 119f.
[17] Vgl. *McKane*, Jeremiah I, 236f.
[18] Vgl. *Rudolph*, Jeremia, 70.
[19] Vgl. *Levin*, Verheißung, 73.
[20] In Jer 18,1 steht auch die berichtende Einleitung, aber ohne Botenformel. Ihr folgt keine Aufforderung zum Handeln, sondern eine Aufforderung zum Reden. Für Jer 18,1ff s.u. 167ff.

lich[21]. Ebenso klingt ein Gespräch zwischen JHWH und dem Propheten als Inhalt der Verkündigung fremd. Darüber hinaus ist die durch
diesen Eingriff entstandene Formulierung ואמרת ... דבר, da sie in den
weiteren Stellen des Jeremiabuches nicht belegt ist, für den Propheten
Jeremia sowie für die Redaktion unbekannt[22]. Es ist sehr unwahrscheinlich, daß ein Autor gerade an der Stelle, wo er sich stark an vorgegebenen Stoff anlehnt – von dieser Anlehnung zeugt die terminologische
Verwandtschaft dieser Passage mit anderen Textpartien (s.u.) –, Einmaliges schafft.

Gehen wir nach dem zweiten Lösungsvorschlag vor, so rückt der durch
das Streichen von VV. 2.3aα entstandene Text Jer 30,1f nahe: Der
Überschrift (Jer 30,1; 11,1) schließt sich eine Botenformel an, gefolgt
von einem Schreibbefehl (Jer 30,2) oder von einem als Fluch (Jer
11,3b.5b) formulierten Gespräch zwischen JHWH und Prophet.

Jer 30,1f          הדבר אשר היה אל־ירמיהו מאת יהוה לאמר
                          כה־אמר יהוה אלהי ישראל לאמר
                                  ... כתב־לך את כל־הדברים

Jer 11,1.3aβ.b      הדבר אשר היה אל־ירמיהו מאת יהוה לאמר
                          כה־אמר יהוה אלהי ישראל לאמר
                                 ... ארור האיש אשר לא ישמע

Im Gegensatz zu dem durch die erste Lösung entstandenen Text haben
wir hier mit keinen ungewöhnlichen, dem Jeremiabuch fremden Formulierungen zu tun. Jedoch stellt uns das Streichen von VV. 2.3aα vor
neue Fragen, da jetzt die „Füllung" (VV. 4-5a) sich nicht recht in den
Kontext einfügen will, zumal sie als Anrede wegen des Fehlens der
Adressaten beziehungslos bleibt.

Konkurrierte bei der Eliminierung von V. 2a der Dialog zwischen
JHWH und Prophet mit der an die „Männer von Juda und Bewohner
von Jerusalem" (V. 2b) gerichteten Anrede, so stellt uns jetzt die Beziehungslosigkeit der in zweiter Person Plural maskulin formulierten
Anrede (VV. 4-5a) vor neue Fragen. Ein befriedigendes Ergebnis führt
also weder der erste noch der zweite Eingriff in den MT herbei. Die
bleibende Inkohärenz legt die Vermutung nahe, daß die beiden Textpartien VV. 3b.5b und VV. 4-5a zwei ursprünglich selbständige Texte
darstellen, die erst sekundär miteinander verbunden worden sind. Dieser Erklärungsversuch findet in den unterschiedlichen Aussageabsichten beider Textpartien, die sich in der folgenden Analyse herausstellen,
eine Stütze. Aufgrund dieser Annahme setzen wir die Analyse der

---

[21] Vgl. *Levin*, Verheißung, 73. *Lundbom*, Jeremiah 1-20, 620, dagegen, sieht hier –
sich auf Blayney berufend – nicht den Propheten, sondern „general [...] the people" angesprochen.

[22] Diese Formulierung ist typisch für Lev (Lev 1,2; 17,2; 18,2; 19,2; 22,18;
23,2.10; 25,2; 27,2) und Num (Num 5,12; 6,2; 8,2; 15,2; 15,18.38; 33,51; 35,10).
Zusammen mit einer Botenformel ist sie nur im Ez belegt (Ez 14,4; 20,3.27; 29,3).

„Füllung" vorläufig zurück und wenden uns dem „Rahmen" und den ihm folgenden Textpartien VV. 6-8.9-13 zu, um sie hinsichtlich ihrer Beziehung zueinander zu befragen.

*β) Verpflichtung durch das Fluchschema im „Rahmen" Jer 11,3b.5b*
Es wurde schon seit langem gesehen, daß zwischen dem „Rahmen" Jer 11,3b.5b und Dtn 27,15ff bzw. dem den Fluchdekalog Dtn 27,16-25 abschließenden Vers Dtn 27,26 eine enge Verbindung besteht. Diese Verbindung zeigt sich in den folgenden Gemeinsamkeiten: in der relativischen (...אשר [האיש] ארור) und negativen Formulierung (לא ישמע/לא יקים), in der ähnlichen Terminologie (את־דברי הברית הזאת/את־דברי התורה־) הזאת) und in dem angewendeten Schema (ואמר ... אמן) (vgl. Tabelle).

| | |
|---|---|
| Dtn 27,26a.b | ארור אשר לא־יקים את דברי התורה־הזאת ... |
| | ואמר כל־העם אמן |
| Jer 11,3b.5b | ארור האיש אשר לא ישמע את דברי הברית הזאת |
| | ואען ואמר אמן יהוה |

Die exklusive Art dieser Beziehung[23] legt eine literarische Abhängigkeit zwischen diesen beiden Texten nahe. Angesichts der Tatsache, daß das Fluchschema in Dtn 27,26 in seinem Kontext gut verankert ist, können wir annehmen, daß es bei der Formulierung von Jer 11,3b.5b als Vorlage gedient hat[24]. Die wahrscheinlich spätexilische Entstehung der Rahmung des Fluchdekalogs (Dtn 27,15.26)[25] nötigt uns dazu, von der jeremianischen Verfasserschaft von VV. 3b.5b – und damit auch der den Rahmen voraussetzenden Füllung (VV. 4f) – und den Rahmen in der späten Exilszeit anzusetzen[26].
An dieser Stelle stellt sich die Frage, mit welcher Absicht auf das Fluchschema zurückgegriffen wurde. Mit der Fluchreihe ist in Dtn 27,15ff eine offenkundige verpflichtende Absicht verbunden[27]. Kann diese Absicht bei der Wiederverwendung des Fluchschemas ebenfalls

---

[23] Zwar enthalten weitere drei Stellen des Jeremiabuches auch die relativische Fluchformel (Jer 17,5; 20,14.15), jedoch tritt sie in ihnen nicht als Glied des Fluchschemas auf und nicht negativ, sondern positiv formuliert: Der Fluch bezieht sich nicht auf die Unterlassung einer Pflicht, sondern auf eine Tat. Aus diesem Grund stellen sie keine richtige Parallelen zu unserem Text dar.
[24] Vgl. *Levin*, Verheißung, 110. Immerhin nimmt Levin aus mir unersichtlichen Gründen an, daß das Schema von Jer 11,3b-6 „sich an das Fluchformular von Dtn 27,15 an(lehnt)". An dieser Stelle ist zwar das ganze Fluchformular belegt, aber in einem positiven Relativsatz.
[25] *Zobel*, Prophetie und Deuteronomium, 169, bezeichnet sie als deuteronomistisch. *Kaiser*, Einleitung, 135, dagegen zählt Dtn 27,1-10.15-26 zu den nachträglichen Erweiterungen. *Braulik / Zenger,* Einleitung, 83, setzt die Einfügung von Dtn 27 in der nachexilischen Zeit an.
[26] Gegen *Levin*, Verheißung, 75, der VV. 3b-6, ohne אותם ועשיתם in V. 4aα, als Grundschicht bezeichnet.
[27] Vgl. *Kaiser*, Einleitung, 73.

vermutet werden? Um diese Frage zu beantworten, suchen wir, von Dtn 27,26 ausgehend, nach weiteren Stellen, wo dieses Schema belegt ist. Dabei stellen wir für das erste fest, daß das vollständige Fluchschema in einer Relativsatz-Formulierung außerhalb von Dtn 27,26 und Jer 11,3b.5b nicht vorkommt. Eine ihm nahestehende Formulierung begegnet in Neh 5,13. Zwar wurde hier die Fluchformel durch eine Zeichenhandlung (Ausschütteln des Gewandbausches) ersetzt, das Fluchschema ist in der negativ-relativischen Formulierung (... אֲשֶׁר לֹא) in V. 13a und in der bekräftigenden אָמֵן-Antwort in V. 13bα jedoch deutlich erkennbar. Durch den Vollzug der Fluchzeremonie wurden die Edlen der nachexilischen Gemeinde auf das Einhalten ihres sozialen Versprechens verpflichtet. Demzufolge kann die bei der Fluchreihe (Dtn 27,15ff) erblickte Absicht der Verpflichtung bei der nachexilischen Verwendung des Fluchschemas ebenfalls beobachtet werden. Eine Absicht gleicher Art ist auch den Stellen zu entnehmen, in denen nicht das vollständige Fluchschema, sondern nur die Fluchformel (ohne zustimmende Antwort) in Relativsatz-Formulierung anzutreffen ist[28].

Dieser kurze Überblick zeigt uns, daß mit der relativischen Formulierung des Fluchschemas in Dtn 27,15ff und in anderen Stellen eine verpflichtende Absicht verbunden ist. Demzufolge legt sich auch für Jer 11,3b.5b eine ähnliche Absicht nahe, die höchstwahrscheinlich die Aufnahme des Fluchschemas motiviert hat. Sie wird auch von der Constructusverbindung דִּבְרֵי הַבְּרִית הַזֹּאת bezeugt, die im AT fast immer im Zusammenhang mit einer Verpflichtung auftritt[29]. Immerhin stellt sich die Frage nach der Art und dem Ort dieser Verpflichtung. Auf diese Frage erhoffen wir von der Analyse der VV. 3b.5b folgenden Texteinheit VV. 6-8 eine Antwort.

*b) Die Art und der Ort der Verpflichtung aufgrund von Jer 11,6-8*

Da diese Problematik Hand in Hand mit den mit VV. 6ff verbundenen literarkritischen Fragen geht, werden wir in der hier folgenden Analyse

---

[28] Die Absicht der Verpflichtung des (Kriegs)Volkes kommt in 1Sam 14,24.28 deutlich zum Ausdruck. Die Relativsatz-Formulierung ist noch in Jos 6,26 belegt. Im Jeremiabuch kommt sie noch in dem dem Segensspruch antithetisch zugeordneten nachexilischen Fluchspruch 17,5f vor. (Für die Datierung s. *Wanke*, Jeremia 1, 165. *Schreiner*, Jeremia 1-25,14, 109, meint hier „das Anliegen dtn Predigt" zu erblicken. *Thiel*, Redaktion von Jeremia 1-25, 203, dagegen meint, daß die Weisheitssprüche „kaum aus der Hand von D hergeleitet werden können". *Rudolph*, Jeremia, 105, schreibt die Weisheitssprüche 17,5-11 dem Propheten zu.) Die in Jer 20,14f belegte Fluchformel ist „zu einer leidenschaftlichen indirekten Selbstverwünschung als Äußerung der Verzweiflung geworden" (*Scharbert*, ThWAT I, 443).

[29] Vgl. Dtn 28,69; 1Kön 23,3; 2Chr 34,31; Jer 34,18. S. auch Ex 34,28.32.

parallel nach den literarischen und den inhaltlichen Beziehungen zwischen Jer 11,3b.5b und 11,6-8 fragen.

Der Abschnitt VV. 6-8, der dem anhand des Fluchschemas formulierten Zwiegespräch folgt, setzt sich aus der Einleitung in V. 6aα, dem Redebefehl in V. 6aβ, der Aufforderung in V. 6b und aus der von כי eingeleiteten JHWH-Rede in VV. 7-8 zusammen.

Der der JHWH-Rede vorausgehende V. 6 enthält Elemente, durch die er sich als Fortsetzung von VV. 3b.5b ausweist: die im Ich-Stil formulierte Einleitung ויאמר יהוה אלי in V. 6aα und die Wendung את־כל־הדברים האלה in dem Redebefehl in V. 6aβ. Diese Objektbezeichnung tritt nämlich im AT dort auf, wo auf eine vorausgehende Rede Bezug genommen[30] oder der Inhalt eines Dialogs einem Uneingeweihten übermittelt wird[31]. Aufgrund dieser beiden Elemente kann die Zusammengehörigkeit von VV. 3b.5b und V. 6 angenommen werden. Diese Annahme wird durch die inhaltliche Beziehung zwischen den beiden Texten (s.u.) erhärtet.

Um die inhaltliche Eigentümlichkeit von V. 6 herauszustellen gehen wir von der vorher gemachten Beobachtung aus, daß die Wendung את־כל־הדברים האלה dort auftritt, wo auf eine vorige Rede Bezug genommen oder ein Gespräch einem anderen übermittelt wird. Da in der vorausgehenden Einheit ein Gespräch zwischen JHWH und dem Propheten steht, ist für die Wendung in V. 6aβ diese letztere Funktion anzunehmen. Demnach könnte man Jeremia, ähnlich wie Mose[32], die Rolle eines Bundesvermittlers zuschreiben. Dieses Verständnis unterstützt jedoch der Text nicht, weil ihm die charakteristischen Elemente der Übermittlung, die Anrede und die Kundgabe[33], fehlen. Auch die „Städte Judas und die Gassen Jerusalems" sind schwerlich als Schauplatz eines solchen Ereignisses vorzustellen.

Von diesen Schwierigkeiten veranlaßt, befragen wir noch einmal den Redebefehl. Dabei fällt auf, daß die Wendung את־כל־הדברים האלה nur noch in Jer 51,61 das Objekt des Verbs קרא[34] darstellt, wo sie den Inhalt einer Buchrolle, die in Babel laut verlesen werden soll, bezeichnet. Ziehen wir noch die Tatsache in Betracht, daß diese Wendung in Kap.

---

[30] Vgl. Dtn 12,28; 32,45 und Jer 26,15.

[31] Auffälliger Weise wird diese Wendung als Ausdruck der Übermittlung außerhalb des Jeremiabuches nur selten gebraucht: In Ex 19,7 bezieht sie sich auf die am Berg Sinai erst an Mose mitgeteilte Aufforderung zur Einhaltung der Bundesbestimmungen und in 1Sam 19,7 auf ein geheimes Gespräch zwischen Saul und Jonathan, von Jonathan an David weitergeleitet. Etwas häufiger ist sie in dieser ihrer Funktion im Jeremiabuch belegt: 16,10; 34,6; 43,1. Vgl. auch Jer 7,27.

[32] Vgl. Ex 18,3ff.

[33] Vgl. Ex 19,7; 1Sam 19,7. S. auch Gen 20,8.

[34] *Holladay*, Jeremiah 1, 351, übersetzt das Verb קרא als „call out" und setzt Jer 11,6 mit Jer 2,2 in Verbindung. Unsere Analyse stellt jedoch heraus, daß dieses Verb in Jer 11,6 keine prophetische Verkündigung (die Vermittlung einer Offenbarung), sondern das Verlesen eines schriftlichen Dokuments bezeichnet.

36 des Jeremiabuches im Zusammenhang mit der von Jeremia diktier-
ten Buchrolle gehäuft auftritt[35], so legt sich die Vermutung nahe, daß
sie sich auch an unserer Stelle auf ein Schriftstück bezieht. Diese Vermutung wird durch Jer 25,13 erhärtet, wo mit Hilfe dieser Wendung –
mit geringfügiger Modifizierung (das bestimmte Demonstrativprono-
men האלה wurde durch das Possessivsuffix erste Person Singular ersetzt) – auf den als „meine Worte" qualifizierten Inhalt des ersten Tei-
les des Jeremiabuches Bezug genommen wird[36]. In Dtn 17,19 verweist
die ähnliche Wendung את־כל־דברי התורה הזאת ebenfalls auf eine Buchrolle, welche Weisungen zum Inhalt hat. Aufgrund dieser Beobachtungen
können wir als Ergebnis festhalten, daß die Formulierung כל־הדברים
האלה in V. 6aα den Inhalt eines schriftlichen Dokuments bezeichnet.
Dieses Schreiben diente durch sein öffentliches Verlesen zur Verpflichtung der Hörer[37].
Diese Annahme findet in der Formulierung von V. 6b ihre Stütze. Dieser Versteil weist nämlich mit dem vorangestellten Imperativ (V. 6bα)
und dem darauf folgenden Waw-Perfekt (V. 6bβ) einen aufschlußrei-
chen Aufbau auf. Bekanntlich drückt das Perfectum consecutivum eine
Handlung aus, die „auf ein im Imperfekt oder Imperativ [...] ausge-
drücktes Geschehen zeitlich oder logisch folgt"[38]. Demnach bezeichnet
das Waw-Perfekt ועשיתם in V. 6bβ ein auf das Hören (שמעו) folgendes
Geschehen. Aus diesem Grund kann das Verb שמע an unserer Stelle
nicht als Synonym zu עשה verstanden werden[39] und soll – im Gegensatz zu V. 3b, wo es das Hören und das Tun ausdrückt – als Ausdruck
des physischen Hörens gedeutet werden. Demzufolge bezieht sich der
erste Teil der Aufforderung (V. 6bα) auf das Hören (שמע) der verlese-
nen Bundesurkunde, der zweite Teil auf das Einhalten (עשה) der Bundesbestimmungen, als דברי הברית הזאת umschrieben.
Aufgrund der Objektsbezeichnung את־כל הדברים האלה als Verweis auf
eine schriftliche Urkunde in V. 6aα und des Aufbaus von V. 6b können wir mit einiger Wahrscheinlichkeit behaupten, daß es in V. 6 sich
um eine Verpflichtung durch das öffentliche Verlesen (קרא) einer Bundesbestimmungen enthaltenden Urkunde handelt. Diese Auffassung
teilt auch die LXX, die das Verb קרא an dieser Stelle mit dem das Ver-

---

[35] Vgl. Jer 36,16.17.18.24.

[36] Anders *Lundbom*, Jeremiah 1 - 20, 93, der Jer 23,13b auf das Orakel gegen Babel in den vorausgehenden VV. 12-13a bezieht.

[37] Eine ähnliche Funktion hat auch die als ספר הברית bezeichnete Urkunde in Ex
24,7 und 2Kön 23,2.

[38] *Jenni*, Lehrbuch, 106, und *Schneider*, Grammatik, 96.

[39] Die beiden Verben stehen in der zweigliedrigen Formel שמע בקול + עשה את (vgl.
Dtn 27,10; 30,8) parallel, wo sie den Gehorsam gegenüber JHWH und seinen Geboten bezeichnen. Vgl. auch Dtn 29,8, wo שמר und עשה parallel stehen.

lesen einer Schrift bezeichnenden Verb ἀναγινώσκω[40] übersetzt. Über den Ort bzw. die Zeit der Verpflichtung befragen wir die JHWH-Rede VV. 7-8.

Die von כי eingeleitete JHWH-Rede blickt auf die Periode zwischen der Heraufführung (עלה hi.) aus Ägypten und dem Ende des Staates Juda zurück: Die vorausgehenden Generationen (אבותיכם[41]) wurden von JHWH selbst ständig ermahnt (V. 7), aber sie haben auf ihn nicht gehört (V. 8a). Daraufhin hat JHWH den Fluch in Erfüllung gehen lassen (V. 8b).

Das unentwegte Ermahnen der Väter durch JHWH wird durch die bekannte, außerhalb der Prosapartien des Jeremiabuches[42] nur noch in 2Ch 36,15 belegte Unermüdlichkeitsformel[43] formuliert. Diese typische Formel liegt im AT in zwei verschiedenen Fassungen vor: Die eine bezeichnet JHWH als direkten Urheber[44], die andere bezieht sich dagegen auf seine Sendung von Propheten[45]. Beide Fassungen weisen einen ähnlichen, zweigliedrigen Aufbau auf: Das erste Glied drückt die Aktivität JHWHs, das zweite das Ausbleiben der Erwiderung seitens des Gottesvolkes aus. Die beiden Fassungen weichen aber in der Art ihrer Formulierung und in der Terminologie voneinander deutlich ab und erhalten dadurch charakteristische, unverwechselbare Besonderheiten:

Die Formel mit JHWH als direktem Subjekt kennzeichnet sich durch eine bündige Formulierung und durch eine gewisse Varietät in der Terminologie: Sie drückt die Aktivität JHWHs mit Hilfe unterschiedlicher Verben (קרא, למד, דבר) aus und formuliert das Nicht-Eintreffen der Erwiderung durch die Negierung solcher Verben, welche die der göttlichen Aktivität entsprechende menschliche Haltung zum Ausdruck bringen: למד → לא שמע/לא לקח מוסר, קרא → לא ענה, דבר → לא שמע.

Die Formel, die von der Sendung der Propheten durch JHWH berichtet, läßt dagegen eine breitere Formulierung und eine auffallende Phrasenhaftigkeit erkennen: Im ersten Glied tritt die stereotype Formulierung אשלח את־כל־עבדי הנביאים השכם ושלח[46] auf, im zweiten Glied wird die Abweisung mit Hilfe der ebenfalls stereotypen Formulierung לא שמע[47]

---

[40] Dieses Verb bezeichnet im Jeremiabuch das Verlesen der Buchrolle in Babel (Jer 28,61.63), des Briefes Jeremias (Jer 36,29) und der von Jeremia geschrieben Rolle (Jer 43,8.10.13.14.15.21.23).

[41] Vgl. *Römer*, Väter, 427ff.

[42] Vgl. Jer 7,13.25; 11,7; 25,3.4; 26,5; 29,19; 32,33; 35,14.15 und 44,4.

[43] Diese Beobachtung wurde von den Forschern unterschiedlich ausgewertet: Während *Weippert*, Prosareden, 126, sie auf Jeremia zurückführt, schreibt *Thiel*, Redaktion von Jeremia 1-25, 113.150, sie D, *Bartelmus*, ThWAT VII, 1331, dagegen der „post-dtr. Redaktion (PD)" zu.

[44] Vgl. Jer 7,13; 11,7; 23,33.

[45] Vgl. Jer 7,25; 25,4; 29,29; 44,4 und 2Chr 36,15.

[46] In Jer 25,3 und 2Chr 36,15 steht sie in der Form eines Berichtes.

[47] In Jer 29,19 wird nur der Ungehorsam (ולא שמעתם) festgestellt.

אזן את נטה ולא konstatiert. Dem ersten Glied kann mit לאמר der Inhalt der prophetischen Botschaft[48], dem zweiten die Konkretisierung des Ungehorsams[49] hinzugefügt werden. Ähnliche Erweiterungen begegnen bei der Formel mit JHWH als direktem Subjekt nicht.

In der Unermüdlichkeitsformel von VV. 7-8a tritt JHWH als direktes Subjekt auf. Dementsprechend erwarten wir eine bündige Formulierung und die Weiterführung des Verbs עוד im zweiten Glied der Formel. Statt dessen treffen wir die charakteristischen Merkmale der Fassung mit JHWH als indirektem Subjekt an: Dem ersten Glied schließt sich mit לאמר der Inhalt der Gottesrede (שמעו בקולי) an, und das zweite Glied ist mit Hilfe der Formel לא שמע ולא נטה את אזן formuliert, der eine Beschreibung des Ungehorsams durch eine weitere Wendung (הלך בשררות לב הרע) folgt (V. 8aβ). Durch das Nebeneinander von Formulierungen unterschiedlicher und fester Beheimatung wird die unverwechselbare Besonderheit beider Fassungen der Unermüdlichkeitsformel aufgehoben und die Grenze zwischen ihnen verwischt. Auf diese Weise bekommt die Formel in unserer Stelle ein besonderes Gepräge, wodurch sie sich von den übrigen Formeln abhebt. Dieses Phänomen kann schwerlich anders gedeutet werden denn als Zeichen für den möglichen Zerfall bisher durchgehaltener Formen, der einen zeitlichen Abstand zu den Formeln beider Gruppen und folglich einen anderen Autor voraussetzt. Da die Unermüdlichkeitsformel meistens zu der deuteronomistischen Schicht des Jeremiabuches gerechnet wird, setzen wir VV. 7f am besten in der spätexilischen Zeit an. Infolge dieser zeitlichen Ansetzung rückt die JHWH-Rede VV. 7f in die Nähe von VV. 3b.5b.6, wodurch die Zusammengehörigkeit beider Texte als wahrscheinlich erscheint. Diese Annahme wird durch die Berührung in der Aussageabsicht von VV. 3b.5b.6 und VV. 7f unterstützt.

Die Aussageabsicht läßt der Wortgebrauch der Unermüdlichkeitsformel hervortreten. Über die beobachteten strukturellen Umwandlungen hinaus fällt nämlich der einmalige Gebrauch des im Jeremiabuch selten belegten Verbs עוד[50] in dieser Formel auf. Ferner erregt das beispiellose Auftreten einer figura etymologica (העד העדתי) an der Stelle des die göttliche Aktivität bezeichnenden finiten Verbs Aufmerksamkeit. Diese terminologische Besonderheit erklärt sich am besten durch bewußte Wortwahl und Formulierung: Mit Hilfe des Verbs עוד[51] und der Form der figura etymologica werden nämlich der Ernst der War-

---

[48] Vgl. 25,4ff (hier wird die Botschaft der Propheten dem zweiten Glied angehängt); 35,15; 44,4.

[49] Vgl. Jer 7,26 und 44,5.

[50] Mit der Bedeutung „warnen" ist dieses Verb auch in Jer 6,10 und 42,19 belegt. Im Kap 32 hat es das Nomen עד als Objekt (VV. 10.25.42).

[51] Für den Gebrauch dieses Verbs und des Warnungsmotivs s. *Becking*, Ondergang, 209f.

nung[52] und die Verantwortung der Angeredeten[53] hervorgehoben. Da diese Aussageabsicht sowohl beim Fluchschema (VV. 3b.5b) als auch bei der Verpflichtung (V. 6) vorausgesetzt wird, liegt die thematische Gemeinsamkeit zwischen der JHWH-Rede VV. 7-8a und den vorausgehenden Textpartien auf der Hand.

Den letzten Teil der JHWH-Rede stellt V. 8b dar. Hier wird berichtet, daß JHWH den Fluch in Erfüllung gehen ließ. Durch das Motiv des Fluches und durch die Wendung דברי־הברית־הזאת verbindet sich V. 8b, und mit ihm die ganze Einheit VV. 7-8, thematisch und terminologisch mit den vorausgehenden Textpartien, wodurch auch ihre literarische Zusammengehörigkeit zutage tritt.

Diesem Halbvers sind aufgrund seiner Nähe zu Dtn 29,26, auf die Thiel[54] nachdrücklich hingewiesen hat, auch Informationen bezüglich seiner Entstehungszeit zu entnehmen. Bei näherem Zusehen ist nämlich über die Nähe zwischen den beiden Versen hinaus auch zwischen den beiden Passagen Jer 11,6-8 und dem deuteronomistischen Text Dtn 29,23-26[55] thematische und strukturelle Verwandtschaft zu beobachten: In beiden Stellen ist von dem Ungehorsam der Väter (Jer 11,8a/Dtn 29,25) und von dem von JHWH verhängten Fluch (Jer 11,8b/Dtn 29,26) die Rede, wobei auf ein Dokument (Jer 11,6/Dtn 29,bβ) Bezug genommen wird. Darüber hinaus sind die beiden Texte ähnlich aufgebaut: Dem Schuldaufweis (Jer 11,7.8a/Dtn 29,24f) schließt sich ein mit Waw-Imperfekt eingeleiteter Satz mit JHWH als Subjekt an (Jer 11,8b/Dtn 29,26f), in dem gleichzeitig das Herbeiführen der Strafe durch Gott und die Schuldhaftigkeit des Volkes ausgesagt wird.

Diese vielen Berührungen zwischen Jer 11,6-8 und Dtn 29,23-26 könnten am ehesten mit einem gemeinsamen Verfasser(kreis) erklärt werden, dem die beiden Texte ihren deuteronomistischen Charakter verdanken. Dieser Erklärung stehen jedoch die Unterschiede zwischen diesen Texten im Wege. Zunächst fällt die allgemeine Sprache von Jer 11,7f im Vergleich zu Dtn 29,23ff auf: Während Dtn 29,25 den Bundesbruch der Väter als Götzendienst definiert und das Gericht als Deportation umschreibt, bleibt Jer 11,8a an beiden Punkten recht unkonkret. Noch wichtiger erscheint der Unterschied in der Akzentsetzung und im Gegenwartsbezug beider Texte: Indem Dtn 29,27 durch die Wendung כיום הזה die in die Gegenwart hineinragende Deportation in den Vordergrund stellt, betont Jer 11,7a durch die Formulierung ביום העלותי...ועד היום הזה[56] die Geltungsdauer der Warnung. Diese Abweichungen machen die Verschiedenheit der Aussageabsicht beider

---

[52] Vgl. Gen 43,3.
[53] Vgl. 1Sam 8,9.
[54] *Thiel*, Redaktion von Jeremia 1-25, 151.
[55] Vgl. *Braulik / Zenger*, Einleitung, 83, und *Smend*, Entstehung, 159.
[56] Vgl. Jos 9,27 und 1Sam 27,6.

Passagen deutlich: Dtn 29,23ff bringt den abschreckenden Gerichtsernst JHWHs[57] und die Schuld Israels am Verlust seines Landes, Jer 11,6ff dagegen den Ernst der Verpflichtung zum Ausdruck. Das eigene Profil von Jer 11,7f deutet darauf hin, daß die Gemeinsamkeiten zwischen Dtn 29,23ff und Jer 11,7f eher auf Anlehnung als auf einen gemeinsamen Autor zurückzuführen sind, wobei der Deuteronomium-Text als Vorlage gedient hat.

## c) Schuldfeststellung und Gerichtsankündigung in Jer 11,9-14

### α) Die Beziehung zwischen Jer 11,9-14 und 11,3b.5b.6-8

Den letzten Abschnitt innerhalb von Jer 11,1-14 stellt die JHWH-Rede VV. 9-14 dar. In ihr steht der Götzendienst des Volkes (V. 10aβ.12.13) im Zentrum. Diese Konkretheit fällt vor dem Hintergrund der allgemein gehaltenen Sprache von Jer 11,3b.5b.6-8 als erstes auf. Thematisch heben sich die beiden Texte ebenfalls voneinander ab: Während in Jer 11,3b.5b.6-8 Gesetzesgehorsam gefordert wird (V. 6), läßt Jer 11,9ff durch das Motiv des Aufruhrs eher die persönliche Art des Gehorsams in den Vordergrund treten. Diese Eigenheiten von VV. 9-14 ziehen erwartungsgemäß einen von dem vorausgehenden Text abweichenden Wortgebrauch nach sich. Aber auch dort, wo eine gewisse terminologische Nähe zwischen diesen beiden Texten zu beobachten ist, lassen sich Abweichungen erkennen: Während die Wendung ערי ירושלם וחצות ויהודה in V. 6 als neutrale Bezeichnung für die gesamte Bevölkerung von Juda auftritt, funktioniert sie in V. 13, wie üblich im Jeremiabuch, im Kontext der Verfallsbeschreibung der judäischen Gesellschaft. Über diese sprachlichen und inhaltlichen Unterschiede hinaus wirkt die Gerichts*ankündigung* in VV. 11ff nach dem *Rückblick* auf das Gericht in dem vorausgehenden V. 8b als recht ungewöhnlich. Die beobachteten Differenzen und die Konkurrenz zwischen dem Gerichtswort VV. 11ff und dem Bericht vom ergangenen Gericht in V. 8b sprechen dafür, daß die beiden Texte von verschiedenen Autoren stammen und in unterschiedlichen Zeiten entstanden sind.

### β) Die Einheitlichkeit und die Herkunft von Jer 11,9-14

Die JHWH-Rede (VV. 9-14) wird in der Forschung trotz ihres „etwas unausgeglichen(en)" Inhalts[58] meistens als einheitlich[59] betrachtet. Für

---

[57] *Preuß*, Theologie 2, 231.

[58] Vgl. *Thiel*, Redaktion von Jeremia 1-25, 154.

[59] Die Einheitlichkeit des Textes führen einige Forscher auf die jeremianische Verfasserschaft zurück. Lediglich den als Anrede formulierten V. 13 betrachten sie als eine Ergänzung. Vgl. *Holladay*, Jeremiah 1, 354, *Weiser*, Jeremia 1-25,14, 97.
*Thiel*, Redaktion von Jeremia 1-25, 151ff, dagegen, führt die ganze Passage, auch die Aufnahme und die Ergänzung von V. 13, auf D zurück, indem er meint, „daß D bei der Formulierung von 11b-13 zwei im Inhalt (besonders in der Topik der Ohnmacht der Götzen) verwandte Texte vorschwebten, nämlich Jer. 2,27f. und Ri.

diese Annahme sprechen gute Gründe: der durchgehaltene Stil der dritten Person Plural, von dem als Anrede formulierten V. 13 abgesehen,
und die organische Struktur des Textes, in dem einer Schuldfeststellung (VV. 9-10) sich eine Gerichtsankündigung (VV. 11-14) anschließt. Entspricht dieser literarischen und strukturellen Kohärenz
auch eine inhaltliche? Zur Beantwortung dieser Frage untersuchen wir
die Schuldfeststellung und das Gerichtswort sowie ihre Beziehungen.
Die Schuldfeststellung wird in V. 9a mit der schon in V. 6aα beobachteten Formel ויאמר יהוה אלי eingeleitet. Ihm schließt sich in V. 9b das
Aufdecken des Aufruhrs der „Männer von Juda und Bewohner von Jerusalem" an. Die dafür gebrauchte Formulierung מצא קשר ב ist auch in
2Kön 17,4a anzutreffen. Der vertragsrechtliche Hintergrund von 2Kön
17,3f[60] läßt bei 2Kön 17,4a an eine geprägte Ausdrucksweise denken,
die zur Feststellung einer offenbar gewordenen Verschwörung und zu
ihrer Umschreibung diente: Die Konstatierung erfolgte mit Hilfe der
Formulierung מצא קשר ב und die Umschreibung anhand eines Relativsatzes. Das Auftreten dieser Formulierung in Jer 11,9b macht wahrscheinlich, daß ihm ebenfalls eine für den vertragsrechtlichen Bereich
charakteristische Sprache und Vorstellung zugrunde liegt[61]. Diese Annahme findet im Vorkommen der in diesem Bereich beheimateten
Wendung פרר ברית[62] V. 10b ihre Stütze. Da die zur Feststellung dienende Formulierung מצא קשר ב außerhalb von 2Kön 17,4a und Jer
11,9b nicht weiter belegt ist, liegt über den gemeinsamen Hintergrund
hinaus auch die Wahrscheinlichkeit einer literarischen Abhängigkeit
nahe. Zumal 2Kön 17,4a als historischer Bericht in seinem Kontext gut
verankert ist, ist die Anlehnung von Jer 11,9b an 2Kön 17,4a am wahrscheinlichsten. Bei näherem Zusehen stellt sich heraus, daß dem Halbvers 2Kön 17,4a nicht nur die Feststellungsformulierung מצא קשר ב,
sondern auch der die Verschwörung umschreibende Relativsatz entlehnt und in Jer 11,9f aufgenommen wurde. Den Zusammenhang zwi-

---

10,13f., wobei sie zunächst (11b.12) den Wortlaut der letzteren Stelle bevorzugte,
dann aber aus der ersteren wörtlich zitierte" (154). Seinem Ergebnis schließt sich
*Schreiner*, Jeremia 1-25,14, 80, an.
*McKane*, Jeremiah I, 242ff, betrachtet die ganze Passage Jer 11,1-14 als "more
fragmentary than Thiel allows" (242). Betreffend VV. 11ff. lehnt er das von Thiel
geschilderte Verfahren von D ab und zieht den Quellencharakter von Ri 10,13f in
Zweifel: „the case for Judg 10.13f. as a source for vv. 11-12 is far from decisive:
there is a resemblance, but it is not so close as to create a probability that it was a
source". Er führt VV. 11-13 auf die Arbeit eines Autors, der aus Jer 2,27c-28 (und
14,8) geschöpft hat, und auf "the inner development and growth of that corpus
which is now the book of Jeremiah" (S. 244) zurück. Einen deuteronomistischen
Einfluß hält er allerdings für unwahrscheinlich. *Wanke*, Jeremia 1, 121, geht davon
aus, „daß die V. 9-14 von mehreren Händen stammen".
[60] Vgl. *Kaiser*, Einleitung, 77, *Liedke*, Rechtssätze, 87, und *Becking*, Ondergang,
26.
[61] Vgl. *Conrad*, ThWAT VII, 216.
[62] Vgl. *Thiel*, VT 1970, 214f.

schen den beiden Elementen verdunkelt in dem heutigen Text die Aussage über das Zurückkehren zu den Sünden der „ersten Väter" in V.
10aα₁. Sie wurde wahrscheinlich sekundär in Jer 11,9f eingetragen.
Für diese Annahme spricht die etwas forcierte Beziehung zwischen
שבו על־עונת אבותם הראשנים und dem sich ihm anschließenden Relativsatz
אשר מאנו לשמוע את־דברי. Nehmen wir mit Weiser und Römer an[63], daß
mit אבות הראשנים die Wüstengeneration gemeint ist, was am plausibelsten zu sein scheint, und in V. 10aα₂ auf ihr widerspenstiges Verhalten[64] angespielt wird, so verwundert die Beschreibung dieses Verhaltens durch das Verb מאן, welches – von dem spätexilischen Ps 78,10[65]
und den exilischen Versen Ex 16,28 (P) und Neh 9,17 abgesehen – in
der Wüstentradition kein einziges Mal auf das Verhalten dieser Generation bezogen wird. Über diesen „nicht ganz folgerichtige(n) Gedankengang"[66] hinaus legt das Auftreten von מאן לשמע zusammen mit den
Ausdrücken des Götzendienstes (הלך אחרי אלהים אחרים) in der Parallelstelle Jer 13,10 die Zusammengehörigkeit von V. 10aα₂ und von V.
10aβ nahe. Diese Beobachtungen bestätigen die obige Annahme und
machen den Weg frei, V. 10aα₁ als sekundären Eintrag zu eliminieren.
Auf diese Weise werden die Entsprechungen zwischen Jer
11,9b.10aα₂β und 2Kön 17,4a greifbar (vgl. die Tabelle). Die Terminologie des Relativsatzes in Jer 11,10aβ macht zugleich den theologischen Gebrauch der vertragsrechtlichen Sprache deutlich.

| | |
|---|---|
| 2Kön 17,4a | וימצא מלך־אשור בהושע קשר |
| | אשר שלח מלאכים אל־סוא מלך מצרים |
| | ולא העלה מנחה למלך אשור |
| Jer 11,9b.10aα₂β | נמצא־קשר באיש יהודה ובישבי ירושלם |
| | ................................. |
| | אשר מאנו לשמוע את־דברי |
| | והמה הלכו אחרי אלהים אחרים לעבדם |

V. 10b weist durch die Wendung פרר את ברית ebenfalls eine Vertragsterminologie[67] auf. Die Wendung wird auf den Bund zwischen JHWH

---

[63] Vgl. *Römer*, Väter, 429 und *Weiser*, Jeremia 1-25,14, 97. *Holladay*, Jeremiah 1,
54, dagegen meint, daß „Jrm is accusing those in the period after Josiah's death of
backsliding into the ways of the time before that king's reform". *Lundbom*, Jeremiah 1-20, 624, zieht eine "more inclusive meaning" für diesen Ausdruck vor, und
meint: „we are probably talking about the entire history of apostasy from which
the community was rescued by Josiah's reform".

[64] Die relativ seltene Formulierung שוב על deutet auf die Wiederherstellung eines
früheren Zustandes. Vgl. Gen 40,13; 41,13 und Prov 26,11. Im Jeremiabuch steht
diese Formulierung in Heilsworten und weist auf die Restauration der vorexilischen Situation (vgl. 16,15 und 24,6) hin. Folglich weist die Formulierung „Sünden der ersten Väter" eher auf ein Verhalten als auf einzelne Vergehen hin.

[65] Vgl. *Spieckermann*, Heilsgegenwart, 141f.

[66] *Wanke*, Jeremia 1, 121.

[67] S.o. 17, Anm. 62.

und seinem Volk bezogen und demzufolge theologisch verwendet. V.
10b verbindet sich also durch seine Begrifflichkeit sowie durch seine
Aussageabsicht mit dem vorausgehenden Text. Gleichzeitig hebt er
sich durch seine asyndetische Konstruktion von ihm ab. Auf diese
Weise bekommt dieser Halbvers einen besonderen Ton. Ihm kommt
die Aufgabe zu, das Endergebnis des vorher Beschriebenen darzustel-
len[68]: Er bezeichnet das Geschehene folgerichtig als Bundesbruch.
Aufmerksamkeit erregt die Bezeichnung des Subjekts des Bundesbruches als בית ישראל ובית יהודה. Innerhalb des Jeremiabuches tritt sie in
Heilsverheißungen[69] oder im Schuldaufweis[70] auf. Durch ihr gemeinsames Nennen werden die beiden Reiche hinsichtlich des neuen Heils
oder der begangenen Schuld gleichgestellt. Eine solche Gleichstellung
ist nach dem ergangenen Gericht über Juda am wahrscheinlichsten.
Dieser Auffassung entspricht die Tatsache, daß „Haus Israel und Haus
Juda" in keinen genuin jeremianischen Sprüchen zu finden ist. Immerhin scheint es so zu sein, daß diese Gleichstellung nicht erst durch die
exilischen Bearbeiter des Jeremiabuches vollzogen wurde. In diese
Richtung weist das Auftreten der Bezeichnung בית ישראל ובית יהודה in
Jer 5,11. Dieser Vers ist zwar aufgrund der Spannung zu dem ihm vorausgehenden V. 10 wahrscheinlich als sekundär zu beurteilen[71], jedoch trägt er deutlich prophetische Züge: Er ist rhythmisch formuliert
und weist das für die prophetische Literatur charakteristische Verb בגד
auf[72]. Der theologische Gebrauch dieses Verbs als Ausdruck des Abfalls von JHWH weist in die Sphäre der Bundestheologie[73]. Da Jer
11,9.10b sich ebenfalls in diesem Bereich bewegt, ist es gut möglich,
sogar wahrscheinlich, daß der Verfasser sich an Jer 5,11 anlehnte. Da
der Verfasser ausdrücklich auf den außerhalb des Landes geschlossenen Bund hinweist, könnte er bei der Aufnahme der Bezeichnung
„Haus Israel und Haus Juda" die Absicht verfolgt haben, die Geschichte des Gottesvolkes im Lande als eine Geschichte des Bundesbruches
nachzuzeichnen[74].
Bevor wir uns dem Gerichtswort Jer 11,11ff zuwenden, blicken wir
auf die Analyse der Schuldfeststellung zurück und fassen ihre Ergebnisse zusammen: Aufgrund der inhaltlichen Inkongruenz zwischen V.
10aα$_1$ und dem Relativsatz in V. 10aα$_2$ und der durch Jer 13,10 nahe-
gelegten Zusammengehörigkeit von V. 10aα$_2$ und V. 10aβ ist die Aussage über das Zurückkehren zu den Sünden der ersten Väter als sekun-

---

[68] Vgl. *Joüon*, Grammar II, 647f.
[69] Vgl. Jer 3,18; 31,27.31; 33,14. S. auch Sach 8,13 und Ez 37,16.
[70] Vgl. Jer 5,11; 9,25; 11,10.17.
[71] *Wanke*, Jeremia 1, 70f, beurteilt V. 11 als exilisch.
[72] Das Verb בגד ist im Dtn überhaupt nicht, in der erzählenden Literatur äußerst
selten (Ri 9,23; 1Sam 14,33) belegt. Für das Vorkommen dieses Verbs vgl.
*Klopfenstein*, THAT I, 261.
[73] Vgl. *Erlandsson*, ThWAT I, 509f.
[74] Vgl. auch *Thiel*, VT 1970, 218.

där zu beurteilen. Sie steht aber nicht beziehungslos in ihrem Kontext: Durch den Verweis auf das widerspenstige Verhalten der Wüstengeneration steht sie der Anschuldigung des Aufruhrs nahe. In dem verbliebenen Text (V. 9b.10aα₂β.b) ist durchweg Vertragsterminologie zu beobachten, die seine Einheitlichkeit nahe legt. Das Aufgreifen der vertragsrechtlichen Ausdrucksweise und ihre theologische Verwendung läßt sowohl in V. 9b als auch in V. 10aα₂β.b dasselbe Verfahren erkennen und den Text auf eine Hand zurückführen.

Das Gerichtswort VV. 11-14 wird durch die Botenformel in V. 11aα eingeleitet. Die Drohung wird in V. 11aβ anhand der geläufigen, in älteren jeremianischen Sprüchen ebenfalls vertretenen Wendung בוא hi. רעה אל/על formuliert[75]. Ihr schließt sich in V. 11aγ ein Relativsatz zur Charakterisierung des Unheils an. Relativsätze mit derartiger Funktion sind im Jeremiabuch am häufigsten belegt[76]: Sie dienen zur Beschreibung der geplanten (אשר חשבתי[77]) oder ausgesprochenen (אשר דברתי[78]) Androhung und sind größtenteils sekundär[79]. Ihnen gegenüber charakterisiert der Relativsatz אשר לא־יוכלו לצאת ממנה in V. 11aβ das Unheil als unentrinnbar[80]. Ihm steht innerhalb des Jeremiabuches in der Formulierung (durch das Verb יכל) und in der Aussageabsicht der Relativsatz in Jer 19,11aγ nahe: Durch die irreparable Zerstörung des Tongefäßes drückt der Prophet, wahrscheinlich in Anlehnung an Dtn 29,27.35, die unheilbare Vernichtung des Volkes und der Stadt aus. Unsere Stelle, V. 11aα.β einbegriffen, läßt auch zu Mi 2,3a.bα Beziehungen, sogar engere als zu Jer 19,11aγ, erkennen: Durch לכן weisen die beiden Stellen den vorausgehenden Text als Gerichtsbegründung, durch כה אמר יהוה das folgende Gerichtswort als Botenrede aus. Darüber hinaus liegt den beiden Relativsätzen Jer 11,11aβ und Mi 2,3bα die Vorstellung vom Entrinnen und Entziehen (יצא und מוש) zugrunde, wobei auf das Unheil anhand eines Partizips hingewiesen wird.

---

[75] Vgl. *Thiel*, Redaktion von Jeremia 1-25, 153.

[76] Für die Charakterisierung des Unheils steht der Relativsatz außerhalb des Jeremiabuches in Ex 32,14; 2Kön 22,20; 2Chr 34,28; Ez 14,22; Jona 3,10 und Mi 2,3.

[77] Vgl. Jer 18,8; 26,3; 36,3; 42,10.

[78] Vgl. Jer 19,15; 26,13.19; 35,17; 36,31; 44,2.

[79] Der Relativsätze mit חשב sind wahrscheinlich insgesamt sekundär. Vgl. *Thiel*, Redaktion von Jeremia 26-45, 3.49.64. Die Relativsätze mit דבר treten meistens ebenfalls in sekundären Stellen auf. Von den aufgezählten Belegen könnten man den Spruch in Jer 26,19 als jeremianisch bezeichnen. Vgl. *Thiel*, Redaktion von Jeremia 25-45, 3, Anm. 1. Anders *Schreiner*, Jeremia 25,15-52,34, 153, der Jer 26,17-19 für einen literarischen Nachtrag hält.

[80] Der Gedanke des unentrinnbaren Gerichts begegnet auch in Jer 42,17, jedoch in abweichender Formulierung.

Jer 11,11a       לכן כה אמר יהוה
                    הנני מביא אליהם רעה
                    אשר לא־יוכלו לצאת ממנה

Mi 2,3a.bα      לכן כה אמר יהוה
                    הנה חשב על־המשפחה הזאת רעה
                    אשר לא־תמישו משם צואריכם

Die von dem Propheten Jeremia vertretene und in dem Relativsatz אשר
לא־יוכלו לצאת ממנה zum Ausdruck gebrachte Auffassung über die Unentrinnbarkeit des Gerichts[81] und die deutlichen Beziehungen von V.
11a zu vordeuteronomistischen Stellen sprechen dafür, daß dieser
Halbvers auf Jeremia zurückgeht.
Eben das kann von VV. 11b.12 nicht behauptet werden. Aufgrund der
offensichtlichen Übereinstimmungen mit Ri 10,13b.14, auf die insbesondere Thiel[82] hingewiesen und daraufhin die einschlägige Schlußfolgerung gezogen hat, daß Ri 10,13b.14 die wahrscheinliche Vorlage
für Jer 11,11b.12 darstellt, legt sich der nicht-jeremianische Charakter
dieser Verse nahe. Für diese Annahme spricht auch die Tatsache, daß
das anhand der kultisch beheimateten Wendung זעק אל artikulierte
Schreien zu Gott oder zu den Göttern dem Jeremiabuch fremd ist: Außerhalb von VV. 11b.12 wird sie nicht weiter belegt[83]. Sie ist eher in
deuteronomistischen Texten anzutreffen, zusammen mit dem Verb
שמע[84], wodurch der deuteronomistische Charakter unseres Textes deutlich zutage tritt. Der Redaktor griff den jeremianischen Spruch Jer
11,11a auf, knüpfte an den dort geäußerten Gedanken der Unentrinnbarkeit des Gerichtes an und steigerte ihn durch das Motiv der Unerreichbarkeit JHWHs (VV. 11b.14[85]) sowie der Ohnmacht der Götter
(V. 12). Zur Begründung dieser Gedanken nahm er ein jeremianisches
Zitat aus Jer 2,27bf auf[86]. Die innere Logik des Gerichtswortes zeugt
von der Einheitlichkeit dieses Textes, dessen Autor in deuteronomistischen Kreisen zu suchen ist.
Von geringfügigen Erweiterungen abgesehen, hat sich sowohl die
Schuldfeststellung (VV. 9-10) als auch das Gerichtswort (VV. 11-14)
als einheitlich erwiesen. Doch wie verhalten sich die beiden Texte zu-

---

[81] Jer 19,11a wird meistens als ursprünglicher Teil der symbolischen Handlung
beurteilt. Vgl. *McKane,* Jeremiah I, 451, *Rudolph,* Jeremia, 115, *Schreiner,* Jeremia 1-25,14, 117, *Thiel,* Redaktion von Jeremia 1-25, 224, *Wanke,* Jeremia 1, 180,
und *Weiser,* Jeremia 1-25,14, 160f.
[82] Vgl. *Thiel,* Redaktion von Jeremia 1-25, 155 (Tabelle).
[83] Das Verb זעק tritt zwar im Jeremiabuch öfters auf, aber immer im Kontext der
Klage (Jer 20,8; 25,34; 30,15; 47,2; 48,20.31).
[84] Vgl. 1Kön 8,31ff und 2Chr 20,9.
[85] Die inhaltliche Verwandtschaft zwischen V. 11 und V.14 spricht für die Zugehörigkeit von V. 14 zu dieser Passage (gegen *Lundbom,* Jeremiah 1 - 20, 616,
Anm. 1).
[86] Vgl. *Thiel,* Redaktion von Jeremia 1-25, 153f.

einander? Durch die Anlage von Jer 11,9-14 sind sie als Anklage und
Gerichtswort gut miteinander verbunden. Auch inhaltlich sind sie aufeinander abgestimmt: Auf den Bundesbruch folgt die unabdingbare
Strafe. Da die Israeliten den Bund mit JHWH „für ungültig (nicht
mehr bindend)"[87] erklärt haben, sieht er sich nicht mehr verpflichtet,
das Geschrei in der Not zu erhören. Jedoch fällt auf, daß der Götzendienst im Gerichtswort anders ausgedrückt wird als in V. 10aβ: Anstelle der Wendung הלך אחרי אלהים אחרים wird das Verb קטר verwendet. Da
die beiden, im übrigen in ihrer Bedeutung einander nahestehenden
Ausdrücke durchweg voneinander unabhängig auftreten[88], ist ihr Nebeneinander in einer Texteinheit ungewöhnlich. Das Auftreten des
Verbs קטר im Gerichtswort wurde jedoch durch den Kontext, genauer
durch die kultisch beheimatete Wendung זעק אל bestimmt. Es steht also
nichts im Wege, den Abschnitt Jer 11,9-14 als das Werk eines
deuteronomistischen Autors anzusehen.

### d) Die „Füllung" Jer 11,4-5a

Wir kehren nun zu der „Füllung" (VV. 4-5a) zurück. Ihre Analyse
wurde bisher wegen ihres angenommenen sekundären Charakters innerhalb von Jer 11,2-5 zurückgestellt. Bei ihrer Untersuchung zielen
wir auf die Ermittlung der formalen und inhaltlichen Eigentümlichkeiten von VV. 4-5a ab. Sie sollen uns zu einem Vergleich zwischen der
sich als einheitlich erweisenden Passage Jer 11,3b.5b.6-8 und Jer 4a.5b
und auf diese Weise zur Klärung des Verhältnisses zwischen beiden
Texten verhelfen.

Die „Füllung" Jer VV. 4-5a hat den Bundesschluß JHWHs mit den
Vätern zum Thema. Sie schließt sich mit Hilfe der Relativpartikel אשר
dem vorausgehenden V. 3b an und erweist sich auf diese Weise als ein
zusammengesetzter Relativsatz, der die Art des Bundesschlusses anhand des Verbs צוה, seinen Ort durch den Temporalsatz ביום הוציאי־אותם
מארץ־מצרים in V. 4aα und das Ziel mit Hilfe der Bundesformel והייתם
לכם לאלהים לי לעם ואנכי אהיה in dem Konsekutivsatz V. 4b zum Ausdruck bringt. Da die meisten der aufgezählten Formulierungen im deuteronomisch-deuteronomistischen Bereich beheimatet sind, legen sie
den deuteronomistischen Charakter der Füllung auf den ersten Blick
nahe. Bei näherem Zusehen stellt sich jedoch der eigentümliche

---

[87] *Ruppert*, ThWAT VI, 777.

[88] Für das Vorkommen der Wendungen הלך אחרי אלהים אחרים und ל + קטר vgl.
*Weippert*, Prosareden, 216, bzw. 219.
Zusammen mit der Wendung הלך אחרי אלהים אחרים tritt das Verb קטר nur in Jer 7,6
auf, wobei das Verb nicht allgemein die Verehrung fremder Götter, sondern das
dem Baal dargebrachte Rauchopfer bezeichnet. In Jer 11,16 steht das Verb קטר mit
עזב und in Jer 44,3 mit עבד zusammen, jedoch ohne die obige Wendung.

Gebrauch dieser Formulierungen in VV. 4-5a heraus, der uns in die spätexilische Zeit führt.

Wir gehen von der Beschreibung des Ortes aus. Dafür wird in V. 4a ein im DtrG und im Jeremiabuch öfter belegtes Theologoumenon verwendet, das Exodus und Bundesschluß miteinander zeitlich verbindet[89]. Zwar weichen die Stellen des Jeremiabuches (Jer 11,4; 31,32; 34,13) von denen des DtrG (Dtn 29,14; 1Kön 8,9.21) im Konzipieren des Temporalsatzes voneinander ab (die ersteren weisen einen von ב, die letzteren einen von ביום eingeleiteten Temporalsatz auf), konvergieren jedoch ohne Ausnahme in dem Gebrauch des Verbs כרת als Terminus für die Bundesschließung.

Aus diesem Grund fällt der Gebrauch des Verbs צוה in V. 4a auf. Dieses Verb ist zwar als Ausdruck der Bundesschließung auch in Dtn 4,13; Jos 23,16 und Ri 2,20 belegt[90], sein Auftreten wirkt jedoch mit der konstanten Verwendung von כרת in den anderen „Ägyptenbund-Belegen" im Hintergrund seltsam. Die ausgeprägte Terminologie dieser Temporalsätze läßt die Abweichung von dem gewöhnlichen Muster an unserer Stelle als beabsichtigte Änderung erscheinen: Durch dieses Verb wollte der Verfasser die Autorität JHWHs und den verpflichtenden Charakter des Bundes hervorheben – eine Aussageabsicht, die mit der des Rahmens Jer 11,3b.5b übereinstimmt. Demzufolge könnte der Grund für die Verwendung von צוה in V. 4aα die Annäherung der „Füllung" an den „Rahmen" sein.

Dieses Interesse verrät auch das Zitat in V. 4aβ, das die an die Väter adressierte JHWH-Rede enthält, durch seine Konstruktion: Die erste Forderung שמעו בקולי wird mit einer zweiten (ועשיתם[92] [...]91 ככל אשר אצוה אתכם) erweitert, wodurch eine gewisse Eindringlichkeit zum Ausdruck kommt. Diese Eindringlichkeit tritt in der Formulierung der zweiten Forderung עשה ככל אשר צוה את ebenfalls zutage. Sie kommt zwar im Jeremiabuch nur an dieser Stelle vor, im AT ist sie aber mehrfach belegt. Mit ihrer Hilfe wird die genaue Entsprechung zwischen menschlichen[93] oder göttlichen Anweisungen[94] sowie ihrer Ausführung ausge-

---

[89] Vgl. dazu *Thiel*, Redaktion von Jeremia 1-25, 146f.

[90] Auf diese Belege hat *Thiel*, Redaktion von Jeremia 1-25, 143, aufmerksam gemacht. Vgl. auch *Knapp*, Deuteronomium 4, 54, und *García-López*, ThWAT VI, 942.

[91] Vgl. BHS.

[92] Durch diese nachdrückliche Betonung der Forderung weicht unsere Stelle von dem von mehreren Forschern als Parallele herangezogenen Vers Jer 7,23 (*Levin*, Verheißung, 77f, betrachtet Jer 7,21-23 als Vorlage von Jer 11,3b-6. Vgl. auch *Rudolph*, Jeremia, 72, *Thiel*, Redaktion von Jeremia 1-25, 143, *Wanke*, Jeremia 1, 121) ab, wo das Nebeneinander von Folgerung und Folge das Gleichgewicht zwischen beiden zum Ausdruck bringt.

[93] Mit Hilfe dieser Formel wird die ungebrochene Treue der Rekabiter gegenüber den Geboten ihres Ahnherrn Jonadab (Jer 35,10.18), das pflichtbewußte Verhalten des Untertanen gegenüber seinem Herrn (2Sam 9,11; 2Kön 11,9; 16,16; 2Ch 23,8;

drückt. Sie tritt gelegentlich auch an geschichtstheologisch und kultisch relevanten Stellen auf: In 1Kön 9,4f ≅ 2Chr 7,17f wird mit Hilfe dieser Wendung der *totale* Gehorsam des Königs gegenüber den Geboten und Vorschriften JHWHs (חקי ומשפטי), in 2Kön 21,8 der Gehorsam des Volkes gegenüber den durch Mose gegebenen Weisungen (לכל התורה-), in Dtn 26,14b (einer Zusammenfassung einer alten liturgischen Bekenntnisreihe) das vorschriftsmäßige Behandeln der Zehntenabgabe zum Ausdruck gebracht. Zu der letztgenannten Stelle weist die „Füllung" auffällige sprachliche und strukturelle Beziehungen auf, wie aus der folgenden Tabelle hervorgeht.

| Jer 11,4f | Dtn 26,14bf |
|---|---|
| שמעו בקולי | שמעתי בקול יהוה אלהי |
| ועשיתם ככל אשר־אצוה אתכם | עשיתי [95]ככל אשר צויתני |
| ......................................... | ......................................... |
| למען הקים את־השבועה | (ואת האדמה אשר נתתה לנו) |
| אשר נשבעתי לאבותיכם | כאשר נשבעת לאבתינו |
| לתת להם ארץ זבת חלב ודבש | ארץ זבת חלב ודבש |

Die bisherige Analyse hat herausgestellt, daß die „Füllung" durch das Verb צוה und die zweifache Aufforderung in V. 4aα sowie durch die Wendung עשה ככל אשר צוה in V. 4aβ sich in den Denkinhalt seines unmittelbaren Kontextes mühelos einfügt. Dieser Einklang ist durch Abänderung geläufiger Wendungen sowie durch Aufnahme ausdrucksvoller Formulierungen erwirkt worden. Dieser Befund bestätigt den anfänglichen Verdacht über den sekundären Charakter von VV. 4-5a. Doch aus welchem Motiv wurde die „Füllung" zwischen die beiden Elemente des Fluchformulars eingefügt?

Um diese Frage zu beantworten, kehren wir zu Dtn 26,14bf zurück, der dem Verfasser von VV. 4-5a aller Wahrscheinlichkeit nach als Vorlage gedient hat. Es fällt auf, daß in Dtn 26,15aβγ von der als Verwirklichung des göttlichen Schwures dargestellten Landgabe in perfektischer Formulierung als von einem zurückliegenden Ereignis gesprochen wird. Nach den beiden Finalsätzen von V. 5a steht dieses Ereignis dagegen noch bevor. Dies kommt einerseits durch die aktualisierende

---

Est 3,12; 4,17; 8,9; Jer 36,8; vgl. auch Ruth 3,6) und die Kontinuität zwischen Mose und Josua (Jos 1,7; 11,15) zum Ausdruck gebracht.

[94] Sie dient als Ausdruck für die getreue Ausführung eines göttlichen Auftrages: die Herstellung der Arche (Gen 6,22; 7,5); die Anfertigung der Stiftshütte (Ex 39,32.42) samt Einrichtung (Ex 31,11) und deren Aufrichtung (Ex 40,16); die Einsetzung der Priester (Ex 28,35) und der Leviten (Num 1,54; 2,34; 8,20). Die Formel dient verhältnismäßig selten dazu, den vorschriftsmäßigen Vollzug der Abgabe am Heiligtum (Dtn 26,14), des priesterlichen Amtes (1Chr 6,34), die getreuliche Ausführung des göttlichen Befehls seitens der Knechte (Dtn 1,3; Jer 50,21; Ez 9,11) JHWHs zu betonen.

[95] Der Wendungscharakters dieses Versteiles verbietet ככל אשר nach LXX als כאשר oder nach Vg. als כל אשר zu lesen.

Formulierung כיום הזה[96] zum Ausdruck, andererseits dadurch, daß die
Finalsätze keine an die Väter, sondern an die Hörer adressierte JHWH-
Rede enthalten: Sie sind diejenigen, die die Verwirklichung des göttlichen Schwures erfahren werden. Höchstwahrscheinlich wird hier die
spätexilische Generation angesprochen, für die die Rückkehr aktuell
geworden ist.

Was wird aber ihnen gesagt? Die vorausgehende Analyse hat schon die
verpflichtende Absicht des Rahmens Jer 11,3b.5b und der Füllung herausgestellt. Durch diese Absicht wird die in V. 5a thematisierte Landgabe als durch die Verpflichtung auf den Gesetzesgehorsam bedingtes
Ereignis charakterisiert. Ihren konditionierten Charakter betont auch
die Formulierung (Objekt +) קום את hi. durch seine besondere Nähe zu
der jüngeren Vershälfte Gen 26,3b[97], wo die Verwirklichung der eidli-
chen Zusage JHWHs (שבועה) ebenfalls in die Gehorsamsforderung ein-
gebunden wird. Dieser Gedanke könnte auch die Aufnahme des
„Ägyptenbund-Motivs" angeregt haben, das Geschichte und Gesetz
bzw. Rettung und Verpflichtung miteinander eng verbindet.

Der Autor von Jer 11,4f griff deuteronomisch-deuteronomistische
Formulierungen und Motive auf, schuf den Text weitgehend in Anlehnung an Dtn 26,14f und schob ihn zwischen die beiden konstitutiven
Elemente des vorliegenden Fluchformulars ein. Dieser Text ist
höchstwahrscheinlich mit der Absicht geschaffen und in Jer
11,3b.5b.6-8 eingetragen worden, um die Exulanten im Hinblick auf
die bevorstehende Inbesitznahme des Landes bei der Rückkehr aus
dem Exil gegenüber enthusiastischen Stimmen zu warnen und die Be-
dingtheit der Verheißung zu betonen.

---

[96] *Levin*, Verheißung, 77, versteht diese Wendung als Beschreibung einer bestehende Lage: „Der Schwur steht. Die Zeitgenossen besitzen das Land, da Milch und
Honig fließt." Aus diesem Grunde interpretiert er V. 5a als eine bedingte Drohung.
*Schmid*, Buchgestalten, 297, Anm. 468, meint ebenfalls: „Der Schwur der Landgabe ... ist in seiner Erfüllung nicht mehr ausstehend und an Bedingungen geknüpft,
sondern in Tat und Wahrheit bereits erfüllt, »wie ihr es heute habt« (V. 5).
Die Wendung כיום הזה kann tatsächlich auf eine bestehende Lage als Ergebnis eines heilvollen (Dtn 2,30) oder unheilvollen (Dtn 29,27; Jer 25,18; 44,6.23) Handelns JHWHs hinweisen. Sie dient ebenfalls als Ausdruck für die Verwirklichung
des göttlichen Planes (Gen 50,20) oder für das Eintreffen der Verheißung JHWHs
(1Kön 3,6; 8,24; 2Chr 6,15). In bezug auf die Erwählung betont sie deren Gültig-
keit (Dtn 10,15). In Dtn 4,38 bezeichnet diese Wendung den Ausgangspunkt der
Landnahme. Mit ihrer Hilfe wird in 1Kön 8,61 das gegenwärtige Verhalten des
Volkes, in 1Chr 28,7 des Königs als Voraussetzung für die Zukunft beschrieben.
Eine ähnliche Bedeutung ist für כיום הזה auch in unserer Stelle anzunehmen. Demzufolge ist Jer 11,5a als bedingte Verheißung mit starkem paränetischen Charakter
zu verstehen, die sich auf ein bald einsetzendes, heilvolles Geschehen, auf die baldige Rückkehr, bezieht.
[97] Vgl. *Preuß*, Theologie 1, 135, *vRad*, Das 1. Buch Mose, 216f, und *Soggin*,
Introduction, 143ff. *L. Schmidt*, Pentateuch, 107, beurteilt Gen 26,3b-5 „jünger als
P".

## 2. Bilanz

Die obige Analyse hat die Mehrschichtigkeit der Prosarede Jer 11,1-14 aufgezeigt. Den ältesten Text innerhalb dieser Passage stellt der deuteronomistische Abschnitt VV. 9-14 dar. Er enthält eine Schuldfeststellung (VV. 9.10aβ.b) und eine Gerichtsankündigung (11-12), in die ein jeremianischer Spruch (V. 11a) Aufnahme fand. Das Hauptanliegen dieser Passage besteht in der Charakterisierung des Götzendienstes Israels als Bundesbruch, dessen Folge das unentrinnbare Gericht darstellt.

Dem Abschnitt VV. 9-14 wurde der verpflichtende Text VV. 3b.5b.6-8 vorangestellt. Die thematischen und terminologischen Beziehungen zwischen den drei Textpartien VV. 3b.5b, V. 6 und VV. 7-8 beweisen ihre literarische Zusammengehörigkeit. Daher kann für VV. 3b.5b.6-8 ein einziger Autor angenommen werden. Dieser Autor schuf diesen Text in weitgehender Anlehnung an deuteronomistischen Stoff. Die Aufnahme ungewöhnlicher, aber aussagekräftiger Verben und Formen – wie das Verb עוד und die Form der figura etymologica in V. 7a –, sowie die Umwandlung geprägter Formeln – wie die Unermüdlichkeitsformel in VV. 7-8a – und der Gebrauch von Wendungen in einem von der üblichen Bedeutung abweichenden Sinn – wie die Wendung בערי יהודה ובחצות ירושלם in V. 6aβ – zeugt von einem selbständigen Umgang mit dem vorgegebenen Material. Hierdurch legt sich ein zeitlicher Abstand zu den verwendeten deuteronomistischen Texten und die spätexilische Entstehung von Jer 11,3b.5b.6-8 nahe. In diesem Text steht die Beschreibung einer Verpflichtungszeremonie (V. 6) zentral, die von zwei Warnungen umrahmt wird. Die erste Warnung wird durch das Fluchschema (V. 3b.5b), die zweite mit Hilfe eines Geschichtsrückblicks (VV. 7-8) formuliert. Er könnte gegen Ende des babylonischen Exils zur Verpflichtung der Mitglieder des Bundesvolkes auf das Einhalten des Gesetzes gedient haben, mit dem Ziel, das Bundesverhältnis mit JHWH auf diese Weise aufrechtzuerhalten.

Die Einheit VV. 3b.5b.6-8.9-14 wurde mit einer in Anlehnung an Dtn 26,14bf formulierten eindringlichen Warnung (VV. 4.5a) ergänzt, die angesichts der bevorstehenden Rückkehr den totalen Gehorsam als deren Bedingung betont[98].

---

[98] Jer 11,1-14 zeugt von dem produktiven Umgang mit dem Bundesbruchgedanken: Nach der Feststellung des Bundesbruches werden Möglichkeiten der Wiederherstellung des Bundes angeboten. Aus diesem Grund ist Jer 11,1-14 – gegen *Schmid*, Buchgestalten, 296 – auf keine „Fortführung durch Jer 31 angewiesen". Das „Gegenüber der »alten« Väter" ist nicht „ein Israel neuer Qualität" (*Schmid*, Buschgestalten, 297), sondern die späte Exilsgeneration, die in Blick auf die Aufrichtung des alten Schwures angesprochen wird. Das stellt sich allerdings erst durch die diachrone Analyse von Jer 11 heraus, auf die Schmid verzichtet.

## II. Der üppige Ölbaum in Jer 11,15-17

Manche Forscher – wie darauf oben schon hingewiesen wurde – betrachten Jer 11,15-17 als Teil der ersten großen Texteinheit von Kap. 11 (VV. 1-17)[1]. Um die Beziehung dieser Passage zu der vorausgehenden Prosarede Jer 11,1-14 zu bestimmen, nehmen wir zuerst Jer 11,15-17 unter die Lupe. Dabei untersuchen wir die metrisch formulierten Passage VV. 15-16 und den prosaischen V. 17 gesondert. Anschließend gehen wir auf die Frage nach ihrer Beziehung sowie nach dem Verhältnis von VV. 11-17 zu VV. 1-14 ein.
Wir schicken eine Übersetzung der poetischen Passage Jer 11,15-16 voraus, die auf textkritischen und literarkritischen Entscheidungen fußt und auf diese Weise die Ergebnisse der folgenden Analyse teilweise vorwegnimmt.

> Was hat meine Geliebte[2] (noch) in meinem Haus zu tun?
> Sie[3] macht Pläne[4].
> Können fette Tiere[5] und heiliges Fleisch [...][6] Unheil[7] von dir abwenden[8]?
> Dann hättest du Anlaß zu jubeln.
> Üppiger Ölbaum von schöner [...][9] Gestalt - so hat JHWH dich genannt.
> Er hat auf gewaltiges Getöse[10] Feuer an seine Blätter[11] gelegt, und seine
> Zweige wurden versengt[12].

VV. 15f liegt in einem schlechten textlichen Zustand vor, der mehrere Rekonstruktionsversuche hervorgerufen hat. Sie gründen sich größtenteils auf den im unmittelbaren Kontext belegten Gedanken des Götzendienstes (V. 17b)[13], auf die dem Text zugrunde liegende Opfervorstellung (V. 15aα)[14] oder auf die poetische Struktur vor allem von V. 15[15].

---

[1] Vgl. o. 1, Anm. 1.

[2] L. mit LXX und Peschitta לידידתי.

[3] L. mit LXX und Mss עשׂתה.

[4] L. mit α' מזמת.

[5] Statt הרבים l. BHS folgend ברים mit ה interrogativum. Vgl. *Holladay*, Jeremiah 1, 355, *Rudolph*, Jeremia, 72, und *Wanke*, Jeremia 1, 122.

[6] כי ist als Dittographie zu streichen.

[7] L. mit LXX und Vg. מעליך רעה.

[8] Vgl. BH.

[9] פרי ist mit LXX zu streichen. Für die Wortverbindung יפה/יפת-תאר vgl. Gen 29,17; 39,6; 41,18; Dtn 21,11; 1Sam 25,3.

[10] In der Formulierung לקול bezeichnet das Nomen קול in Jer 10,13 und 51,16 die Stimme JHWHs als den Auslöser der Naturphänomene. Eine ähnliche Bedeutung ist auch hier anzunehmen.

[11] L. mit BH בעלהו.

[12] L. mit Vg. בערו.

[13] Vgl. *Wilhelmi*, VT 1975, 119-121.

[14] Vgl. *Holladay*, Jeremiah 1, 354ff, und *Rudolph*, Jeremia, 72.

[15] Vgl. *Hubmann*, Untersuchungen, 125ff.

In der Analyse von VV. 15-16 lassen wir uns zunächst von der Absicht leiten, den spezifischen Inhalt dieses ersten poetischen Stücks zu erhellen, um auf diese Weise eine breitere Basis für das Aufdecken und Klarlegen der ihm innewohnenden Inkohärenzen zu gewinnen. Wir gehen dabei von stilistischen Beobachtungen betreffend der einleitenden, meistens als Ausdruck des widerrechtlichen Aufenthalts im Tempel verstandenen[16] Frage ליידידתי בביתי [17] מה in V. 15aα₁ aus. Um ihren Sinn zu erhellen, haben wir nach weiteren Belegen gesucht, wo eine mit Hilfe der Fragepartikel מה und der sich an sie anschließenden Präposition ל formulierte Frage vorliegt. Der Befund zeigt, daß Fragen dieser Art weitgehend außerhalb der prophetischen Literatur, und zwar in erzählenden Texten, belegt sind. Dort bringen sie in einer Anrede das Interesse nach dem Ergehen[18] bzw. nach dem Vorhaben[19] einer Person zum Ausdruck. In der prophetischen Literatur tritt diese Form der Frage in der den Erzähltexten charakteristischen Formulierung und Bedeutung nur in Jes 22,1 auf. Ansonsten ist sie in einer indirekten Rede belegt und drückt die Sinnlosigkeit des Vertrauens auf die Götter[20], die Nutzlosigkeit der Verbindung Judas zu den Großmächten[21] sowie der Weisheit ohne prophetisches Wort[22] aus. Da die mit Hilfe der Fragepartikel מה und der sich an sie anschließenden Präposition konzipierte Frage von Jer 11,15aα₁ in einer rhythmisch formulierten indirekten Rede auftritt, können wir für sie die in der prophetischen Literatur übliche Bedeutung annehmen. Demzufolge soll sie als Ausdruck der Sinnlosigkeit des Verbleibens im Gotteshaus gelesen werden.

Von den angeführten Stellen steht Hos 14,7.9 durch die anhand von מה + ל in dritter Person Maskulin Singular formulierte Frage und das Motiv des Ölbaums (זית) als Symbol für das Gottesvolk[23] unserer Stelle besonders nahe. Aufgrund dieser Nähe kann er als Verstehenshilfe für Jer 11,15f herangezogen werden. Da in Hos 14,7.9 das Nomen זית die

---

[16] Vgl. *Carroll*, Jeremiah, 273, *Holladay*, Jeremiah 1, 355, *Craigie/Kelley/ Drinkard*, Jeremiah 1-25, 171, und *McKane*, Jeremiah I, 248. *Lundbom*, Jeremiah 1-20, 630, denkt an „some sort of scandalous activity" mit „sexual connotations".

[17] Vgl. o. 27, Anm. 2.

[18] Vgl. Jer 21,17; 1Sam 11,5; 2Sam 14,5; 2Kön 6,28 und Ps 114,5.

[19] Vgl. Jos 15,18; Ri 1,14; 18,13; 18,24; 1Kön 1,16; 19,9.13 und Est 5,3.

[20] Vgl. Hos 14,9.

[21] Vgl. Jer 2,18.

[22] Vgl. Jer 8,9.

[23] Mit dieser Bedeutung ist das Nomen זית in der vorexilischen Prophetenliteratur ferner nicht belegt. Sonst tritt es in Strafankündigungen auf. Vgl. Am 4,9; Jes 17,6; 24,13; Mi 6,15 und Hab 3,17. In dem nachexilischen Sacharjabuch wird es auf die Gesalbten JHWHs (vgl. Sach 4,3.11.12) bezogen.
Im Jeremiabuch kommt זית außerhalb unserer Stelle nicht vor. Der üppige Baum (עץ רענן) tritt in der Götzendienstpolemik auf (vgl. Jer 2,20; 3,6.13; 17,2). Als Symbol für das gesegnete Leben begegnet er in dem späten Weisheitsspruch Jer 17,5-8.

von JHWH geschenkte und von ihm erhaltene Schönheit Israels bezeichnet, können wir das Motiv des Ölbaums in Jer 11,16aα als Ausdruck für die Schönheit der Geliebten JHWHs verstehen, mit dem Unterschied, daß diese Schönheit, im Gegensatz zu Hos 14,7.9, nicht mehr als Verweis auf den Urheber, sondern als So-Sein verstanden wird, das keine Abhängigkeit, sondern ein selbstsicheres Verhalten herbeiführt. Auf dieses Verhalten weist die Wendung עשׂה מזמה in V. 15aα₂ hin[24]. Da das Nomen מזמה innerhalb des Jeremiabuches konsequent das geplante Gerichtshandeln JHWHs bezeichnet, das sich mit Sicherheit verwirklichen wird[25], wird durch sein einmaliges Beziehen auf das Volk in V. 15aα₂ zu verstehen gegeben, daß das Volk sich in seinem Tun nicht auf JHWH angewiesen weiß. Daher ist der Aufenthalt der Geliebten in dem Tempel sinnlos bzw. unnötig.

Mit der soeben klargelegten Aussageabsicht im Hintergrund wenden wir uns den literarkritischen Problemen von VV. 15-16 zu. In V. 15aα steht eine in erster Person Singular maskulin abgefaßte Gottesrede über die Geliebte, in V. 15aβ.b und V. 16a dagegen eine Anrede an eine zweite Person Singular feminin und in V. 16b eine in dritter Person Singular maskulin formulierte Rede über den Ölbaum. Da diese Unebenheiten sich nur durch weitgehende, von den Textvarianten nicht unterstützte Eingriffe in den MT beheben lassen[26], suchen wir nach anderen möglichen Erklärungen. Dabei kommen vor allem deutende Ergänzungen und verklammernde Eintragungen in Betracht.

Zunächst fallen solche Formulierungen auf, die außerhalb unseres Textes sehr selten und mit einer charakteristischen Bedeutung auftreten. Als erste ist die nur im Jeremiabuch belegte perfektische Formulierung קרא יהוה שמך in V. 16aβ zu erwähnen. Sie hat in Jer 20,3b eine wörtliche Entsprechung und bezeichnet dort die Umbenennung Paschchurs[27]. Eine ähnliche Formulierung liegt auch in Jer 46,17[28], auf den ägyptischen Pharao bezogen, vor. In beiden Stellen stellt die Namensänderung eine Unheilsankündigung dar, wobei der von nun an gültige Na-

---

[24] Diese Wendung sowie das Nomen מזמה sind außerhalb der Weisheitsliteratur (für die Wendung vgl. Ps 37,7; Prov 14,17, für das Nomen vgl. Hi 21,27; 42,2; Ps 10,2.4; 21,12; 37,7; 139,20; Prov 1,4; 3,21; 5,2; 8,12; 12,2; 14,17; 24,8) nur noch im Jeremiabuch belegt (vgl. Jer 11,15; 23,20; 30,24; 51,11). Da die poetisch formulierten Sprüche Jer 23,19f und 30,23f als selbständige, obwohl in ihrem heutigen Kontext sekundäre Sprüche beurteilt werden (vgl. *Schreiner*, Jeremia 1-25,14, 139, *Thiel*, Redaktion von Jeremia 1-25, 251, Anm. 74, und *Wanke*, Jeremia 1, 213), können wir davon ausgehen, daß wir es mit einer vom Propheten Jeremia geprägten Wendung zu tun haben.

[25] Vgl. Jer 23,20; 30,24; 51,11.

[26] Zu V. 15 vgl. *Wilhelmi*, VT 1975, 119-121.

[27] Das Nomen שם begegnet im Jeremiabuch meistens in der Formel קרא שם על (Jer 7,10.11.14.30; 14,9; 15,16; 25,29; 35,34; 34,15). Als Objekt des Verbs קרא tritt es in kultischer Bedeutung (Jer 10,25; 44,26) und in einer Heilsverheißung (Jer 23,6; vgl. auch 3,17) auf.

[28] L. mit LXX und Vg. קראו שם.

me das von JHWH herbeigeführte zukünftige Unheil bezeichnet. Diese negative Konnotation ist in unserer Stelle nicht zu beobachten. Demzufolge dient diese Formulierung in V. 16aβ als Ausdruck der von JHWH bewirkten Änderung: Sie will die durch den Nominalsatz זית רענן יפה פרי תאר geschilderte Schönheit des Ölbaums als kein So-Sein darstellen, sondern sie auf JHWHs Wirken zurückführen. Die frappante Ähnlichkeit zwischen Jer 11,16aβ und Jer 20,3b legt die Wahrscheinlichkeit einer literarischen Abhängigkeit zwischen beiden Stellen nahe. Weil der negative Tenor der Umbenennung in unserer Stelle nicht zu hören ist, können wir davon ausgehen, daß die Formulierung קרא יהוה שמך aus Jer 20,3b stammt und in unserer Stelle eine Ergänzung darstellt. Den Anrede-Stil von V. 16aβ erklärt die wörtliche Übernahme der obigen Formulierung.

Ähnliches kann auch in bezug auf die Formulierung קול המולה גדלה von V. 16bα₁ beobachtet werden. Sie ist – ohne das Adjektiv גדלה – nur noch in Ez 1,24 belegt. Zwar stellt sie dort vermutlich eine Nachinterpretation dar[29], paßt jedoch gut in den Kontext hinein – was hinsichtlich unserer Stelle nicht behauptet werden kann: Die das Akustische ausdrückende Formulierung tritt nämlich in dem an äußerer Erscheinung interessierten Text unerwartet auf. Die Einmaligkeit dieser Formulierung im Jeremiabuch und ihre ungewöhnliche Stellung in ihrem unmittelbaren Kontext legt die Vermutung nahe, daß der Ergänzer sie Ez 1,24 entlehnt hat[30], um mit ihrer Hilfe den in V. 16bα₂.β beschriebenen verwüstenden Brand als von JHWH veranlaßt[31] zu charakterisieren.

Die beiden Ergänzungen V. 16aβ und V. 16bα₁ lassen die gleiche Absicht erkennen: die gloriose Vergangenheit sowie die traurige Gegenwart auf das Wirken JHWHs zurückzuführen. Daher gehen sie wahrscheinlich auf dieselbe Hand zurück. Der Ergänzer griff den jeremianischen Spruch über die als Ölbaum dargestellte Geliebte (VV. 15aα.16aα) auf und erweiterte ihn mit einer dem Jeremiabuch (V. 16aβ) und einer dem Ezechielbuch entlehnten (V. 16bα₁) Formulierung, sowie einem von ihm verfaßten Versteil (V. 16bα₂.β). Die Aufnahme des teilweise sekundären Materials spricht für eine exilische Entstehung dieser Komposition.

Durch die Erweiterungen stellte der Ergänzer dem „Pläne-Machen" der Geliebten die Alleinwirksamkeit JHWHs entgegen, wodurch der Handlungsraum des mit dem Ölbaum symbolisierten Gottesvolkes erheblich eingegrenzt wurde. Vermutlich geschah das mit der Absicht, selbstsichere Pläne und falschen Enthusiasmus der Exilszeit zu dämp-

---

[29] Vgl. *Zimmerli*, BK XIII/1, 8.30.69.
[30] Ähnlich urteilt *Wanke*, Jeremia 1, 123. Seiner Meinung nach geschah der Nachtrag mit der Absicht, „das Strafgericht als ein kriegerisches Geschehen [zu] charakterisieren".
[31] Vgl. o. 27, Anm. 11.

fen und das Wirken JHWHs als die einzige Möglichkeit für das Herbeiführen der Wende aufzuzeigen.

Nach den beiden Versteilen V. 16aβ.b mit geprägten Formulierungen kommen wir auf V. 15aβ.b zu sprechen. In diesem Text ist von dem Abwehrversuch durch Opfer die Rede, der im schroffem Gegensatz zu dem in VV. 15aα.16aα geschilderten selbstsicheren Verhalten der Geliebten steht. Zu dieser inhaltlichen Spannung kommt eine literarische hinzu: V. 15aβ.b ist, im Gegensatz zu der JHWH-Rede über die Geliebte, als Anrede formuliert. Gleichzeitig weist er eine inhaltliche Nähe zu dem als deuteronomistisch erkannten Text Jer 11,11b.12 auf: Beide Texte haben das Abwenden des bevorstehenden Gerichts durch kultische Handlungen zum Thema. Die inhaltliche und literarische Spannung von V. 15aβ.b zu seinem unmittelbaren Kontext legt seinen sekundären Charakter nahe. Der mit Jer 11,11b.12 verwandte Gedankengehalt spricht zugleich dafür, daß die beiden Texte von derselben Hand stammen: Der deuteronomistische Autor schuf V. 15aβ.b und fügte ihn in den erweiterten jeremianischen Spruch über den Ölbaum mit der Absicht ein, den Prophetenspruch mit der vorausgehenden Texteinheit zu verbinden. Demzufolge ist die Opfervorstellung in VV. 15-16 als sekundär und V. 15aβ.b als redaktionell zu betrachten. Anlaß zu diesem Eingriff bot das in V. 15aα₁ belegte Nomen בית als Bezeichnung des Kultortes.

Die obige Analyse hat den poetisch verfaßten Abschnitt Jer 11,15-16 als einen mehrschichtigen Text erkennen lassen. Innerhalb dieses Textes heben sich die das Wirken JHWHs hervorhebenden Erweiterungen V. 16aβ.b sowie der wahrscheinlich redaktionelle V. 15aβ.b von dem kurzen Prophetenspruch über die Sinnlosigkeit des Aufenthalts der Geliebten JHWHs im Tempel VV. 15aα.16aα ab. Aufgrund dieses Ergebnisses kann die Frage nach der Beziehung zwischen Jer 11,15-16 und Jer 11,17 noch nicht, die des Verhältnisses von Jer 11,15-17 zu Jer 11,11-14 nur vorläufig beantwortet werden: Der erweiterte Prophetenspruch Jer 11,15aα.16 wurde mit der Prosarede Jer 11,1-14 durch den redaktionellen V. 15aβ.b höchstwahrscheinlich sekundär verbunden.

Den prosaischen Vers Jer 11,17 betrachten die meisten Ausleger als einen Kommentar redaktionellen Charakters zu dem vorausgehenden Prophetenspruch[32]. Er gliedert sich in eine Drohung (V. 17a) und in eine von der Präposition בגלל eingeleitete Begründung (V. 17b). In der Drohung tritt das bekannte, wahrscheinlich deuteronomistische Motiv von „Unheil aussprechen" durch JHWH[33] auf. Dieses Motiv ist für das

---

[32] Vgl. *Holladay*, Jeremiah 1, 356, *McKane*, Jeremiah I, 252f, *Rudolph*, Jeremia, 74, *Thiel*, Redaktion von Jeremia 1-25, 156, und *Wanke*, Jeremia 1, 123.
[33] In der Forschung wird darauf meistens aufmerksam gemacht. Vgl. *Thiel*, Redaktion von Jeremia 1-25, 156, *Holladay*, Jeremiah 1, 356, und *Wanke*, Jeremia 1, 123.

Jeremiabuch charakteristisch, wo es meistens in dem Relativsatz (כל)[34]
הרעה אשר דבר על begegnet. Der Relativsatz steht zumeist in einer
JHWH-Rede und hat die Funktion, das von JHWH in Gang gesetzte
Unheil (בוא hi.pt.) mit jenem von ihm früher ausgesprochenen gleich-
zusetzen. Auf diese Weise wird das Wahrmachen der Drohung zum
Ausdruck gebracht. Von dieser Formulierung hebt sich V. 17a durch
seinen Stil in dritter Person Singular maskulin offensichtlich ab.
Gleichzeitig weist er eine andere Aussageabsicht auf: Den anderen Je-
remiastellen gegenüber will dieser Versteil nicht das Wahrmachen der
Drohung herausstellen, sondern das eingetroffene Unheil erklären, indem er es auf JHWH zurückführt. Eine ähnliche Intention konnten wir
auch bei V. 16aβ.b feststellen. Die bei V. 17a erkannte Aussageabsicht
kann in 1Kön 22,23b=2Chr 18,22b ebenfalls beobachtet werden. Auffälliger Weise deckt sich Jer 11,17a mit diesen Stellen: Er ist in dritter
Person Singular maskulin als Anrede an eine zweite Person formuliert,
weist die Form eines invertierten Verbalsatzes mit JHWH als hervor-
gehobenem Subjekt mit derselben Reihenfolge der Wörter auf und
knüpft mit Hilfe eines Waws an das vorausgehende Geschehen an. Die
wörtliche Übereinstimmung zwischen Jer 11,17a und 1Kön 22,23b=
2Chr 18,22b und die Tatsache, daß diese Formulierung im AT nicht
weiter belegt ist, nötigen uns dazu, eine literarische Abhängigkeit zwischen diesen Belegen anzunehmen. Da die Beziehung zwischen dem
Unheilsgeschehen (VV. 15-16) und seiner Deutung (V. 17a) in unserer
Stelle eine sekundäre, in den beiden anderen Stellen aber eine ursprüngliche ist, ist 1Kön 22,23b=2Chr 18,22b als Vorlage für Jer
11,17a anzunehmen. Für diese Annahme spricht auch das oben schon
beobachtete Verfahren der Aufnahme vorgegebener Formulierungen,
die sich in dem Auftreten der Apposition הנטע אותך זeigt. Eine ähnliche
Näherbestimmung von יהוה צבאות ist nur in der prophetischen Literatur
belegt[35].
Da der Autor von V. 17a den Text mit Hilfe vorgegebener Formulierungen verfaßt hat, können wir ihn nicht mit Sicherheit identifizieren.
Der wahrscheinlich exilische Charakter der Parallelstellen[36] spricht für
die exilische Entstehung von V. 17a. Das in deuteronomistischen Partien des Jeremiabuches mehrfach belegte Motiv vom „ausgesprochenen Unheil" könnte zugleich als ein Hinweis auf einen deuteronomistischen Verfasser verstanden werden. Jedoch wird diese Annahme von

---

[34] Vgl. Jer 19,15; 26,19; 35,17; 36,31. In Jer 40,2 wird das Eintreffen der Drohung
ausdrücklich konstatiert. In Jer 16,10 tritt das Motiv vom „Unheil aussprechen" in
einem Frage-Antwort-Schema auf.
[35] Vgl. Am 9,5 und Jes 8,18. Mit dem Gottesnamen JHWH zusammen sind solche
Appositionen öfters belegt. Vgl. Jes 2,6; 8,17; 43,16; 45,3; Ps 35,7; 1Sam 14,39;
2Chr 30,18.
[36] Für Am 9,5 vgl. *Jeremias*, Amos, 128, *Wolff*, BK XIV/2, 393. Für Jes 8,18 vgl.
*Kaiser*, Jesaja 1-12, 192.

der Beobachtung überschattet, daß dieses Motiv hier einmalig für die Erklärung des Unheils steht, und zwar in einem speziellen Sinn: Der Verfasser führt das irdische Geschehen durch den bewußten Rückgriff auf den Bericht 1Kön 22,19-23 auf den himmlischen Beschluß JHWHs zurück. Die Abweichung von der geläufigen Aussageabsicht spricht eher für einen nicht-deuteronomistischen Autor. Die Aussageabsicht von V. 17a, die deutliche Bezugnahme auf das Bild des Ölbaums von VV. 15aα.16 und das schon bei den anderen Ergänzungen beobachtete Verfahren der unveränderten Aufnahme vorgegebener Formulierungen legt die Schlußfolgerung nahe, daß V. 17a zusammen mit V. 16aβ.b zu den Ergänzungen des jeremianischen Spruches zu zählen ist[37].

Diese Annahme läßt sich einerseits durch die literarische Spannung zwischen V. 17a und V. 17b, andererseits durch die unterschiedliche Terminologie der beiden Vershälften erhärten. Die Begründung in V. 17b ist nämlich nicht mehr in der dritten Person Singular, sondern als JHWH-Rede formuliert. Gleichzeitig weist er charakteristische Formulierungen der deuteronomistischen Bearbeitung auf: להכעסני[38], לקטר[39], לבעל und בית ישראל ובית יהודה. Der stilistische Unterschied zwischen V. 17a und V. 17b und der deuteronomistische Charakter des zweiten Halbverses macht die ursprüngliche Zusammengehörigkeit der beiden Halbverse unwahrscheinlich. Für diese Annahme spricht auch die Tatsache, daß die Formulierung ויהוה דבר עליך רעה in der Vorlage 1Kön 22,23b=2Chr 18,22b den Bericht abschließt. Dadurch, daß die beiden letzten Formulierungen von V. 17b in VV. 9-14 ebenfalls vorkommen, tritt die bei V. 15aβ.b ebenfalls beobachtete redaktionelle Absicht in diesem Halbvers deutlich zutage[40]. Der deuteronomistische Redaktor nahm den in der früheren Exilszeit erweiterten Prophetenspruch VV. 15aα.16.17a auf und verband ihn mit Hilfe von VV. 15aβ.b.17b mit dem vorausgehenden Abschnitt VV. 9-14. Dabei diente der erweiterte Prophetenspruch zur Schilderung des in VV. 11-14 angekündigten Gerichts, dessen Eintreffen auf diese Weise betont wurde.

---

[37] *Craigie / Kelley / Drinkard*, Jeremiah 1-25, 171, halten es für wahrscheinlich, daß der ganze Vers 17 original ist. Dabei berufen sie sich auf die Terminologie des Verses, dessen Einzelformulierungen sie auf ein „common literary milieu" (vgl. 118f.169) zurückführen möchten.

[38] Das Verb כעס tritt im Jeremiabuch ausschließlich in der Ich-Rede JHWHs auf (Jer 7,18.19; 8,19; 11,17; 25,6.7; 32,29.30.32; 44,3.8), im DtrG dagegen fast immer in Er-Reden (vgl. etwa 1Kön 14,9; 16,2; 2Kön 22,17).

[39] Von dem Baal dargebrachten Rauchopfer ist in Jer 7,9; 11,13.17; 32,29 die Rede. Das Verb קטר bezeichnet im Jeremiabuch das Darbringen von Rauchopfer für das „Heer des Himmels" (Jer 19,13), „andere Götter" (Jer 19,4; 44,3.5.8.15), „nichtige Götter" (Jer 18,15) und für die „Himmelskönigin" (Jer 44,17.18.19.25).

[40] Von der Sünde bzw. Bosheit der Israeliten und der Judäer als Ursache des Strafgerichts spricht auch Mi 1,5 und Jer 23,23aα.

III. Die Konfessionen Jer 11,18-23 und 12,1-6

1. Die erste Konfession Jer 11,18-23

In der Analyse der Konfession Jer 11,18-23 gehen wir von formalen Beobachtungen aus: VV. 22-23 sind durchgängig prosaisch, VV. 18-20 dagegen überwiegend poetisch formuliert. Wir untersuchen diese beiden Passagen hinsichtlich ihrer Einheitlichkeit gesondert. Von dieser literarkritischen Prüfung erhoffen wir eine Antwort auf das Nebeneinander von Poesie und Prosa in VV. 18ff und weitere Anhaltspunkte für die Bestimmung der Relation zwischen VV. 18-20 und VV. 21-23 sowie des Verhältnisses von Jer 11,18-23 zu Jer 12,1-6 und zu Kap. 11 – 12.

*a) Analyse der ersten, überwiegend poetisch formulierten Passage VV. 18-20*
Die erste, sowohl prosaisches als auch poetisches Material umfassende Passage VV. 18-20 zerfällt in eine als Ich-Rede formulierte Klage (VV. 18.19a.b$\alpha_1$), in ein Feindzitat (V. 19b$\alpha_{2.3}$.$\beta$) und in eine Vertrauensäußerung (V. 20). Die formalen Verschiedenheiten innerhalb von VV. 18-20 lassen den zusammengesetzten Charakter dieser Einheit vermuten.
Die Ich-Rede in VV. 18.19a.b$\alpha_1$ läßt Formulierungen erkennen, die eine offensichtliche Beziehung zu anderen Teilen des Jeremiabuches aufweisen, und solche, die innerhalb des Jeremiabuches singulär sind. Das Nebeneinander von geläufigen und singulären Formulierungen erschwert die Beurteilung dieser Passage. Methodisch empfiehlt sich, von den bekannten, in weiteren Teilen des Jeremiabuches ebenfalls belegten Formulierungen auszugehen.
Die erste solche Formulierung findet sich in V. 18a und charakterisiert sich durch das Auftreten von zwei Verbformen derselben Wurzel in einer Ich-Rede, wobei die erste das Tun Gottes, die zweite dagegen dessen Auswirkung auf den Redenden bezeichnet. Sie ist für das Jeremiabuch kennzeichnend, wo sie durchgängig in Klagetexten steht (vgl. Tabelle), und ist – soweit ich sehe – anderswo nicht belegt.

| | | |
|---|---|---|
| Jer 11,18a[1] | ואדעה | ויהוה הודיעני |
| Jer 17,14a | וארפא | רפאני יהוה |
| | ואושעה | הושיעני |
| Jer 20,7aα | ואפת | פתיתני יהוה |
| Jer 31,18aβ.bα | ואוסר | יסרתני |
| | ואשובה | השיבני |

VV. 18f enthält weitere, nicht ausschließlich im Jeremiabuch belegte, jedoch seinem Sprachgebrauch nahestehende Formulierungen und Ausdrücke[2]: Die hi.-Form des Verbs ראה als Ausdruck der Offenbarung des göttlichen Vorhabens über eine Einzelperson oder ein Kollektivum tritt in Jer 38,21[3] bzw. in Jer 42,1[4] auf. Das Substantiv אלוף als Bezeichnung eines Freundes oder Vertrauten[5] kommt in der prophetischen Literatur außerhalb von Mi 7,5[6] nur noch in Jer 3,4 und 13,21 vor[7]. Das Nomen מעלל und die Wendung חשב מחשבה sind ebenfalls im Jeremiabuch am häufigsten belegt[8].

Diese Formulierungen, Wendungen und Einzelwörter zeichnen sich nicht nur dadurch aus, daß sie konstitutive Teile des Jeremia*buches* sind, sondern auch dadurch, daß sie alle in der *Verkündigung* des Propheten, wenn auch in unterschiedlicher Konzentration, vorkommen: Die hi.-Form von ראה begegnet außerhalb von V. 18b in Jer 24,1 und 38,21. Zwar gehen die Meinungen betreffend der Herkunft von Jer 24,1 in der neueren Forschung auseinander[9], aber die letztere Stelle

---

[1] Da diese Formulierung durchgängig in direkter Rede anzutreffen ist, können wir mit *Thiel*, Redaktion von Jeremia 1-25, 158, annehmen, daß der Stil dritte Person Singular in V. 18a auf die „Umformung einer ursprünglichen Anrede" zurückgeht. Für diese Annahme spricht auch der zweite Person Singular-Stil in V. 18b. Die Lesart der LXX (εἶδον) verrät die Absicht der Glättung.
[2] Für die Wortstatistik vgl. *Hubmann*, Untersuchungen, 61f.
[3] Vgl. auch Gen 41,28 und Ri 13,23.
[4] Vgl. auch Am 7,1.4.7; 8,1; Ez 11,25ff; 40,4 und Sach 2,3; 3,1.
[5] *McKane*, Jeremiah I, 61, übersetzt dieses Substantiv mit „teacher". Vgl. auch 308f.
[6] Für die Beurteilung von Mi 7,1-7 vgl. *Wolff*, BK XIV/4, 177f.
[7] Als Bezeichnung des Freundes tritt dieses Nomen überwiegend in der Weisheitsliteratur auf (Prov 2,17; 16,28; 17,9; vgl. auch Ps 55,14;). Sonst bezeichnet אלוף den Fürsten (vgl. Gen 36,15; 36,16.17.18.19.21.29.30.40.41.42.43; Ex 15,15; 1Chr 1,51.52.53.54; Sach 9,7; 12,5.6).
[8] Vgl. Jer 11,19; 18,11.18; 29,11; 49,20; 49,30; 50,45.
[9] *Schreiner*, Jeremia 1-25,14, 144, nimmt einen ursprünglichen Kern in der Form eines Berichtes an. *Thiel*, Redaktion von Jeremia 1-25, 260, und *Pohlmann*, Studien, 29, dagegen schließen die Existenz eines möglichen Kerns aus. Thiel leitet Jer 24,1-10 von D her, Pohlmann schreibt ihn der golaorientierten Redaktion zu. *Wanke*, Jeremia 1, 221, wiederum schreibt diese Passage einem nachexilischen Bearbeiter zu.

wird auf den Propheten Jeremia zurückgeführt[10]. Die beiden Belege Jer
3,4; 13,21, in denen das Nomen אלוף außerhalb von V. 19a belegt ist,
werden ebenfalls dem Propheten zugeschrieben[11]. Im Unterschied zu
den beiden vorausgehenden Vokabeln tritt das Nomen מעלל meistens in
späteren, überwiegend deuteronomistischen Schichten des Jeremiabuches auf[12]. Dem Propheten Jeremia war es aber auch bekannt: מעלל ist
nämlich in dem Scheltwort Jer 4,18 belegt, dessen jeremianischer Ursprung durch seine Nähe zu den Sprüchen aus Kap. 2-3, wo Israel als
Frau vorgestellt wird, sowie durch die Nähe zu Hos 4,9 und 12,3 nahegelegt wird. Die Wendung חשב מחשבה ist ebenfalls für die späteren
Schichten des Jeremiabuches charakteristisch[13]. Dort hat sie durchgängig JHWH als Subjekt und bringt auf diese Weise das Vorhaben Gottes zum Ausdruck[14]. Mit menschlichem Subjekt begegnet sie außerhalb der nachexilischen Literatur[15] nur an unserer Stelle und in Jer
18,18. Die Annahme liegt daher nahe, daß die Wendung חשב מחשבה mit
menschlichem Subjekt auf Jeremia zurückgeht. Diese Annahme wird
dadurch unterstützt, daß das Verb חשב innerhalb des Jeremiabuches, wo
es überwiegend in sekundären Texten auftritt[16], mit Ausnahme von Jer
23,27 ebenfalls JHWH als Subjekt hat. In den vorexilischen Prophetensprüchen[17] und Individualpsalmen[18] bezeichnet es dagegen das (böse) Vorhaben des Menschen. Die Unterschiedlichkeit des Subjekts
scheint also kein Zufall zu sein.
Es fällt weiterhin auf, daß von den angeführten Formulierungen und
Wendungen in VV. 18f die meisten in einer spezifischen, im Jeremiabuch nicht weiter belegten Bedeutung gebraucht werden: Der Ausdruck der Gottesoffenbarung, die hi.-Form von ראה, steht hier einmalig

---

[10] *Pohlmann*, Studien, 92.187.211, zählt Jer 38,19-22 zum ursprünglichen Kern der
Erzählung. Vgl. ferner *Rudolph*, Jeremia, 223, *Schreiner*, Jeremia 25,15-52,34,
215, und *Thiel*, Redaktion von Jeremia 26-45, 54.
[11] Vgl. *Rudolph*, Jeremia, 21.88, *Wanke*, Jeremia 1, 33.48.137. *Schreiner*, Jeremia
1-25,14, 25ff, zählt zwar Jer 3,1b-5 nicht zum Grundbestand von Jer 3,1-4,4, betrachtet ihn aber als Ausgangspunkt der dtr. gefärbten VV. 6ff. Jer 13,20-22
schreibt er dem Propheten Jeremia zu (90f). *Schmid*, Buchgestalten, 277-294, dagegen setzt *Jer 3,1-4,2 „in der mittleren oder späten Perserzeit, im 5. oder 4.
Jahrhundert" an (293).
[12] Für מעלל vgl. Jer 4,4; 7,3.5; 18,11; 25,5; 26,13; 35,15, für die Wendung חשב
מחשבה vgl. Jer 18,11; 29,11; 49,20.30; 50,45.
[13] Diese Wendung kommt als Ausdruck der Fähigkeit des Entwerfens im Zusammenhang mit dem Heiligen Zelt (vgl. Ex 31,4; 35,32.35) und mit dem Tempel
(vgl. 2Chr 2,13) vor. Vgl. auch 2Chr 26,15.
[14] Vgl. Jer 18,11; 29,11; 49,20.30; 50,45.
[15] Vgl. Est 8,3; 9,25; Dan 11,24.25; Sach 7,10; 8,17.
[16] Vgl. Jer 18,18; 26,3; 36,3.
[17] Vgl. Ez 11,2; Hos 7,15 und Mi 2,1. Als Ausdruck des menschlichen Vorhabens
tritt das Verb חשב überwiegend in den Fremdvölkersprüchen (vgl. Jes 10,7; 13,17;
Ez 38,10) auf.
[18] Vgl. Ps 21,12; 35,4.20.

in einer an JHWH gerichteten *direkten* Rede[19] und drückt die Bekanntmachung menschlichen Vorhabens durch Gott aus. In allen anderen Fällen bezieht sich die Offenbarung auf einen Dritten. Demzufolge tritt die obige Formulierung durchweg in indirekten Reden auf. Das in Jer 3,4 und 13,21 den Freund des Volkes bezeichnende Nomen אלוּף ist in V. 19a auf ein *Individuum* bezogen ebenfalls einmalig belegt. Die Wendung חשב מחשבות in V. 19b begegnet – wie dies schon oben vermerkt wurde – als Ausdruck der menschlichen Absicht innerhalb des Jeremiabuches nur in unserer Stelle und in Jer 18,18.

Die Analyse der im Jeremiabuch beheimateten Wörter und Wendungen von VV. 18f hat herausgestellt, daß sie Teile der Verkündigung des Propheten ausmachen, die hier in einer spezifischen, durch die Gattung der Klage bedingten Bedeutung verwendet werden. Diese Feststellung spricht für den jeremianischen Ursprung der Ich-Rede. Diese Vermutung muß noch durch die Analyse von Wörtern und Formulierungen bestätigen lassen, die innerhalb des Jeremiabuches singulär sind.

Als erstes sei das Nomen כבש genannt. Dieses Substantiv bezeichnet im AT primär das Lamm als Opfertier[20]. In dieser Bedeutung tritt es vor allem in priesterlichen Schichten des Pentateuchs[21], im Ezechielbuch[22] und in der Chronik[23] auf. In der weiteren Prophetenliteratur ist כבש nur in Jes 1,11; Jer 11,19a und Hos 4,16b belegt und wird fast immer[24] metaphorisch gebraucht[25]. An der letzten Stelle bezeichnet כבש ein Kollektivum[26] und dient als Ausdruck für die Zutraulichkeit zwischen Volk und Gott[27]. An unserer Stelle wird es dagegen in einer Klage auf ein Individuum bezogen, wobei die Selbstbezeichnung des Klagenden mit Hilfe dieses Nomens sein vertrauensvolles Verhältnis zu den

---

[19] Die zweite Person Singular-Form von ראה begegnet auch in Ps 60,5; 81,20 und Hab 1,3 wo sie sich auf die Not, sowie in Gen 48,11; Ps 4,7, wo sich auf das Gute, das JHWH hat „sehen lassen", bezieht.

[20] Dieses Nomen bezeichnet nur sporadisch das Lamm als Nutztier. Vgl. Jes 5,17; 11,6; Hi 31,20 und Prov 27,26.

[21] Vgl. insbesondere Num 7.14.28.29.

[22] Vgl. Ez 46,4.5.6.7.11.13.15.

[23] 1Chr 29,21; 2Chr 29,21.22.32; 35,7.

[24] Eine Ausnahme stellt Jes 1,11 dar, wo כבש im eigentlichen Sinn gebraucht wird.

[25] Vgl. *Dohmen*, ThWAT IV, 51ff.

[26] Das verwandte שה wird in Jer 50,17 ebenfalls auf Israel bezogen. In Jes 57,3 dagegen wird es individuell gebraucht.

[27] *Jeremias*, Hosea, 72, sieht in Hos 4,16b den Ausdruck des verspielten bzw. aufgegebenen Heils. Ihm gegenüber meint *Stuart*, Hosea-Jonah, 85: „He then announces the judgment, depicting her fate via the metaphor of shepherding a lamb in the underworld".

Bedrängern zum Ausdruck bringt. Wahrscheinlich wird hier an engere (Familien)Kreise gedacht[28].

Als Zweites sei die Wendung לא ידע erwähnt, der ein von der Partikel כי eingeleiteter Verbalsatz folgt. Der Verbalsatz stellt dabei das Objekt des Nicht-Erkennens dar. Diese Konstruktion kommt gewöhnlich in Erzähltexten[29] vor und weist auf den geheimnisvollen Hintergrund eines Geschehens hin. Im Jeremiabuch ist sie, gleich wie das Nomen כבש, nur in unserer Stelle belegt[30]. In der prophetischen Literatur begegnet sie außerhalb von Jer 11,18f nur noch in Hos 2,10 und 11,3. Diesen drei Belegen ist gemeinsam, daß sie als Ich-Rede formuliert sind und im Objektsatz das sprechende Subjekt hervorgehoben wird.

| | |
|---|---|
| Jer 11,19bα₁ | ולא־ידעתי |
| | כי־עלי חשבו מחשבות |
| Hos 2,10aα.β | והיא לא ידעה |
| | כי אנכי נתתי לה ... |
| Hos 11,3b | ולא־ידעו |
| | כי רפאתים |

Durch das Nomen כבש und die Konstruktion לא ידע כי weist V. 19a.bα₁ ausdrückliche und exklusive Beziehungen zum Hoseabuch auf, die bis in syntaktische Entsprechungen hineinreichen. Deswegen legt sich die literarische Art dieser Beziehungen nahe. Da die Hoseabelege mit ihrem Kontext verwachsen sind, hat sich wahrscheinlich der Autor von Jer 11,18f an die Hoseastellen angelehnt. Zumal solche Anlehnungen in der Verkündigung Jeremias öfters beobachtet werden können, kann die oben geäußerte Vermutung über die jeremianische Verfasserschaft der Ich-Rede (VV. 18.19a.bα₁) als wahrscheinlich gelten.

Nach der als Ich-Rede formulierten Klage in VV. 18.19a.bα₁ nehmen wir das Feindzitat in V. 19bα₂.₃.β und die Vertrauensäußerung in V. 20 unter die Lupe. Dabei fällt schon auf den ersten Blick auf, daß wir in dieser Passage vergeblich nach Verbindungen zu der Verkündigung Jeremias, zum Jeremiabuch oder zur vorexilischen Prophetenliteratur suchen. Hier macht sich eher eine Nähe zu den Psalmen bemerkbar.

Am deutlichsten tritt diese Nähe im Feindzitat von V. 19bα₂.₃.β hervor. Von den drei miteinander asyndetisch verbundenen Aussagen dieses Versteiles, die die Funktion haben, die Absicht der Bedränger zum Ausdruck zu bringen, weisen die beiden letzten Aussagen in V.

---

[28] *McKane*, Jeremiah I, 256, weist auf 2Sam 12,3 als Parallele zu unserer Stelle hin: „The lamb of Nathan's parable had been adopted by the poor man's household and had attained the status of a family pet".

[29] Vgl. Gen 38,16; 42,23; Num 22,34; Jos 8,14; Ri 14,4; 16,20; 20,34; 1Sam 14,3; 1Kön 14,2.

[30] Die Wendung לא ידע steht noch in Jer 15,14 und 17,4, wo sie sich in einem Relativsatz auf ein unbekanntes Land bezieht. Ihr folgt ein von כי eingeleiteter Begründungssatz. Zu diesen Stellen s.u. 148f.

19bα₃.β unübersehbare Gemeinsamkeiten mit Ps 83,5[31] auf: Beide
Texte stellen ein Zitat der feindlichen Überlegungen dar und artikulieren die Absicht der Ausrottung aus der Gemeinschaft der Lebendigen[32]
bzw. der Völker. Die Endgültigkeit der Ausrottung drücken sie gemeinsam mit der Formel עוד שם זכר לא aus[33].

| | |
|---|---|
| Jer 11,19bα₃.β | נכרתנו מארץ חיים |
| | ושמו לא־יזכר עוד |
| Ps 83,5 | לכו ונכחידם מגוי |
| | ולא־יזכר שם־ישראל עוד |

Die beobachteten Gemeinsamkeiten zeigen, daß V. 19bα₃.β in Anlehnung an Ps 83,5 formuliert wurde. Diese Anlehnung erklärt das singuläre Auftreten des Motivs der Ausrottung in einem Feindzitat. Dieses
Motiv ist nämlich in den Individualpsalmen durchweg in den Worten
des Beters belegt, wo es sich auf den Feind bzw. den Gottlosen[34] bezieht.
Die Vertrauensäußerung in V. 20 läßt terminologische sowie strukturelle Beziehungen zu den Psalmen erkennen: Die Gottesepitheta שפט
צדק und בחן כליות ולב von V. 20a treten, von der Doppelüberlieferung
Jer 20,12 abgesehen, überwiegend in den Psalmen auf[35]. Ferner entspricht V. 20 in seinem Aufbau der Struktur der Vertrauensäußerungen
in Ps 118,7 und Mi 7,9b, indem den Aussagen über JHWHs richtendes.
oder rettendes Handeln als deren Folge der Ausdruck der Heilszuver-
sicht folgt.

| | |
|---|---|
| Jer 11,20 | ... ויהוה צבאות שפט צדק |
| | ... אראה נקמתך מהם |
| Ps 118,7 | יהוה לי בעזרי |
| | ואני אראה בשנאי |
| Mi 7,9b | עד אשר יריב ריבי ועשה משפטי |
| | יוציאני לאור אראה בצדקתו |

---

[31] Auf die Nähe zwischen den beiden Texten machen *Holladay*, Jeremiah 1, 373,
*Ittmann*, Konfessionen, 84, und *Wanke*, Jeremia 1, 126, aufmerksam.
[32] ארץ חיים bezeichnet das diesseitige Leben unter dem Aspekt der Gemeinschaft,
aus der der Tod herausreißt (vgl. Ps 27,13; 52,7; Jes 53,8; Ez 32,23.24.25.26.27.
32).
[33] Diese Formel findet sich auch in der Prophetenliteratur (vgl. Hos 2,19), dort bezieht sie sich aber auf die Ausrottung der Götter.
[34] Vgl. Ps 34,17; 101,8; 109,15. Die verwandte Formel מחה שם wird ebenfalls im
Munde des Beters laut (vgl. Ps 9,6; 109,13).
[35] שפט צדק ist nur noch in Ps 9,5 belegt. Das Verb בחן hat in Ps 7,10 sowohl כליה als
auch לב, in Ps 17,3 und Jer 12,3 nur לב als Objekt.

Die erste Aussage des Feindzitates (V. 19bα$_2$) enthält die Metapher des grünenden[36] Baums. Sie läßt weder zu den Psalmen noch zum Jeremiabuch Verbindungen erkennen. Das Nomen עץ bezeichnet nämlich in den Psalmen gewöhnlich die Bäume als Teile der Natur[37], im Jeremiabuch dient es dagegen als Symbol für den fremden Kult[38]. Auf Menschen bezogen tritt dieses Nomen im positiven Gebrauch[39] innerhalb des Psalters nur in dem nachexilischen Ps 1[40] (V. 3) und im Jeremiabuch nur in dem wahrscheinlich ebenfalls nachexilischen[41] Weisheitsspruch Jer 17,7f auf[42], in dem der gesegnete Gerechte mit einem grünenden Baum verglichen wird. Die Formulierung שחת עץ findet sich nur noch in Dtn 20,19.20 und 2Chr 34,11, wo sie das Fällen der Fruchtbäume ausdrückt.

Die starke Anlehnung von V. 19bα$_3$.β und V. 20 an die Psalmen einerseits und das Fehlen ähnlicher Beziehungen in V. 19bα$_2$ andererseits legen die Vermutung nahe, daß die beiden Texte von unterschiedlicher Hand stammen. Die letzten beiden Aussagen des Feindzitates (V. 19bα$_3$.β) und die Vertrauensäußerung (V. 20) könnten auf einen Autor zurückgehen, der die überlieferte Klage in VV. 18.19a.bα$_1$ mit den charakteristischen Elementen des Klageliedes versehen hat[43]. Ein späterer Redaktor griff diese ergänzte Klage auf und verband sie mit Hilfe von V. 19bα$_2$ mit der vorausgehenden Passage VV. 15-17. Den redaktionellen Charakter von V. 19bα$_2$ zeigt das sowohl in diesem Versteil als auch in VV. 15f vorhandene Bild des Baums.

Die Analyse der Passage Jer 11,18-20 hat gezeigt, daß der erste Teil der Konfession Jer 11,18-23 sich aus unterschiedlichem Material zusammensetzt. In dieser Passage ist eine vermutlich auf Jeremia zurückgehende Klage (V. 18.19a.bα$_1$) von dem redaktionellen V. 19bα$_2$ und von den beiden charakteristischen Elementen des Klageliedes (Feindzitat und Vertrauensäußerung) in VV. 19bα$_3$.β.20, die eine Ergänzung der Klage darstellen, zu unterscheiden. Diese Ergänzung wurde nicht nur aus stilistischen, sondern auch aus inhaltlichen Grün-

---

[36] Anstatt בלחמו l. mit BH בלחו. Vgl. *Craigie / Kelley / Drinkard*, Jeremiah 1-25, 174f, *Schreiner*, Jeremia 1-25,14, 82, *Wanke*, Jeremia 1, 123, *Weiser*, Jeremia 1-25,14, 94. *Holladay*, Jeremia 1, 373, ändert den Text zu לחמו um. *Ittmann*, Konfessionen, 83, und *Reventlow*, Liturgie, 251f, bleiben bei MT und leiten לחם von dem arabischen lahm ab. *McKane*, Jeremiah I, 258 bleibt ebenfalls bei dem Konsonantenbestand von MT, aber punktiert ihn als בְּלֵחְמוֹ.

[37] Vgl. Ps 96,12; 104,16; 148,9.

[38] Vgl. Jer 2,20.27; 3,6.9.13; 7,18; 10,3.8; 17,2.

[39] Die Baummetapher wird in Hi 19,10; 24,20 und Thr 4,8 als Ausdruck der Vernichtung und Verwüstung negativ gebraucht.

[40] Vgl. *Kraus*, BK XV/1, 3.

[41] Vgl. *Wanke*, Jeremia 1, 165.

[42] Zum metaphorischen Gebrauch des Nomens עץ vgl. *Nielsen*, ThWAT VI, 293-296.

[43] *Thiel*, Redaktion von Jeremia 1-25, 159, erwägt, ob V. 20 einen isolierten Spruch darstellt, aber läßt die Frage offen.

den vorgenommen: Das Feindzitat (V. 19bα₃.β) führt nämlich das Motiv der Offenbarung des feindlichen Vorhabens (V. 18), die Vertrauensäußerung (V. 20) den Gedanken der Unschuld des Klagenden (V. 19a.bα₁) weiter. Die Zerlegung dieser Passage in kleinere Einheiten läßt die poetische Form der ersten und der dritten Einheit hervortreten.

### b) Analyse der zweiten, prosaisch formulierten Passage VV. 21-23

Der zweite Teil der Konfession, Jer 11,21-23, stellt ein Gerichtswort über die Leute von Anatoth dar. Sein heutiger Platz zeigt, daß er als Antwort JHWHs auf die in VV. 18ff laut gewordene Klage konzipiert wurde. Das Verhältnis zwischen den beiden Texten ist jedoch nicht unproblematisch. Zunächst fällt die poetische Form der Klage und die prosaische Form des Gerichtswortes auf. Ferner überrascht nach der Anonymität der Feinde in V. 18 ihre Benennung in VV. 21aα.23b. Das zweite Gegnerzitat in V. 21b wirkt nach dem ersten in V. 19bα₂.₃.β ebenfalls fremd.

Über die Spannungen zwischen dem Gerichtswort und der Klage hinaus sind auch innerhalb von VV. 21-23 Unebenheiten zu beobachten: Schon auf den ersten Blick fällt das zweimalige Vorkommen der von לכן eingeleiteten Botenformel in V. 21aα und V. 22aα auf. Diese hat vor allem bei den Forschern, die einen ursprünglichen Kern rekonstruieren wollen, unterschiedliche Rekonstruktionsversuche ausgelöst.

Auf der Suche nach möglichen Erklärungen für diese Beobachtungen und nach einer möglichen Antwort bezüglich des Verhältnisses zwischen der Klage (VV. 18ff) und dem Gerichtswort (VV. 21ff) nehmen wir das Gerichtswort Jer 11,21-23 unter die Lupe. Dabei achten wir, wie bei der vorigen Passage, auf die Einzelformulierungen sowie auf ihre Beziehungen zu der vorausgehenden Klage und zu den weiteren Teilen des AT.

Die Botenformel כה אמר יהוה mit לכן an der Spitze leitet in V. 21aα das als JHWH-Rede formulierte Gerichtswort *über* die Leute von Anatoth (על-אנשי אנתות) ein. Die Gottesrede über einen Dritten, mit Gerichtsankündigung als Inhalt, ist typisch für das Jeremiabuch. Sie zeichnet sich durch zweierlei aus: dadurch, daß sie sich nicht auf das ganze Volk, sondern auf einzelne Gruppen, auf die Propheten[44] und auf die Hirten[45], oder auf eine Einzelperson, auf den Propheten Schemaja[46] und auf den König Jojakim[47], bezieht und dadurch, daß das Gerichtshandeln JHWHs über die Adressaten hinaus auch ihren unmittelbaren Kreis trifft[48]. Die Gottesreden gegen Schemaja und Jojakim weisen

---

[44] Vgl. Jer 14,15 und 23,15.

[45] Vgl. Jer 23,2.

[46] Vgl. Jer 29,23.

[47] Vgl. Jer 36,30.

[48] Propheten und das Volk als Hörer (Jer 14,15f), Hirten und Herde (Jer 23,2f), Schemaja und seine Nachkommen (Jer 29,32), Jojakim und seine Nachkommen

über die obigen Charakteristika hinaus weitere auffallende Gemeinsamkeiten auf: Das Gerichtshandeln Gottes drücken sie mit dem Verb
פקד (Jer 29,32a; 36,31a) aus, und als dessen Folge kündigen sie durch
den negativen Verbalsatz לו... לא יהיה den Untergang des ganzen Hauses der Adressaten (Jer 29,32aβ; 36,30aβ) an. Unsere Stelle steht diesen beiden Gottesreden offensichtlich besonders nahe: Sie drückt das
sich gegen die Adressaten und ihr Haus (בחורים, בנות und בנים in V.
22aβ.b) richtende Gerichtshandeln Gottes mit dem Verb פקד in V. 22a
aus, und durch den negativen Verbalsatz שארית לא תהיה להם kündigt sie
in V. 23a den Untergang des ganzen Hauses der Männer von Anatoth
an. (Für die Gemeinsamkeiten s. Tabelle).

|  |  |
|---|---|
| Jer 11,21-23 | לכן כה אמר יהוה |
|  | על־אנשי ענתות |
|  | הנני פקד עליהם |
|  | הבחורים...בניהם...ובנותיהם |
|  | שארית לא תהיה להם |
| Jer 29,32 | לכן כה אמר יהוה |
|  | הנני פקד על שמעיה ... |
|  | ועל זרעו |
|  | לא יהיה לו איש ... |
| Jer 36,30f | לכן כה אמר יהוה |
|  | על יהויקים מלך יהודה |
|  | לא־יהיה־לו יושב ... |
|  | ופקדתי עליו ועל זרעו ... |

Die beobachteten Gemeinsamkeiten lassen sich am besten durch die
mehrfache Verwendung eines wahrscheinlich jeremianischen Gerichtswortes erklären. Für diese Erklärung spricht die konstante Zahl
der Elemente, der ähnliche, ja fast identische Aufbau der Texte und die
Tatsache, daß zwischen ihnen keine literarischen Beziehungen beobachtet werden können. Das Gerichtswort ist in seiner reinsten Form
wahrscheinlich in Jer 29,32 (ohne V. 32aγ.b) anzutreffen.
Unsere Stelle weist neben den engen Beziehungen zu den Gerichts-
worten gegen Schemaja und Jojakim Gemeinsamkeiten mit dem Gerichtswort gegen die Propheten in Jer 14,15f auf. Diese Gemeinsamkeiten treten in erster Linie dort hervor, wo die oben herausgearbeite-
ten Elemente des überlieferten Gerichtswortes angereichert wurden: in
der Ergänzung der einleitenden Botenformel mit einem anhand eines
Partizips formulierten Relativsatz zur Charakterisierung der vom Gericht Betroffenen (Jer 11,21aβ; 14,15aα$_2$) und mit einem Zitat, welches
als Anklage gegen die Adressaten dient (Jer 11,21b; 14,15aβ.γ). Darüber hinaus wird das die Nachkommen bezeichnende Nomen זרע in
beiden Texten durch die Aufzählung der Familienangehörigen ersetzt

(Jer 36,30f). Eine Ausnahme stellt nur Jer 23,15 dar, wo das Gerichtshandeln
JHWHs allein die Propheten trifft.

(Jer 11,22b; 14,16aβ). Gemeinsam ist ihnen ferner die Beschreibung des Gerichtes durch die zweigliedrige Formel מות בחרב (ו)ברעב + (Jer 11,22b; 14,15b.16aα₂).

<table>
<tr><td>Jer 11,21f</td><td dir="rtl">לכן כה אמר יהוה על־אנשי ענתות</td></tr>
<tr><td></td><td dir="rtl">המבקשים את־נפשך לאמר</td></tr>
<tr><td></td><td dir="rtl">לא תנבא בשם יהוה ולא תמות בידנו</td></tr>
<tr><td></td><td>...............................</td></tr>
<tr><td></td><td dir="rtl">הנני פקד עליהם</td></tr>
<tr><td></td><td dir="rtl">הבחורים ימתו בחרב</td></tr>
<tr><td></td><td dir="rtl">בניהם ובנותיהם ימתו ברעב</td></tr>
<tr><td>Jer 14,15f</td><td dir="rtl">לכן כה אמר יהוה על־הנבאים</td></tr>
<tr><td></td><td dir="rtl">הנבאים בשמי ואני לא־שלחתים והמה אמרים</td></tr>
<tr><td></td><td dir="rtl">חרב ורעב לא תהיה בארץ הזאת</td></tr>
<tr><td></td><td></td></tr>
<tr><td></td><td dir="rtl">בחרב וברעב יתמו הנבאים ההמה</td></tr>
<tr><td></td><td dir="rtl">והעם אשר המה נבאים להם...מפני הרעב והחרב..</td></tr>
<tr><td></td><td dir="rtl">המה נשיהם ובניהם ובנותיהם...</td></tr>
</table>

Diese auffälligen, bis in die Einzelformulierungen hineinreichenden Gemeinsamkeiten in beiden Texten lassen auf dieselbe Hand schließen. Das Fehlen von redaktionellen, VV. 21-23 mit weiteren Teilen von Kap. 11f verknüpfenden Elementen legt die Vermutung nahe, daß diese Passage von einem Autor als Antwort JHWHs auf die vorausgehende Klage verfaßt wurde.

Diese Vermutung findet in dem Aufgreifen und Weiterführen von Motiven der Klage eine erste Bestätigung. Dabei ist vor allem an das Motiv des mit dem Bild des gezähmten Lammes zum Ausdruck gebrachten vertrauensvollen, ja fast familiären Verhältnisses zwischen dem Klagenden und dem Bedränger zu denken. Der Autor hat dieses Motiv auf zweifache Weise weitergeführt: einerseits dadurch, daß er die Bedränger mit den Bekannten des Propheten, mit den Männern von Anatoth, identifizierte, andererseits durch die Formulierung מבקש את נפש (V. 21aβ), die in den Samuelbüchern, wo sie am meisten auftritt, die Verfolgung durch einen Bekannten zum Ausdruck bringt[49]. Ferner wird die oben geäußerte Vermutung durch die Entsprechungen zwischen der Klage (VV. 18-20) und der Antwort (VV. 21-23) unterstützt[50]. Es ist nämlich nicht zu übersehen, daß die Strafankündigung schon durch die Aufzählung der Nachkommen, aber noch deutlicher in

---

[49] מקבש את נפש bezeichnet in 1Sam 20,1; 22,23; 23,15; 25,29 und 2Sam 4,8 die Verfolgung Davids durch Saul, in 2Sam 16,11 die Verfolgung Davids durch Abschalom. Außerhalb der Samuelbücher kommt diese Wendung nur noch in 1Kön 19,10.14 und Jer 38,16 vor.

[50] *Hubmann*, Untersuchungen, 95, meint, durch die Eliminierung von V. 21 und von אל־אנשי ענתות in V. 23b den ursprünglichen Text mit einer inneren Struktur rekonstruieren zu können. Auf seine Ergebnisse greift *Holladay*, Jeremiah 1, 367, zurück.

dem negativen Satz שׁאֵרִית לֹא תִהְיֶה לָהֶם (V. 23a) den Gedanken der totalen Ausrottung von V. 19b$_{3.4}$ aufgreift und auf die Gegner bezieht. Dadurch fällt der geplante Anschlag auf die Gegner des Propheten zurück[51].
Aufgrund dieser Beobachtungen kann nun die Vermutung, derzufolge
VV. 21-23 von einem Autor als Antwort auf die Klage konzipiert wurde, als plausibel gelten. Der Verfasser dieser Passage bediente sich eines vorgegebenen prophetischen Gerichtswortes, das er, die Klage von
VV. 18-20 weitgehend vor Augen haltend, mit künstlerischer Gabe zu
einer Antwort JHWHs umgebaut hat. Die zweite Botenformel in V.
22aα, die in der LXX fehlt, und V. 23b, der in Jer 23,12b nochmals
wörtlich auftritt, stellen wahrscheinlich spätere Nachträge dar.

## 2. Die zweite Konfession Jer 12,1-6

Der ersten Konfession Jer 11,18-23 schließt sich eine zweite, Jer 12,1-
6, an. Sie zerfällt in eine Aussage über den gerechten JHWH (V. 1aα),
in die Beschreibung eines Anklägers (V. 1aβ.bα), in eine von מַדּוּעַ eingeleitete Doppelfrage nach dem Erfolg der Gottlosen mit Schilderung
ihres Glücks (VV. 1bβ.2a), in eine Beschreibung der Haltung JHWHs
gegenüber den Gottlosen (V. 2b), in eine Unschuldsbeteuerung des
Sprechers (V. 3a) mit anschließender Verwünschung der Gottlosen (V.
3b), in eine zweite, von עַד־מָתִי eingeleitete Frage nach der Dauer der
Dürre (V. 4a) mit einer Begründung (V. 4b) und in eine Antwort
JHWHs (VV. 5-6). Schon die Aufzählung dieser Elemente weckt den
Eindruck der Überladenheit, die die Einheitlichkeit von VV. 1-6 als
fragwürdig erscheinen läßt[52]. Dieser Frage soll in der hier folgenden
Analyse nachgegangen werden, indem die erwähnten Elemente auf ihre Aussageabsicht hin einzeln befragt und ihre gegenseitigen Beziehungen klargelegt werden. Dabei gehen wir von denjenigen Versen
aus, die zu ihrem unmittelbaren Kontext in formaler oder inhaltlicher
Spannung stehen. Durch dieses Verfahren zielen wir auf die Rekonstruktion der der Konfession Jer 12,1-6 zugrunde liegenden Klage
durch das Abheben der sekundären Elemente ab.
Als erstes fällt V. 6 durch seine prosaische Form auf. Er wird meistens
als eine sekundäre, interpretierende und steigernde Weiterführung von
V. 5 betrachtet[53]. Diese Auffassung ist jedoch nicht unproblematisch[54].

---

[51] Dieser Gedanke tritt in Jer 14,15b ebenfalls auf, indem die Propheten von dem
betroffen werden, dessen Eintreffen sie geleugnet haben. S.u. 100.
[52] Innerhalb von Jer 12,1-6 wird meistens nur V. 6 als sekundär betrachtet. Es gibt
jedoch Indizien dafür, daß VV. 1-5 auch nicht aus einem Guß ist.
[53] Vgl. *Hermisson*, Rechtsstreit, 312, *Holladay*, Jeremiah 1, 380, *Hubmann,* Untersuchungen, 71, *McKane*, Jeremiah I, 255.267. *Ittmann*, Konfessionen, 64.69, dagegen hält den prosaischen V. 6 für genuin und sieht in ihm die Steigerung „eine[r]
bereits erwähnte[n], in ihrer Bedeutung geringer anzusetzende[n] Aussage" ( 64),
die in V. 5 vorliegt.

V. 6 als eine Steigerung gegenüber V. 5 zu verstehen, steht vor allem die perfektisch formulierte Wendung בגד ב in V. 6aα im Wege, mit deren Hilfe ein schon geschehener Treubruch bezeichnet wird[55]. Eine bestehende Lage als Steigerung eines zukünftigen Leidens (V. 5aβ.bβ) ist schwer vorzustellen. Die sachlichen Differenzen zwischen V. 5 und V. 6 stellen die interpretierende Funktion von V. 6 ebenfalls in Frage: Die Bilder von V. 5 weisen auf verschiedene Lebenssituationen hin, V. 6 dagegen führt Personen vor Augen. Diese Beobachtungen lassen einen ursächlichen Zusammenhang zwischen den beiden Versen als unwahrscheinlich erscheinen. Sie sprechen eher dafür, daß V. 6 nicht für seinen heutigen Kontext geschaffen wurde, sondern einen isolierten, wahrscheinlich auf den Propheten zurückgehenden Spruch darstellt. Der Spruch schildert den Verlust des engsten Kreises der Vertrauten Jeremias[56] und thematisiert auf diese Weise seine Verlassenheit[57] wegen seines prophetischen Auftretens[58]. Er wurde wahrscheinlich von demselben Redaktor hier eingefügt, der auch für den Nachtrag Jer 11,21.22aβ-23a verantwortlich ist[59]. Sein Anliegen war, die in V. 2aβ als בגדי בגד bezeichnete Treulosen mit der Familie des Propheten zu identifizieren.

Nach der Ausscheidung von V. 6 bleibt eine Klage zurück, die zwischen dem Klagenden und den angeklagten Gottlosen keinerlei Beziehung erkennen läßt: Das Mißgeschick des Klagenden wird, im Unterschied zu den als Parallelen herangezogenen Texten wie Ps 37; 49; 73 und Hi 21; 24[60], dem Glück der Gottlosen nicht entgegengehalten. Ja

---

[54] Auf die problematische Beziehung von V. 6 zu V. 5 hat schon *Hubmann*, ebd., hingewiesen.

[55] Diese Wendung ist in jeremianischen Sprüchen am meisten belegt, wo sie zur Behauptung der Treulosigkeit (Hos 6,7; Jer 3,20) des Volkes gegenüber Gott oder zur Begründung des Unheils (Jer 5,11) dient.

[56] Die Formulierung אח ובית אב bezeichnet in Ri 16,31 den Familienkreis, der dem Verstorbenen die letzte Ehre erweist, in 1Sam 22,1 den Familienkreis, der David in seiner Not zu Hilfe eilt.

[57] Die Wendung בגד ב drückt in Thr 1,2b den Abfall der Freunde Jerusalems aus, dessen Folge ihre Verlassenheit ist (V. 2a).

[58] Mir scheint die von *Holladay*, Jeremiah 1, 380ff, dargebotene Deutung von מלא in V. 6aβ als „drunk" am plausibelsten.

[59] *Hubmann*, Untersuchungen, 72, stellt eine Beziehung zwischen Jer 11,21 und 12,6 ebenfalls her, schreibt aber beide Verse dem Redaktor zu, der „mit diesen Einsätzen die beiden Stücke 11,18ff. und 12,1ff. nach dem Modell von 12,5 miteinander verband". Da dem Text Jer 11,21ff ein vorgegebenes Schema zugrunde liegt und nur die Erweiterungen dem Redaktor zugeschrieben werden können, und da Jer 12,6 in seiner Terminologie der jeremianischen Verkündigung nahesteht, ist es wahrscheinlicher, daß der Redaktor sowohl in Jer 11,18ff als auch in Jer 12,1ff zwei vorgegebene Sprüche eingearbeitet hat.

[60] Vgl. *Bak*, Klagender Gott, 118, *Carroll*, Jeremiah, 285, *Schreiner*, Jeremia 1-25,14, 83, und *Wanke*, Jeremia 1, 127.

noch mehr, es läßt sich überhaupt keine Not des Sprechers ermitteln[61].
Demzufolge hat diese Klage, oder richtiger Weisheitsrede, nicht die
sich gegen den Klagenden richtende Tätigkeit der genannten Gruppen
als Hauptthema, sondern ihr Glück, das offensichtlich keine Folgen für
den Klagenden hat.
Ist diese Beobachtung richtig, so sind wir dazu genötigt, nach dem
Sinn der Unschuldsbeteuerung in V. 3a und der Verwünschung in V.
3b zu fragen. Die Unschuldsbeteuerung dient nämlich meistens zur
Unterstützung der Bitte und als Beweggrund für das Einschreiten
JHWHs zugunsten des Klagenden[62]. Die Verwünschung hat die Wiederherstellung der gestörten Ordnung im zwischenmenschlichen Bereich zum Ziel. Da in unserem Text keine Bitte laut wird und keine
solche Störung vernommen werden kann, steht die Berufung auf die
eigene Unschuld in V. 3a beziehungslos und die Verwünschung in V.
3b grundlos da. Diese Überlegungen legen die Annahme nahe, daß V.
3 keinen ursprünglichen Bestandteil der Klage darstellt. Dafür spricht
auch die Terminologie dieses Verses, die durch das Verb נתק sowie das
Verbpaar ידע und ראה einerseits an die Verkündigung des Propheten[63],
andererseits an die Prophetenklage Jer 11,18-19a.bα₁ und an den
Nachtrag Jer 11,19bα₂,₃,β.20 erinnert[64]. Die offensichtlichen Beziehungen von Jer 12,3 zu Jer 11,18ff, die durch das Bild des zum
Schlachten geweihten Lammes ebenfalls bezeugt wird, legen die Annahme nahe, daß V. 3 im Hinblick auf die vorausgehende Klage mit
der Absicht verfaßt wurde, die beiden Klagen miteinander zu verbinden[65].

---

[61] *Bak*, Klagender Gott, 117, vermerkt das Ausbleiben der Selbstklage und der Bitte um die Hilfe ebenfalls.
[62] Vgl. *Koch*, Formgeschichte, 213. S. auch Ps 17,1ff; 26,2ff.
[63] Das Verb נתק ist im Jeremiabuch, und zwar überwiegend in authentischen (vgl.
Jer 2,20; 5,5; 6,29; 10,20; 22,24) Sprüchen (vgl. auch 12,3 und 30,8), am meisten
belegt. S. auch *Kronholm*, ThWAT V, 719-723.
Das Verbpaar ידע und ראה ist in der Prophetenliteratur als Ausdruck des Erkennens
und Einsehens ebenfalls bei Jeremia, und zwar in Aufforderungen, am meisten belegt (vgl. Jer 2,19.23; 5,1). Auf JHWH bezogen tritt es noch in dem Danklied Ps
31,8f auf.
[64] Durch das Verbpaar ידע und ראה verbindet sich V. 3a mit der Prophetenklage Jer
11,18-19a.bα₁ und durch die Bitte um die Vernichtung der Feinde in V. 3b mit
dem Nachtrag Jer 11,19bα₂-20. Auf die Bezüge zwischen den einzelnen Texten
machen *Bak*, Klagender Gott, 119, *O'Connor*, Confessions, 23-25, und *Wanke*, Jeremia 1, 125, Anm. 145, ebenfalls aufmerksam.
[65] Die Ähnlichkeit der Terminologie wurde in der Forschung unterschiedlich ausgewertet: Während *Thiel*, Redaktion von Jeremia 1-25, 160, darin den Anlaß für
die Verknüpfung der beiden Konfessionen sieht, hält sie *O'Connor*, Confessions,
23-25, für den Beweis für die Zusammengehörigkeit von Jer 11,18-20 und Jer
12,1-3. *Bak*, Klagender Gott, 119f, macht über die terminologische Ähnlichkeit
hinaus auch auf die sachliche Spannung zwischen Jer 11,20bα und 12,3b aufmerksam. Von den „jetzigen Textzusammenhänge(n)" ausgehend, kommt er zu der An-

Das Verhalten der Gottlosen scheint sich auf die Natur auszuwirken. V. 4 beschreibt nämlich die Folgen der durch die menschliche Bosheit herbeigeführten (V. 4bα₁) Dürre auf die Pflanzen- (V. 4a) und Tierwelt[66] (V. 4bα₂). Daß die Dürrebeschreibung in der Klage unvermittelt auftritt, vermerken die meisten Kommentare[67]. Bevor wir aber die Beziehung dieses Verses zu seinem Kontext untersuchen, werfen wir einen Blick auf seine Einheitlichkeit. Es gibt nämlich Indizien, die sie als fraglich erscheinen lassen[68]. Als erstes fällt die Formulierung der Begründung מרעת ישבי בה in V. 4bα₁ auf. Zunächst deswegen, weil die Wendung רעה + מן als Begründung eines Geschehens im Jeremiabuch – wo sie sonst in den Aufforderungen zur Umkehr auftritt[69] – einmalig ist. Ferner überrascht der Standort der Begründung: Während die Subjektbezeichnung ישבי בה an allen anderen Stellen innerhalb und außerhalb des Jeremiabuches sich unmittelbar dem vorher genannten (femininen) Nomen anschließt[70], ist in V. 4abα ein größerer Abstand zwischen der Präposition ב und dem Bezugswort ארץ zu beobachten[71]. Diese ungewöhnliche Satzkonstruktion erklärt sich am besten dadurch, daß V. 4bα₁ nachträglich in die Dürreschilderung eingefügt wurde. Für diesen Erklärungsversuch spricht auch das Auftreten des die Gesamtbewohner des Landes bezeichnenden Subjekts ישבי בה, welches offensichtlich mit den in V. 1bα genannten Gruppen רשעים und בגדים konkurriert. Da die Formulierung מרעת ישבי בה außerhalb von Jer 12,4bα₁ nur noch in Ps 107,34b auftritt und zwischen diesen beiden Belegen eine wörtliche Entsprechung besteht, legt sich die Annahme nahe, daß V. 4bα dem zweiten hymnischen Teil von Ps 107 entlehnt wurde.

Der Dürrebeschreibung (V. 4a.bα₂) mit sekundärer Begründung (V. 4bα₁) schließt sich ein von כי eingeleiteter Satz (V. 4bβγ) an. In diesem Satz wird eine unbestimmte Mehrzahl zitiert (כי אמרו), die schwer zu

---

nahme, daß „das [...] feste Vertrauen des Gerechten angesichts des anhaltenden Wohlergehens der gottlosen Gegner auf die Probe gestellt wird" (120).

[66] Die Nomina עוף und בהמה treten im Jeremiabuch in der festen Wendung עוף השמים ובהמת הארץ auf (Jer 7,33; 15,3; 16,4; 19,7; 34,20), und zwar in Gerichtsankündigungen. Vgl. auch Dtn 28,26. In der Beschreibung der Folgen des Gerichtes dient dieses Wortpaar zur Bezeichnung der ganzen Tierwelt.

[67] Vgl. *McKane*, Jeremiah I, 263. *Rudolph*, Jeremia, 78, scheidet V. 4a.bα aus.

[68] Gegen *McKane*, Jeremiah I, 263, der meint, daß V. 4 „is intelligible in itself but not in its context".

[69] Vgl. Jer 4,14; 9,2; 18,8; 23,14; 44,5. Außerhalb des Jeremiabuches hat diese Wendung die Bedeutung „fernhalten von" (1Sam 25,39; Jona 4,6; 1Chr 4,10). Ähnliche Bedeutung hat auch die nur in der Weisheitsliteratur belegte Wortverbindung רע + מן (vgl. Hi 1,1.8; 2,3; 28,8; Ps 34,14.15; 37,27; 101,4; Prov 3,7; 4,27; 13,19; 14,16; 16,6.17; Jes 59,15).

[70] Vgl. Am 8,8; 9,5; Hos 4,3; Jes 24,6; Jer 8,16; 46,8; 47,2; Ez 32,15; 38,11; Nah 1,5; Hab 2,8.17; Ps 24,1; 98,7; 107,34.

[71] Da das unmittelbar vorausgehende Nomen שדה maskulin ist, sind hier offensichtlich die Bewohner des in V. 4aα erwähnten Landes und nicht des Feldes von V. 4aβ gemeint.

identifizieren ist: Sie kann auf die in V. 1bβ genannten Menschen-
gruppen, aber auch auf die „Bewohner des Landes" von V. 4bα₁ hinweisen. Allerdings muß im letzten Fall das Zitat innerhalb der Dürrebeschreibung auch als sekundär betrachtet werden. Die Ermittlung der
Quelle des Zitates hängt eng mit der Bestimmung seiner Funktion sowie seiner Aussageabsicht zusammen.

Es bietet sich zunächst die Lösung an, das Zitat in V. 4bβγ mit mehreren Forschern als einen Begründungssatz zu verstehen[72], der die Gesinnung der Gottlosen als Ursache für die Dürre anführt. In diesem
Fall soll V. 4bβ als Weiterführung und Konkretisierung von V. 4bα₁
verstanden und das Zitat von den „Bewohnern des Landes" hergeleitet
werden. Dieses Verständnis ist jedoch problematisch. Dagegen ist zunächst ein formaler Grund einzuwenden: Einer von עד־מתי eingeleiteten
Frage folgt logischer Weise keine Begründung[73], sondern eine auf das
Ändern eines Verhaltens oder auf das Beenden einer Situation zielende
Aufforderung[74] oder Bitte[75]. Darüber hinaus eignet sich das Motiv des
„Nicht-Sehen-(Könnens)" nur schwer als Begründung für eine Natur-
katastrophe, zumal es gewöhnlich als Erklärung für das hemmungslose
böse Handeln der Gottlosen[76] oder als Ausdruck ihrer Überheblich-
keit[77] dient.

Mit Rücksicht auf diese Schwierigkeiten legt sich die von Rudolph[78]
und Weiser[79] vorgeschlagene Lösung nahe, V. 4bβγ im Kontext von V.
1f bzw. als Fortsetzung von V. 2b zu lesen und das Zitat den רשעים und
בגדים zuzuschreiben. In diesem Fall soll V. 4bβγ besser als ein Kausalsatz[80] verstanden werden, der die Verhaltensweise der Gottlosen auf
JHWH zurückführt. Dieses Verständnis macht es aber unmöglich, V.
4bβγ im Lichte von Ps 94,7 als Bestreitung von Jahwes Einfluß auf das
Geschick der Gottlosen aufzufassen[81]. Wir haben eher davon auszugehen, daß V. 4bβγ, ebenso wie V. 2 über JHWHs Wirken redet. Diese
Vermutung wird einerseits durch den Kontext – V. 2 stellt das Glück

---

[72] Vgl. *Ittmann*, Konfessionen, 68, *Schreiner*, Jeremia 1-25,14, 84, und *Wanke*, Jeremia 1, 127.

[73] In Jer 4,22 folgt der Frage eine von כי eingeleitete Begründung, aber dieser Zusammenhang ist sekundär. Vgl. *Schreiner*, Jeremia 1-25,14, 37, *Wanke*, Jeremia 1,
63. Der von עד־מתי eingeleitete Fragesatz steht noch in Jer 31,22 zusammen mit einem כי-Satz, der nicht die Ursache der Lage, sondern den Grund für ihre Änderung
nennt.

[74] Ex 10,3.7; 1Sam 16,1; 1Kön 18,21; Ps 74,10f; 82,2f; Prov 1,22; Jer 23,26.28;
47,5.

[75] Vgl. Ps 6,4f; 80,5.8; 90,13.

[76] Vgl. Ps 10,11 und 94,6f.

[77] Vgl. Ps 73,11.

[78] *Rudolph*, Jeremia, 78.

[79] *Weiser*, Jeremia 1-25,14, 101.

[80] Vgl. *Joüon*, Grammar II, 638, und die von ihm angeführten Beispiele 1Kön
1,24f und 1Sam 26,15.

[81] *Wanke*, Jeremia 1, 127.

der Gottlosen als direkt von JHWH bewirkt dar –, andererseits durch
die Formulierung dieses Versteiles nahegelegt: (Objekt +) לא ראה את
hat nämlich in Dtn 22,1.4 die Bedeutung „nicht (untätig) zusehen". In
diesem Fall drückt das Zitat die Zuversichtlichkeit der רשעים und בגדים
bezüglich ihres Endes aus, und V. 4bβγ kann dementsprechend wie
folgt übersetzt werden: „Denn sie sagen: Er wird bei unserem Ende
nicht untätig zusehen." Ist diese Interpretation richtig, so handelt es
sich in dieser Weisheitsrede um das beglückende Wirken JHWHs im
Leben der Gottlosen von ihrer Geburt (V. 2a) an bis zu ihrem Tod und
sogar in ihrem Tod. Dieser Versteil stellt auf diese Weise die letzte
Steigerung der Frage nach dem Walten Gottes in der Welt dar: Durch
den Gedanken eines glücklichen Endes der Gottlosen geht er nämlich
weit über Ps 73,17-20 hinaus, wo das Ende der Gottlosen den letzten
Ausgleich darstellt[82].
Nach der Ausscheidung der als Zusatz erkannten Begründung V. 4bα₁
und der Zuweisung von V. 4bβγ zu V. 2 als dessen Fortsetzung ist uns
in V. 4a.bα₂ eine Dürreschilderung verblieben, die prophetische Züge
trägt. Diese Züge treten einerseits durch die hier angesprochene Dürre-
thematik[83], andererseits durch die Terminologie dieses Textes zutage:
Das Verb אבל mit הארץ als Subjekt ist in der vorexilischen Prophetenliteratur nur im Jeremia-[84] und im Hoseabuch[85] belegt[86]. Das Begriffspaar בהמה ועוף kommt ebenfalls überwiegend im Jeremiabuch vor[87].
Das Nomen עשב dagegen tritt in einer Dürrebeschreibung ausschließlich im Jeremiabuch auf[88]. Da die Dürrebeschreibung durch ihre Thematik und Terminologie sich von dem den Erfolg und das Gedeihen
der Gottlosen thematisierenden Kontext deutlich abhebt, liegt die Annahme auf der Hand, daß sie nachträglich in die Weisheitsrede Jer
12,1.2.4bβ eingefügt wurde. Den Anlaß für diesen Eingriff könnte die
Verbindung der Weisheitsrede mit der Gottesklage Jer 12,7ff gegeben
haben, wofür der wahrscheinlich jeremianische Spruch Jer 12,4a.bα₁
wegen seiner Nähe zu Jer 12,11 am meisten geeignet war. Für die Eintragung der Begründung מרעת ישבי בה aus Ps 107,34b in Jer 12,4 könnte

---

[82] Aus diesem Grund kann die Behauptung von *Kraus*, BK XV/1, 504, in bezug
auf die Datierung von Ps 73: „Jer 12 1ff dürfte den terminus post quem andeuten",
kaum zutreffen.
[83] Vgl. *Stahl*, FS Preuß, 166-173.
[84] Vgl. 4,28; 12,4; 23,10.
[85] Vgl. Hos 4,3.
[86] Aus der nachexilischen Zeit stammen die beiden Stellen Jes 24,4; 33,9. Vgl.
*Stahl*, FS Preuß, 167.
[87] Vgl. Jer 9,9. S. auch Dtn 4,17. Sonst ist dieses Begriffspaar in Gerichtsankündigungen dtr. Charakters in der Wendung עוף השמים ובהמה הארץ belegt (Dtn 28,26; Jer
7,33; 15,3; 16,4; 19,7; 34,20).
[88] Vgl. Jer 14,6. Dieses Nomen bezeichnet meistens das Futter für das Vieh. Metaphorisch gebraucht drückt es die Vergänglichkeit (Ps 102,5.12) oder das Gedeihen
(Hi 5,25; Ps 92,8) des menschlichen Lebens aus.

ebenfalls Jer 12,11 bzw. der als Begründung dienende Nominalsatz כי
אין איש שם על־לב den Anstoß gegeben haben. Darüber hinaus könnte der
Redaktor auch von der Intention geleitet sein, der Weisheitsrede durch
die Eintragung der Dürreschilderung einen Klagecharakter zu verleihen, damit sie besser in ihren von Klagen beherrschten Kontext hin-
einpasse.
Durch die bisherige Analyse haben sich die Verse 6.3.4 als sekundäre
Ergänzungen mit klärenden oder redaktionellen Funktionen herausgestellt: V. 6 diente zur Gleichstellung der רשעים und בגדים (V. 1bβγ) mit
den engsten Verwandten Jeremias, V. 3 stellte den Zusammenhang
zwischen der Weisheitsrede Jer 12,1.2.4bβ und dem vorausgehenden
Klagelied Jer 11,18ff und V. 4 den zu der nachstehenden Klage
JHWHs Jer 12,7ff her. Da die meisten Ergänzungen typische Elemente
des Klageliedes des Einzelnen darstellen – Unschuldsbeteuerung in V.
3a, Verwünschung in V. 3b, Anklage Gottes in V. 4a.bα –, stellt sich
die Frage nach der Ursprünglichkeit der Gottesantwort in V. 5, die
ebenfalls als Bestandteil dieser Gattung figuriert.
V. 5 besteht aus zwei parallelen Fragesätzen, in denen einer gegenwärtigen Lage (V. 5aα.bα) eine zukünftige (V. 5aβ.bβ) entgegengesetzt
wird[89]. Da in den mit der Fragepartikel איך gebildeten antithetischen
Fragesätzen meistens einer ohnehin schon schweren Situation eine
noch schwerere gegenübergestellt wird[90], überrascht die Constructusverbindung ארץ שלום in V. 5bα, die für die Bezeichnung einer solchen
Situation kaum geeignet ist. Folglich handelt es sich in V. 5b nicht um
die Ablösung einer schweren Situation durch eine noch schwerere, wie
dies in V. 5a der Fall ist, sondern um das Auftreten einer Bedrohung
nach einer sicheren Lage. Aus diesem Grund kann V. 5b kaum als
wirkliche Parallele zu V. 5a verstanden werden. Da die Störung in der
Konstruktion des zweiten Versteiles sowie im Versbau durch die Genitivverbindung ארץ שלום verursacht wird, macht sich V. 5bα verdächtig,
innerhalb von V. 5 nicht ursprünglich zu sein. Vermutlich wurde das

---

[89] Einige Forscher versuchen, die Bildersprache auf das Leben des Propheten zu
beziehen und die gegenwärtige sowie die zukünftige Not zu konkretisieren. *Hubmann*, Untersuchungen, 152, versteht die in V. 2 erwähnten רשעים als „Konkurren-
ten im Amt". Zu V. 5b verzichtet er auf eine Konkretisierung. *Holladay*, Jeremiah
1, 379f, bezieht V. 5a ebenfalls auf das Prophetenamt. V. 5b bringt er mit dem
Gottesverhältnis des Propheten in Zusammenhang. *Ittmann*, Konfessionen, 97f,
sieht in V. 5a den Konflikt des Propheten, in V. 5b die ständige Lebensdrohung als
konstitutives Element der prophetischen Existenz. *Craigie / Kelley / Drinkard*, Jeremiah 1-25, 181, verbindet das Bild von den Rossen mit dem „enemy from the
north", „the wilderness of Jordan" mit dem Exil.
[90] Vgl. Ex 6,12.30; 2Sam 12,18; 2Kön 10,4; Jes 20,6. In den von איך eingeleiteten
Klagen über Moab (Jer 48,17) und Babel (Jer 50,23) wird ihrer ehemaligen Macht
die jetzige Ohnmacht gegenübergestellt. Durch die Fragepartikel ואיך wird auch ein
Satz eingeleitet, in dem die Unmöglichkeit einer Handlung oder eines Geschehens
zum Ausdruck gebracht wird (vgl. Gen 39,9; 44,8; Jos 9,7; 2Sam 2,22; Jer 2,21;
Ez 33,10).

ursprüngliche erste Glied von V. 5b durch den Nominalsatz V. 5bα ersetzt. Dafür spricht zunächst der formelhafte Charakter von V. 5aα[91], durch den er sich von V. 5a.bβ, der durch seine ungewöhnliche Ausdrucksweise herausragt, deutlich abhebt. Die im ganzen AT einmalige Genitivverbindung ארץ שלום unterstützt ebenfalls diese Vermutung. Als Objekt des asyndetischen Relativsatzes אתה בוטח[92] weist sie auf den Gegenstand des Vertrauens hin. Als solches ist das Land (ארץ) singulär und ungewöhnlich[93]. Daher stellt sich die Frage nach der Bedeutung dieser Genitivverbindung[94]. Um sie zu beantworten, suchen wir nach weiteren Nomina, die in einer Constructusverbindung mit שלום auftreten. Dabei fallen Jes 32,18, wo eine Stadt[95], sowie Ps 41,10 und Jer 38,22, wo eine Person bzw. eine Gruppe von Menschen durch שלום näher bestimmt wird, auf. Von diesen Stellen steht Ps 41,10a durch seinen Aufbau und durch seine Formulierung unserem Text besonders nahe: Er besteht aus einer vorangestellten Constructusverbindung (איש שלומי), gefolgt von einem anhand der geläufigen Formel ב בטח formulierten Relativsatz. Diese strukturellen und terminologischen Verbindungen zwischen Ps 41,10a und Jer 12,5bα lassen für die Genitivverbindung ארץ שלום auf eine איש שלום nahestehende Bedeutung schließen: Sie könnte den Kreis der Vertrauten aus dem in Jer 11,21.23 genannten Heimatland bezeichnen.

Die sich von V. 5a.bβ abhebende Formulierung von V. 5bα und der mögliche Verweis auf den Vertrautenkreis anhand von ארץ שלום bestätigt also die oben geäußerte Vermutung, daß V. 5bα nachträglich in V. 5 eingefügt wurde, wobei das ursprüngliche erste Glied des antithetischen Fragesatzes in V. 5b weggefallen ist. Dieser Eingriff diente zur

---

[91] V. 5aα₂ hat als Attributsatz in dem Hauptsatz V. 5aα₁ das Objekt. Dieser Satzkonstruktion liegt die Formel ב בטח mit der Bedeutung „vertrauen auf" zugrunde.

[92] Da der Hauptsatz V. 5aα₁ das Objekt des Relativsatzes V. 5aα₂ darstellt, bedarf es keines besonderen Rückverweises. Vgl. Jenni, *Lehrbuch*, 73.

[93] Man vertraut auf die Stadttore und die festen Stadtmauer (Dtn 28,51; Jer 5,17), auf den Tempel (Jer 7,14), auf Gott (2Kön 18,5.22.30; Jer 17,7; 39,18), auf politische Mächte (2Kön 18,20.21.22.24; 19,10; 1Chr 5,20; Ps 9,11; 13,6; 21,8; 22,5; 25,2; 26,1; Jes 36,5f; Jer 46,15; Hos 10,13), auf Freunde (Ps 41,10), Waffen (Ps 44,7), Vermögen (Ps 49,7; 5,9; Prov 11,28; Jer 48,7; 49,4), Gewalt (Ps 62,11; Jes 30,12), Götzen (Ps 115,8; 135,18), auf Vertraute (Mi 7,5) oder Menschen (Ps 118,8f; 146,3), auf den menschlichen Verstand (Prov 28,16), auf die Schönheit (Ez 16,15), menschliche Gerechtigkeit (Ez 33,13), auf die Bosheit (Jes 47,10), auf haltlose Behauptungen (Jes 59,4), aber nie auf das Land.

[94] In der Forschung begegnen wir der Bedeutung „sicheres Land" am meisten. Es wird als der Ort interpretiert, wo der Prophet sich sicher fühlt. Vgl. *Ittmann*, Konfessionen, 97, *Craigie / Kelley / Drinkard*, Jeremiah 1-25, 181, *Rudolph*, Jeremia, 78f, *Schreiner*, Jeremia 1-25,14, 84, *Wanke*, Jeremia 1, 124, und *Weiser*, Jeremia 1-25,14, 101. *Carroll*, Jeremiah, 282f, dagegen interpretiert ארץ שלום als den Ort des „Fallens". Ähnlich urteilt *McKane*, Jeremiah I, 264, der meint, daß „the negligence arising from a false sense of security leads to a fall".

[95] Diese Stelle zieht auch *Holladay*, Jeremiah 1, 380, als mögliche Parallele heran.

Verbindung von V. 6 mit V. 5 sowie der Konfession Jer 12,1ff mit Jer 11,18ff, wodurch die gegenwärtige schwierige Lage als Verfolgung des Propheten durch seine Landsleute und Familie konkretisiert wurde. Er wurde höchstwahrscheinlich in Anlehnung an Ps 41,10a ausgeführt, der dem Redaktor wegen seiner formalen und inhaltlichen Nähe zu Jer 12,5bα aufgefallen sein könnte: Er fängt mit dem betonenden גם an und weist auf das Abfallen von ehemaligen Vertrauten hin.

Die bisher gemachten Beobachtungen lassen auf die Frage nach der Beziehung zwischen der Weisheitsrede Jer 12,1.2.4bβ und V. 5 keine eindeutige Antwort zu. Die Andersartigkeit der Terminologie dieses Verses sowie seine redaktionellen Verbindungen mit V. 6 legen jedoch die Vermutung nahe, daß die göttliche Antwort wie die anderen typischen Elemente des Klageliedes der Weisheitsrede sekundär angehängt wurde. Das sowohl in V. 4 als auch in VV. 5.6 anwesende jeremianische Gut macht wahrscheinlich, daß diese Verse von derselben Hand in die Weisheitsrede eingefügt wurden. Der Redaktor hat die Weisheitsrede mit einer Klage (V. 4) und mit einem Orakel (VV. 5f) versehen, die Gottlosen mit der Familie des Propheten identifiziert und die gegenwärtige schwere Situation mit der Verfolgung Jeremias gleichgesetzt. Da diese Eintragungen an die Motive der Konfession Jer 12,1ff anknüpfen und gleichzeitig Beziehungen zu Kap. 12 aufweisen, ist es anzunehmen, daß V. 3 in einem zweiten Schub in die Konfession eingefügt wurde, um sie mit dem vorausgehenden Text Jer 11,18ff zu verbinden.

Die obige Analyse hat gezeigt, daß VV. 3.4a.bα.5.6 nachträglich in die Weisheitsrede Jer 12,1.2.4bβ eingefügt wurden. Nach der Ausscheidung der sekundären Elemente wenden wir uns nun der Weisheitsrede zu.

In unserer Analyse gehen wir von dem von Rechtsterminologie beherrschten V. 1 aus. Dieser Vers wird meistens auf zwei konträre Sätze in V. 1aα und V. 1aβ.bα aufgeteilt: Der zweite Satz charakterisiert den Sprecher als Ankläger, der erste Satz stellt JHWH als Angeklagten und Richter gleichzeitig dar. Diese seine Doppelrolle wird durch den im Jeremiabuch singulären Nominalsatz צדיק אתה יהוה von V. 1aα nahegelegt, der als Urteilszuspruch den schuldlosen Angeklagten sowie gerechten Richter beschreibt[96]. Dadurch kommt der Ankläger in eine paradoxe Situation zu stehen, in der er von Anfang an „seiner *Unterlegenheit* dem göttlichen [Streitpartner] gegenüber bewußt"[97] ist.

Dem scheint jedoch sein Auftreten zu widersprechen. Die Haltung des Klagenden weist nämlich eher auf einen Ankläger hin, der seiner Sache sicher ist. Dies kommt in V. 1aβ.b zum Ausdruck, der durch die

---

[96] Vgl. *Boecker*, Redeformen, 132. *Holladay*, Jeremiah 1, 375 hebt die ambivalente Bedeutung dieses Satzes ebenfalls hervor, schreibt jedoch dem Freispruch einen ironischen Charakter zu.
[97] *Bak*, Klagender Gott, 116.

Rechtsformel ריב אל[98] in V. 1aα aufzeigt, daß der Sprecher gegen JHWH Anklage erheben will, und durch die Formel דבר משפט את[99] in V. 1b zu Verstehen gibt, daß er überdies[100] die Absicht hat, das Urteil über JHWH zu sprechen[101]. Das Urteil spricht jedoch nie der Unterlegene, sondern der Überlegene. Demzufolge kann die Formulierung צדיק אתה יהוה schwerlich als Unschuldigerklärung verstanden werden. Dagegen spricht auch die Tatsache, daß in diesem Streitgespräch das Schuldbekenntnis als konstitutiver Teil der Unschuldigerklärungsformel fehlt[102]. Der Nominalsatz in V. 1aα ist eher als eine Aussage über JHWH als „Gerechten" zu verstehen. Sein צדיק-Sein ist jedoch keine „in Gott ruhende Eigenschaft"[103]. Dies beweist die Tatsache, daß „im Kontext regelmäßig ein Handeln vor[liegt], durch das er seine Gerechtigkeit zeigt"[104]. Diese Behauptung wird in der Konstruktion der hier aufgereihten Belege greifbar: Dem vorangestellten, JHWH mit dem Adjektiv צדיק oder vereinzelt mit einem anderen Adjektiv (גדול/טוב) charakterisierenden Nominalsatz schließt sich ein Verbalsatz an, der sein Handeln beschreibt.

---

[98] Die Formulierung ריב אל kommt in Ri 21,22; Jer 2,29 und 12,1 vor und bedeutet „gegen jemanden Anklage erheben". Vgl. auch *Boecker*, Redeformen, 131f, *Liedke*, Rechtssätze, 91.

[99] Vgl. 2Kön 25,6; Jer 1,16; 4,12; 39,5; 52,9. Für diese Formel mit *Rudolph*, Jeremia, 78, hier einen anderen Sinn anzunehmen, ist nicht berechtigt. So auch *Holladay*, Jeremiah 1, 376.

[100] אך muß wegen dieser Steigerung nicht als adversatives (gegen *Gesenius*, Wörterbuch, 34, und *Snaith*, VT 1964, 221ff), sondern als hervorhebendes Adverb verstanden werden. Vgl. *Koehler/Baumgartner*, Lexikon, 42.

[101] *Liedke*, Rechtssätze, 91, verkennt die Formel an dieser Stelle. Er geht von der Wortverbindung דבר את, mit der Bedeutung „sprechen zu" aus, und übersetzt V. 1b als „ich will Urteilsvorschläge zu dir sprechen". Da er die Urteilsvorschläge als Bestandteil der Anklagerede betrachtet, sieht er innerhalb von V. 1aβ.b keine Steigerung.

[102] Vgl. *Boecker*, Redeformen, 130.

[103] *B. Johnson*, ThWAT VI, 917.

[104] *B. Johnson*, ebd.

| | | |
|---|---|---|
| Ps 86,10a | ועשה נפלאות | כי גדול אתה |
| Ps 119,68 | ומיטיב | טוב־אתה |
| Ps 119,137 | וישר משפטיך | צדיק אתה יהוה |
| Jer 10,6b | וגדול שמך בגבורה | גדול אתה |
| Esr 9,15a | כי נשארנו פליטה כיום הזה | יהוה אלהי ישראל צדיק אתה |
| Neh 9,8b | כי צדיק אתה | ותקם את־דבריך |

Auffälligerweise fehlt in unserer Stelle der zweite Satz. Dieser „Mangel" kann kaum dem Zufall zugeschrieben werden. Es handelt sich eher um das bewußte Weglassen des üblichen Verbalsatzes, um dadurch das Ausbleiben des die Gottlosen strafenden Handelns JHWHs hervorzuheben. Dies kann aber mit seinem Gerecht-Sein nicht in Einklang gebracht werden. Auf diese Weise wird die Aussage über JHWH in V. 1aα zu einer Anklage gegen ihn.

Den Anklagecharakter von V. 1bβγ macht schon die einleitende Fragepartikel מדוע[105] deutlich. Die Anklage selbst wird in der Doppelfrage dieses Versteiles formuliert, wo in V. 1bβ mit Hilfe der bekannten Phrase צלח + דרך[106] zunächst nach dem Erfolg der Gottlosen und in V. 1bγ nach der Ruhe der Treulosen[107] gefragt wird. Darunter versteht der Sprecher die unbehinderte Entfaltung der genannten Gruppen, wie das aus dem Bild des gepflanzten und fruchtbringenden Baums in V. 2a hervortritt. Dies ist aber deckungsgleich mit der Außerkraftsetzung der Bundesordnung. Der Erfolg ist nämlich, laut Jos 1,8, die Folge des Gehorsams gegenüber Gott und seinem Gesetz. Im Fall von Ungehorsam muß er dementsprechend, wie dies Dtn 28,29 bezeugt, ausbleiben. Ähnlich steht die Ruhe nach Ps 122,6 denjenigen zu, die (Jerusalem) lieben (אהב)[108]. Das Glück der Gottlosen und die Ruhe der Treulosen zeugen also von der Unwirksamkeit der von JHWH eingesetzten Bundesordnung.

In V. 2b stehen zwei antithetische Nominalsätze, die von den meisten Forschern als Beschreibung der vorher erwähnten Gottlosen und Treulosen gelesen werden[109]. Diese Interpretation stützt sich auf die als Parallelstellen herangezogenen Verse Jes 29,13a und Jer 9,7b. Die erste

---

[105] Vgl. Hi 21,7.

[106] Vgl. *Hausmann*, ThWAT VI, 1045.

[107] בגדים bezeichnet diejenigen Menschen, die die Ordnungen Gottes nicht respektieren. Vgl. *Erlandsson*, ThWAT I, 510.

[108] Thr 1,5 setzt sich mit dieser Frage ebenfalls auseinander und kommt zu der Schlußfolgerung, daß die Ruhe von Zions Feinden auf das Gericht zurückgeht, aber in keiner Weise der normale Gang der Ereignisse ist.

[109] *Bak*, Klagender Gott, 116, *Carroll*, Jeremiah, 285, *Craigie / Kelley / Drinkard*, Jeremiah 1-25, 180, *Rudolph*, Jeremia, 79, *Schreiner*, Jeremia 1-25,14, 83, *Weiser*, Jeremia 1-25,14, 103. *Wanke*, Jeremia 1, 127, betrachtet V. 2b als Beschreibung des Verhaltens der Gottlosen JHWH gegenüber. *Holladay*, Jeremiah 1, 377, hält V. 2b für ein Zitat, das Jeremia in Anlehnung an Ps 119 formuliert hat.

Stelle stellt die verkehrte Kultfrömmigkeit[110] dar, die zweite schildert das trügerische Verhalten des Menschen seinem Nächsten gegenüber. Dabei wird das äußere Verhalten der inneren Haltung gegenübergestellt. Die aufgedeckte Diskrepanz zwischen beiden wird durch die Nomina שׂפה/פה (Jes 29,13aα; Jer 9,7b₁) sowie לב (Jes 29,13aβ) und קרב (Jer 9,7b₂) ausgedrückt. Da das Begriffspaar פה und כליה – ein Synonym von לב – in unserem Versteil ebenfalls belegt ist, liegt seine Interpretation im Lichte der genannten Parallelstellen auf der Hand. Neben dieser Gemeinsamkeit ist zwischen Jer 12,2b und Jes 29,13a bzw. Jer 9,7b auch ein Unterschied zu beobachten, der bei der Interpretation dieses Versteiles mit berücksichtigt werden soll: In den Parallelstellen stehen lauter Verbalsätze, in unserem Text dagegen prädizierende Nominalsätze. Dieser auf den ersten Blick vielleicht nicht gravierende Unterschied gewinnt noch mehr an Bedeutung, wenn man in Betracht zieht, daß in den vorausgehenden V. 1bβ und V. 2a die Verbalsätze zur Darstellung des Lebensganges der Gottlosen, der Nominalsatz in V. 1aα dagegen, der mit dem vorangestellten Prädikat denselben Aufbau aufweist wie V. 2bα.β, zur Charakterisierung JHWHs dient. Diese Beobachtungen ermöglichen zwar kein eindeutiges Urteil, legen jedoch nahe, die Nominalsätze von V. 2b besser als Beschreibung des Verhältnisses JHWHs zu den Gottlosen, auf die anhand der Possessivsuffixe in der dritten Person Plural maskulin Bezug genommen wird, als umgekehrt zu lesen. In diesem Sinne besagen sie das Gegenteil von 1Sam 16,7: JHWH sieht und hört das, was ihm gezeigt und gesagt wird, und nicht das Herz des Menschen. Nur so kann erklärt werden, daß die Gottlosen Erfolg und die Treulosen Ruhe haben. Dies, wie sein צדיק-Sein, widerspricht dem Wesen JHWHs, denn er ist ein בוחן לבות וכליות und ein אלהים צדיק[111]. Auf diese Weise wird die Aussage über JHWH wieder zur Anklage gegen ihn. Indem ihm aber das vorgehalten wird, was er seinem Wesen nach nicht ist, wird er zum Einschreiten bewegt.

Die Konsequenz, welche die Gottlosen aufgrund des in V. 2b beschriebenen Verhaltens JHWHs ziehen, schildert das Zitat in V. 4bβ: Er schaut bei unserer Zukunft nicht zu, oder vielleicht: Er wird bei unserem Ende nicht (untätig) zusehen.

---

[110] Vgl. *Kaiser*, Jesaja 13-39, 217.
[111] Vgl. Ps 7,10 und Prov 17,3.

## IV. Die Klage Gottes in Jer 12,7-13

Jer 12,7-13 wird in der Forschung fast einstimmig als eine Klage JHWHs bezeichnet[1]. Sie teilt sich in eine Klage JHWHs über sein eigenes Gerichtshandeln in V. 7, in dessen Begründung in VV. 8f und in eine Gerichtsschilderung in VV. 10ff[2].

### 1. Analyse der das Gerichtshandeln JHWHs beschreibenden und begründenden Passage Jer 12,7-9

Das Gerichtshandeln JHWHs wird in V. 7 mit Hilfe der drei geläufigen Wendungen עזב את ,נטש את und נתן את...בכף zum Ausdruck gebracht. Die Wendung עזב את von V. 7aα kommt als Ausdruck des Abfalls überwiegend im DtrG und in der Chronik vor und hat meistens das Volk als Subjekt, das Gott bzw. seinen Bund und seine Gebote verläßt[3]. Mit JHWH als Subjekt ist sie außer in 2Chr 12,5; 15,2 und 24,20, wo sie in einer formelhaften Formulierung die Reaktion Gottes auf den Abfall des Volkes bezeichnet, nur in zwei Gottesklagen des Jeremiabuches, in Jer 9,1[4] und 12,7, belegt. Die Wendung נטש את von V. 7aβ kommt dagegen, von 2Kön 21,14 abgesehen, nur im Jeremiabuch vor[5] und hat, mit Ausnahme von Jer 15,6, nur JHWH als Subjekt. Die Wendung נתן את (Objekt +) בכף von V. 7b ist geläufig im AT – allerdings mit יד anstelle von כף. Sie hat, von wenigen Ausnahmen abgesehen[6], JHWH als Subjekt und ist im Bereich der Kriegführung beheimatet. Mit ihrer Hilfe wird im DtrG ein bevorstehender Sieg angekündigt[7] oder eine befürchtete Niederlage des Gottesvolkes artikuliert[8]. In der Prophetenliteratur tritt sie nur bei Jeremia[9] und Ezechiel[10] auf und dient zur Ankündigung des bevorstehenden Gerichts.

---

[1] Vgl. etwa *Holladay*, Jeremiah 1, 385, *Craigie / Kelley / Drinkard*, Jeremiah 1-25, 183f, *Wanke*, Jeremiah 1, 128f, und *Weiser*, Jeremia 1-25,14, 105f.
[2] *Schreiner*, Jeremia 1-25,14, 85, teilt Jer 12,7-13 in eine Klage JHWHs (V. 7-11b) und in eine Klage des Propheten (V. 11b-13).
[3] Vgl. Dtn 29,24; Jos 24,16.20; Ri 2,12.13; 10,6.10.13; 1Sam 12,10; 1Kön 9,9; 18,18; 2Kön 17,6; 21,22; 2Chr 7,22; 12,1.5; 13,11; 15,2; 21,10; 24,18 (das Haus des Herrn); 24,20.24; 28,6; Jes 1,4; Jer 2,17.19; 5,19; 9,12; 22,9.
[4] S.u. 57, Anm. 17.
[5] Vgl. Jer 7,29; 12,7; 23,33.39.
[6] Vgl. Dtn 19,12; 1Kön 18,9; Jer 26,24; 38,19.
[7] Die Wendung drückt in den Orakeln Ri 1,2; 1Sam 23,4; 2Sam 5,9 den sicheren Sieg aus. Als Ankündigung und Verheißung des bevorstehenden Sieges steht sie in Ri 7,2.7; 11,30; 1Sam 17,47; 24,5; 2Kön 3,8.
[8] Vgl. Jos 7,7; 2Kön 3,10.
[9] Auffälligerweise wird im Jeremiabuch mit Hilfe dieser Wendung das Gericht über Einzelpersonen (über die Propheten Ahab und Zidkija in 29,21 und über den Pharao Hofra in 44,30) und über die führende Schicht (34,19f) angekündigt.
[10] Vgl. Ez 11,9; 16,33.

Der mit Hilfe von diesen drei Wendungen formulierte V. 7 weist eine auffallende strukturelle und terminologische Nähe zu der beispielsweise in Ps 44,10 und 60,12 belegten[11] Anklage in Aussageform des Volksklageliedes auf[12]: Der Aussage über die Auflösung von bestehenden Gemeinschaftsbindungen folgt eine Äußerung über die Rolle JHWHs in der kriegerischen Auseinandersetzung seines Volkes mit dem Feind. Der ersten Aussage verleihen diese Belege durch die demselben Vorstellungskreis angehörenden Verben זנח (Ps 44,10a; 60,12a) bzw. עזב und נטש (Jer 12,7), der zweiten durch den Negativsatz לא יצא בצבא (Ps 44,b; 60,12b) bzw. durch die Formel בכף (Objekt +) נתן את Ausdruck (vgl. Tabelle).

| | JHWHs Rolle im Krieg | Auflösung von Gemeinschaftsbindungen |
|---|---|---|
| Ps 44,10a₁.₂.b | ולא־תצא בצבאותינו | ותכלימנו אף־זנחתנו[13] |
| Ps 60,12a.b | ולא תצא [...][14] בצבאותינו | הלא אתה אלהינו זנחתנו |
| Jer 12,7aα.β.b | נתתי את־ידדות נפשי בכף איביה | נטשתי את־נחלתי עזבתי את ביתי |

Der Aufbau und der Wortgebrauch verleihen auf diese Weise V. 7 einen unverkennbaren Klagecharakter und zeigen die Einheitlichkeit dieses Verses auf, die das Ausklammern von V. 7b als einen Zusatz verwehrt[15]. Den Klagecharakter von V. 7 erhärtet der Gebrauch der Wendung עזב את. Diese Wendung bezeichnet – wie schon oben angemerkt – gewöhnlich das Verhalten des Volkes gegenüber JHWH und ist am meisten in einer zweigliedrigen, dem synonymen Parallelismus ähnlichen Formulierung belegt, deren erstes Glied den Abfall von JHWH, das zweite dagegen die Zuwendung zu anderen Göttern aussagt[16]. In V. 7aα, wo JHWH das Subjekt dieser Wendung ist, liegt nur eine eingliedrige Formulierung vor, um auf diese Weise auszudrücken, daß JHWH, nachdem er sein Haus verläßt, niemanden hat, dem er sich zuwenden könnte[17]. Er ist also von seinem eigenen Gericht mitbetroffen. Diesen Gedanken hebt das den Objekten des Gerichtes angehängte

---

[11] Für weitere Belege s. *Westermann*, Lob und Klage, 135, Anm. 32.

[12] Vgl. *Westermann*, ebd.

[13] MT soll mit dem Objektsuffix 1.P.Pl. ergänzt werden.

[14] אלהים ist in V. 12b zu streichen. Vgl. *Kraus*, BK XIV/1, 426f.

[15] Gegen *Wanke*, Jeremia 1, 129, und *Seybold*, VT 1986, 94, die V. 7b als einen Zusatz betrachten.

[16] Vgl. Dtn 29,24f; Jos 24,16.20; Ri 2,12.13; 10,6.10.13; 1Sam 12,10; 1Kön 9,9; 18,18; 2Kön 17,16; 21,21f; 2Chr 7,22; 21,10f; 24,18; Jer 5,19; 9,12f; 22,9.

[17] Die umstrittene Stelle Jer 9,1, die wir, zusammen mit *Holladay*, Jeremiah 1, 298, *Craigie / Kelley / Drinkard*, Jeremiah 1-25, 144, und gegen *McKane*, Jeremiah I, 199, *Rudolph*, Jeremia, 61, *Schreiner*, Jeremia 1-25,14, 68, *Wanke*, Jeremia 1, 104, und *Weiser*, Jeremia 1-25,14, 78, für eine Klage JHWHs halten, verbalisiert diesen Gedanken eindrucksvoll.

Suffix in der ersten Person Singular noch stärker hervor: Durch den
Hinweis auf die enge Beziehung zwischen JHWH und den vom Gericht Betroffenen drückt es den bohrenden Charakter des Gerichtshandelns ergreifend aus[18]. Eine ähnliche Aussage begegnet nur noch in der
Gottesklage Jer 15,7, wo das Gericht das eigene Volk JHWHs (עמי)
trifft. Dieser Aussage verleihen die Häufung und die Bezeichnung der
Gerichtsobjekte in unserem Vers eine hohe Dramatik: נחלה[19], als Gott
zugeteiltes Gut, weist auf den überkommenen[20] und unauflösbaren,
ידדות נפש dagegen auf den innigen Charakter der Bindung Gottes hin.
Das erste Nomen beschreibt die gegenwärtige Lage als Paradoxon, das
zweite hebt ihre Schmerzhaftigkeit hervor.
Die Struktur der Anklage in der Aussageform und der die Dramatik
des Gerichtshandelns JHWHs ausdrückende Wortgebrauch von V. 7
erklären sich am besten durch aktuelle und reale Ereignisse. Diese Annahme kann durch die Abänderung der Wendung ביד (Objekt +) נתן את
in V. 7b erhärtet werden.
Wie schon oben angemerkt, wurde das übliche Nomen יד der Wendung
von V. 7b durch כף ersetzt. Da es sich um ein Synonym[21] des metaphorisch gebrauchten, die feindliche Gewalt bezeichnenden Nomens יד
handelt, sollte man dieser Änderung zunächst keine große Bedeutung
beimessen. Jedoch können wir, obwohl es als ein einmaliges Phänomen anzutreffen ist, an ihm doch nicht bedenkenlos vorbeigehen. Es
scheint, daß es sich um keine unüberlegte, sondern um eine bewußte
Änderung handelt. Das metaphorisch gebrauchte Nomen כף bezeichnet
nämlich, im Gegensatz zu יד, welches konsequent in Ankündigungen
auftritt, eine gegenwärtige und reale Gewalt, in der sich Menschen bereits befinden. Diese Feststellung findet ihren eindeutigen Beweis in
der Tatsache, daß das Nomen כף, von seinem konkret-dinglichen
Gebrauch abgesehen, wo es sich meistens zusammen mit der Präposition על zeigt, gewöhnlich mit den Präpositionen ב[22] und מן[23] zusammen
auftritt, um auf diese Weise die Situation zu beschreiben, *in* der die
Menschen sich befinden oder *aus* der sie gerettet werden oder werden

---

[18] Die enge Beziehung zwischen JHWH und seinem Volk bringt ihn in 1Sam 9,16
dazu, rettend einzuschreiten.
[19] Das Nomen נחלה kann sowohl das Land (vgl. 1Sam 26,19; 2Sam 14,16; Jer 2,7;
16,18; 50,11; Ps 68,10) als auch das Volk Israel (vgl. Dtn 32,8f; 2Sam 21,3; Ps
28,9; 106,40) als Eigentum JHWHs bezeichnen. Da V. 8 sich auf das Volk und
nicht auf das Land bezieht, können wir mit *Holladay*, Jeremiah 1, 386, *McKane*,
Jeremiah I, 269, *Weiser*, Jeremia 1-25,14, 106, und gegen *Wanke*, Jeremia 1, 129,
annehmen, daß das „Erbteil" hier das Gottesvolk bezeichnet.
[20] Nach Dtn 32,28 LXX reicht die mit dem Nomen נחלה bezeichnete Beziehung
JHWHs zu seinem Volk in die mythische Zeit zurück.
[21] Vgl. *Ackroyd*, ThWAT III, 430ff.
[22] Vgl. Ri 6,13; Ps 119,109; Prov 6,3; Jes 28,4.
[23] Vgl. Ri 5,14; 1Sam 4,3; 2Sam 14,16; 19,10; 22,1; 2Kön 16,7; 20,6; 2Chr 30,6;
32,11; Esr 8,31; Ps 18,1; 71,4; Jes 38,6; Jer 15,21; Mi 4,10.

sollen. Die Anwesenheit dieses Nomens in unserem Vers unterstützt also die durch die Struktur und die Bezeichnung der Gerichtsobjekte nahegelegte Schlußfolgerung, daß die Klage Gottes von realen, bereits eingetretenen Ereignissen entfacht wurde. Können diese Ereignisse konkretisiert werden?

Ein Versuch wird meistens vorgenommen: Es wird dabei an die Ereignisse um das Jahr 605[24], an die der ersten babylonischen Deportation unmittelbar vorausgehende Epoche[25] oder an die zweite Deportation von 587 v.Chr.[26] gedacht. Gegen eine Datierung wehrt sich nur McKane, der meint: „The passage is probably premonition rather than a description of what has taken place and it will defeat attempts to locate it in a particular set of historical events"[27]. Da diese Datierungsversuche sich überwiegend auf die Feindbeschreibung in V. 9 stützen, können wir eine eindeutige Antwort auf die gestellte Frage an dieser Stelle noch nicht erzielen. Hier können wir nur fragen, ob der analysierte V. 7 hinsichtlich der hinter der Gottesklage stehenden Ereignissen schlüssig ist.

Dabei fällt als erstes auf, daß die Rolle JHWHs in der kriegerischen Auseinandersetzung des Gottesvolkes in Jer 12,7, im Gegensatz zu den angeführten Psalmbelegen, in keinem negativen, sondern in einem positiven Satz beschrieben wird: Dieser Satz besagt nicht das Ausbleiben der göttlichen Hilfe im Krieg, sondern die Auslieferung Judas durch JHWH an die feindliche Macht. Durch diese aktive Rolle JHWHs kommt unsere Stelle in die Nähe von Thr 2,7 zu stehen, wo neben dem im Klagelied des Volkes üblichen Verb זנח auch die Formulierung סגר[28] ביד איב auftritt. Gemeinsam ist diesen beiden Stellen außerdem, daß die besondere Beziehung zwischen JHWH und den Objekten seines Gerichtshandelns durch das ihnen angehängte Possessivsuffix hervorgehoben wird (vgl. Tabelle).

| | |
|---|---|
| Jer 12,7 | עזבתי את ביתי |
| | נטשתי את נחלתי |
| | נתתי את־ידדות נפשי בכף איביה |
| Thr 2,7a | זנח [29]יהוה מזבחו |
| | נאר מקדשו |
| | הסגיר ביד אויב [30]חומת ארמנותיה |

---

[24] *Holladay*, Jeremiah 1, 386, bringt V. 7-12 mit 605 v.Chr., V. 13 dagegen mit 601 v.Chr. in Zusammenhang.

[25] Vgl. *Bak*, Klagender Gott, 38, *Craigie / Kelley / Drinkard*, Jeremiah 1-25, 184, *Rudolph*, Jeremia, 80ff, und *Weiser*, Jeremia 1-25,14, 105.

[26] Vgl. *Carroll*, Jeremiah, 290, und *Wanke*, Jeremia 1, 129.

[27] Vgl. *McKane*, Jeremiah I, 278.

[28] Vgl. 1Sam 17,46.

[29] Vgl. BHS.

[30] Schon die gleiche Struktur bestätigt die Parallelität zwischen Jer 12,7 und Thr 2,7a hinreichend. Lesen wir jedoch anstatt ארמנתתיה חומת, dem Vorschlag der BHS

Die Beziehungen zwischen Jer 12,7 und Thr 2,7 legen die Vermutung
nahe, daß die Gottesklage sich auf die in Thr 2,7 beklagten Ereignisse,
auf die Eroberung Jerusalems und die Exilierung in 587/86 v.Chr., bezieht. Diese Annahme wird dadurch erhärtet, daß in Jes 47,1ff, in der
Gerichtsankündigung gegen Babel, auf dieses Ereignis in der Form der
dreigliedrigen Klage in Aussageform, und zwar in einer JHWH-Rede,
Bezug genommen wird (V. 6).

Jes 47,6                         קצפתי על־עמי

חללתי נחלתי

ואתנם בידך

Die Gemeinsamkeiten – das Possessivsuffix in erster Person Singular
bei den Gerichtsobjekten sowie der Gebrauch des Nomens נחלה und
der Formel נתן ביד – können kaum dem Zufall zugeschrieben werden.
Die Tatsache, daß die Eroberung Jerusalems in Thr 2,7a mit Hilfe der
Klage in Aussageform geschildert und in Jes 47,6b beschrieben wird,
legt die Wahrscheinlichkeit nahe, daß im Hintergrund der Gottesklage
die Katastrophe von 587/86 v.Chr. steht.
Nach der Analyse des Anfangsverses der Gottesklage wenden wir uns
der Begründung in VV. 8.9 zu. Diese beiden Verse greifen das Nomen
נחלה von V. 7 auf und versuchen, den Grund für das paradoxe Gerichtshandeln JHWHs aufzuzeigen. Von den beiden Versen nehmen
wir zunächst den textlich gesicherten V. 8 unter die Lupe.
Dieser Vers besteht aus einer Anschuldigung (V. 8a), deren Begründung (V. 8b₁) und aus der Beschreibung der Folgen (8b₂). Die Anschuldigung in V. 8a ist ein perfektisch abgefaßter Satz, mit der Formulierung היתה לי an der Spitze. Diese Formulierung begegnet noch in
Jer 23,14 und Ez 22,18, wo sie in einer JHWH-Rede, mit Hilfe eines
Bildvergleiches, die „innere[…] Wirklichkeit"[31] des Gottesvolkes als
Gegebenheit oder als Folge des Vergehens aufdeckt. Demzufolge
kommt V. 8a in die Nähe des Schuldaufweises zu stehen, mit dem Unterschied, daß er keine Einzelschuld, sondern die Wesensart Israels
entlarvt. Hierdurch ordnet sich V. 8a in die jeremianische Verkündigung ein, für die die fundamentale Wesensänderung und die daraus
folgende innere Einstellung Israels ein wichtiges Thema ist. Der Prophet setzt sich mit dieser Frage in Jer 2,21[32]; 13,23 und 17,1-4 auseinander. Die letzte Stelle ist für uns besonders aufschlußreich, da dort
„die gesamte innere Einstellung des Menschen"[33] als unabänderlich
bezeichnet und mit dem Gedanken vom Loslassen des Erbteiles in Zu-

---

folgend, חמדת אוצרותיה, so tritt die Nähe zwischen diesen beiden Belegen noch deutlicher zutage. Vgl. *Kraus*, BK XX, 38, und *Westermann*, Klagelieder, 125.

[31] *Ratschow*, Werden und Wirken, 10.

[32] Von *Wendel*, Jesaja und Jeremia, 22, als „Klage um die Unabänderlichkeit der
Schuld" bezeichnet.

[33] *Wanke*, Jeremia 1, 163.

sammenhang gebracht wird. Diese anhand des Löwenbildes[34] angedeu-
tete, gewordene Wesensart des Gottesvolkes wird durch die Wendung
נתן(ב)(קול על, die mit menschlichem Subjekt nur noch in dem jeremianischen Gedicht Jer 4,13-18 (V. 14) begegnet[35], in dem explikativen V.
8b₁ als feindliche Gesinnung näher beschrieben, wobei auch das Motiv
der Auflehnung mitschwingt. JHWH reagiert auf dieses Verhalten mit
seinem Haß (V. 8b₂[36]), der die Entfernung des Gehaßten nach sich
zieht[37]. Der Grund dafür, daß JHWH sein Erbteil wegstößt, liegt also
in der Wesensveränderung des Gottesvolkes, die durch die perfektische Formulierung als unabänderlich bezeichnet wird.
Diese kurze Analyse hat gezeigt, daß V. 8 sich sowohl thematisch als
auch terminologisch in die Verkündigung Jeremias einfügt. Dies kann
jedoch von dem problematischen V. 9[38], vor allem von seiner Terminologie, nicht behauptet werden. Er weist nämlich Wörter und Ausdrücke auf, die im Jeremiabuch singulär sind wie die Nomina עיט, צבוע
und אכלה sowie das Verb אתה, oder nur sehr selten vorkommen wie die
Genitivverbindung חית השדה, die nur noch in Jer 27,6 und 28,14 belegt
ist. Die Wildtiere treten hier jedoch nicht als im Gericht Mitwirkende,
sondern als vom Gericht Mitbetroffene auf. Die beobachtete Besonderheit der Terminologie von V. 9 und ihre Isoliertheit innerhalb des
Jeremiabuches legen die Annahme nahe, daß dieser Vers nicht von
derselben Hand stammt wie die vorangehenden Verse.
Angesichts des singulären Charakters dieses Verses im Jeremiabuch
suchen wir nach vergleichbaren Belegen im AT, vor allem in der Prophetenliteratur. Als erstes fällt Ez 39,4 ins Auge, wo das in V. 9 stehende Wortpaar עיט וחית השדה in einer Gerichtsankündigung das Getier
bezeichnet, dem der gefallene Gog zum Opfer fällt. Dieses Motiv ist
dem Jeremiabuch auch bekannt – auch dort wird angekündigt, daß die
im Krieg Gefallenen dem Getier zum Fraß werden[39] –, äußert sich aber
in einer völlig anderen, von Jer 12,9 und Ez 39,4 abweichenden Formulierung: Das Getier wird konsequent mit dem in der Urgeschichte[40]

---

[34] Da die Formulierung היתה לי als Ausdruck der Wesensveränderung einen Prozeß
beschreibt, kann man in bezug auf VV. 7f eigentlich von keinem Vergleich reden.
Somit fallen die Argumenten *Seybolds*, VT 1986, 93-97 weg, und das Substituie-
ren des „Löwen" mit der „Koppel" erweist sich als unnötig.
[35] Die Formulierung נתן בקול, ohne על, ist mit JHWH als Subjekt in Jer 25,30; Ps
46,7 und 68,34 belegt. Vgl. auch Am 1,2; 3,4.
[36] Obwohl es nicht zwingend ist, könnte V. 8b wegen des seltenen Vorkommens
des Verbs שנא mit *Wanke*, Jeremia 1, 129, als eine Erweiterung beurteilt werden.
Immerhin sollte V. 8b in diesem Fall wegen seiner Nähe zu dem jeremianischen
und dem hoseanischen Gut (vgl. Jer 4,15 und Hos 9,15) den Schülern des Propheten zugeschrieben werden.
[37] Vgl. Gen 26,17; Ri 11,7 und Hos 9,15.
[38] Für die Probleme und die Lösungsversuche vgl. *McKane*, Jeremiah I, 269-273.
[39] Jer 7,33; 16,4; 19,7; 34,20.
[40] Vgl. Gen 1,26; 2,20; 6,7; 6,20; 7,8.14.21.23; 8,17.20; 9,10.

öfters auftretenden Substantivpaar ובהמה עוף und ihr Fraß mit dem Nomen מאכל bezeichnet[41]. Die offensichtlichen Beziehungen zwischen Jer
12,9 und Ez 39,4 lassen vermuten, daß V. 9 in Anlehnung an die Gog-
Ankündigung verfaßt und sekundär in die Gottesklage Jer 12,7ff eingefügt worden ist. Diese Vermutung wird durch die Tatsache erhärtet,
daß V. 9 zu einem weiteren Vers dieser Ankündigung, zu Ez 39,17,
Verbindungen aufweist. Die beiden Belege gehen Hand in Hand, indem in ihnen von JHWH eine Aufforderung an die Tiere, in Ez 39,17
anhand der beiden Ausdrücke צפור כל־כנף und כל חית השדה, in Jer 12,9
mit Hilfe des Wortpaares עיט וחית השדה bezeichnet, ergeht, sich zum
Fraß zu versammeln.

Nachdem V. 9 als ein Fremdkörper innerhalb des Jeremiabuches erkannt und gleichzeitig aufgezeigt wurde, daß der Ergänzer beim Ver-
fassen dieses Verses sich an die Gog-Ankündigung in Ez 38f anlehnte,
bleibt uns noch, nach der Absicht der Ergänzung zu fragen. Dabei gehen wir von dem bisher zurückgestellten Nominalsatz העיט סביב עליה
von V. 9aβ aus. Er könnte am Beispiel des exilisch-nachexilischen Ps
125,2[42] als Charakterisierung[43] der in V. 9aα genannten נחלה JHWHs
oder am Beispiel von Jer 52,7[44] als Beschreibung ihrer Lage verstanden werden.

Im ersten Fall empfiehlt sich, העיט צבוע mit der LXX als „Hyänenhöh-
le" und als Ausdruck des ekelhaften Verhaltens und der Unreinheit des
Gottesvolkes zu verstehen, wodurch wahrscheinlich auf den Götzendienst angespielt wird. So könnte der Ergänzer von dem Verb שנא in V.
8bβ zu diesem Eingriff veranlaßt sein und die Absicht verfolgt haben,
die Wesensart Israels über seine Feindseligkeit gegenüber JHWH
durch den Aspekt der (kultischen) Unreinheit zu erweitern. Bleiben wir
bei dieser Lösung, so sind wir genötigt, einen Gedankenbruch zwischen V. 8 und V. 9 in Kauf zu nehmen, da die Höhle der Hyäne nicht
als Ausdruck des in V. 8 angedeuteten feindlichen Verhaltens verstanden werden kann[45]. Angesichts des sekundären Charakters von V. 9
sollte dies natürlich kein allzu großes Problem darstellen.

Gegen diese Lösung spricht jedoch die Formulierung von V. 9aβ. Das
Adverb סביב zusammen mit der Präposition על tritt nämlich im Jeremiabuch meistens in Belagerungsbeschreibungen auf[46]. Daher sollte
der Nominalsatz העיט סביב עליה in V. 9aβ eher als ein Umstandssatz

---

[41] Hinter dieser Formulierung verbirgt sich höchstwahrscheinlich die Erfahrung
des babylonischen Exils. Vgl. neben den angeführten (dtr.) Stellen des Jeremiabuches noch Dtn 28,16; Ps 44,12; 79,2.

[42] Vgl. *Kraus*, BK XIV/2, 851, und *Spieckermann*, Heilsgegenwart, 192, Anm. 13.

[43] Der mit Hilfe von סביב gebildete Nominalsatz dient an dieser Stelle zur Charakterisierung Jerusalems (V. 2a$_1$) und JHWHs (V. 2a$_2$).

[44] Jer 52,7aβ dient als Umstandssatz in der Erzählung über den Fluchtversuch Zid-
kijas zur Beschreibung der Gegebenheiten.

[45] Vgl. *McKane*, Jeremiah I, 273.

[46] Vgl. Jer 1,15; 4,17; 50,14.15.29; 51,2.

verstanden und V. 9aα zusammen mit McKane[47], ohne עיט, als ein Fragesatz gelesen werden. Dem Umstandssatz kommt die Aufgabe zu, die durch die Belagerung entstandene aussichtslose Lage des Erbteiles JHWHs zu beschreiben. Die Aufforderung an die Wildtiere in V. 9b steigert die Aussichtslosigkeit, indem sie deutlich macht, daß JHWH die נחלה bereits als tot betrachtet. Angesichts der in V. 9aβ.b beschriebenen Lage kann dem Fragesatz V. 9aα, der das Erbteil JHWHs mit einer (wilden) Hyäne vergleicht, nur ein ironischer Klang beigemessen werden: Obwohl die Vernichtung vor der Tür steht, führt sich das Erbteil JHWHs als mächtig und stark auf. Wahrscheinlich hat der Ergänzer mit diesem Eintrag auf die törichte und blinde Politik des letzten judäischen Königs Zidkija und seines Hofes angespielt. Dieser Vers könnte also als ein zeitgeschichtliches Adagio über die Lage Judas in der Zeit unmittelbar vor der das Ende herbeiführenden Strafaktion der Babylonier gelesen werden. In diesem Fall stellt sie zugleich eine theologische Korrektur dar, indem sie für die Katastrophe die politische Führung verantwortlich macht. Angesichts der Tatsache, daß sich der Verfasser dieses Verses sowohl an die Belagerungsschilderungen des Jeremiabuches als auch an die Gog-Ankündigung anlehnte, setzen wir V. 9 am besten in der spätexilischen Zeit an.

## 2. Analyse der Gerichtsschilderung Jer 12,10-12.13

Der Begründung des Gerichtshandelns JHWHs folgt die Gerichtsschilderung in VV. 10ff. Der Anfangsvers (V. 10) weist, V. 9 analog, im ganzen Jeremiabuch singuläre Wörter auf, wie das Nomen חלקה, das Verb בוס und das metaphorisch gebrauchte Nomen כרם[48]. Immerhin lassen sie, im Gegensatz zu V. 9, auf keine Beziehung zu anderen Stellen schließen[49]. Da in diesem Vers neben den einmaligen Wörtern auch die für die Verkündigung Jeremias typische Ausdrucksweise begegnet wie die Bezeichnung der Verwüster als רעים in V. 10aα[50] können wir davon ausgehen, daß wir in V. 10 mit einem ursprünglichen Glied der Gottesklage zu tun haben. Die für die Bezeichnung der Gerichtsobjekte verwendeten Nomina und Ausdrücke (כרם, חלקה und חלקת חמדה) legen die Annahme nahe, daß hier, gegenüber dem Paradoxen von V. 7, das Schmerzhafte des Gerichts hervorgehoben wird. Besonders ausdrucksvoll ist in dieser Hinsicht das Nomen חמדה, welches neben der Hervorhebung der Begehrlichkeit auch das Verlangen zum Besitzenwollen[51]

---

[47] Vgl. *McKane*, Jeremiah I, 273.
[48] Sonst bezeichnet es immer den Weinberg als Besitz der Bewohner. Vgl. Jer 31,5; 32,15; 35,7.9; 39,10.
[49] Der Einfluß Jesajas auf Jeremia kann natürlich nicht ausgeschlossen werden. Vgl. *Wendel*, Jesaja und Jeremia, 24.
[50] Vgl. Jer 6,3; 25,35.
[51] Vgl. *Wallis*, ThWAT II, 1022f.

ausdrückt. Angesichts dieses Verlangens ist sein Verlust besonders qualvoll.

Für die Zugehörigkeit von V. 10 zu der Gottesklage spricht auch seine Nähe zu V. 7: Den Nomina von V. 10a und der Constructus-Verbindung von V. 10b ist das Possessivsuffix in erster Person Singular angehängt, um auf diese Weise die Gerichtsobjekte als JHWHs Eigentum zu kennzeichnen, und er weist mit zwei kürzeren (V. 10aα.β) Kola mit jeweils einem Substantiv (כרמי und חלקתי) und einem längeren Kolon (V. 10b) mit einer Genitivverbindung (חלקת חמדתי) als Objekt dieselbe Struktur wie V. 7 auf[52]. Gleichzeitig hebt sich V. 10 von V. 7 ab, indem er nicht JHWH, sondern die רעים רבים als Subjekt hat. Die Gemeinsamkeiten und der Unterschied zwischen den beiden Versen verraten nicht nur stilistische, sondern auch theologische Absichten: Der Unterschied zwischen ihnen besagt einerseits, daß die Verwüstung nicht direkt von JHWH herbeigeführt wurde, wie es zum Beispiel in der Gottesklage Jer 15,5-9 der Fall ist, die Gemeinsamkeiten dagegen zeigen, daß JHWHs Gerichtshandeln in V. 7 und die durch die militärischen Aktionen verursachte Verwüstung durch die Hirten in V. 10 miteinander in einem ursächlichen Zusammenhang stehen: Die letztere wurde durch das erste ermöglicht und veranlaßt.

V. 11 setzt die Schilderung der Zerstörung mit der Wendung der Umwandlung ל (Objekt +) שׂים an der Spitze fort. Bei ihm sind textliche Unsicherheiten zu beobachten: MT liest das Verb שׂים in dritter Person Singular, Peschitta, Tg. und Vg. dagegen in dritter Person Plural. Die unsichere Form dieses Verbs wirft die Frage nach der Zugehörigkeit von V. 11aα auf: Laut der in MT belegten neutralen Form שָׂמָה gehört dieser Versteil zur Beschreibung der Folgen der Verwüstung in V. 11, der von Peschitta, Tg. und Vg. vorausgesetzten Form שָׂמֻהָ gemäß stellt er die Fortsetzung von V. 10 dar. Für welche Möglichkeit wir uns auch entscheiden, können wir die durch diesen Versteil verursachte Störung im Versrhythmus nicht beheben: Bleiben wir bei MT, und betrachten wir V. 11aα als Teil von V. 11, so verwundert neben dem unbestimmten Subjekt der viergliedrige Aufbau dieses Verses, da er von Strophen umgeben ist, die, mit Ausnahme des als Ergänzung erkannten V. 9, eine gleichmäßige, bei V. 10 schon aufgezeigte Struktur aufweisen. Richten wir uns nach Peschitta, Tg. und Vg. und reihen wir V. 11aα aufgrund seiner Form und seines Inhalts in V. 10 ein, so wird die deutliche strukturelle Entsprechung zwischen V. 7 und V. 10 ruiniert. Diese Beobachtungen legen die Annahme nahe, daß V. 11aα sekundär in die Schilderung der Verwüstung eingetragen wurde. Diese Annahme wird durch die Tatsache erhärtet, daß die Wendung ל (Objekt +) שׂים in den jeremianischen Sprüchen Jer 4,7 und 10,22 als feste Formulierung

---

[52] Die Übereinstimmungen zwischen V. 7 und V. 10 gehen noch weiter, da das erste Objekt in beiden Versen ein Maskulinum, das zweite ein Femininum, das dritte, wie schon erwähnt, eine Genitivverbindung darstellt.

– in dem Finalsatz ל (Objekt +) לשׁום – auftritt[53], in den sekundären, meist deuteronomistischen Stellen Jer 6,8; 19,8 und 25,12 dagegen in einer JHWH-Rede in variierter Abfassung belegt ist. Da die letzteren Belege die Zerstörung ausdrücklich auf JHWH zurückführen, stellen sie wahrscheinlich eine theologische Interpretation der Katastrophe von 587 v.Chr. dar. Zumal unsere Stelle durch ihre Formulierung und Aussageabsicht eine deutliche Nähe zu den angeführten sekundären Stellen mit der Wendung ל (Objekt +) שׂים aufweist, kann der sekundäre Charakter von Jer 12,11aα nun als erwiesen gelten. Der Ergänzer wollte mit diesem Versteil den schon durch die Parallelität von V. 7 und V. 10 artikulierten Sinnzusammenhang zwischen den geschichtlichen Ereignissen und dem Wirken JHWHs betonen. Diese immanente Verbindung zwischen den geschichtlichen Ereignissen und dem Gott der Geschichte ermöglichte es der nachexilischen Prophetie, anhand dieser Wendung (und der Formulierung von V. 10b – s.u.) die „Umwandlung" des Gerichts ins Heil auszudrücken[54].

Das Ergebnis der Analyse betreffend V. 11aα nötigt uns, kurz zu V. 10b zurückzukehren. Dieser Vers weist nämlich die der Wendung שׂים ל (Objekt +) verwandte Formulierung der Umwandlung נתן את ל auf und macht sich dadurch verdächtigt ebenfalls sekundär zu sein. Dieser Verdacht wird durch die Tatsache gestärkt, daß die erwähnte Formulierung meistens in sekundären Stellen des Jeremiabuches auftritt. Er zerstreut sich jedoch schnell, wenn wir die die Formulierung נתן את ל enthaltenden sekundären Stellen Jer 9,10; 25,18 und 29,18 mit Jer 12,10b vergleichen. Dieser Vergleich zeigt, daß die erwähnten Stellen durch auffällige Gemeinsamkeiten miteinander verbunden werden: Das Objekt des Gerichtshandelns JHWHs bezeichnen sie durchweg mit der Wendung ירושלם וערי יהודה und den durch das Gericht herbeigeführten Zustand mit Hilfe der Nomina חרבה, שממה/שמה und שׁרקה. V. 10b hebt sich von diesen Stellen durch die Objektbezeichnung חלקת חמדתי und durch die Beschreibung des vom Gericht herbeigeführten Zustandes durch das im Jeremiabuch singuläre שממה מדבר[55] deutlich ab. Der charakteristische Wortgebrauch von V. 10b zeigt seine Selbständigkeit gegenüber den angeführten sekundären Stellen und legt die Annahme nahe, daß dieser Versteil ein Segment der Gottesklage darstellt und höchstwahrscheinlich auf den Propheten Jeremia zurückgeht. Er könnte den Ergänzer dazu veranlaßt haben, den mit Hilfe der verwandten Wendung ל (Objekt +) שׂים formulierten V. 11aα in die Gottesklage Jer 12,7ff einzufügen.

---

[53] Vgl. auch Jes 13,9.

[54] Die Formulierung נתן את ל und die Wendung ל (Objekt+) שׂים treten zusammen in der Heilsankündigung Zeph 3,19f auf. Besonders expressiv sind die Worte von *Smith*, Micah-Maleachi, 144, über diese Stelle: „Because Yahweh had changed the fortunes of his people, he could and would do it again". Vgl. auch Jes 60,15.

[55] Vgl. Joel 2,3; 4,19.

Nach der Aussonderung von V. 11aα weist der verbliebene Text von
V. 11 eine klare, den anderen Versen der Gottesklage ähnliche Struktur
mit zwei kürzeren Verbalsätzen in V. 11aβ.bα und einem längeren negierten Nominalsatz in V. 11bβ auf[56]. Die beiden Verbalsätze haben
„das ganze Land" (כל־הארץ) als personifizierte Trauernde zum gemeinsamen Subjekt[57]. Das Adjektiv שממה und das Zustandsverb שמם beschreiben das „Benehmen"[58] des Landes, welches durch seine Wüste
und Einsamkeit der Trauer über JHWH[59] Ausdruck verleiht. Eine ähnliche Beschreibung findet sich in Thr 1,4, wo die Wege und die Tore
Zions als personifizierte Trauernde auftreten. Da diese Stelle die beiden Verben אבל und שמם aufweist, wobei das Trauern mit einem Nominalsatz umschrieben wird, das Zustandsverb שמם dagegen allein steht,
steht V. 11aβ.bα ihr in seinem Wortgebrauch und in seiner Struktur
sehr nahe. Diese Nähe bestätigt die aufgrund der Analyse geäußerte
Annahme, daß im Hintergrund der Gottesklage die Ereignisse um das
Jahr 587/86 v.Chr. stehen.

| | |
|---|---|
| Jer 12,11aβ.bα | אבלה עלי שממה |
| | נשמה כל־הארץ |
| Thr 1,4aα.β | דרכי ציון אבלות מבלי באי מועד |
| | כל־שעריה שוממין |

Der negierte Nominalsatz כי אין איש שם על־לב in V. 11bβ wurde in der
Forschung als Ausdruck für die Ursache des großen Ausmaßes der
Verwüstung[60] oder als Erklärung für das Fortdauern[61] und für die Aus-
sichtslosigkeit[62] der schmerzlichen Lage verstanden. Für dieses letztere
Verständnis spricht die Struktur von V. 11bβ, wo dem negierten No-
minalsatz אין איש sich ein mit Hilfe eines Partizips (שם) formulierter

---

[56] Durch diesen literarkritischen Eingriff erübrigt sich die Frage nach der Gliederung von V. 11, die *Holladay*, Jeremiah 1, 383f.388, *Rudolph*, Jeremia, 78, *Weiser*,
Jeremia 1-25,14, 101, dadurch beantworten, daß sie אבלה als Adjektiv dem vorangehenden Satz zuordnen.
[57] הארץ tritt öfters als Subjekt des Verbs אבל auf, dieses Verb hat aber in diesen
Stellen die Bedeutung „austrocknen" (Jes 24,4; 33,9; Jer 4,28; 12,4; 23,10; Hos
4,3). Vgl. *Stahl*, FS Preuß, 167.
[58] Vgl. 2Sam 14,2.
[59] Die Wendung אבל על bringt im AT meistens das Trauern um einen Toten zum
Ausdruck (vgl. Gen 37,34; 2Sam 13,37; 14,2; 19,2; 2Chr 35,24). Sie hat aber auch
die Bedeutung „traurig sein/trauern über" (vgl. Hos 10,5; Jes 66,10; Esr 10,6).
[60] *Rudolph*, Jeremia, 83, und *Weiser*, Jeremia 1-25,14, 106, führen die Herzlosig-
keit der Feinde an.
[61] *McKane*, Jeremiah I, 275, schreibt: „a country which has been thrown into tur-
moil by invasion is not one which will be able to persevere with normal tasks of
tending and cultivating the land". Vgl. auch *Carroll*, Jeremiah, 290.
[62] Vgl. *Bak*, Klagender Gott, 37, und *Wanke*, Jeremia 1, 129.

Attributsatz anschließt. Die Sätze, die diese Struktur aufweisen, dienen nämlich meistens als Erklärung für das Anhalten eines Zustandes[63].
Der Ausdruck שׁפים במדבר in V. 12aα hat bei mehreren Forschern die Ansicht bewirkt, daß dieser Versteil Auskunft über die Herkunft der als שׁדדים bezeichneten Verwüster[64] und dadurch über die im Hintergrund dieses Verses[65] oder der ganzen Klage stehenden geschichtlichen Ereignisse gibt. Anlaß dazu gab das wörtliche Vorkommen dieses Ausdrucks in Jer 4,11, wo שׁפים einen Akkusativ der Richtung[66] darstellt. Aufgrund dieser wörtlichen Übereinstimmung nahm man auch für unsere Stelle eine ähnliche Bedeutung an. Diese Bedeutung ist jedoch nicht gesichert. Gegen sie spricht zunächst die Formulierung בוא שׁדד in V. 12aα, die in den Parallelstellen Jer 48,8 und 51,53 den feindlichen Überfall ausdrückt. Ihr schließt sich mit Hilfe der Präpositionen אל bzw. ל das Objekt der militärischen Aktion an: in Jer 48,8 die Städte Moabs sowie das Tal und die Ebene, in Jer 51,53 Babel selbst. Da an der ersten Stelle die Formulierung des Überfalls mit geographischen Termini verbunden ist, legt sich die Annahme nahe, daß der der Formulierung des Überfalls בוא שׁדד vorangestellte Ausdruck שׁפים במדבר in V. 12aα nicht den Herkunftsort der Verwüster oder den Schauplatz der militärischen Manöver, sondern das Objekt bzw. den Ort der Verwüstung markiert. Demzufolge bezeichnet שׁפים in unserem Vers die Karawanenwege in den Wüsten Judas, auf denen die dem Krieg Entronnenen geflüchtet sind und von den Verwüstern verfolgt und aufgespürt wurden[67]. Auf diese Weise wird die Vernichtung von den Städten auf die Flüchtenden ausgedehnt, um die Totalität der Vernichtung hervorzuheben. Diesen Gedanken verbalisiert die vorangestellte Formulierung על-כל שׁפים. Als Bezeichnung der Gesamtheit von Wegen und Plätzen in der Wüste steht sie nämlich dem die Totalität der Verwüstung ausdrückenden ועיר לא תמלט in Jer 48,8aα₁ und dem Begriffspaar עמק ומישׁור in Jer 48,8aβ nahe.
Diesen Gedanken führt V. 12aβ.b durch die das Gesamtgebiet Judas und die Gesamtheit der Bevölkerung bezeichnenden Ausdrücke מקצה-הארץ ועד-קצה הארץ und לכל-בשׂר, die diesen Versteil prägen, weiter. Auf diese Weise kommt das besondere Interesse von V. 12 an der Totalität der Vernichtung *im Lande* deutlich zum Ausdruck, wodurch er sich in

---

[63] Die Unachtsamkeit ist der Grund für die ungehinderte Übeltat (Jes 57,1) der Menschen und für das Andauern ihrer Abkehr von JHWH (Jer 8,6).
[64] *Rudolph*, Jeremia, 80, *Schreiner*, Jeremia 1-25,14, 85, *Weiser*, Jeremia 1-25,14, 106, und *Weippert*, Schöpfer, 53, meinen, daß die Bedränger von Osten, von der Steppe bzw. von der Wüste im Osten her, kommen.
[65] *Seybold*, Der Prophet Jeremia, 131, und *Wanke*, Jeremia 1, 130, betrachten diesen Versteil als eine Erweiterung, durch die auf die Lage von 601 v.Chr. angespielt wird.
[66] Vgl. *McKane*, Jeremiah I, 97.
[67] Von diesem Vorgehen der Babylonier spricht Thr 4,19b: „Sie jagten uns auf die Berge, in der Steppe lauerten sie auf uns".

die Reihe derjenigen Stellen des Jeremiabuches einordnet, die die Ausrottung aller Bewohner und die Verlassenheit des Landes ankündigen.
Es seien hier die repräsentativsten Stellen Jer 21,8-10; 24,1-10 und
29,15-19 erwähnt[68]. Neben diesen Texten muß auch noch der Halbvers
Ez 21,9bb angeführt werden, der die engste Parallele zu Jer 12,12aβ.b
darstellt. Er zeichnet sich dadurch aus, daß in ihm – im Gegensatz zu
den in der Forschung aus dem Jeremiabuch (Jer 47,6; 25,33) und Jesa-
jabuch (Jes 34,6) herangezogenen Parallelstellen, die nur einzelne Motive von V. 12aβ.b enthalten – fast alle Motive von Jer 12,12aβ.b zu-
gegen sind: das Schwert JHWHs, die Ganzheit des Landes (מנגב צפון)
und die Gesamtheit der Menschen (כל־בשׂר).

Ez 21,9b                               לכן תצא חרבי מתערה
                                       אל־כל־בשׂר
                                       מנגב צפון
Jer 12,12aβ.b                          כי חרב ליהוה אכלה
                                       מקצה־ארץ ועד־קצה הארץ
                                       אין שׁלום לכל־בשׂר

Die Beziehung zwischen den die totale Vernichtung betonenden Jere-
miastellen und der Ezechielstelle zeigt sich durch das gemeinsame
Motiv vom Schwert JHWHs, das Gott „schickt"[69] (שלח Jer 24,10;
29,17) und das „ausgeht" (יצא Ez 21,9b). Offenkundig hat sich der Verfasser bei der Formulierung von V. 12aβ.b diese Textgruppe vor Augen gehalten. Jedoch stellt dieser Versteil keine Wiederholung dar,
sondern die Weiterführung des in den Parallelstellen angeführten Ge-
dankens der totalen Vernichtung. Jer 12,12aβ.b unterscheidet sich
nämlich an einem wesentlichen Punkt von Jer 24,10; 29,17 und Ez
21,9: Er ist nicht als Ankündigung eines zukünftigen Geschehens, sondern als Beschreibung eines schon in Gang gesetzten Vorganges formuliert. Dies bezeugen die zwei asyndetisch aneinander gereihten
Nominalsätze. Demzufolge betont V. 12aβ.b das Eintreffen des die totale Ausrottung der Bewohner und die Verwüstung des Landes ankün-
digenden Prophetenwortes.
Da die Stellen, auf die sich der Verfasser gestützt hat, jüngeren Da-
tums sind, sind wir dazu genötigt, den ganzen V. 12, den der Gedanke
von der Totalität der Verwüstung zusammenhält, als einen (spät)exili-
schen Eintrag zu betrachten. Der Verfasser stützte sich bei der Formulierung dieses Verses auf die Sprüche über Moab (Jer 48) und Babel
(Jer 51), auf die Ankündigungen des Jeremiabuches betreffend die
Vernichtung der im Land Gebliebenen (Jer 21,8ff; 24; 29,15ff) und

---

[68] Vgl. *Pohlmann*, Studien, 185.
[69] Diese beiden Stellen weisen zwar die im Jeremiabuch öfters belegte Trias חרב
רעב ודבר auf (vlg. u. 93, Anm. 28), heben sich jedoch durch das Motiv des
„Schickens" von diesen Stellen unverkennbar ab.

insbesondere auf das Gerichtswort über Jerusalem Ez 21,6ff. Diese Unterschiedlichkeit der Bezugsquellen erklärt die sprachliche Inhomogenität dieses Verses und macht sämtliche Rekonstruktionen durch Eliminierung überflüssig[70]. Den Eintragscharakter dieses Verses untermauert auch der Stilwechsel von JHWH-Rede in der ersten Person Singular (VV. 7-11) zu der Rede über JHWH in der dritten Person Singular (V. 12)[71]. Darüber hinaus ist die wiederholte Betonung der Totalität der Verwüstung, nachdem sie durch die sowohl das Land als auch das Volk umfassenden Begriffe von V. 7 und V. 10 sowie durch den Ausdruck כל־הארץ und den Nominalsatz אין איש שם על־לב von V. 11 triftig artikuliert wurde, überflüssig. Demzufolge kann der sekundäre Charakter von V. 12 als erwiesen gelten. Da dieser Vers durch das Motiv vom Schwert JHWHs die Absicht zeigt, die Geschehnisse auf JHWH zurückzuführen, ist es möglich, daß die beiden Ergänzungen V. 11aα und V. 12 auf dieselbe Hand zurückgehen. Für diese Vermutung spricht auch die Tatsache, daß die Wendung ל (Objekt+) שׂים in Jer 29,18, in der unmittelbaren Nähe von Jer 29,17, auf den sich der Verfasser von V. 12 stützte, steht.

Der sprichwortartig formulierte V. 13 besteht aus drei Kola, die typische Satzkonstruktionen und Wendungen aufweisen: Das erste Kolon in V. 13aα wird mit Hilfe eines Verbalsatzes gebildet, gefolgt von einem syndetischen, invertierten Verbalsatz, der zweite ist ein aus einem einzigen Verb bestehender Verbalsatz, gefolgt von einem asyndetischen negativen Verbalsatz in V. 13aβ, und das dritte stellt schließlich einen mit Hilfe der Wendung בושׁ מן formulierten Konsekutivsatz in V. 13bα dar.

Die in V. 13aα belegte Satzkonstruktion steht meistens in einem synonymen[72] oder synthetischen Parallelismus[73]. Da die letztere Form zur Weiterführung von Gedanken besonders geeignet ist, tritt sie in der Schilderung von Vorgängen in der Natur öfters auf. Zu erwähnen ist etwa Jes 18,5a, wo mit Hilfe dieser Konstruktion die Entwicklung vom Sprossen zu reifen Trauben, und Jes 28,25, wo anhand dieser Form das Aufeinanderfolgen von Ebnen und Säen dargestellt wird. Unsere Stelle steht den genannten Belegen nahe, indem sie anhand der beiden Verben זרע und קצר den regelmäßigen Turnus von Säen und Ernten umschreibt. Mit Hilfe dieses Verbpaares wird in Hi 4,8; Prov 22,8 und Hos 8,7 der Tun-Ergehen-Zusammenhang artikuliert. Die Objekte der

---

[70] Gegen *Rudolph*, Jeremia, 78, und *Weiser*, Jeremia 1-25,14, 101, die כי חרב יהוה אכלה streichen.

[71] *Holladay*, Jeremiah 1, 384, *Craigie / Kelley / Drinkard*, Jeremiah 1-25, 185, ist zuzustimmen, daß der Stilwechsel für sich als Beweis für den sekundären Charakter dieses Verses nicht ausreicht. Neben den angeführten Indizien gewinnt jedoch auch er an Bedeutung.

[72] Vgl. 2Sam 12,2; Hi 23,16; Jes 44,10; 48,13; 49,14; Jer 48,15. Zu dieser Konstruktion vgl. *Schmidt*, Einführung, 298.

[73] Vgl. Jes 18,5; 28,25; 44,14.

beiden Verben stellen in den beiden letzten Stellen Synonyme dar (רוח
און - עולה; סופה -); in der ersten Stelle wird auf die genannten Objekte in
einem asyndetischen Relativsatz Bezug genommen, um auf diese Weise die Entsprechung zwischen dem Tun und dem Ergehen und dadurch
die in der Welt herrschende Ordnung zum Ausdruck zu bringen. Die
Gegenüberstellung von קוץ und חטה sowie der Ausdruck der Erfolglosigkeit in V. 13aα.β[74] weisen auf die Störung in dieser Ordnung hin.
Der Konsekutivsatz in V. 13bβ[75] bringt die Auswirkung dieser Störung, die Enttäuschung und Beschämung, zum Ausdruck. Die Wendung בוש מן, die außer Ps 119,116[76] nur noch in der Prophetenliteratur
vorkommt, drückt die Enttäuschung des Gottesvolkes wegen des Aus-
bleibens des erhofften Erfolges aus. Ob es dabei um die Enttäuschung
der an den Kultpraktiken (Jes 1,29; Hos 4,19) oder an den politischen
Mächten (Jes 20,5; Jer 2,36) orientierten Hoffnung geht, kann an dieser Stelle nicht entschieden werden.
Die Begründung des Mißerfolges wird in dem letzten Kolon V. 13bβ
mit Hilfe der geläufigen Wendung חרון אף יהוה formuliert. Auffälligerweise tritt dieses Motiv als Deutung eines Geschehens im Jeremiabuch
nur selten auf: Der Zorn JHWHs ist nach Jer 17,4 der Anlaß für die
zukünftige Wegführung Judas. Auf ihn wird in 2Kön 24,20 und Jer
52,3 die Zerstörung Jerusalems, in Jer 25,37 die Verwüstung der Län-
der und in Jer 4,26b der in Jer 4,23-26 geschilderte chaotische Zustand
zurückgeführt. Zu der Vision von der „Rücknahme der Schöpfung"[77]
in Jer 4,23-26 weist V. 13a.bα durch das Motiv der gestörten Weltord-
nung eine besondere Nähe auf. Daher legt sich die Vermutung nahe,
daß die Eingliederung von V. 13a.bα in die Gottesklage und die Aufnahme der theologischen Interpretation V. 13bβ durch diese Vision
veranlaßt wurde: Der Ergänzer wollte durch ihn den Zustand nach der
in V. 10ff geschilderten Verwüstung beschreiben.

---

[74] Interessant ist die von *McKane*, Jeremiah I, 277, und *Craigie / Kelley / Drinkard*, Jeremiah 1-25, 185, vertretene Erklärung der Form נחלו als „siegen". Diese
Erklärung trägt sowohl dem in diesem Vers beschriebenen Vorgang als auch dem
Moment der Enttäuschung Rechnung.
[75] מחבואתיכם ist mit BHS zu korrigieren.
[76] Sie bezieht sich hier in einer Bitte auf die Hoffnung des Beters den Verheißungen JHWHs gegenüber.
[77] *Weippert*, Schöpfung, 51.

## V. Die abschließende JHWH-Rede in Jer 12,14-17

Der Abschnitt Jer 12,14-17 wird hinsichtlich seines Verhältnisses zum Kontext, seiner Einheitlichkeit und seiner Authentizität in der jüngeren Forschung unterschiedlich beurteilt.

Betreffend das Verhältnis dieser Passage zu seinem Kontext, nehmen McKane und Thiel einen ursächlichen Zusammenhang[1], Weiser eine thematische[2], Kelley eine formale[3], Holladay und Wanke eine Stichwortverbindung[4] an. Carroll betrachtet VV. 14ff als eine „exegetical expansion of a motif from the tradition shows Jeremiah in the role of a prophet to the nations"[5] und sieht keine Verbindung zwischen den beiden Texten.

In der literarkritischen Beurteilung dieses Textes gehen die Meinungen ebenfalls auseinander: Während Kelley, Thiel und Weiser VV. 14-17 als eine literarische Einheit betrachten[6], teilt sie Holladay zusammen mit Rudolph in V. 14 und VV. 15-17[7], McKane dagegen in VV. 14-15 und VV. 16-17[8] auf.

Die Frage der Authentizität wird auch unterschiedlich beantwortet: Kelley, Weiser und Holladay schreiben die ganze Passage dem Propheten Jeremia zu, Thiel führt sie auf D zurück[9], McKane betrachtet sie als „a late, artificial prophetic composition (vv. 14-15) to which qualifications have subsequently been added" aus der nachexilischen Zeit[10].

Eine Klärung der genannten Fragen erhoffen wir von der hier folgenden Analyse. Als Ausgangspunkt dient uns die folgende Beobachtung: Die JHWH-Rede in VV 14-17 wird von der Botenformel כה אמר יהוה eingeleitet, der die Präposition על mit Adressaten folgt. Diese für das Jeremiabuch typische Konstruktion steht, zusammen mit לכן, meistens

---

[1] *McKane*, Jeremiah I, 284, meint betreffend VV. 14f: „(v)erses 14 and 15 are generated by the poetry in vv. 7-11 and נחלה serves as stich". *Thiel*, Redaktion von Jeremia 1-25, 166, sieht in den vorausgehenden VV. 9f den „Anlaß zu einer thematischen Erörterung des Schicksals dieser Völker in ihrem Verhältnis zu Juda". *Rudolph*, Jeremia, 83, erwähnt diese Verbindung, ohne sie näher zu beschreiben.

[2] *Weiser*, Jeremia 1-25,14, 107, weist auf das Thema „Gerechtigkeit Gottes" als verbindenden Gedanken zwischen der Gottesklage Jer 12,7-13 und dem JHWH-Wort Jer 12,14-17 hin, infolgedessen VV. 14ff als „weiterer Beitrag" zu dieser Frage nach VV. 7ff gestellt wurde.

[3] *Craigie / Kelley / Drinkard*, Jeremiah 1-25, 183, betrachtet VV. 14-17 als eine Antwort auf die Klage VV. 7-13.

[4] *Wanke*, Jeremia 1, 130, und *Holladay*, Jeremia 1, 390.

[5] *Carroll*, Jeremiah, 292.

[6] Vgl. *Craigie / Kelley / Drinkard*, ebd., *Thiel*, ebd., *Weiser*, ebd.

[7] Vgl. *Holladay*, ebd., *Rudolph*, ebd.

[8] Vgl. *McKane*, Jeremiah I, 283f.

[9] Vgl. *Thiel*, ebd.

[10] Vgl. *McKane*, Jeremiah I, 283.

an der Spitze der Gerichtsankündigung über eine Gruppe[11], eine Person[12] und ein einziges Mal über ein Objekt[13]. Ihr kann auch die Präposition כי vorangestellt werden, wenn die Gerichtsankündigung erst der JHWH-Rede folgt[14]. Steht sie ohne Partikel, so leitet sie, wie an unserer Stelle, ein ganzes Prophetenwort ein[15]. Folglich weist sich Jer 12,14-17 als ein selbständiges JHWH-Wort aus. Diese Beobachtung legt die von Weiser[16] vertretene Annahme nahe, daß die Passage Jer 12,14-17 einen selbständigen Text darstellt, der von seinem heutigen Kontext unabhängig entstanden und erst später mit ihm verbunden worden ist. Dies wird durch den unterschiedlichen Gebrauch des Nomens נחלה in Jer 12,7ff, wo es Land und Volk, und in Jer 12,14f, wo es nur das dem Gottesvolk gegebene Land bezeichnet, sowie durch das Fehlen von redaktionellen Verknüpfungen erhärtet. Das JHWH-Wort wurde höchstwahrscheinlich wegen des Nomens נחלה der vorausgehenden Gottesklage angereiht.

Bei der Prüfung der Einheitlichkeit von Jer 12,14ff fällt die inhaltliche Unterschiedlichkeit zwischen VV. 14f und VV. 16f auf: Die beiden Passagen vertreten bezüglich des Gottesvolk-Völker-Verhältnisses zwei verschiedene Vorstellungen. Die Passage VV. 14f hält die beiden Größen geschichtlich und räumlich auseinander, indem sie das Haus Juda und seine bösen Nachbarn hinsichtlich ihrer Deportierung in V. 14bα und V. 14bβ gesondert nennt und in V. 15b die Zurückführung des Bundesvolkes (עמי) in sein Erbteil (נחלה) sowie jedes anderen Volkes in sein Land (ארץ) zusagt. Im Hintergrund von VV. 14f stehen die Heilsankündigungen über Ägypten[17], Moab[18] und Ammon[19], deren Geschick nach dem erfahrenen Gericht gewendet wird, sowie das Gerichtswort über Babel, in dem die Völker zur Rückkehr in ihr Heimatland aufgefordert werden[20]. Im Gegensatz zu VV. 14f weisen VV. 16f anhand von בתוך auf das räumliche Nebeneinander des Gottesvolkes und der Völker hin. Diese Passage hat das Geschick der Völker inmitten des Gottesvolkes (בתוך עמי) zum Thema. Daß dabei an die Situation nach dem Exil gedacht wird, bezeugt die Reihenfolge der Verben innerhalb des Begriffspaares אבד/נתש – בנה in VV. 16b.17: Das positive

---

[11] Über die Männer von Anatoth (Jer 11,21), die Propheten (Jer 14,15; 23,15) und die Hirten (Jer 23,2).
[12] Über den Propheten Schemaja (Jer 23,15) sowie über die Könige Zidkija (Jer 34,4) und Jojakim (36,30).
[13] In Jer 33,4 steht eine Gerichtsankündigung über den Königspalast.
[14] Vgl. Jer 16,3; 22,6; 33,4.
[15] Vgl. *Westermann*, Grundformen, 107, und *Wagenaar*, Oordeel en heil, 236f.
[16] Vgl. *Weiser*, Jeremia 1-25,14, 107.
[17] Vgl. Jer 46,26. Ägypten wird in Ez 16,26 einmalig im ganzen AT als Nachbar Judas genannt.
[18] Vgl. Jer 48,47.
[19] Vgl. Jer 49,6.
[20] Vgl. Jer 50,16; 51,9, wo die Formulierung איש לארצו belegt ist.

Verb steht, im Gegensatz zu Jer 1,10; 18,7ff und 31,28, den negativen Verben voran. Offensichtlich wird an dieser Stelle über die in Dtn 23,8f angesprochene Aufnahme der Völker (der Edomiter und der Ägypter) hinaus über ihr Bleiben in der Gemeinschaft des Gottesvolkes nachgedacht, dessen Voraussetzung in der Übernahme der JHWH-Religion[21] erkannt wird[22]. Auf diese Weise wird eine der vorexilischen Geschichte[23] – wo Israel dem Einfluß der kanaanäischen Religion erlag – spiegelbildliche Geschichte entworfen.

Die Unterschiedlichkeit der VV. 14f und VV. 16f zugrundeliegenden Vorstellungen von dem Gottesvolk-Völker-Verhältnis legt die Annahme nahe, daß wir es mit zwei ursprünglich selbständigen Texten zu tun haben. Für die Passage VV. 16f kommt wegen seines theologischen Denkens und seiner Nähe zu dem nachexilischen Text Jer 18,7-10[24] hauptsächlich die ausgehende Exilszeit als Entstehungszeit in Betracht. Komplizierter ist hingegen die Ansetzung von VV. 14f, weil ihre Wörter und Ausdrücke sowohl in deuteronomisch/deuteronomistischen als auch in jüngeren Texten anzutreffen sind: Die hi.-Form des Verbs נחל mit JHWH als Subjekt bezeichnet die Landgabe im Jeremiabuch nur in dem jüngeren Vers Jer 3,18[25]. Ferner ist sie in den deuteronomisch/deuteronomistischen Texten Dtn 12,10 und 19,3 anzutreffen. Der Ausdruck מעל אדמה als Bezeichnung des Ortes der Wegführung tritt neben den nachexilischen Texten 2Chr 7,20 und Am 9,15 in den deuteronomisch/deuteronomistischen Texten Dtn 29,17; 2Kön 17,23; 25,21; Jer 27,10 und 52,27 auf. Dieser Befund läßt hinsichtlich der Zugehörigkeit von Jer 12,14f keine eindeutige Entscheidung zu. Darum versuchen wir die Eigenart dieses Textes herauszustellen. Dabei fällt auf, daß das Verb נתש, zusammen mit dem Ausdruck מעל אדמה, von den angeführten Stellen nur noch in den beiden jüngeren Belegen Dtn 29,27[26] und Am 9,15[27] als Bezeichnung der Exilierung dient. Im DtrG steht dagegen ständig das Verb גלה. Demzufolge erscheint die

---

[21] Die Formulierung שבע בשם יהוה bezeichnet in Jes 48,1 die religiöse Zugehörigkeit.

[22] Durch diesen Gedanken kommt Jer 12,16f in die Nähe von Ez 47,22f und Jes 56,1-8 zu stehen. Gleichzeitig hebt sich Jer 12,16f von den genannten Stellen ab, indem er nicht das Geschick der Schutzbürger (גרים), sondern einer ethnischen Gemeinschaft (גוי) thematisiert.

[23] In Jer 10,2 wird Juda davor gewarnt, den Götzendienst der Nachbarvölker zu übernehmen.

[24] S.u. 176-179.

[25] In der Beurteilung von Jer 3,14-17 gehen zwar die Meinung der Forscher auseinander, V. 18 wird jedoch als ein jüngerer Text beurteilt. Vgl. etwa *Craigie / Kelley / Drinkard*, Jeremiah 1-25, 60, *McKane*, Jeremiah I, 77, *Rudolph*, Jeremia, 23f, *Thiel*, Redaktion von Jeremia 1-25, 93, und *Wanke*, Jeremia 1, 48.

[26] Für die Datierung vgl. *Smend*, Entstehung, 73, *vRad*, Deuteronomium, 129.

[27] Für die nachexilische Ansetzung von Am 9,7-15 vgl. *Jeremias*, Amos, 129, und *Wolff*, BK XIV/2, 406. *Van Leeuwen*, Amos, 345f, dagegen hält diese Passage für genuin.

Zugehörigkeit von Jer 12,14f zu der deuteronomistischen Schicht als fraglich, und es legt sich eine spätere Entstehung nahe. Aufgrund unserer Analyse können wir McKane in der Aufteilung von Jer 12,14-17 auf zwei Schichten und in seiner Beurteilung als „a late, artificial composition"[28] zustimmen.

---

[28] *McKane*, Jeremiah I, 283. Vgl. auch *Brekelmans*, BEThL 1981, 343-350.

# Zweiter Teil
# Jeremia 14 - 15

Den zweiten großen Abschnitt, in dem die Klage Gottes (Jer 15,5-9) und des Propheten (Jer 15,10-21) nebeneinander stehen, stellt Jer 14 - 15 dar. Innerhalb dieses Abschnittes folgen der Einleitung in V. 1 die folgenden Unterabschnitte: ein Klagelied des Volkes (14,2-9) mit einer Antwort JHWHs (14,10-16), ein zweites Klagelied (14,17-22) mit Antwort (15,1-4) sowie eine Gottes- (15,5-9) und eine Prophetenklage (15,10-21). In der folgenden Analyse werden wir diese Unterabschnitte hinsichtlich ihrer Einheitlichkeit und ihrer gegenseitigen Beziehungen untersuchen. Da in der Forschung der als große Liturgie bezeichnete Text Jer 14,1-15,4[1](9)[2] als eine literarische Komposition betrachtet wird[3], verspricht das Fragen nach der Ursache des Nebeneinanders von Gottesklage und Prophetenklage eine interessante Diskussion.

## I. Das Volksklagelied Jer 14,2-9

### 1. Analyse

Die erste Einheit von Jer 14 - 15 stellt VV. 2-9 dar. Sie besteht aus einer *Notschilderung* (VV. 2-6) und einer *Volksklage* mit Bitte (V. 7) und Klage mit abermaliger Bitte (VV. 8-9). Durch diese Elemente erweist sich VV. 2-9 als ein Klagelied des Volkes.

*a) Die Notschilderung Jer 14,2-6*
Die poetisch formulierte Notschilderung wird durch eine Klagebeschreibung in V. 2 eingeleitet. Sie besteht aus drei Stichoi, von denen

---

[1] Vgl. *Rudolph*, Jeremia, 91, *Schreiner*, Jeremia 1-25,14, 92, *Thiel*, Redaktion von Jeremia 1-25, 178, und *Wanke*, Jeremia 1, 140.
[2] *Beuken / van Grol*, BEThL 1981, 323-325, *Holladay*, Jeremiah 1, 422, *Craigie / Kelley / Drinkard*, Jeremiah 1-25, 199, *Reventlow*, Liturgie, 149, und *Weiser*, Jeremia 1-25,14, 121, lassen die erste Einheit mit V. 9 enden.
[3] *Reventlow*, Liturgie, 153, bestreitet den Kompositionscharakter von Jer 14,1-15,9 und betrachtet den Text als „einen einzigen fortlaufenden Zusammenhang". Vgl. auch *Holladay*, Jeremiah 1, 422, und *Rudolph*, Jeremia, 91.

der erste (V. 2aα) und der letzte (V. 2b) einen einfachen, aus Subjekt und Prädikat bestehenden Verbalsatz, der mittlere (V. 2aβ) dagegen einen Verbalsatz mit zusammengesetztem Prädikat aufweist[4] (vgl. Tabelle).

אבלה יהודה 2aα
ושעריה אמללו קדרו לארץ 2aβ
וצוחת ירושלם עלתה 2b

Diese strukturelle Besonderheit von V. 2aβ wirkt störend im Versrhythmus, den einige Forscher durch Textrekonstruktionen[5] oder Versumbau[6] herzustellen versuchen. Den Grund für diese sich im Aufbau zeigende Andersartigkeit von V. 2aβ versuchen wir durch die Untersuchung des Wortgebrauchs dieses Versteiles herauszustellen.

Das zusammengesetzte Prädikat von V. 2aβ enthält zwei, nur an dieser Stelle gemeinsam auftretende Verben – אמל und קדר – polysemantischen Charakters. Primär bezeichnen diese Verben das Verwelken in der Natur (אמל)[7] und das Sich-Verfinstern in der kosmischen Welt (קדר). Daher eignen sie sich, den inneren Zustand (hinfällig/trübe sein) und das äußere Verhalten (Sich-Verfinstern durch Unterlassung der Körper- und Kleiderpflege oder durch dunkles Gewand[8]) der Menschen bei der Trauer sowie die Folgen eines Unheilsgeschehens zu beschreiben. Demzufolge kann V. 2aβ als eine Beschreibung der Trauer oder einer Not gelesen werden. Das Zugegensein des zu den Ausdrücken der Trauer und der Bestattung gehörenden[9] Verbs אבל im unmittelbaren Kontext (in V. 2aα), mit dem diese Verben einzeln öfters auftreten[10], legt nahe, V. 2aβ als Beschreibung der Trauer zu lesen.

---

[4] *Beuken / van Grol*, BEThL 1981, 298.308, gliedern V. 2 auf „two lines in chiastic balance", die aus je zwei Kola bestehen (v. 2a'.a'' und v. 2b'.b'').

[5] Dabei wurde V. 2aα (mit „wegen der Dürre", *Rudolph*, Jeremia, 90, vgl. auch den kritischen Apparat von BHS) oder V. 2aβ (*McKane*, Jeremiah I, 315, fügt ein zweites Verb ein und übersetzt: „they *sit* on the ground like mourners", *Carroll*, Jeremiah, 306 fügt ein neues Nomen ein: „and her gates languish; her *people* lament on the ground") ergänzt.

[6] Die Formulierung על-דברי הבצרות (V. 1b) könnte auch als Ursachenangabe der Trauer verstanden werden. In diesem Fall gehört V. 1b zu V. 2. Die Formulierung על דבר zusammen mit einem Nomen oder allein steht im AT öfters als Begründung eines Geschehnisses oder einer Handlung (vgl. Gen 12,17; 20,11.18; 43,18; Ex 8,8; Num 17,14; Dtn 4,21; 22,24; 23,5 u.ö.), wobei das Wort דבר sich zur „Sache" verblaßt. Auffallenderweise ist diese Formulierung in der Schriftprophetie nicht belegt. Dies verwundert aus zwei Gründen nicht: zunächst darum, weil die prophetische Literatur für Begründung und Ursachenangabe ihre eigene Formulierung hat, zum zweiten darum, weil דבר als Terminus technicus für das durch den Propheten verkündete JHWH-Wort ein geprägtes Wort ist. Aus diesen Gründen gehört V. 1b eher zur Überschrift und nicht zu V. 2.

[7] Vgl. Jes 16,8.

[8] Vgl. *Schmoldt*, ThWAT VI, 1178.

[9] Vgl. *Bak*, Klagender Gott, 14.

treten[10], legt nahe, V. 2aβ als Beschreibung der Trauer zu lesen. Zieht man aber das Verb אבל II[11] mit der Bedeutung „vertrocknen" heran, so dienen die Verben אמל und קדר zur Schilderung der Folgen[12] der Not[13]. Das Nomen שער[14] kann ebenfalls unterschiedlich verstanden werden: wörtlich als Bezeichnung für die (Stadt)Tore als wichtige Orte des öffentlichen Lebens[15], synekdochisch[16] als Bezeichnung für die Städte Judas und metaphorisch als Ausdruck der Stärke und Macht. Ein metonymisches Verständnis vertritt die Zürcher Bibel, indem sie שער mit „Volk" übersetzt.

In dem Versuch, V. 2aβ eine angemessene Aussageabsicht abzugewinnen, spielen wir die Verständnismöglichkeiten des Nomens שער durch. Es im Kontext des Jeremiabuches synekdochisch als Parallelbegriff zu יהודה zu verstehen, scheint uns problematisch zu sein. Schauen wir nämlich diejenigen Belege dieses Buches durch, in denen Juda und Jerusalem parallel erwähnt werden, heben sich drei Formulierungen heraus: ein symmetrischer Gebrauch von Juda und Jerusalem ohne Erweiterung[17], ein asymmetrischer Gebrauch mit Erweiterung von Juda durch das Nomen regens איש[18] oder עיר[19] und ein am meisten belegter symmetrischer Gebrauch mit Erweiterung beider Nomina[20]. Weder in der zweiten (der unser Vers nahesteht) noch in der dritten Gruppe wird das Nomen regens עיר durch שער ersetzt. Außerdem ist der synekdochische Gebrauch des Nomens שער als Ausdruck für die

---

[10] אבל und אמל bezeichnen die Trauer von Menschen in Jes 19,8 und von Wall und Mauer in Thr 2,8. In Jes 24,4.7; 33,9 und Joel 1,10 beschreiben sie das Verwelken der Natur und in Hos 4,3 das Verwelken der ganzen Schöpfung.
אבל und קדר bezeichnen in Ps 35,14 das vom Menschen vollzogene Trauerritual, in Jer 4,28 und Ez 31,15 das Trauern der Schöpfung.

[11] Vgl. *Koehler / Baumgartner*, Lexicon, 6. *Baumann*, ThWAT I, 49, dagegen sieht keinen ausreichenden Anlaß zur Postulierung einer zweiten Wurzel.

[12] Den Folgecharakter der Not bringt das Auftreten von אמל und קדר in Gerichtsankündigungen in Hos 4,3 (von על־כן eingeleitet) und Mi 3,6 - der vermutlich auch mit unserem Text in Verbindung steht – (von לכן eingeleitet) zum Ausdruck. Vgl. auch Ez 16,30.

[13] Vgl. die EÜ, *Schreiner*, Jeremia 1-25,14, 93, *Holladay*, Jeremiah 1, 419.429, und *Stahl*, FS Preuß, 168, Anm. 20.

[14] Vgl. *Otto*, ThWAT VIII, 367ff.

[15] *McKane*, Jeremiah I, 317, geht von der großen Bedeutung des Tores für das öffentliche Leben aus und sieht in V. 2aβ die Beschreibung einer Gesellschaft, deren Lebenskraft durch die Dürre verlorengegangen ist.

[16] *Wanke*, Jeremia 1, 141, meint, daß mit den Toren die Städte Judas gemeint sind. Ähnlich urteilt *Schreiner*, Jeremia 1-25,14, 93, wenn er von „Juda und seine Städte, hier Tor genannt" spricht. Vgl. auch *Carroll*, Jeremiah, 309, *Holladay*, Jeremiah 1, 429, *Stahl*, FS Preuß, 168, und *Weiser*, Jeremia 1-25,14,14, 119, Anm.1.

[17] Jer 4,5; 13,9; 19,7; 27,20; 33,16; 34,19; 40,1; 52,3.

[18] Vgl. Jer 4,3.

[19] Vgl. Jer 4,16; 9,10; 25,18; 34,7 und 44,2.

[20] Jer 4,4; 7,17.34; 11,2.6.9.12.13; 17,20.25.26; 18,11; 25,2; 32,44; 33,10.13; 35,13.17; 36,31; 44,6.9.17.21.

Ganzheit des Landes[21] dem Jeremiabuch fremd und auch überflüssig, weil dafür konsequent das – auch in unserem Vers stehende – Wortpaar ירושלם ויהודה verwendet wird. Aus diesen Gründen ist dem gemeinsamen Subjekt von V. 2aβ eher eine metaphorische als eine synekdochische Bedeutung zuzuschreiben und V. 2aβ als Ausdruck der Kraft- und Machtlosigkeit[22] Judas[23], also als Beschreibung der Folgen einer Not zu lesen. Die Frage, ob diese die Folgen der Dürre oder einer militärischen Niederlage darstellen, muß hier noch offen bleiben. Um weitere Nachweise zu erbringen und die Funktion dieses Versteiles zu erhellen, suchen wir nach übrigen Vorkommen der Verben אמל und קדר, vor allem innerhalb von Jer 14 - 15.

Wie schon oben angemerkt, treten diese Verben zusammen außerhalb von Jer 14,2aβ nicht auf. Das Verb קדר kommt nur noch in Jer 4,8, auf die Natur, und in 8,21, auf den Propheten bezogen, אמל nur noch in Jer 15,9aα vor. An dieser Stelle steht אמל zusammen mit der Formulierung בוא שמש (V. 9aβ), die durch ihre Bedeutung dem Verb קדר sehr nahesteht. Daß das Verb קדר und die genannte Formulierung als „Synonyme" verstanden werden können und auch so verstanden worden sind, bezeugt Mi 3,6b, wo קדר und בוא השמש parallel nebeneinander stehen.

> Die Sonne wird untergehen (ובאה השמש) über den Propheten,
> und schwarz wird (וקדר) der Tag über ihnen.

Auf diese Weise tritt zwischen Jer 14,2aβ und Jer 15,9a eine auffallende Parallelität im Aufbau und eine enge sprachliche Beziehung zum Vorschein (s.u. die Tabelle):

| | |
|---|---|
| Jer 14,2aβ | שעריה אמללו |
| | קדרו לארץ |
| Jer 15,9a | אמללה ילדת השבעה נפחה נפשה |
| | בא שמשה בעד יומם בושה וחפרה[24] |

---

[21] Jer 15,7a kann in diesem Sinne interpretiert werden (vgl. *Wanke*, Jeremia 1, 151). Allerdings stellt V. 7a eine spätere Ergänzung dar (s.u. 121). Synekdochisch steht das Nomen שער im Jeremiabuch für die Stadt (17,24) oder Jerusalem (1,15; 17,19). Das Dtn dagegen gebraucht dieses Nomen auch als Bezeichnung des ganzen Landes (Dtn 15,7; 24,14; 28,52).

[22] Daß das Dahinwelken des Tores das Verlieren der Lebenskraft bedeutet, machen diejenigen Stellen deutlich, wo neben dem „jetzigen" auch auf den „einstigen" Zustand hingewiesen wird (vgl. Jes 16,8; 24,7) oder fruchtbare Gebiete erwähnt werden (Jes 33,9; Nah 1,4).

[23] Vgl. Nah 3,13, wo die Machtlosigkeit Assurs einerseits durch die Charakterisierung des Kriegsvolkes als Weiber (vgl. die LXX), andererseits durch das Bild der weit geöffneten Tore des *Landes* und der vom Feuer verzehrten Riegel zum Ausdruck gebracht wird.

[24] L. die Qere-Form.

Die Verben אמל und auch קדר bzw. dessen „Synonym" בוא השמש beschreiben in den beiden genannten Stellen die bevorstehende oder schon eingetroffene Not in einer Gerichtsankündigung (Mi 3,6b) bzw. Gerichtsschilderung (Jer 15,9a). Aufgrund der Parallelität zwischen Jer 15,9a und Jer 14,2aβ ist für das genannte Verbpaar auch in unserer Stelle eine ähnliche Funktion anzunehmen.

Infolge der herausgestellten metaphorischen Bedeutung des Nomens שער sowie der Interpretation des Verbpaares אמל und קדר als Beschreibung der Folgen des Gerichts kann das Verständnis von V. 2aβ als Beschreibung der Not als erwiesen gelten. Als solche ist er aber in der Klagebeschreibung fehl am Ort. Darüber hinaus nimmt er die Zustandsschilderung in VV. 3ff vorweg. Aufgrund dieser Beobachtungen können wir annehmen, daß V. 2aβ einen sekundären Eintrag darstellt.

Diese Annahme läßt sich durch weitere Beobachtung an dem Wortgebrauch und Aufbau von V. 2aα.b erhärten. Diese beiden Versteile weisen zwei Begriffe auf, das Verb אבל und das Nomen צוחה, die das innere Empfinden des Gedemütigtseins[25] und die äußere Bekundung der Not durch ein Geschrei zum Ausdruck bringen. Die Subjekte dieses Empfindens und dieser Bekundung sind Juda und Jerusalem: ein Substantivpaar, welches die Landschaft und die Hauptstadt des Südreiches bezeichnet. Ähnlich formulierte Sätzen mit zwei verwandten Begriffen und mit einem Substantivpaar stehen in Jes 3,8a und in Jer 48,15aα (vgl. die Tabelle).

| | |
|---|---|
| Jes 3,8a | כי כשלה ירושלם |
| | ויהודה [26] נפלה |
| Jer 14,2aα.b | אבלה יהודה |
| | וצוחת ירושלם עלתה |
| Jer 48,15aα | שדד מואב |
| | ועריה עלה |

Die tabellarische Darstellung dieser Sätze macht auch auf ihre syntaktische Eigentümlichkeit aufmerksam: Sie sind zweigliedrig aufgebaut, wobei das erste Glied ein einfacher Verbalsatz, das zweite dagegen ein einfacher invertierter Verbalsatz bildet. Durch diese Konstruktion stellen diese Sätze die beiden Substantive nebeneinander, um durch das Nennen des Landes und seiner Hauptstadt oder seiner Städte in Aufeinanderfolge die Ganzheit des Landes zu bezeichnen und auf diese Weise den umfassenden Charakter der Not zu artikulieren. Diese Beobachtungen legen die Annahme nahe, daß wir in V. 2aα.b eine charakteristische Formulierung der Beschreibung einer Not, die sich des ganzen Landes bemächtigt hat, vor uns haben. Ihre beiden Glieder wurden durch die Einfügung von V. 2aβ auseinandergerissen.

---

[25] Vgl. *Baumann*, ThWAT I, 49.
[26] Vgl. BHS.

Um das Motiv für die Eintragung von V. 2aβ herauszustellen, möchten wir zuerst die oben klargelegte sprachliche Berührung zwischen Jer 14,2aβ und 15,9a unterstreichen. Danach wollen wir auf die strukturelle Verwandtschaft zwischen den beiden Stellen hinweisen, die sich im Satzbau, exakter in der Vorliebe für das zusammengesetzte, asyndetische Prädikat zeigt (vgl. die Tabelle o.). Diese sprachlichen und strukturellen Beziehungen sind mögliche Indizien für eine literarische Abhängigkeit zwischen diesen beiden Stellen. Da Jer 15,9a sich mit seinem Kontext organisch verbindet, legt sich die Annahme nahe, daß Jer 14,2aβ in Anlehnung an ihn (und vielleicht auch an Mi 3,6b) formuliert und in V. 2 eingefügt wurde, um durch diesen Versteil die Gottesklage (Jer 15,5-9) mit der Klage des Volkes (Jer 14,2-9) zu verbinden. Demzufolge hat V. 2aβ eine redaktionelle Funktion. Durch den Gerichtscharakter von Jer 15,9a (und Mi 3,6b[27]) bekommt Jer 14,2aβ zugleich eine negative Färbung, wodurch er die Dürre als Gottes Gericht interpretiert[28]. Hierin besteht seine theologische Aussageabsicht.

V. 2 umfaßte also ursprünglich nur V. 2aα und V. 2b und war ein Bikolon, der Aufforderung zur Klage in Jer 9,9aα ähnlich. Durch seine allgemeine, nur die Trauer von Juda und Jerusalem ausdrückende Formulierung bereitet er die Zustandsschilderung in VV. 3-6 vor, die die Ursache der Trauer, die Dürre, deutlich macht[29]. Das Wawcopulativum an der Spitze der Zustandsschilderung läßt VV. 3-6 als einen großen, beigeordneten Kausalsatz verstehen.

Von der Dürre sind sowohl die Menschen (VV. 3a.bα[30]-4) als auch die Tiere (VV. 5-6) betroffen. Die in VV. 3f genannten gesellschaftlichen Kategorien, die (Haupt)Stadtbewohner und die Bauern, stellen die Repräsentanten des urbanen (אדיר) und agrarischen (אכר) Kreises dar. Die Tiere vertreten das unbewohnte und unbebaute Gebiet, das Gefilde. Eine ähnliche Dreiteilung steht in umgekehrter Reihenfolge auch in Jer 51,23, mit dem Unterschied, daß dort die Hirten das Weideland repräsentieren. Drückte in V. 2aα.b יהודה וירושלם die das ganze Land umfassende Trauer aus, so wird in der Zustandsschilderung VV. 3-6 in chiastischer Ordnung die Totalität der Not durch das Heranziehen der Stände artikuliert[31].

---

[27] Für den Gerichtscharakter von Mi 3,5-8 vgl. *Wagenaar*, Oordeel en heil, 234ff.

[28] Zum Gerichtscharakter der Dürre vgl. *Stahl*, FS Preuß, 169f.

[29] *Beuken / van Grol*, BEThL 1981, 311, ist zuzustimmen, daß „after a brief introduction, full of pictures of atmosphere, there follows a concrete elaboration".

[30] V. 3bβ ist als dem V. 4b entlehnter Zusatz zu streichen. Der Lesart der Handschriften folgend sollte anstatt von לא־מצאו מים eher ׳ולא gelesen werden um diesen Satz mit dem vorangehenden zu verbinden – da sie sachlich zusammengehören. Durch diese textkritische Änderungen entsteht ein regelrechtes, auch für die Verse 4.5.6 kennzeichnendes Trikolon.

[31] Aus diesem Grund sind die Stadtbewohner und die Bauern keine miteinander konkurrierende Gruppen. Gegen *Holladay*, Jeremiah 1, 430, der den invertierten Verbalsatz in V. 3a als beabsichtigte Hervorhebung der Fürsten oder Adligen be-

Der Abschnitt zeichnet sich einerseits durch die invertierten Verbalsätze, andererseits durch das Fehlen des Folgetempus im Satzgefüge aus[32]. Die invertierten Verbalsätze stellen die Betroffenen (VV. 3.5) bzw. die Ursache der Not (V. 4) in den Vordergrund. Das Fehlen des Folgetempus verleiht den Geschehnissen einen dauerhaften Charakter und rückt die Sätze in die Nähe der Nominalsätze, um jegliche Hoffnung auf Änderung auszuschließen, und steigert zugleich die Spannung. So wird neben der Totalität der Not auch deren Dauerhaftigkeit hervorgehoben. Die Formulierung כי גם[33] in V. 5 und das Bild des Ringens um Luft bezeichnen den Höhepunkt der Dramatik, an dem die Bitte laut wird.

*b) Die Volksklage Jer 14,7-9*

Von der anonym abgefaßten, adressatenlosen Notschilderung in VV. 2-6 hebt sich die poetische Sprucheinheit VV. 7-9 durch seine Formulierung in der ersten Person Plural ab. Sie wurde von Bak[34] als „Wir-Klage" des Propheten bezeichnet, in der sein Mitleiden mit seinem Volk zum Ausdruck kommt. In ihr hebt sich eine vom Schuldbekenntnis (V. 7aα.b) umrahmte *Bitte* (V. 7aβ) von einer *Klage* mit Anrufung (V. 8a), Warum-Frage (VV. 8b-9a) und Vertrauensäußerung (V. 9b$_{1.2}$) mit abermaliger Bitte (V. 9b$_3$) ab. Die durchgängige Formulierung legt die literarische Einheitlichkeit des Textes nahe und bietet eine anscheinend solide Basis für die jeremianische Verfasserschaft[35]. Die

---

trachtet und meint: „the term is here used ironically, since the nobles have no advantage over the farmhands (V. 4) ...".

[32] Waw-Perfekta treten nur in V. 3bβ auf als Ausdrücke von „really simultaneous ‚action'" (*Beuken / van Grol*, BEThL 1981, 309).

[33] Vgl. Jer 6,11; 12,6; 14,5; 14,18; 23,11; 46,21; 48,34; 51,12; Ez 18,11 und Hos 9,12.

[34] Vgl. *Bak*, Klagender Gott, 40ff.

[35] Zwar läßt *Rudolph*, Jeremia, 91, die Frage offen, ob Jeremia ein (Klage)Lied des Volkes zitiert oder eine von ihm gedichtete Klage in den Mund des Volkes legt, an der jeremianischen Herkunft der Klage zweifelt er jedoch nicht. *Weiser*, Jeremia 1-25,14, 123f, schreibt die Volksklage ebenso dem Propheten zu, den er an seinem „kühnen Stil" und an seiner sich im Sündenbekenntnis zeigenden 'Grundeinstellung' erkennt, durch dessen Klage die Gemeinde im Rahmen eines 'Bundesrituals' sich „durch den Mund des Propheten an Gott wendet". *Reventlow*, Liturgie, 159, urteilt, daß der Prophet hier als Vorbeter das gebräuchliche Bekenntnisformular spricht. Neuerdings sieht *Bak*, Klagender Gott, 40ff, in Jer 14,7-9 eine „Wir-Klage des Propheten vor Gott" und meint, daß „die Wir-Rede [...] als ein wichtiges Ausdrucksmittel für das solidarische Mitleiden Jeremias" (45) dient.

In der letzten Zeit machen sich aber hinsichtlich dieser Fragen auch vorsichtige Töne bemerkbar. *Wanke*, Jeremia 1, 142, spricht behutsam von einem dem Bearbeiter vorgegebenen, wohl in die Zeit des noch funktionierenden Tempelkultes zurückreichenden Stück. Genauso vorsichtig bestimmt er die Rolle des Propheten: „(I)m Zusammenhang der Komposition erscheint der Prophet als derjenige, der das Gebet stellvertretend für das Volk vor Jahwe bringt und damit seiner Fürbittfunktion nachkommt".

Frage nach dem im Hintergrund dieses Gebetes stehenden geschichtlichen Ereignis wurde unterschiedlich beantwortet. Wegen der vorangehenden Notschilderung hat man an die Dürre gedacht[36], oder man hat
diese Frage wegen der allgemeinen Formulierung von VV. 7-9 offengelassen[37]. Diese Unsicherheit ergibt sich aus der Verschiedenheit der
Terminologie der Notschilderung (VV. 2aα.b-6) und der Klage (VV.
7-9), mit der man bei der Annahme eines Textes aus einem Guß konfrontiert wird. In der hier folgenden Analyse versuchen wir, auf einige
inhaltliche und sprachliche Unterschiede innerhalb von VV. 7-9 aufmerksam zu machen, die einen berechtigten Zweifel gegenüber der
Einheitlichkeit dieses Textes aufkommen und auf unterschiedliche geschichtliche Ereignisse schließen lassen. Dabei nehmen wir zunächst
die beiden Bitten (V. 7aβ und V. 9b₃) und dann die Bitte (V. 7) und die
Klage (VV. 8-9) unter die Lupe und untersuchen sie hinsichtlich ihrer
Aussageabsichten.

Die beiden Bitten V. 7aβ und V. 9b₃ bereiten in erster Linie nicht deswegen Schwierigkeiten, weil sie innerhalb einer Klage doppelt belegt
sind, sondern wegen ihrer inhaltlichen Unterschiedlichkeit, die sich in
der folgenden Analyse herausstellt.

Die Bitte in V. 7aβ versteht man aufgrund der Imperativ-Form des
Verbs עשה meistens als ein Anspornen JHWHs zum Handeln. Dieses
Handeln wird von den beiden individuellen Klagepsalmen Ps 109 (V.
21) und Ps 143 (V. 11) her als Rettung und Beseitigung der Notlage
beschrieben[38]. Die Formulierung למען שמך faßt man als „Beweggrund
zur Erhörung der Bitte"[39] auf und bringt sie mit der „Namentheolo-
gie"[40] im Zusammenhang.

Durch die Wendung עשה למען שם שם wird JHWH jedoch nicht nur zum
Handeln, sondern auch zum Zurückhalten seines Zorns[41] und zur Be-

---

[36] Vgl. *Thiel*, Redaktion von Jeremia 1-25, 181.
[37] *Bak*, Klagender Gott, 42, meint, daß die Frage, welche geschichtlichen Ereignisse hinter dem Gebet stehen, sich kaum mit Sicherheit beantworten läßt. Ihm
schließt sich *Wanke*, Jeremia 1, 142 an, indem er behauptet, daß das Klagelied „für
sich betrachtet [...] auf alle möglichen Notsituationen bezogen werden" kann. *Carroll*, Jeremiah, 311, denkt an einen „lament typical of temple theology".
[38] Vgl. *Wanke*, Jeremia 1, 142, und *Bak*, Klagender Gott, 43.
[39] *Bak*, Klagender Gott, 43.
[40] *Rudolph*, Jeremia, 91, formuliert: „möge er diesem Namen ‚Gott Israels' (vgl.
9b) entsprechend handeln". *Reventlow*, Liturgie, 160, findet die Absicht der Fragen hierin: „Man will Jahwe bei seiner Ehre packen, ihm klarmachen, wie wenig
sein Verhalten zu seinem Wesen passe". Vgl. auch *Reventlow*, Das Gebet, 253f.
Ähnlich urteilt *Wanke*, Jeremia 1, 142,: „daß er das zur Geltung bringt, was Israel
mit seinem Namen von jeher verbindet, nämlich Israels Hoffnung und Retter in der
Notzeit zu sein". *Bak*, Klagender Gott, 43, verbindet diese Formulierung mit der
Sinaitradition, indem er sagt: „Das ‚Handeln' in Jer 14,7aα gilt nun als ein Ausdruck des rettenden Einschaltens Jahwes, das mit dem Ruhm Jahwes zusammen-
hängt". Vgl. auch *Schreiner*, Jeremia 1-25,14, 94.
[41] Vgl. Jes 48,9.

grenzung seines Gerichtes[42] angespornt, um dadurch vor der totalen
Vernichtung bewahrt zu werden. Diese letztere Bedeutung ist auch in
V. 7aβ zu vermuten. Eine Annahme, die in der Struktur und Termino-
logie der Bitte ihre Stütze findet: Dadurch, daß die Bitte (V. 7aβ) vom
Schuldbekenntnis (V. 7aα.b) umrahmt wird, wird zu verstehen gegeben, daß sie der Erkenntnis der Schuld entsprungen ist. Dabei handelt
es sich, im Gegensatz zu Jer 14,20f (s.u. 108ff), um keine Buße oder
Reue, sondern um die erschreckende Entdeckung, daß die Schuld die
Strafe Gottes nach sich zieht[43] und daß diese Strafe Vernichtung bedeutet. Daher ist es verständlich, daß „die Worte [...] von stärkster
Andringlichkeit"[44] sind. Diese beängstigende Erkenntnis spiegelt sich
auch in der Terminologie des Schuldbekenntnisses wider, vor allem in
dem Gebrauch der Wendungen ב ענה עון und חטא ל, die in der prophetischen Gerichtsverkündigung beheimatet sind[45] und dort oft als Begründung der Strafe dienen. Deswegen ist anzunehmen, daß die Bitte
in V. 7aβ sich nicht auf das rettende Einschreiten Gottes, sondern auf
die Begrenzung seines sich in der Natur zeigenden Strafhandelns richtet. Mit den Worten Weisers formuliert: daß sie eine „Bitte um
Barmherzigkeit"[46] ist. Dafür spricht auch die Tatsache, daß sie erst
nach der letzten Steigerung der Not in VV. 5f laut wird.
Ganz anders steht es mit der zweiten Bitte in V. 9b₃. Sie steht am Ende
der durch die als Anrufung dienenden Gottesprädikationen (V. 8a) eingeleiteten Klage (VV. 8b.9a) mit Vertrauensäußerung (V. 9b₁.₂) und
klappt etwas nach. Dies fällt insbesondere wegen der sehr durchdach-
ten Struktur der Klage auf: Alle ihre Elemente sind zweigliedrig (zwei
Gottesprädikationen, zwei Warum-Fragen und eine zweigliedrige Vertrauensäußerung) und korrespondieren miteinander (s.u. Tabelle).

| V. 8aβ-9a-9b₂ | V. 8aα-8b-9b₁ |
|---|---|
| מושיעו בעת צרה | מקוה ישראל |
| למה תהיה כאיש נדהם | למה תהיה כגר בארץ |
| כגבור לא־יוכל להושיע | וכארח נטה ללון |
| ושמך עלינו נקרא | ואתה בקרבנו יהוה |
| אל־תנחנו (V. 9b₃) | |

Zwischen der jeweiligen Gottesprädikation und der mit ihr korrespon-
dierenden Warum-Frage steckt eine große Spannung, da die Warum-
Frage das Gegenteil dessen ausdrückt, was in der Gottesprädikation
behauptet wird. Die Gottesprädikationen stellen das Glaubensbekennt-

---

[42] Vgl. Ez 20,9.14.22.
[43] Vgl. Jer 16,10.
[44] *Rudolph*, Jeremia, 91.
[45] Für ב ענה עון vgl. Hos 5,5; für חטא ל vgl. Jer 8,14; 16,10; 40,3; 44,23; 50,7ff. und
für die „zahlreiche Treulosigkeit" vgl. Jer 5,6. Diese Formulierungen stehen oft als
Begründungen und sind durchweg mit Gerichtsankündigungen verbunden.
[46] *Weiser*, Jeremia 1-25,14, 123.

nis, die Warum-Fragen dagegen die geschichtliche Erfahrung dar. Die Kluft zwischen beiden wird durch die Vertrauensäußerungen über-brückt und in V. 9b$_3$ die Bitte der Stunde formuliert: „Überlaß uns nicht (unserem Schicksal)!"[47], m.a.W.: „sieh doch nicht als Außenste-hender und Kraftloser zu!". *Hier* geht es um das Einschreiten, um das Handeln JHWHs überhaupt. In der ersten Bitte V. 7aβ sprach das Volk, welches das Strafgericht fürchtete, um Gott umzustimmen und zur Einschränkung seines Strafhandelns zu bewegen. Hier dagegen spricht die Gemeinde, die sich allein gelassen und hilflos fühlt, und bittet durch die Ausdrücke der Vertrauensäußerung um die Anwesen-heit (V. 9b$_1$) und den Schutz[48] (V. 9b$_2$) JHWHs.

Nicht nur zwischen den beiden Bitten V. 7aβ und V. 9b$_3$, sondern auch zwischen der Bitte V. 7 und der Klage VV. 8-9 können Unterschiede sprachlicher und inhaltlicher Art beobachtet werden. Während die Bit-te in V. 7 solche Formulierungen aufweist, die aus der prophetischen Gerichtsverkündigung[49] und aus der vorexilischen Kultdichtung[50] be-kannt sind, treffen wir in der Anrufung V. 8a sowie in den beiden War-um-Fragen V. 8b und V. 9a Wendungen und Formulierungen an, die in der exilisch-nachexilischen Literatur[51] oder nur hier[52] belegt sind. Dar-über hinaus greift die Vertrauensäußerung V. 9b$_{1-2}$ zwei solche Theo-logoumena auf, die nicht im Jeremiabuch beheimatet sind: das „Inmit-ten-Sein" JHWHs sowie das Besitz- und Schutzverhältnis zwischen ihm und Israel. Das mit Hilfe von בקרב ausgedrückte „Inmitten-Sein" Gottes ist dem Jeremiabuch völlig fremd. Mit Hilfe dieses Ausdrucks bezeichnet das Jeremiabuch das Innere des Menschen[53] als Ort des see-

---

[47] Das hi. von נוח wird meisten mit „ver-lassen" übersetzt (vgl. EÜ, *Wanke*, Jeremia 1, 142, *Preuß*, ThWAT V, 303). Doch ist es richtiger, an dieser Stelle „laß uns nicht" zu übersetzen (vgl. *Rudolph*, Jeremia, 90, *Bak*, Klagender Gott, 40) und als „ausliefern, überlassen" zu verstehen (vgl. *Holladay*, Jeremiah 1, 434).
[48] Vgl. Ps 119,121.
[49] Das Nomen משובה ist bei Hosea in der Ankündigung des Neubeginns (11,7) und in der Verheißung der Heilung (14,5) beheimatet. Bei Jeremia gehört dieses No-men zum Repertoire des Schuldaufweises (Jer 2,19; 3,6.8.11.12.22; 5,6 – wahr-scheinlich Ergänzung; 8,5). Auch das „sündigen gegen" (ל חטא) gehört zum Sprachgebrauch sowohl von Hosea (4,7) als auch von Jeremia (3,25; 8,14). Das Motiv der anklagenden Sünde findet sich ebenfalls bei diesen beiden Propheten (Hos 5,5; Jer 2,19).
[50] Die Bitte עשה למען שמך ist in dem vorexilischen Psalm 109,21 (*Kraus*, BK XV/2, 748) belegt. In geschichtstheologischer Bedeutung wird sie von Ezechiel verwen-det (Ez 20,9.14.22.44; 36,22).
[51] Von den beiden Gottesprädikationen in 8a ist מקוה ישראל nur noch in Jer 17,13 belegt, wo sie wahrscheinlich redaktionelle Funktion hat. In Jer 50,7 steht sie in leicht abgewandelter Form. Das Wort מקוה wird in Esr 10,2 in ähnlicher Bedeutung verwendet. Die Vorstellung des Retter-Gottes treffen wir im DtrG (vgl. 1Sam 10,19) und bei Deuterojesaja (Jes 43,11; 45,15) an.
[52] Die beiden Doppelvergleiche 8a.9b sind nur hier belegt.
[53] In Jer 6,6 und 29,8 wird er adverbial gebraucht.

lischen Schmerzes[54], der bösen Überlegungen oder Taten[55] sowie als den Wohnort des Gesetzes[56]. Die als Ausdruck des Besitz- und Schutzverhältnisses dienende Wendung קְרָא שֵׁם עַל[57] bezieht sich innerhalb des Jeremiabuches meistens auf Jerusalem[58] und auf den Tempel[59], hier einmalig auf das Volk[60]. Auch sonst weist der Wortgebrauch der Vertrauensäußerung V. 9b$_{1-2}$ eher auf eine kriegerische Situation als auf die in VV. 2aα.b-7 geschilderte Dürre hin, da die Wendung בקרב als Ausdruck von „Inmitten-Sein" JHWHs bei seinem Volk kriegerische Konnotationen hat[61]: Das Ziel[62] seiner Gegenwart ist die Rettung in Kriegsnot. Seine Abwesenheit bringt Niederlage[63], seine Anwesenheit dagegen Sieg[64] und Sicherheit[65] mit sich. Das eingetroffene Unglück ist das Zeichen dessen, daß JHWH nicht mehr in der Mitte seines Volkes ist[66]. Ohne Gottes Gegenwart kann Israel nicht überleben[67]. Die Kündigung des Besitz- und Schutzverhältnisses bedeutet das Ausgeliefertsein des Volkes an die Feinde.

---

[54] Vgl. Jer 23,9.
[55] Vgl. Jer 4,14 und 9,7.
[56] Vgl. Jer 31,33.
[57] Für die Wendung קְרָא שֵׁם עַל vgl. *Boecker*, Redeformen, 166ff, und *Reiterer / Fabry*, ThWAT VIII, 142f.
[58] Jer 25,29.
[59] Jer 7,10.11.14.30; 32,34; 34,15.
[60] Vgl. auch Dtn 28,10. Ein einziges Mal wird diese Wendung in Jer 15,16b auf den Propheten bezogen. Dieser Halbvers stellt jedoch einen redaktionellen Eintrag dar. S.u. 156.
[61] Eine kultische Interpretation dieser Wendung vertritt *Weiser*, Jeremia 1-25,14, 124, indem er von der „im sakralen Akt der Epiphanie sich manifestierende(n) Gegenwart Gottes 'inmitten' seines Volkes" spricht. Ähnlich legt sie auch *Reventlow*, Das Gebet, 254, aus: „'Du bist in unserer Mitte' bezieht sich auf die kultische Gegenwart Jahwes (im Tempel)". *Wanke*, Jeremia 1, 142, Anm. 179, bringt sie mit dem kultisch aufgefaßten „Wohnen" JHWHs inmitten seines Volkes in Zusammenhang. Dabei übersieht er, daß das AT das „Wohnen" JHWHs inmitten seines Volkes mit der Formulierung שָׁכַן בְּתוֹךְ (Ex 25,8; 29,45.46; Num 5,3; 35,34; 1Kön 6,13; Ez 43,7.9; Sach 2,14.15; 8,3) zum Ausdruck bringt. Aus den Belegen, in denen die Wendung (היה) בקרב auf JHWH angewendet wird, ist weder ihre kultische Beheimatung noch ihr kultischer Gebrauch auszumachen. In den kultischen Texten steht sie ein einziges Mal für die Gegenwart JHWHs in seinem Tempel (Ps 46,6), aber auch dort kann von keiner „Epiphanie" (Weiser) oder von „kultischer Gegenwart" gesprochen werden, zumal das „Inmitten-Sein" JHWHs als sein hilfreiches Eingreifen verstanden wird. In der späteren prophetischen Literatur taucht diese Wendung im Zusammenhang mit dem in den Naturereignissen sichtbar werdenden Segen auf. Vgl. Joel 2,27.
[62] Der Finalsatz לְהַצִּילְךָ וְלָתֵת אֹיְבֶיךָ לְפָנֶיךָ in Dtn 23,15aα formuliert grundsätzlich das Ziel seines „Inmitten-Seins".
[63] Vgl. Num 14,42 und Dtn 1,42.
[64] Vgl. Dtn 7,21; Jos 3,10 und 1Sam 4,3.
[65] Vgl. Mi 3,11.
[66] Vgl. Dtn 31,17.
[67] Vgl. auch *Rattray / Milgrom*, ThWAT VII, 164.

Die unterschiedlichen Aussageabsichten der beiden Bitten V. 7aβ und
V. 9b₃ einerseits, die Verschiedenheit der Terminologie der Bitte V. 7
und der Klage VV. 8-9 sowie das Aufgreifen der außerhalb des Jeremiabuches beheimateten Theologoumena andererseits machen die ursprüngliche Zusammengehörigkeit der Bitte und der Klage unwahrscheinlich und lassen auf unterschiedliche geschichtliche Hintergrün-
de, Entstehungszeiten und Verfasser schließen.
Da die Terminologie der ersten Bitte in V. 7 eine deutliche Nähe zu
der vorexilischen Prophetie und der jeremianischen Frühverkündigung
aufweist, können wir sie zu der vorausgehenden anonymen Notschilderung zählen und aufgrund ihrer Zugehörigkeit zu VV. 2aα.b-6 den
ganzen Abschnitt Jer 14,2aα.b-7 als „Wir-Klage" des mitleidenden Jeremia bezeichnen.
Die Klage VV. 8f dagegen gehört wegen ihrer terminologischen Beziehungen der Literatur der Exilszeit an. Diese Ansetzung von VV. 8-9
erhärten weitere Beobachtungen: Die erste Warum-Frage gibt in V.
8bα zunächst zu verstehen, indem sie JHWH mit einem Fremden vergleicht, daß er von seinem Wohnort, dem Tempel, aufgebrochen ist[68].
Danach deutet sie in V. 8bβ darauf hin, indem sie JHWH mit einem
Wanderer, der nur über Nacht einkehrt, vergleicht, daß er bei seinem
Wandern bleibt. JHWHs Aufgebrochen-Sein erklärt sich am besten
durch die Zerstörung seines Wohnortes, sein ständiges Wandern durch
dessen Nichtwiederaufbau[69]. Die zweite Warum-Frage V. 9a macht
dadurch, daß sie JHWH mit einem Helden vergleicht, der nicht retten
kann, deutlich, daß das Volk ihn als einen erfährt, der seine Kraft verloren hat. Da die Verkündigung Jeremias und deren Bearbeitung
JHWH in der Zerstörung Jerusalems eine aktive Rolle zuschreibt, verstehen wir seine Kraftlosigkeit an dieser Stelle am besten als Ausdruck
des Nichteingreifens in den Gang der Geschichte, ein Gedanke, der in
die fortgeschrittene Exilszeit weist. In diese Zeit weist auch der Ausdruck בקרב im ersten Glied der Vertrauensäußerung (V. 9bα), indem er
durch seine starke Verbindung mit den Erzählungen über die Ereignisse der vorstaatlichen Zeit[70] den Verlust der staatlichen Existenz nahelegt. Und schließlich läßt die Formel קרא שם על dadurch, daß sie nicht
mehr auf den Tempel oder Jerusalem, sondern auf das Volk bezogen
wird, an den Untergang der kultischen und staatlichen Institutionen
denken. Aufgrund dieser Beobachtungen kann die exilische Ansetzung
der Klage Jer 14,8-9 als sicher gelten, wobei das Fehlen der jeremianischen und der dtr. Terminologie eher an die ausgehende Exilszeit denken läßt. Diese Klage gibt das Empfinden der exilischen Gemeinde

---

[68] Vgl. *Bultmann*, Der Fremde, 18f.
[69] Gegen *Wanke*, Jeremia 1, 142, nach dessen Meinung das Klagelied „den funktionierenden Tempelkult" voraussetzt.
[70] Mit der Wüstenwanderung (Num 14,42; Dtn 1,42), Landnahme (Dtn 7,21; Jos
3,10) und Richterzeit (1Sam 4,3).

wieder, die den Aufschub der Wende auf die Untätigkeit JHWHs zurückführt und um sein Eingreifen bittet.
Beziehungen inhaltlicher und sprachlicher Art sind aber nicht nur zu der exilisch-nachexilischen Literatur, sondern auch zu den Ergänzungen (s.u. 150ff) der dritten[71] Konfession zu beobachten: Die vetitiv formulierte Bitte um das Einschreiten Gottes mit Beweggrund wird auch in 15,15aβ laut. Darüber hinaus tritt in 15,16b auch die Formel קרא שם על auf – hier einmalig auf eine Einzelperson, den Propheten, bezogen.
Diese inhaltlichen und sprachlichen Verbindungen sind wahrscheinlich auf die Tätigkeit des Redaktors zurückzuführen, der die Klage des Volkes mit der Selbstklage und mit der „Wir-Klage" des Propheten verband. Sein Anliegen war zunächst ein formgeschichtliches und zielte auf die Ergänzung von vorgegebenen Texten durch die fehlenden charakteristischen Elemente der Gattung: Er versah die überlieferte Notschilderung und Bitte des Volkes (VV. 2aα.b-7) mit dem Klageelement (14,8-9) und die Konfession mit der Bitte (15,15). Durch diese Zusätze entstand ein regelrechtes Volksklagelied bzw. eine richtige Individualklage. Ob der Redaktor zugleich der Autor der Klage in VV. 8-9 ist, scheint mir aufgrund formaler Beobachtungen eher unwahrscheinlich: Die Volksklage weist nämlich eine deutliche Sprache und eine sehr durchdachte Struktur auf, die Ergänzungen dagegen verursachen Rhythmusstörungen in der Konfession. Wahrscheinlicher ist, daß der Redaktor eine bei den Klagefeiern der Exilszeit gebrauchte Klage, wie z.B. Jer 14, 19-21[72], aufgenommen und an VV. 2aα.b-7 angehängt hat. Über diese formgeschichtlich motivierten Ergänzungen hinaus verband er durch die Formel קרא שם על das Klagelied des Volkes mit dem Klagelied des Propheten. Durch diesen redaktionellen Eingriff wollte der Redaktor den anonymen Sprecher des Volksklageliedes mit dem Propheten Jeremia identifizieren und ihm kultische Funktion zuschreiben.

## 2. Bilanz

Durch die Analyse von Jer 14,2-9 hat sich dieser Text als mehrschichtig ausgewiesen mit einer „Wir-Klage" des Propheten (VV. 2-7) und einer exilischen Volksklage (VV. 8-9). Innerhalb von VV. 2-7 haben wir V. 2aβ als einen redaktionellen Zusatz erkannt, der deutliche Beziehungen zu Jer 15,9a aufweist und zur Verknüpfung der Wir-Klage Jer 14,2aα.b.3a.bα-7 mit der Gottesklage Jer 15,5-9 dient.
Demzufolge haben wir in Jer 14,2aα.b.3a.bα-7 die erste literarische Einheit von Jer 14-15 vor uns, welche ein Klagelied mit Klagebe-

---

[71] Jer 11,18ff und 12,1ff sind zwei selbständige Einheiten, so ist Jer 15,10ff die „dritte" Konfession.
[72] Vgl. *Thiel*, Redaktion von Jeremia 1-25, 192.

schreibung (V. 2aα.b), Notschilderung (VV. 3a.bα.4-6) und Bitte (V. 7) darstellt, dem die Antwort Gottes fehlt. Dieses unvollständige Klagelied wurde mit einer göttlichen Antwort (VV. 10ff) versehen.

## II. Die Antwort JHWHs in Jer 14,10-16

### 1. Analyse

Mit V. 10 geht der Text in Prosa über, die den ganzen Abschnitt VV. 10-16 kennzeichnet. Personenwechsel sowie thematische und sprachliche Unterschiede erwecken jedoch den Eindruck der Uneinheitlichkeit, die sich nur teilweise durch das vorgegebene Textmaterial und durch die geprägte Sprache, der der Bearbeiter verpflichtet ist[1], erklären läßt. Vermutlich sind sie eher auf unterschiedliche Entstehungszeiten und Autoren sowie auf die unterschiedlichen Aussageabsichten der einzelnen Passagen zurückzuführen. Um dieser Vermutung nachzugehen, werden wir die Passagen V. 10, VV. 11-12 und VV. 13-16 für sich und in ihrer gegenseitigen Beziehung untersuchen. Diese vorläufige Untergliederung beruht auf Beobachtungen sprachlicher und thematischer Art, die in den folgenden Analysen weiterverfolgt und begründet werden.

*a) Abweisung der Klage in Jer 14,10*

V. 10 wird in V. 10aα$_1$ durch die Botenformel כה אמר יהוה mit Adressaten (העם הזה) eingeleitet, gefolgt von einer *indirekten* (JHWH-)Rede in V. 10aα$_2$.β und einer Prophetenrede in V. 10b, die wörtlich mit Hos 8,13aβ.bα übereinstimmt. Die indirekte JHWH-Rede und die Prophetenrede werden nach der Botenformel als sehr ungewöhnlich empfunden. Die monologische Formulierung[2] und der Zitatcharakter von V. 10b bieten wahrscheinlich ausreichende (wenn auch nicht ganz befriedigende) Erklärungen für dieses Phänomen.

Durch die Botenformel an der Spitze erweist sich V. 10 als eine JHWH-Rede, daher kann er als Antwort Gottes auf die Bitte in V. 7 verstanden werden. So kommt V. 10 die Rolle des Heilsorakels in den Klageliedern zu, und als Bestandteil des Klageliedes gehört er formal zu der vorangehenden Texteinheit (VV. 2-7). Im Unterschied zum Heilsorakel wird in V. 10 jedoch kein Heil, sondern Unheil verkündet. Die Bitte wird abgelehnt.

Die negative Antwort auf die Bitte wird schon durch die Botenformel, vor allem durch die Bezeichnung des Adressaten, vorbereitet. Die distanzierende Formulierung העם הזה steht nämlich im Jeremiabuch (עם kann mit oder ohne Artikel stehen) in Schuldaufweis[3] und Gerichtsverkündigung[4], in fürbittenden Prophetenreden[5] sowie in abweisenden

---

[1] So *Wanke*, Jeremia 1, 143.
[2] *Bak*, Klagender Gott, 48.
[3] Jer 5,22; 8,5; 13,10; 23,33; 35,16. Vgl. auch Jes 8,6; 29,13; Hag 1,2 und 2,14.
[4] Jer 4,11; 5,14; 6,19.22; 7,33; 9,14; 19,11; 21,8; 36,7. Vgl. auch Jes 6,9.10; 28,11.14 und 29,14.

JHWH-Reden[6]. Die Beheimatung dieser Formulierung in der prophetischen Gerichtsverkündigung einerseits und ihre Verbindung mit der
Fürbitte andererseits verleiht ihr eine doppelte Prägung, wodurch die
JHWH-Rede (V. 10a$\alpha_2$.β) als Schuldaufweis und die Prophetenrede
(V. 10b) als Abweisung charakterisiert werden. Dabei dient der
Schuldaufweis zur Begründung der Abweisung. Auf diese Weise
nimmt die einleitende Botenformel mit Adressaten (V. 10a$\alpha_1$) den Inhalt der folgenden Reden (V. 10a$\alpha_2$β.b) vorweg und macht auf ihre
zweifache Aussageabsicht aufmerksam.

Der Schuldaufweis führt durch zwei parallele Aussagen, eine positive
in V. 10a$\alpha_2$ (כן אהבו לנוע) und eine negative in V. 10aβ (רגליהם לא חשכו),
das unstete Verhalten des Volkes als Grund der Abweisung der Klage
an. Die Nähe zur jeremianischen Verkündigung ist an dieser Stelle
kaum zu übersehen[7]. Die Frage, ob mit diesen Aussagen auf die „Un-
zuverlässigkeit des Volkes in seiner Gottesbeziehung"[8] oder auf sein
politisches Schwanken und seine Hilfesuche[9] angespielt wird, muß
wegen der allgemein gehaltenen Sprache hier offengelassen werden.
Die negative Aussage (V. 10aβ) stellt allerdings eine verhüllte, vor-
wurfsvolle Anspielung auf die Bitte in V. 7 dar: JHWH soll seinen
Zorn zurückhalten und das Volk schonen, obwohl das Volk seine Füße
nicht geschont und nicht zurückgehalten hat. Auf diese Weise wird die
Zurückweisung schon in der Begründung vorbereitet und dann mit Hilfe der deklaratorischen Formel[10] im Hoseazitat V. 10b unmißverständlich und unwiderruflich ausgesagt. Das Zitat stellt die Klage des Volkes mit dem Kultopfer parallel und charakterisiert sie dadurch als einen Versuch, auf JHWH einzuwirken. Zugleich lehnt er sie ab. Nach
der Ablehnung wird das Gericht in Gang gesetzt (עתה), und zwar in
seiner ganzen Härte. Die Bewerkstelligung der Strafe unterstützt unser
Verständnis von der Bitte (V. 7aβ) als einem Versuch, das Strafgericht
Gottes aufzuhalten oder zu begrenzen.

Das Hoseazitat wurde nicht nur aus inhaltlichen, sondern auch aus redaktionellen Gründen aufgenommen. Durch die beiden Nomina עון und
חטאת wurde nämlich die göttliche Antwort (V. 10) mit der Wir-Klage,
insbesondere mit der Bitte in V. 7 verbunden. Was schon durch den
Inhalt (Begründung und Ablehnung) und durch die Funktion (Antwort

---

[5] Jer 4,10. Vgl. auch Ex 5,22.23; 32,31; 33,12; Num 11,12ff; 14,13f und 2Chr
1,10.
[6] Jer 7,16; 11,14; 15,1 und 16,5.
[7] Vgl. Jer 5,21 und 2,19ff.
[8] *Rudolph*, Jeremia, 93. *Reventlow*, Liturgie, 186, spricht von „synkretistischen
Neigungen". *Schreiner*, Jeremia 1-25,14, 95, meint, daß die Unbeständigkeit das
religiöse Verhalten des Volkes bezeichnet. Vgl. auch *Wanke*, Jeremia 1, 144.
[9] *Holladay*, Jeremiah 1, 434.
[10] Mit dem Verb רצה „sprach der Priester die Akzeptanz oder Nichtakzeptanz eines
Opfertieres bzw. einer Opferhandlung aus" (*Jeremias*, Amos, 78). Vgl. auch
*vRad*, Theologie I, 261.274f.

Gottes) von V. 10 deutlich gemacht wurde, d.h. die formale Zusammengehörigkeit[11] von VV. 2-7 und V. 10, wird nun durch das redaktionelle Verfahren der Wortverbindung nochmals unterstrichen. Die prosaische Formulierung und der zusammengesetzte Charakter machen zugleich deutlich, daß V. 10 sekundär der Klage hinzugefügt wurde. Sein Autor sollte aufgrund seiner Vertrautheit mit dem prophetischen Gedankengut im Schülerkreis Jeremias gesucht werden. Sein Anliegen war, die bereits eingetretene Katastrophe mit dem unsteten Verhalten des Volkes zu begründen und sie als Gottes Gericht zu charakterisieren. Das Fehlen der deuteronomistischen Sprache läßt an eine Entstehungszeit unmittelbar nach der ersten Deportation Judas denken. Daher ist es wahrscheinlich, daß das unstete Verhalten des Volkes (V. 10aβ) als Anspielung auf seine verzweifelte Suche nach politischer Hilfe zu verstehen ist. Diese Anspielung wurde durch das Verbot der Fürbitte (VV. 11f) konkretisiert.

*b) Das Verbot der Fürbitte in Jer 14,11-12*

Die neue Einleitung ויאמר יהוה אלי in V. 11a markiert einen neuen Einsatz und hebt VV. 11f von V. 10 ab. In diesem Text ergeht nach Jer 7,16 und 11,14 zum dritten Mal das Verbot der Fürbitte an die Propheten. Schon bei einem flüchtigen Vergleich der drei Belege fällt auf, daß das Instrumentarium der prophetischen Fürbitte immer mehr reduziert[12], die Situationsangabe immer mehr erweitert[13] und die Abweisung immer härter und kategorischer[14] wird. Die Kürze und die einfache Formulierung des Fürbitte-Verbots an unserer Stelle könnten für seine Authentizität[15] sprechen, sie könnten aber genausogut als letzte Steigerung und zusammen mit der breit formulierten Situationsangabe als grundsätzliche und auf alle Lebenssituationen bezogene Aussage über die Fürbitte verstanden werden. Dementsprechend kann von ei-

---

[11] Vgl. auch *Bak*, Klagender Gott, 48.

[12] In Jer 7,16 begegnen drei Ausdrücke (פגע ב, נשא רנה ותפלה בעד, פלל בעד), in 11,14 nur die ersten zwei, in 14,11 nur noch der erste. פלל בעד als Ausdruck einer Fürbittätigkeit, durch die bevorstehende Not abgewehrt oder eingetretenes Unglück aufgehoben wird, ist am meisten belegt (s.u.). Ähnliche Funktion hatte auch die spärlich belegte Wendung נשא (רנה ו)תפלה בעד (vgl. 2Kön 19,4=Jes 37,4). Die Wendung פגע ב bezeichnet die an Gott (Jer 7,16; 27,18; Hi 21,15) oder an Menschen (Ruth 1,16; 2,22; Hi 21,15) gerichtete eindringliche Bitte.

[13] Jer 7,16 enthält überhaupt keine Situationsangabe, 11,14 spricht allgemein von der „Zeit der Not", an unserer Stelle dagegen ist von Fasten und Opfern die Rede.

[14] Jer 7,16 und 11,14 drücken die Abweisung durch den Nominalsatz (pt.) אינני שמע aus; 14,12 weist zusätzlich die deklaratorische Formel auf.

[15] *Rudolph*, Jeremia, 93, sieht in V. 11 die „authentische Grundstelle" für die anderen beiden Belege. Auch *Reventlow*, Das Gebet, 256, meint, daß wir hier die Originalaussage vor uns haben und beurteilt Jer 7,16 und 11,14 als jüngere Prosatexte. *Thiel*, Redaktion von Jeremia 1-25, 183, sieht hier die Hand von D. Vgl. auch *Carroll*, Jeremiah, 313.

nem aktuellen Verbot, welches sich auf den Einzelfall bezieht[16], oder von einem grundsätzlichen Verbot die Rede sein. Da anhand des Vergleiches eine Entscheidung an dieser Stelle noch nicht getroffen werden kann, nehmen wir den Wortlaut und die Struktur von VV. 11f unter die Lupe.
Wie schon oben angemerkt, wird das Eintreten des Propheten für das Volk in VV. 11f allein durch die Wendung בעד פלל zum Ausdruck gebracht. Die Wendung bezeichnet eine Handlung, wodurch eine bevorstehende[17] oder bereits eingetretene Not[18], die als Strafe von JHWH herbeigeführt wird, abgewehrt werden kann. Die Abwehr wird durch das Besänftigen[19] Gottes mittels bedeutsamer Personen ermöglicht. Daß dabei vor allem an Propheten gedacht wird, daran läßt Gen 20,7[20] keinen Zweifel. In der prophetischen Literatur ist diese Wendung nur im Jeremiabuch belegt. Sie wird meistens, so auch an unserer Stelle, in der oben angeführten Bedeutung gebraucht[21]. Die Absicht, eine Not abzuwehren, wird einerseits durch לטובה[22], andererseits durch die Parallelstellung der prophetischen Fürbitte mit bestimmten Kultpraktiken (V. 12a) noch mehr betont. Hier werden nämlich Kulthandlungen genannt, die geeignet waren, den Zorn Gottes zu besänftigen und dadurch

---

[16] *Weiser*, Jeremia 1-25,14, 125, *Reventlow*, Das Gebet, 257. *Holladay*, Jeremiah 1, 252f, nimmt wegen des gebrauchten Prohibitivs אל („the temporary negative which implies 'do not do it at this time'", 252) an, daß es sich um ein zeitweiliges Verbot handelt. Doch sieht er einen Zeitpunkt, von dem an Jeremia keine Fürbittätigkeit mehr ausgeübt hat: die Verbrennung der Schriftrolle durch den König (Jer 36). Von dieser Zeit an bis zum Fall Jerusalems hielt er sich für eine „Anti-Mose" Figur. Aus der Überzeugung heraus, daß eine Wende unmöglich ist, verweigerte er die Fürbitte während der Belagerung Jerusalems durch die Babylonier (Jer 37,1-10). Nach dem Fall Jerusalems, als er von der hoffnungsvollen Zukunft Judas überzeugt war, trat er bei JHWH wieder fürbittend ein (Jer 42,1-6).
[17] Durch die Fürbitte Hiskias wird die bevorstehende Strafe wegen nichtordnungsgemäßer Passafeier (1Chr 30,18) und durch die Fürbitte Hiobs die Strafe über seine Freunde (Hi 42,8.10) abgewehrt.
[18] Durch die Fürbitte Abrahams wird die Todesstrafe über Abimelech (Gen 20,7) und die in der Form der Unfruchtbarkeit bereits schon eingetretene Strafe über sein Haus (Gen 20,17), durch die Fürbitte Moses die Strafe wegen der Auflehnung (Num 21,7ff;) und des Abfalls (Dtn 9,20), durch die Fürbitte Samuels die Strafe wegen des Verlangens nach einem König (1Sam 12,19.23), durch die Fürbitte eines Gottesmannes die Strafe an Jerobeam (1Kön 13,6) abgewehrt.
[19] Vgl. 1Kön 13,6.
[20] Es handelt sich hier um eine „anachronistische Zurücktragung" (*vRad*, Genesis, 181) in einem späteren Einschub (*Gerstenberger*, ThWAT VI, 614).
[21] Ein neues Verständnis der Fürbitte bahnt sich in den jüngeren Belegen (vgl. Jer 37,3; 42,2.20) an, die bezeugen, daß die Fürbitte nicht nur mit dem Ziel der Abwehr, sondern als „beten für" jemand ausgeübt wird.
[22] לטובה steht in den Ankündigungen eines bevorstehenden Unheils mit לרעה parallel (21,10; 39,16; 44,27; vgl. auch Am 9,4) und wird negiert. An den Stellen, wo das Unheil schon eingetroffen ist, steht die Form לטובה allein und bezeichnet das Herbeiführen einer Wende (24,5f; 32,39; vgl. auch 2Sam 16,12).

die Not abzuwehren: Fasten[23], Brandopfer[24] und Mincha[25]. Wird dabei an eine konkrete Not gedacht?

Das Fragen nach der abzuwehrenden Not wird teils durch die angebliche Zusammenhanglosigkeit des Fürbitte-Verbots[26], teils durch die formelhafte Sprache von V. 12b erschwert. So gehen wir diesen beiden Problemen nach.

Daß die Fürbitte-Verbote in den beiden ersten Stellen Jer 7,16 und 11,14 unvermittelt auftreten, ist schon auf den ersten Blick zu erkennen[27]. Etwas komplexer ist hingegen das Verhältnis von 14,11f zu seinem Kontext. Die vorangehende Klage mit Bitte (VV. 2aα.b-7) läßt das Verbot als sinngemäß erscheinen. Da diese Wir-Klage wahrscheinlich von dem Propheten gesprochen wurde, scheint das Untersagen der Fürbitte im Gegensatz zu den übrigen Stellen hier am Platze zu sein. Das Verbot greift durch das Motiv des Fastens und des Opferns in V. 12a den Gedanken der Abwehr auf und schließt sich dadurch der Bitte in V. 7 an. Diese Bitte wird durch das Verbot gleichzeitig zu einer Fürbitte umgewandelt und auf geschichtliche Ereignisse bezogen. Über diese Ereignisse erfahren wir aber nichts. Eine konkrete Not wird durch das Verbot nicht vermittelt. Diese Funktion kommt dem V. 12b zu, aber seine formelhafte Sprache verrät uns auf den ersten Blick auch nicht viel. Doch scheint gerade die bekannte *dreigliedrige* Nominalreihe „Schwert, Hunger und Pest" uns Indizien zu liefern, die einen geschichtlichen Rückschluß ermöglichen. Sie steht nämlich im Jeremiabuch ständig mit dem Verhalten Judas in der Zeit nach der ersten Deportation gegenüber Nebukadnezzar und Ägypten im Zusammenhang[28] und spricht damit ein wichtiges politisches Problem dieser Zeit an, zu

---

[23] Durch das Fasten „als Form der Selbstminderung und Selbstdemütigung, als Kennzeichen der eigenen Niedrigkeit" möchte der Mensch oder die Gemeinschaft Gott zur „Abkehr von seinem Zorn bewegen" (*Preuß*, ThWAT VI, 960).

[24] Das Brandopfer wurde nicht nur im 10. Jh. als „die letzte Möglichkeit" gesehen, um „durch einen kultischen Akt auf Gott Einfluß zu nehmen" (*Zwickel*, FS Metzger, 239), sondern auch in der unmittelbar vorexilischen Zeit. Es bestand nämlich zwischen beiden Perioden eine wichtige Ähnlichkeit: Sowohl im 10. Jh. als auch in den letzten Jahrzehnten der Existenz Judas wurde die „Chaoserfahrung ... auf Jahwe zurückgeführt" (*Zwickel*, ebd.).

[25] Die Mincha erfüllt als ein Geschenk, „das den Vorrang des Beschenkten anerkennt und ihn somit natürlich auch günstig stimmt" (*Willi-Plein*, Opfer und Kult, 82), dieselbe Funktion wie Fasten und Brandopfer.

[26] Vgl. *Thiel*, Redaktion von Jeremia 1-25, 182.

[27] *Thiel*, Redaktion von Jeremia 1-25, 119.154.

[28] Die dreigliedrige Nominalreihe bezeichnet die Strafe der Daheimgebliebenen (24,10; 29,17.18). Das Schicksal derer, die nach Ägypten fliehen (42,17.22; 44,17), wurde auch anhand dieser Wendung beschrieben. Sie bezeichnet zugleich das Geschick derer, die nicht zu den Chaldäern überlaufen, sondern in der Stadt bleiben (21,9; 38,2). Widersetzlichkeit und Widerstand gegenüber Nebukadnezzar bringen dieselbe Strafe mit sich (27,8.13). Durch Schwert, Hunger und Pest wird die Stadt in die Hände des Königs von Babel gegeben (32,24.36).

dem Jeremia öfter Stellung nahm. Die *zweigliedrige* Formel „Schwert und Hunger" dagegen bringt die Strafe Gottes zum Ausdruck, die die Ablehnung der prophetischen Unheilsverkündigung[29] und die falsche Sicherheit[30] mit sich bringen[31]. Die konsequente Verbindung der längeren bzw. der kürzeren Form der Nominalreihe mit unterschiedlichen Problemkreisen weist auf einen bewußten Umgang mit dieser Formel hin. Dies macht wahrscheinlich, daß wir es mit einer vorgegebenen Wendung zu tun haben, deren sich viele bedient haben. Daher scheint die Zurückführung dieser Wendung auf D[32] eher unwahrscheinlich. Aufgrund ihrer Verbindung mit den politischen Fragen der Periode 597 - 587 v.Chr. können wir mit einiger Wahrscheinlichkeit behaupten, daß durch die dreigliedrige Wendung „Schwert, Hunger und Pest" und überhaupt in VV. 11f auf die unmittelbar bevorstehende[33] Belagerung und Zerstörung Jerusalems durch die Babylonier angespielt wird. Diese Not sollte durch prophetische Fürbitte und durch besonders effektive Kultpraktiken abgewehrt werden. Da JHWH das Strafgericht schon in Gang gesetzt hat und davon nicht ablassen wollte[34], war dies unmöglich.

Aufgrund dieser Beobachtungen kann angenommen werden, daß in Jer 14,11f eine Fürbitte verboten wurde, welche die Aufgabe hatte, die Gefahr der Zerstörung Jerusalems durch die Babylonier abzuwehren. Es handelt sich also um ein aktuelles Verbot. Dafür spricht auch die Tatsache, daß das Verbot der Fürbitte in 15,1ff in gesteigerter Form wiederholt wird. Aufgrund dieser Annahme ist es gut möglich, daß wir in VV. 11f die Grundstelle für Jer 7,16 und 11,14 vor uns haben. Ob sie auf Jeremia zurückgeht, ist fraglich. Eher können wir davon ausgehen, daß das Fürbitte-Verbot in 14,11f durch den Schülerkreis Jeremias[35] abgefaßt wurde. Dafür spricht der aufgenommene jeremianische Spruch in V. 12a und die Vorgegebenheit der in V. 12b aufgenommenen Nominalreihe „Schwert, Hunger und Pest".

---

[29] Vgl. 5,12; 11,22 und 18,21.
[30] Vgl. 14,13.15.16. In Kap. 16 wird die falsche Sicherheit anhand der Normalitäten des Alltags (VV. 3.9) zum Ausdruck gebracht, denen durch das Gericht ein Ende bereitet wird.
[31] In 42,16; 44,12.27 bringt die Formel das Gericht über die Judäer in Ägypten zum Ausdruck und steht meistens zusammen mit dem Verb מות.
[32] *Thiel*, Redaktion von Jeremia 1-25, 183, sieht in dieser Formel ein „sicheres Kennzeichen von D". Für die Diskussion s. *Weippert*, Prosareden, 149-191, und *Vieweger*, Beziehungen, 40-46.
[33] Das pt. von כלה als Bezeichnung des Gerichtshandelns Gottes gibt uns zu verstehen, daß es um keine Gerichtsankündigung, sondern um eine akute Gefahr geht.
[34] Vgl. Jer 4,28.
[35] *Vieweger*, Beziehungen, 42f, Anm. 208, kommt zu ähnlicher Schlußfolgerung.

*c) Die Verantwortung der Propheten und des Volkes in Jer 14,13-16*
Das Fehlen der formalen Ausdrücke eines Neuansatzes in VV. 13-16
und seine Formulierung als Zwiegespräch zwischen Jeremia und
JHWH über die Propheten, wodurch er den in V. 11 angefangenen
Dialog fortzuführen scheint, erwecken den Eindruck, daß diese Passage der vorausgehenden angehört. Jedoch weist sich VV. 13-16 durch
seine Thematik und Terminologie, die unten klargelegt werden, als eine selbständige Texteinheit aus und hebt sich auf diese Weise von den
beiden vorausgehenden Erweiterungen der Wir-Klage V. 10 und VV.
11-12 ab. Da Brüche und Unebenheiten innerhalb dieses Textes nicht
zu beobachten sind, kann er aufgrund seiner Einheitlichkeit auf einen
Autor zurückgeführt werden. Die Frage nach diesem sowie die Frage
nach der Entstehungszeit und der Aussageabsicht muß hier noch of-
fenbleiben.
V. 13 läßt sich durch die einleitende Formel אהה אדני יהוה als Einwand[36]
des Propheten verstehen. Die Entgegnung führt die Verkündigung der
Heils- bzw. Pseudopropheten zur Entschuldigung des Volkes an. Damit wird eine Problematik angesprochen, die sich auf das ganze Jeremiabuch erstreckt und in den folgenden Texten festgehalten wurde: Jer
4,9-10; 5,12-14.30-31; 6,13-15; 8,10-13; 14,13-16.18; 23,9-32; 27,9-
11; Kap 28; Jer 29,8-9.15.20-23.30-32.
Obwohl diese Texte weitgehend ähnliche Terminologie aufweisen[37],
unterteilen sie sich jedoch thematisch in zwei größere Gruppen: Die
erste Gruppe redet über die Tätigkeit der Propheten *allgemein* (Jer 4,9-
10; 5,12-14.30-31; 6,13-15 = 8,10-13; 14,13-16.18; 23,9-32), die zweite dagegen im Zusammenhang mit der *ersten Deportation* und der *bal-
digen Rückkehr* der Deportierten (Jer 27,9-11; Kap. 28; 29,8-9.15.20-
23.30-32). Die beiden Textgruppen heben sich nicht nur inhaltlich,
sondern auch stilistisch voneinander ab: Während die Texte der ersten
Gruppe in der dritten Person Plural formuliert sind und offenbar keine
Adressaten haben[38], enthält die zweite Gruppe Texte, die als Anrede
oder Erzählung (Kap. 28) gestaltet sind.

---

[36] *Bak*, Klagender Gott, 49, sieht in dieser Formel die Einleitung einer „Klage über
die Heilspropheten". *Ahuis*, Der klagende Gerichtsprophet, 201ff, urteilt mit Recht
differenzierter und betrachtet die Formel in Jos 7,7; Ri 6,22; Jer 4,10; Ez 9,8 und
11,13 als Einleitung einer Klage, in Jer 1,6; 14,13; 32,17; Ez 4,14 und 21,5 dagegen als Einleitung eines Einwandes. Ob die Anrede in V. 13 die „Betroffenheit
über das schon eingetroffene Gericht" voraussetzt und ob hier „eine ähnliche Nähe
zur Klage gegeben ist wie in 4,10 D" (Ahuis, 203), ist fraglich. Töne der Klage
werden in VV. 13-16 nirgendwo laut, und auf die durch den Einwand vorgeführte
Entschuldigung des Volkes wird mit der Drohung der Ausrottung geantwortet (V.
16).
[37] Eine Analyse der Terminologie der „Propheten-Stellen" bietet *Thiel*, Redaktion
von Jeremia 1-25, 185f.
[38] Eine Ausnahme bildet Jer 23,9ff, wo das Zwischenstück VV. 16-22 eine Anrede
enthält. Dieses Nebeneinander ist wahrscheinlich das Ergebnis der redaktionellen

Aber auch die erste Textgruppe teilt sich in zwei Untergruppen, von
denen die erste *nur* über die Propheten (Jer 5,12-14), die zweite dagegen über die Propheten *und* die Priester (Jer 5,30-31; 6,13-15; 8,10-13;
14,18; 23,9-32) redet. Während die Texte der zweiten Untergruppe das
Volk, indem sie die Tätigkeit der Propheten als Irreführung bezeichnen[39], in Schutz nehmen, sprechen die Texte, die nur die Propheten an-
führen, auch die Verantwortung des Volkes[40] an.
Zu dieser Untergruppe weist unser Text Jer 14,13-16 deutliche Beziehungen auf. Sie zeigen sich vor allem in seiner handgreiflichen Verwandtschaft mit 5,12-14, die sich einerseits in der ähnlichen Terminologie (vgl. ולא־תבוא עלינו רעה ורעב וחרב לוא נראה in Jer 5,12b und לא־תראו
חרב ורעב לא־יהיה לכם in Jer 14,13aα₃.b), andererseits in der verwandten,
durch die Formel חרב ורעב zum Ausdruck gebrachten Gerichtsvorstel-
lung (vgl. Jer 5,12b und 14,13aβ[41]. 15aγ.bα.16aβ[42]) zeigt. Gemeinsam
ist Jer 5,12-14 und 14,13-16 auch die Vorstellung, daß die Propheten
dasselbe Unheil treffen wird, dessen Eintreten sie leugnen, welche in
Jer 5,13b durch die Formulierung כה יעשה ל[43], in 14,15b durch den
Gebrauch der beiden Nomina חרב und רעב in der Gerichtsankündigung
gegen die Propheten zum Ausdruck kommt. Diese Gemeinsamkeiten
erklären sich am besten durch die Entlehnung aus dem jeremianischen
Spruch Jer 5,12-14[44].
Neben diesen sehr stark an Jer 5,12-14 erinnernden Elementen treten
in VV. 14-15 auch solche Formulierungen und Wendungen auf, die für

---

Tätigkeit. Vgl. *Thiel,* Redaktion von Jeremia 1-25, 250f, und *Wanke,* Jeremia 1,
212ff.

[39] Darüber hinaus kommt die Sympathie gegenüber dem Volk durch die Bezeichnungen „mein Volk" (5,31; 23,13.32) und „die Tochter meines Volkes" (6,14 =
8,11; 14,18) unmißverständlich zum Ausdruck.

[40] Jer 5,12ff wird von *Wanke,* Jeremia 1, 71f, zu den Nachinterpretationen, „die
das Problem >wahre - falsche Prophetie< reflektieren", gezählt. Aufgrund der
Wendungen, die „Jeremias Gegnern, den Heilspropheten, in den Mund gelegt werden", nimmt er in bezug auf V. 12b die Propheten als Redende an. Jedoch wäre für
mich in diesem Fall unverständlich, warum die Gerichtsankündigung in V. 14 sich
gegen das Volk richtet. Plausibler scheint mir, V. 12b als die Rede des Volkes zu
verstehen. Die Aufnahme solcher Wendungen in die Rede des Volkes, die von den
Heilspropheten stammen, und die Formulierung in der ersten Person Pl. kann als
Zeichen dafür verstanden werden, daß das Volk sich mit der Verkündigung der
„Propheten" identifiziert hat. Angesichts der großen Akzeptanz (vgl. 5,31aβ) des
Volkes gegenüber den Pseudopropheten sollte dies uns auch nicht verwundern.
Das angekündigte Gericht wird also das Volk gerade deswegen treffen, weil sie
diese Botschaft angenommen und die Unheilsbotschaft abgewiesen haben. In
14,13ff wird die Verantwortung des Volkes dadurch zum Ausdruck gebracht, daß
dem Gerichtswort gegen die Propheten (V. 15) ein Gerichtswort gegen das Volk
folgt (V. 16).

[41] Die beiden Nomina stehen hier in einem externen Parallelismus.

[42] Hier bildet חרב ורעב eine Formel.

[43] Vgl. 1Sam 11,7; 17,27.

[44] Anders *Wanke,* Jeremia 1, 71f. S.o. Anm. 40.

jene Textgruppe charakteristisch sind, die die Propheten und die Priester zusammen erwähnen und eine unverkennbare Sympathie gegenüber dem Volk zeigen.

Als erste sei die Formulierung שקר הנבאים נבאים בשמי von V. 14aα angeführt, die in leicht variierter Form auch in Jer 23,25.26 auftritt. Sie ist in Jer 27,10.14.15.16 ebenfalls belegt, wo das Nomen נביא durch das Personalpronomen הם ersetzt wird.

Diese Formulierungen haben ihre Wurzeln höchstwahrscheinlich in der in Jer 5,31 belegten jeremianischen Wendung נבא(ב)שקר[45], welche die Tätigkeit der Propheten generell als Lügenhaftigkeit und Falschheit bezeichnet. Sie weist noch keine „Absichten betonende[...] Beschreibung"[46] auf; in den auf ihr fußenden Formulierungen treten jedoch Inhalt[47] und Auswirkung[48] sowie die Absicht des prophetischen Auftretens und Redens in den Vordergrund, die als Irreführung (תעה hi.)[49] oder Verhinderung der Umkehr des Volkes[50] bezeichnet wird. Auf diese Weise kommt ihnen in der Entschuldigung des Volkes eine große Bedeutung zu[51]. Auffälligerweise fehlen in Jer 14,14aα die Ausdrücke der Auswirkung und der Absicht der prophetischen Tätigkeit. Vermutlich wurden die zur Entlastung des Volkes dienenden Formulierungen bewußt weggelassen (s. u.).

Als zweites sei der singuläre dreigliedrige Satz לא שלחתים ולא צויתים ולא דברתי אליהם von V. 14aβ erwähnt. Er enthält über solche Wendungen hinaus, die nicht nur in den Propheten-, sondern auch in anderen Texten auftreten[52], die Formulierung לא שלחתי ולא צויתי, die nur noch in

---

[45] *Holladay*, Jeremiah 1, 149, betrachtet Jer 5,29-31 als Teil der ersten Rolle. *McKane*, Jeremiah I, 137, meint daß „(v)erses 30-31 are Jeremiah's words, spoken on his own account and not as Yahweh's word". *Thiel*, Redaktion von Jeremia 1-25, 185, bezeichnet ihn als einen genuinen Spruch. *Wanke*, Jeremia 1, 77, ist der Meinung, daß wahrscheinlich „Gedanken der Jeremiaüberlieferung aufgenommen" worden sind. *Carroll*, Jeremiah, 190, dagegen verzichtet auf eine Datierung dieser Passage.

[46] *Seebass / Beyerle / Grünwaldt*, ThWAT VIII, 468. *Weippert*, Prosareden, 112, behauptet, meint auch, daß Jer 5,31 (und 20,6) „keinerlei Verbindung mit irgendwelchen Verkündigungsinhalten" zeigen.

[47] *Weippert*, Prosareden, 111, behauptet: „An den Stellen, an denen שקר direktes Objekt zu נבא N ist [...], bezieht es sich auf eine prophetische Aussage und charakterisiert deren Verkündigungsinhalt".

[48] Vgl. Jer 23,15b.

[49] Vgl. Jer 23,13.32.

[50] Vgl. Jer 23,14.

[51] In der zweiten Textgruppe wird die Auswirkung und die Absicht der Pseudopropheten, der geschichtlichen Lage entsprechend, in einem von למען eingeleiteten Finalsatz folgendermaßen formuliert: „um euch aus eurem Land wegzubringen, daß ich euch vertreibe und ihr umkommt" (vgl. 27,10.14.15). Die Wehrlosigkeit des Volkes kommt in der Wendung ויבטח אתכם על־שקר in 29,31bβ zum Ausdruck

[52] So steht die Wendung לא צויתי meistens in einem von אשר eingeleiteten Relativsatz und bezieht sich vorwiegend über das Auftreten der Propheten (Dtn 18,20) hinaus auf die vorher erwähnten *einzelnen* Kulthandlungen der Priester (Lev 10,1)

dem der zweiten Gruppe angehörenden Vers Jer 23,32 belegt ist. Diese
Formulierung bezieht sich dort auf die Propheten (Plur.!), und zwar
nicht auf ihr vereinzeltes Auftreten, sondern auf ihr ganzes Amt, und
zieht auf diese Weise ihre Legitimation in Zweifel. Die bereits beobachtete Anlehnung an vorgegebenes Material innerhalb von Jer 14,13-
16 sowie das Fehlen des Wendungspaares לא שלחתי ולא צויתי außerhalb
von Jer 14,14 und 23,32 legen die Annahme nahe, daß es Jer 23,32
entlehnt wurde.
Die Plausibilität dieser Annahme beweist das Auftreten der Constructusverbindung תרמית לבם in Jer 14,14aβ und in Jer 23,26, die, so wie
die Formulierung לא שלחתי ולא צויתי, in keinen weiteren Teilen des AT
belegt ist. Die auf diese Weise zum Vorschein kommende exklusive
Beziehung zwischen Jer 14,13-16 und Jer 23,9-32 legt die Schlußfolgerung nahe, daß die Spruchsammlung über die Propheten Jer 23,9ff
dem Autor unseres Textes bereits vorgegeben war und ihm als Vorlage
gedient hat. Da diese Spruchsammlung ihre heutige Gestalt der Exilszeit verdankt[53], empfiehlt sich für Jer 14,13-16 eine (spät)exilische
Ansetzung.
Unser Autor hat sich aber nicht nur durch den jeremianischen Spruch
Jer 5,30-31 und die Spruchsammlung Jer 23,9-32 über die Propheten,
sondern auch durch die Propheten-Sprüche des Ezechielbuches Ez
12,24 und Ez 13 inspirieren lassen. Für diese Annahme sprechen die
Wortverbindungen חזון שקר und קסם אליל[54] von V. 14bα. Sie bestehen
jeweils aus zwei Substantiven, wobei das zweite Substantiv eine attributive Näherbestimmung des ersten darstellt. Wortverbindungen solcher Art sind in weiteren Teilen des Jeremiabuches nicht belegt, treten
jedoch öfters in den Propheten-Sprüchen des Ezechielbuches auf: חזון
wird in Ez 12,24 durch das Nomen שוא und in Ez 13,16 durch שלום nä-
herbestimmt. Hinter dem Segolatum קסם[55], das im deuteronomisch-

---

oder der Mitglieder des Volkes (Dtn 17,3; Jer 7,31). Tritt ihr auch die Wendung
לא דברתי zur Seite, so wird durch dieses Wendungspaar das Herleiten *bestimmter*
israelitischer (Jer 7,22) oder fremder Kultpraktiken (Jer 19,5) von JHWH ver-
neint.
[53] *Thiel*, Redaktion von Jeremia 1-25, 252f, schreibt den zusammenfassenden V.
32 D zu. *Vieweger*, Beziehungen, 33-35, hält zwar diesen Vers für redaktionell,
sieht aber keine zwingende Verwandtschaft zu dtr. Gedankengut. Daher schreibt er
ihn dem Schülerkreis Jeremias zu. *Wanke*, Jeremia 1, 216, weist den ganzen Prosaabschnitt der exilisch-nachexilischen Bearbeitung des Jeremiabuches zu.
[54] BHS folgend, lese ich אליל ohne Waw copulativum als die Näherbestimmung
von קסם. Vgl. auch *Carroll*, Jeremiah, 313, *McKane*, Jeremiah I, 324, *Rudolph*, Jeremia, 92, *Ruppert*, ThWAT VII, 80, *Schreiner*, Jeremia 1-25,14, 95, und *Wanke*,
Jeremia 1, 143.
[55] Das Nomen ist an keiner weiteren Stelle des Jeremiabuches belegt. Das Verb קסם
kommt dagegen in der mahnenden Textgruppe (vgl. Jer 27,9; 29,8) des Jeremiabuches sowie in der älteren Schriftprophetie vor. Dort wird es auch im positiven Sinn
gebraucht: Jesaja erwähnt den Wahrsager unter den Priestern und Propheten (3,2).

deuteronomistischen Bereich die Zauberei bezeichnet[56] und nur im
Ezechielbuch im Zusammenhang mit der Prophetie belegt ist, steht in
Ez 13,6 das Nomen כזב. Eine ähnliche Formulierung מקסם חלק steht in
Ez 12,24. Das Fehlen von mit Hilfe der Substantive חזון sowie קסם und
eines weiteren, als attributive Näherbestimmung dieser Substantive
dienenden Nomens gebildeten Wortverbindungen in weiteren Teilen
des Jeremiabuches und ihr wiederholtes Vorkommen in den angeführten Sprüchen des Ezechielbuches bestätigen unsere Annahme bezüglich der Anlehnung des Autors von Jer 14,13-16 an die Sprüche über
und gegen die Propheten in Ez 12,24 und Ez 13[57].

Über die Anlehnung an die Begrifflichkeit von vorgegebenen Texten
hinaus läßt Jer 14,13-16 auch Einflüsse struktureller Art erkennen. Sie
sind vor allem an der Gestaltung der Gerichtsankündigung gegen die
Propheten und gegen das Volk in VV. 15-16 faßbar. Diese Passage leitet das für die Strafankündigung charakteristische לכן ein, gefolgt von
der Botenformel, und läßt auf diese Weise die vorangehenden VV. 13-
14 als Scheltwort verstehen. Ehe die Gerichtsankündigung in V. 15b
laut wird, faßt V. 15a die Anklage gegen die Propheten nochmals
zusammen. Dieses Verfahren ist im Jeremiabuch zum erstenmal in Jer
5,14 zu beobachten[58], wo durch den kurzen Satz יען [דברם]‎[59] את הדבר
הזה in V. 14aβ auf den in V. 12 aufgezeichneten Inhalt der Verkündigung der Propheten Bezug genommen wird. Hierdurch erweist sich Jer
5,12-14 als eine Stelle, die unseren Text in seiner Terminologie, Theologie und Struktur weitgehend mitbestimmt hat.

Die Zusammenfassung der Anklage erklärt sich jedoch nicht nur aus
der starken Anlehnung an Jer 5,12-14, sondern auch aus der Absicht,
die beiden Propheten-Textgruppen, die das Volk entschuldigende und
die das Volk verurteilende, miteinander zu verbinden. Diese Absicht
kommt dadurch unverkennbar zum Ausdruck, daß V. 15a die wichtigs-
ten und meist charakteristischen Elemente beider Textgruppen auf-
nimmt: das Nicht-Gesendet-Werden[60] der Propheten durch JHWH und
die Charakterisierung ihrer Verkündigung als Bestreiten der Unheilsbotschaft[61]. In der Verbindung der beiden selbständigen, unterschiedli-

---

In Mi 3,6.7 stehen חזון und קסם parallel und bezeichnen die „legitime(n) Mittel prophetischer Erkenntnis" (*Ruppert*, ThWAT VII, 82).
[56] Vgl. Dtn 18,10; 1Sam 15,23 und 2Kön 17,17.
[57] Anders urteilt *Vieweger*, Beziehungen, 31, der von „wesentliche(n) Anleihen aus
der Jeremiaüberlieferung", u.a. aus Jer 14,14, redet.
[58] Vgl. auch Jer 11,21; 23,38 und 25,8.
[59] Vgl. BHS.
[60] Vgl. Jer 23,21.32; 27,15; 28,15; 29,9.31 und 43,2.
[61] Vgl. Jer 5,12. In 23,17 taucht zwar das Motiv der Bestreitung der Unheilsbotschaft auch auf, dieser Vers wurde jedoch sekundär, wahrscheinlich von derselben
Hand wie V. 13ff in Kap 23 eingefügt. Jer 23,17 weicht von 14,15a dadurch ab,
daß er auf die Bestreitung der Unheilbotschaft nur pauschal Bezug nimmt.

che Absichten verfolgenden Textgruppen zeigt sich der schöpferische
Geist des Autors.

Nach der zusammenfassenden Wiederholung der Anklage wird das
Gericht über die Propheten in dem invertierten Verbalsatz V. 15b angekündigt. Das Voranstellen von בחרב וברעב artikuliert eindrücklich das
Eintreffen dessen, was die Propheten geleugnet haben, und besagt auf
diese Weise ihre vollkommene Beschämung und totale Vernichtung
(יתמו[62]).

Das Gericht gegen das Volk drückt in V. 16a die Formulierung + היה
שלך ho.pt. aus. Diese Formulierung begegnet nur noch in der Gerichtsankündigung gegen Jojakim in Jer 36,29-30 und bringt die Dauerhaftigkeit des Gerichtes[63] zum Ausdruck. Die beiden Texte verbinden sich
auch durch das Motiv des Aussterbens, welches hinsichtlich des Volkes in V. 16a durch das Einbeziehen der Familienmitglieder der Betroffenen (נשיהם ובניהם ובנתיהם) in die Vernichtung – das die durch den
Nominalsatz ואין מקבר להמה[64] ausgedrückte Abwesenheit derjenigen,
die das letzte Geleit geben könnten, erklärt –, im Hinblick auf den König in Jer 36,30 mit der Negierung des Thronerbes artikuliert wird.
Diese Gemeinsamkeiten deuten auf eine bewußte Anspielung an das
Geschick Jojakims in V. 16a hin mit der Absicht, die Verwerfung der
Unheilsbotschaft (Verbrennung der Rolle) als die Ursache der harten,
sowohl die Gegenwart als auch die Zukunft des Volkes gefährdenden
Strafe aufzuzeigen[65]. Über die Anspielung auf das Geschick des Königs Jojakim könnte die Formulierung von V. 16a die Prophetenklage
Jer 14,17-18 motiviert und mitbestimmt haben, deren Bildmaterial und
das Wortpaar עיר ושדה[66] ebenfalls die totale Vernichtung zum Ausdruck
bringt.

---

[62] Vgl. *Kedar-Kopfstein*, ThWAT VIII, 692ff.

[63] Vgl. *Joüon*, Grammar II, 410, § 121e.

[64] Auf den ersten Blick legt die in Jer 8,2; 16,4 und 25,33 belegte Drohung des
Nichtbegrabenwerdens das Verständnis des Nominalsatzes als Gerichtsankündigung nahe. Doch fällt bei einem Vergleich zwischen diesen Belegen und V. 16 ein
Doppeltes auf: Die geprägte und im großen und ganzen gleichbleibende Sprache
von 8,2; 16,4.6; 25,33 findet in V. 16 keine Aufnahme. Darüber hinaus steht in unserem Vers anstatt eines Verbalsatzes (לא יקברו) ein mit Hilfe von ל (pt. +) אין ge-
bildeter Nominalsatz, der im AT die Abwesenheit des Helfers (Dtn 22,27; 2Kön
14,26; Ps 72,12 und Thr 1,7) oder des Trösters (Thr 1,9.17.21) und dadurch die
Hilflosigkeit und Trostlosigkeit der Betroffenen zum Ausdruck bringt. Demzufolge deutet der Nominalsatz eher auf die Totalität des Gerichtes als auf dessen Grau-
samkeit hin und ist gegenüber dem jeremianischen Ausdruck des Nichtbegrabenwerdens als sekundär zu betrachten. Vgl. auch *Thiel*, Redaktion von Jeremia 1-25,
130, Anm. 76, und *Vieweger*, Beziehungen, 57ff.

[65] Es ist wohl kaum Zufall, daß Schemaja dasselbe Geschick, das Aussterben seiner Familie trifft (vgl. Jer 29,32). Es scheint, daß diese Texte der prophetischen
Unheilsbotschaft eine große, zukunftbestimmende Bedeutung beimessen.

[66] Dieses Wortpaar bringt den umfassenden Charakter einer Handlung oder eines
Geschehens zum Ausdruck. Vgl. Gen 34,28; Dtn 28,3.16; Ez 7,15.

Nachdem durch die Anspielung auf das Schicksal Jojakims die Ursache des Gerichtes in der Ablehnung der Unheilsbotschaft in V. 16a aufgedeckt wurde, wirkt das Zurückführen der Strafe auf das verkehrte religiöse oder soziale Verhalten[67] des Volkes durch den Gebrauch des Nomens רעה in V. 16b mehr als auffällig. Nicht weniger auffallend ist das Auftreten JHWHs als handelndes Subjekt (שׁפכתי) in diesem Satz, da die in VV. 15b.16a als kriegerisches Ereignis geschilderte Strafe durch das einleitende לכן כה אמר יהוה in V. 15aα nur indirekt mit JHWH in Zusammenhang gebracht wurde[68]. Diese neuen Akzente weisen den ungewöhnlich formulierten Satz V. 16b[69] als eine theologische Deutung der Gerichtsankündigung VV. 15-16a aus, die die Vernichtung als die Folge des Fehlverhaltens des Volkes und gleichzeitig als unmittelbares Werk JHWHs charakterisieren und seinen sekundären Charakter nahelegen. Seine Eintragung entspringt der zweifachen Absicht, die in der Gerichtsankündigung VV. 15-16a nicht explizit geäußerte Schuldhaftigkeit des Volkes in aller Deutlichkeit auszusagen und durch die Darstellung JHWHs als des direkten Urhebers des Unheils VV. 13-16a mit der von Verben in erster Person Singular mit JHWH als Subjekt dominierten Klage Gottes in Jer 15,5-9 redaktionell zu verbinden.

## 2 Bilanz

*a) Die Gliederung von Jer 14,10-16 und die Beziehungen zwischen seinen Einheiten*
Die obige Analyse hat aufgrund von formalen sowie inhaltlichen Beobachtungen die Eigenständigkeit der Abweisung der Klage Jer 14,10, der Ablehnung der Fürbitte Jer 14,11-12 und der die Verantwortung des Volkes thematisierenden Passage Jer 14,13-16 aufgezeigt und auf diese Weise den durchgängig prosaisch formulierten Abschnitt Jer 14,10-16 als einen mehrschichtigen Text ausgewiesen.

---

[67] Nach *Dohmen*, ThWAT VII, 607ff, bezeichnet das Nomen רעה im AT das Fehlverhalten des Menschen oder des Volkes im sozialen und religiösen Bereich zugleich. *Beuken / van Grol*, BEThL 1981, 329, stellen רעתם von V. 16b parallel mit לטובה von V. 11b und verstehen es offensichtlich als Bezeichnung für das Unheil. *Craigie / Kelley / Drinkard*, Jeremiah 1-25, 203, bemerken nur, daß: „(t)his ‚wickedness' can be either moral evil or disaster".
[68] Interessant ist in dieser Hinsicht die Auffassung von *Weippert*, Prosareden, 159f, die meint, daß die Sätze mit חרב und רעב als Subjekt in Zitaten (Jer 5,12; 14,13; 14,15a; 42,16; 44,18) eine „mit ‚fatalistisch" zu beschreibende Anschauung" verraten. In Jer 14,15b.16a.18a sieht sie dagegen einen „indirekt(en) [...] Zusammenhang zwischen Jahwes Gerichtswillen [...] und der Bedrohung durch חרב und רעב".
[69] Das Verb שׁפך hat mit JHWH als Subjekt seinen Zorn חמה (Jer 10,25; Ez 7,8; 9,8; 20,8.13.21.34; 30,15) oder seinen Zornglut אף חרון (Thr 4,1), aber nie das Nomen רעה als Objekt.

Sie hat gleichzeitig die inhaltlichen und terminologischen Beziehungen
von Jer 14,10 und 14,11-12 zu der Wir-Klage Jer 14,2aα.b.3-7 klargelegt und sie auf diese Weise als ihre Erweiterungen erkannt. Durch das
Herausstellen der terminologischen (vgl. רצם לא ויהוה in V.
10bα und אינני רצם in 12aβ) und inhaltlichen (die ägyptenfreundliche Politik Judas als Grund für das vernichtende Gericht in V. 10aβ und V. 12b)
Verbindungen zwischen Jer 14,10 und 14,11-12 hat die Analyse auf ihre enge Aufeinanderbezogenheit hingewiesen.
Nach Verbindungen zu der Wir-Klage Jer 14,2aα.b.3-7 und zu ihren
beiden Erweiterungen Jer 14,10.11-12 haben wir bei Jer 14,13-16 vergeblich gesucht. Sie erwies sich nämlich als eine selbständige Einheit
mit einem sekundären Eintrag in V. 16b mit gerichtsdeutender und redaktioneller Absicht, die mehrfache Beziehungen zu den Propheten-
Texten des Jeremia- (Jer 5,12-14 und 23,9-31) und des Ezechielbuches
(Ez 12,24; Kap. 13) aufweist.

*b) Die Aussageabsicht und die Entstehung von Jer 14,10.11-12.13-16*
Wie oben aufgezeigt, verbinden sich Jer 14,10 und 14,11-12, die beiden Erweiterungen der Wir-Klage Jer 14,2aα.b-7, thematisch dadurch,
daß sie die ägyptenfreundliche Politik Judas im letzten Jahrzehnt seiner Existenz als den Grund der Zerstörung Jerusalems aufdecken.
Hierdurch geben sie eine immanente Erklärung für diese Katastrophe.
Zugleich halten sie zwei wichtige Momente eines Prozesses fest, welche die transzendenten Gründe des Gerichts klarlegen: das Moment
des göttlichen Beschlusses (עתה in V. 10b) und des Bewerkstelligen
(מכלה[70] pt. in V. 12b) des Gerichts. Somit liefert die Nacharbeit an der
Wir-Klage nicht nur geschichtliche, sondern auch theologische Gründe
für das Geschehen von 587/86 v.Chr.: die Grenze der göttlichen Geduld[71] und die Unabänderlichkeit des Willens JHWHs.
Das Interesse von Jer 14,10.11-12 erschöpft sich jedoch nicht in der
Deutung der nahen Vergangenheit. Das Problem der Beziehung zu
Ägypten wurde angesprochen, weil es sich in der unmittelbar auf die
Zerstörung Jerusalems und die Exilierung im Jahre 587 v.Chr. folgenden Zeit für die Daheimgebliebenen aufs neue und ganz aktuell stellte
(vgl. Jer 42f). Der Schülerkreis Jeremias, dem diese Erweiterungen
aufgrund der in ihnen zutage tretenden Vertrautheit mit dem jeremianischen und dem älteren prophetischen Gut zuzuweisen ist, wollte durch
das Vergegenwärtigen der Vergangenheit vor falschen Entscheidungen
in der Gegenwart, in der frühen Exilszeit, warnen.
Die Aussageabsicht von Jer 14,13-16a wurde in der neueren Forschung
unterschiedlich bestimmt. Man meinte in dem „summarische[n] Zu-
sammenstellen typisch jeremianischer Topoi" die bewahrende, sam-

---

[70] Für eine präsentische Deutung des Partizips plädiert auch *Reventlow*, Liturgie,
173, Anm. 205.
[71] Vgl. Jer 15,6bβ.

melnde und interpretierende Tätigkeit des Schülerkreises des Propheten[72], die Begründung des Unheils[73], die Unterstreichung der Schuld
der Heilspropheten[74] oder die Problematisierung der neu aufkommen-
den Heilshoffnung in der Exils- und Nachexilszeit[75] zu entdecken.
Wir möchten hier auf einen neuen Aspekt hinweisen. Dabei gehen wir
von der oben aufgezeigten Existenz zweier Textgruppen aus, die die
Verantwortung der Propheten hinsichtlich des Gerichtes zwar einmütig
betonen, die des Volkes aber unterschiedlich bewerten. Daß die Frage
nach der Verantwortlichkeit des Volkes auf diese Weise offenblieb,
war für einen jeden Leser, auch für den Autor unseres Textes, der ja
nicht nur in den Jeremia-, sondern auch in den Ezechieltexten bewan-
dert war, offensichtlich. Auf diese offengelassene Frage hat er in seinem Text eine Antwort gegeben.
Der Verfasser von Jer 14,13-16a hat zunächst durch die Aufnahme von
charakteristischen Elementen der beiden Textgruppen auf die Komple-
xität dieser Frage, nämlich, daß die Verantwortung der Heilspropheten
und des Volkes voneinander nicht getrennt werden kann, aufmerksam
gemacht. Dennoch hat er die Frage nach der Verantwortlichkeit des
Volkes mit einem eindeutigen Ja beantwortet, indem er in V. 16a ein
Gerichtswort gegen das Volk aufnahm. Immerhin begnügte er sich mit
der Beantwortung dieser Frage, mit der Konstatierung der Schuldhaftigkeit des Volkes, nicht. Er umschrieb sie durch die Charakterisierung
der Verkündigung der Heilspropheten als Dementi der Unheilsbotschaft und durch die Anspielung auf das Verhalten und Geschick Jojakims in V. 16aα: Dadurch nämlich, daß er die Botschaft der Heilspropheten in Anlehnung an Jer 5,12b als Revokation der Unheilsbotschaft
formulierte, (לא־תראו חרב ורעב לא־יהיה לכם) V. 14,13aβ, vgl. auch V.
15aγ) machte er deutlich, daß das Volk *zuerst* die Unheilsverkündigung (Jeremias) gehört, aber der Heilsbotschaft der Propheten Glauben
geschenkt hat[76]. Das Volk war also nach der Auffassung des Verfassers von VV. 13ff kein wehrloses Objekt und kein Opfer der Heilspro-
phetie, sondern ein mit Unterscheidungsvermögen beschenktes Subjekt, welches – wie Jojakim – die von Jeremia und seinen Anhängern
verkündigte Unheilsbotschaft abgelehnt, die Verkündigung der Heilspropheten dagegen angenommen hat. Demzufolge konnte ihm kein
anderes als das Geschick Jojakims zuteil werden.
In welcher Periode der israelitischen Geschichte diese Frage sich stellte, läßt sich aufgrund der Aussageabsicht von Jer 14,13-16a nicht mehr
ausmachen. Um die Umstände der Entstehung von VV. 13-16a aufzu-

---

[72] Vgl. *Vieweger*, Beziehungen, 35.
[73] Vgl. *Thiel*, Redaktion von Jeremia 1-25, 188.
[74] Vgl. *Bak*, Klagender Gott, 52.
[75] Vgl. *Wanke*, Jeremia 1, 145.
[76] Die große Akzeptanz der „Propheten" beim Volk wird in 5,31aβ mit spürbarer
Wehmut formuliert: ועמי אהבו כן.

hellen, kehren wir zu der Beobachtung über seine mehrfachen Beziehungen zu den Propheten-Texten des Jeremia- und des Ezechielbuches zurück. Diese Texte wurden in der obigen Analyse als solche identifiziert, die VV. 13-16a in seinem Werden durch ihre Terminologie, Theologie, Struktur und Aussageabsicht mitbestimmt haben. Das Hinzuziehen von Propheten-Texten unterschiedlicher Herkunft und unterschiedlichen Alters in ihrer schon bearbeiteten Form läßt an eine spätexilische Entstehung von Jer 14,13-16a denken. Diese Vermutung unterstützt auch die Tatsache, daß in diesem Text deuteronomistische Formeln nur spärlich belegt sind[77]. Die motivliche Verbindung dieser Passage mit der Prophetenklage Jer 14,17-18 legt die Annahme nahe, daß sie ihren Platz in dem heutigen Kontext in der späteren Entstehungsphase des Jeremiabuches gefunden hat. Dafür spricht auch das Fehlen der redaktionellen Verbindungen zwischen unserem Text und seinem weiteren Kontext. Mit dem unmittelbaren Kontext verbindet sich Jer 14,13-16a durch seinen Dialog-Stil und durch sein Bildmaterial, wodurch sich die Annahme nahelegt, daß er als Fortsetzung des vorgegebenen Dialogteiles Jer 14,10.11-12 unter Berücksichtigung der Prophetenklage Jer 14,17-18 für seinen heutigen Kontext geschaffen wurde. Diese Annahme wird durch die Tatsache erhärtet, daß er ohne seinen unmittelbaren Kontext, insbesondere Jer 14,10.11-12, nicht verständlich wäre. Dies hat ein späterer Bearbeiter erkannt und Jer 14,13-16a durch den gerichtsdeutenden und redaktionellen V. 16b mit der Gottesklage Jer 15,5-9 verbunden und ihn auf diese Weise in seinem breiteren Kontext verankert.

*Zusammenfassung:* Innerhalb von Jer 14,10-16 heben sich die Einheiten V. 10, VV. 11-12 und VV. 13-16a voneinander ab. Die ersten beiden Einheiten stellen die Erweiterungen der Wir-Klage Jer 14,2aα.b-7 dar und führen die ägyptenfreundliche Politik Judas als die Ursache des Gerichtes an. Sie sind aufgrund ihrer Thematik und Terminologie dem Schülerkreis Jeremias zuzuschreiben und in der frühen Exilszeit anzusetzen. Die letzte Einheit VV. 13-16a beantwortet die Frage der Verantwortlichkeit des Volkes hinsichtlich des Gerichtes bejahend und umschreibt sie als Annahme der Heilsbotschaft gegenüber der von Jeremia verkündeten Unheilsbotschaft. Sie wurde für ihren heutigen Kontext in weiter Anlehnung an die bearbeiteten Propheten-Texte des Jeremia- und des Ezechielbuches geschaffen, wodurch für sie eine spätexilische Ansetzung naheliegt.

---

[77] *Thiel*, Redaktion von Jeremia 1-25, 187, vermerkt ebenfalls, daß „die für D typischen Formeln nicht den ganzen Zusammenhang beherrschen".

## III. Die Klage des Propheten – Jer 14,17-18

### 1. Analyse

Der Abschnitt Jer 14,17-18[1] fängt in V. 17aα mit der Redeaufforderung ואמרת אליהם את־הדבר הזה an, die Rudolph[2] und Wanke[3] als Einleitung der folgenden Prophetenklage betrachten, die ihr einen Verkündigungscharakter verleiht. Holladay[4] dagegen beruft sich auf Jer 13,12 und versteht die Aufforderung als Anweisung zur Bekanntmachung des vorangehenden Gerichtswortes, das persönlich dem Propheten mitgeteilt wurde. Diese Formulierung bezieht sich in Jer 13,12 und in 23,33 als Teil des Frage-Antwort-Schemas Typ B[5] in der Tat auf das Bekanntgeben eines Orakels, aber weil der vorausgehende Text Jer 14,13-16a eher eine theologische Abhandlung als eine Verkündigung ist, fassen wir die Redeaufforderung mit Bak[6] besser als eine redaktionelle Überleitung auf, die der Prophetenklage während der Einfügung von VV. 13-16 ohne spezielle Aussageabsicht vorangestellt wurde.

Bevor wir uns der Klage zuwenden, fassen wir noch kurz V. 18b ins Auge. Dieser Satz kann als Hinweis auf die Exilierung der Propheten und Priester (wenn man LXX folgend das Waw emendiert und לא ידעו als Relativsatz versteht) oder auf ihre Hilf- und Ratlosigkeit hin interpretiert werden. Da die ähnliche Formulierung כי־גם־נביא גם־כהן in 23,11 den umfassenden, sich auf die führende Schicht ausdehnenden Charakter des Abfalls betont, liegt es nahe, V. 18b als Ausdruck des übergreifenden Unheils zu verstehen. Sein schlechter textlicher Zustand und eher prosaischer Charakter weist ihn als eine sekundäre Erweiterung aus.

Das Klagelied des Propheten stellen also VV. 17aβ-18a dar. In diesem Text wird in V. 17aβ zunächst die Reaktion des Propheten auf das Unheil artikuliert. Die dafür verwendete Formulierung ירד עין דמעה als Ausdruck der intensiven Klage[7] zusammen mit den Ausdrücken des unaufhörlichen Weinens lassen das Ausmaß des Unheils erahnen. V. 17aβ schließt sich in V. 17b eine durch כי eingeleitete Begründung an, die durch das Bild der unheilbaren Wunde und der schweren Verletzung[8] die Hoffnungslosigkeit der Lage, durch die Personifizierung der Geschlagenen durch das Nomen בתולה[9] die (Mit)Betroffenheit[10] des

---

[1] *Lundbom*, Jeremiah 1-20, 710f, zählt V. 19a als „a climax to the lament" (711) zum Gedicht.
[2] Vgl. *Rudolph*, Jeremia, 94.
[3] Vgl. *Wanke*, Jeremia 1, 145.
[4] Vgl. *Holladay*, Jeremiah 1, 436.
[5] Vgl. *Long*, JBL 1971, 134-139.
[6] Vgl. auch *Bak*, Klagender Gott, 56.
[7] Vgl. Jer 9,17; 13,17 und Thr 2,18.
[8] Vgl. Jes 30,26; Jer 10,19; 14,17; 30,12 und Nah 3,19.
[9] Vgl. *Tsevat*, ThWAT I, 875.

klagenden Propheten zum Ausdruck bringt. Die allgemeine Beschreibung der Not in V. 17b wird dann durch das Bild des verlassenen
Schlachtfeldes[11] in V. 18a als Kriegsnot konkretisiert.

## 2. Bilanz

Die tiefe Betroffenheit des Klagenden und die lebendige Schilderung
der Not lassen das Gedicht auf Jeremia und auf seine Erlebnisse im
Jahre 587 v.Chr.[12] zurückführen. Auf die Zerstörung Jerusalems als
geschichtlicher Hintergrund von Jer 14,17aβ-18a weisen auch seine
terminologischen Beziehungen zu den Klageliedern[13].
Dieser Hintergrund hat den Redaktor dazu veranlaßt, das Klagelied des
Propheten als Schilderung des eingetroffenen Gerichtes und als Fortsetzung der erweiterten Wir-Klage direkt dem Abschnitt Jer 14,2aα.b-
7.10.11-12 anzuhängen. Das Verfahren – die unveränderte Aufnahme
der Prophetenklage – legt die Annahme nahe, daß der Redaktor mit
den Verfassern der beiden Erweiterungen der Wir-Klage Jer 14,10.11-
12, dem Schülerkreis Jeremias, identisch ist.

---

[10] *Ahuis*, Klagender Gerichtsprophet, 175ff, sieht in der Bezeichnung בת־עמי zutreffend den Ausdruck der Verwandtschaftsbeziehung des oder der Verstorbenen und
ordnet sie in den Rahmen der Totenklage ein. Er meint, daß Jeremia sowohl in den
Konfessionen als auch in den בת־עמי-Klagen sich als derjenige erweist, „der von
dem Gericht mitbetroffen ist, das er anzukündigen hat". Nach *Bak*, Klagender
Gott, 55, kommt in diesen Versen „die Anteilnahme der Person des Propheten am
Unheilsschicksal seines Volkes zum Vorschein". In der Wir-Rede (VV. 7-9) und
in der Notschilderung (VV. 2-6) der ersten Klage dagegen wird „der innere Prozeß
der prophetischen Person angesichts des Unglücks nicht so deutlich zur Sprache
gebracht".
[11] Vgl. *Wallis*, ThWAT VII, 715f.
[12] Ähnlich urteilt *Wanke*, Jeremia 1, 145. *Rudolph*, Jeremia, 93, dagegen spricht
von einer visionären Vorausschau. Ihm schließt sich *Bak*, Klagender Gott, 56, an
und bezeichnet VV. 17aβ-18 als eine „vorwegnehmende Klage des Prophe-
ten/Jahwes", deren Aufgabe die Unterstreichung der Unentrinnbarkeit ist.
[13] Vgl. neben dem schon angeführten Vers Thr 2,18 (105, Anm. 7) auch 3,49.

## IV. Die Klage des Volkes – Jer 14,19-22

### 1. Analyse

Jer 14,19-22 enthält zwei Rahmenverse (VV. 19.21), die formal einander sehr nahe stehen: Sie weisen je fünf Kola auf und sind als rhetorische Fragen formuliert. Die beiden mittleren Verse (VV. 20.21) bestehen aus je drei Stichoi. Der Abschnitt ist durchgängig in erster Person Plural abgefaßt und enthält Elemente, die ihn als ein Volksklagelied[1] ausweisen: klagende Tripelfrage (V. 19a), Notschilderung (V. 19b), Schuldbekenntnis (V. 20), dreigliedrige negative Bitte (V. 21) und Vertrauensäußerung (V. 22). Der ausgeglichene Aufbau, die gleichförmige Formulierung und die gattungsorientierte Struktur deuten auf den Gestaltungswillen eines einzigen Autors und zeugen von der Einheitlichkeit dieser Passage. Das Auftreten der typisch jeremianischen Ausdruckform der Tripelfrage (ה ... אם ...מדוע) in V. 19a[2] legt gleichzeitig die jeremianische Verfasserschaft dieses Abschnittes nahe[3]. Diesen beiden Fragen – der Frage der Einheitlichkeit sowie der Verfasserschaft von Jer 14,19-22 – gehen wir in der folgenden Analyse in umgekehrter Abfolge nach. Als Prüfstein dient uns dabei die viel diskutierte zentrale Aussage dieses Abschnittes, die wir durch die Analyse der Terminologie dieses Abschnittes herausstellen wollen.

Dabei fällt auf, daß in der Tripelfrage (V. 19a) und in der Bitte (V. 21) ausnahmslos solche Verben auftreten, die derartige negative personale Beziehungsverhältnisse zum Ausdruck bringen – Geringachtung (מאס[4]), Verachtung (נעל[5], נבל II[6]) und Mißachtung (נאץ[7]) –, die die Auf-

---

[1] In der Beurteilung dieses Abschnittes als Volksklagelied herrscht in der Forschung Einigkeit. Vgl. *Bak*, Klagender Gott, 58f, *Holladay*, Jeremiah 1, 426, *Rudolph*, Jeremia, 94, *Thiel*, Die Redaktion von Jer 1-25, 192. *Lundbom*, Jeremiah 1-20, 718, dagegen sieht in VV. 20-22 eine „confession", die durch ihre Wiederverwendung und die Hinzufügung von V. 19b Klagecharakter bekommen hat.

[2] Die Tripelfrage bringt im Jeremiabuch meistens die Unbegreiflichkeit des Verhaltens des Volkes zum Ausdruck und dient zu seiner Beschuldigung (Jer 2,14.31; 8,22; 41,9). Zu dieser Ausdrucksform vgl. *Lundbom*, Jeremiah 1-20, 131.

[3] Jer 14,19-22 wird von mehreren Forschern auf den Propheten Jeremia zurückgeführt: *Rudolph*, Jeremia, 91, ordnet Jer 14,1-15,4 (von Vers 15,2 abgesehen, den er als Beischrift aus 43,11 beurteilt) in die Frühzeit Jeremias ein und betrachtet ihn als Teil der Urrolle. Eine jeremianische Verfasserschaft wird auch von *Bright*, Jeremiah, 102f, *Holladay*, Jeremiah 1, 427ff, *Lundbom*, Jeremiah 1-20, 717f, und *Weiser*, Jeremia 1-25,14, 126, angenommen. *Wagner*, ThWAT IV, 630, schließt eine jeremianische Herkunft dieser Passage ebenfalls nicht aus.
Nach *Bak*, Klagender Gott, 67, dagegen, bringt die Volksklage „die verzweifelte Lage der exilischen Gemeinde" zur Sprache. Auch *Thiel*, Die Redaktion von Jer 1-25, 192, betrachtet „die Exilszeit als Hintergrund dieser Klage".

[4] Vgl. *Wagner*, ThWAT IV, 619f.

[5] Vgl. *Fuhs*, ThWAT II, 49f.

[6] Vgl. *Marböck*, ThWAT V, 174ff.

lösung des Bundes (פרר ברית) zur Folge haben. Dieser Gedankengang
wird auch in den beiden Parallelstellen zu der Bitte, Dtn 31,16.20 und
Jes 33,8, artikuliert, in denen wie in V. 21b vom Brechen eines Bundes
(פרר [את] ברית) die Rede ist. Als Motiv für die Auflösung des Bundesverhältnisses wird an diesen Stellen ebenfalls die Nichtachtung und die
Geringschätzung des Bundespartners angeführt. In Dtn 31,16.20 wird
dieses Verhalten mit Hilfe der beiden Verben עזב und נאץ, in Jes 33,8
durch das Verb חשׁב[8], welches als Parallelbegriff zu מאס gilt[9], ausgedrückt. Nach Lev 26,44 – der mit den zentralen Begriffen געל, מאס und
פרר ברית als engste Parallele zu unserer Stelle dient[10] – kann das Auflö-
sen des Bundes nur durch das Nicht-mißachten (לא מאס) und Nicht-
verabscheuen (לא געל) des exilierten Volkes durch JHWH vermieden
werden.
Die zweifellos auf bewußte Wortwahl zurückgehende Terminologie
von Jer 14,19-22 widerspiegelt also das Empfinden der Klagenden,
wonach sie ihre Bedeutsamkeit und ihren Wert für JHWH eingebüßt
haben[11] und deswegen um den Bund mit ihm bangen müssen. Demzufolge steht in dieser Volksklage die Gefahr der Aufhebung des Bundesverhältnisses durch JHWH zentral, welche die Preisgabe des Volkes und des Zions zur Folge hat[12]. Da dies das kennzeichnende Problem der späteren Exilszeit darstellt[13], bietet sich diese Periode als die
wahrscheinliche Entstehungszeit des Volksklageliedes an. Für die
spätexilische Ansetzung dieser Passage spricht auch das letzte Glied
der Tripelfrage, die Warum-Frage מדוע הכיתנו ואין לנו מרפא in V. 19aβγ.
Diese Frage kann als ein synonymer oder als ein synthetischer Parallelismus verstanden werden. Im ersten Fall bringt der negierte Nominalsatz ואין לנו מרפא in V. 19aγ das erschreckende Ausmaß bzw. den ver-
nichtenden Charakter des durch das Verb נכה bezeichneten Unheilshandelns[14] zum Ausdruck. Verstehen wir diesen Nominalsatz aber als
das zweite Glied eines synthetischen Parallelismus, so weist er auf die

---

[7] Vgl. *Ruppert*, ThWAT V, 130f.

[8] Vgl. *Schottroff*, THAT I, 643f.

[9] Vgl. Jes 33,8 und Ps 36,5, wo die beiden Verben parallel stehen.

[10] Das Sündenbekenntnis in V. 20 weist ebenfalls enge Beziehungen zu diesem
Kapitel auf. Vgl. 26,39.40, wo von der Sünde des exilierten Volkes und seiner Väter sowie von dem Bekennen dieser Sünden die Rede ist. S. auch den exilisch/
nachexilischen Ps 106 (V. 6).

[11] Dieser Gedanke tritt auch in dem spätexilischen Ps 44,13 auf, wo von dem Ver-
kaufen des Volkes durch JHWH um nichts die Rede ist.

[12] Richtig stellt *Bak*, Klagender Gott, 62, fest, daß es in der Klage (V. 19) und in
der Bitte (V. 21) sich „hauptsächlich um das Verhältnis zwischen Jahwe und seinem Volk" handelt.

[13] Daß das JHWH-Volk-Verhältnis „ein für die Wendezeit des Exils wichtiges und
neues Thema" darstellt, hat *Emmendörffer*, Der ferne Gott, 114, überzeugend klargelegt.

[14] So *Wanke*, Jeremia 1, 146, ELB und EÜ. Für die Formel אין מרפא vgl. 2Chr
21,18; 36,16; Prov 6,15 und 29,1.

Heilung (מרפא) als ein Geschehen hin, welches dem Schlagen folgen soll oder nach dem Schlagen erwartet wird. Für dieses Verständnis spricht einerseits das Nebeneinander von „Schlagen" und „Heilen", das die Erkenntnis zum Ausdruck bringt, „daß Jahwe die Ursache der Not und daher auch einziger Hoffnungsgrund in der Not ist"[15], andererseits der Tatbestand, daß die ähnlich formulierten Nominalsätze (mit der suffigierten Präposition ל zwischen der Negation und dem negierten Nomen) das Ausbleiben der Hilfe[16] oder die Machtlosigkeit[17] in der Not artikulieren[18]. Demzufolge bezieht sich die Warum-Frage in V. 19aγ in erster Linie nicht auf das Unheilshandeln JHWHs, sondern auf das Ausbleiben der erwarteten Heilung als Zeichen der Passivität und Ferne Gottes[19]. Da mit dem „Schlagen" die Kriegsnot von 587 v.Chr. und ihre Folgen[20] gemeint sind, liegt auf der Hand, daß mit der „Heilung" auf die ersehnte Rückkehr aus dem Exil angespielt wird, die aber auf sich warten ließ. Hiermit kann die Annahme der spätexilischen Entstehung von Jer 14,19-22 als erwiesen gelten.

Fragen wir nach der Einheitlichkeit unseres Abschnittes, so werden wir mit zwei Problemen konfrontiert: mit der Tatsache, daß V. 19b mit Jer 8,15 wörtlich übereinstimmt, und mit der Thematik und dem Grundton von V. 22, die von denjenigen der vorausgehenden Verse abzuweichen scheinen.

Wir wenden uns zunächst V. 19b zu und versuchen seinen Kerngedanken aufgrund von Beobachtungen formaler und terminologischer Art herauszustellen. Diesen werden wir mit der oben erarbeiteten Zentral-

---

[15] *Jeremias*, Hosea, 84. S. dort auch Anm. 17.

[16] Vgl. Dtn 28,31; Ps 142,5 und Jer 50,32.

[17] Vgl. Dtn 28,32 und Neh 5,5.

[18] Ähnliche Struktur weist Jes 50,2 auf, wo der von ואין eingeleitete Nominalsatz ebenfalls das Ausbleiben des Erwarteten bezeichnet.

[19] Gegen *Bak*, Klagender Gott, 58, der behauptet: „(D)as ‚Verwerfen' (מאס) Jahwes bedeutet für das Volk, daß es an das Gericht preisgegeben wird". Die LXX setzt auch ein anderes Verständnis voraus, indem sie JHWH als den Handelnden vorstellt. Dies kommt dadurch zum Ausdruck, daß die erste negative Formulierung mit einer Aufforderung an JHWH um Aufhören (κόπασον vgl. Am 7,5) ersetzt, und die zweite Bitte auf das zugrunde richtende Handeln JHWHs (μὴ ἀπολέσῃς) bezogen wird.

[20] *Lundbom*, Jeremiah1-20, 718, sieht in dem ursprünglichen Bekenntnis VV. 20-22 „no hint of war". Auf den Krieg weist seiner Meinung nach nur „(t)he added saying of V. 19b". *Conrad*, ThWAT V, 452, denkt, daß im Hintergrund von Jer 14,19 eine partielle Katastrophe, nämlich die Dürre steht. Gegen diese Meinung spricht jedoch die Tatsache, daß das Verb נכה im Jeremiabuch hauptsächlich zur Bezeichnung der Kriegshandlung des babylonischen Königs dient und mit den Ereignissen von 587/86 v.Chr. im Zusammenhang steht (Jer 21,6f; 29,21; 33,5; 37,10. In Jer 5,6 wird mit Hilfe dieses Verbs ebenfalls auf diese Ereignisse angespielt.). Vgl. auch *Bak*, Klagender Gott, 58.

aussage des Volksklageliedes vergleichen um auf diese Weise die Beziehung von V. 19b zu seinem Kontext bestimmen zu können[21].

In der untersuchten Vershälfte tritt die im AT auch anderswo belegte Formulierung ואין ... ל קוה auf, die das Ausbleiben der erwarteten Wende bzw. das Fortdauern der Not zum Ausdruck bringt (s.u. Anm. 24). Da der vorausgehende V. 19a denselben Gedanken artikuliert, fügt sich V. 19b gut in seinen Kontext ein und erweckt den Eindruck, ein organischer Teil der Volksklage zu sein. Dieser Eindruck wird jedoch durch die Verschiedenheit der fortwährenden Not in den beiden Vershälften überschattet: Während die Tripelfrage in V. 19a die Not als Andauern des Exils konkretisiert, weist V. 19b durch das im ganzen AT nur noch in der Parallelstelle Jer 8,15 stehende Nomen בעתה auf ein aktuelles Erschrecken hin. Während die Ursache der Hinausschiebung der Rückkehr in der Passivität JHWHs entdeckt wurde, sah man beim Auslösen des Erschreckens ihn selbst am Werk. Dies legt allerdings das dem Nomen בעתה zugrundeliegende Verb בעת nahe, welches meistens ein Ereignis bezeichnet, mit dem JHWH direkt oder indirekt zu tun hat[22]. Eine weitere Beobachtung läßt die ursprüngliche Zusammengehörigkeit von V. 19a und V. 19b ebenfalls als bedenklich erscheinen: V. 19b zeichnet sich durch eine Formulierung und Begrifflichkeit aus, die insbesondere zu der nachexilischen Literatur Affinitäten aufweist: Die schon erwähnte Formulierung ואין ... ל קוה hat ihre engsten Parallelen in den nachexilischen Stellen Hi 3,9; Ps 69,21[23] und Jes 59,11[24], das Motiv des durch das Verb בעת artikulierten Erschreckens begegnet hauptsächlich in der nachexilischen Hiobdichtung[25],

---

[21] Da die Frage nach der Beziehung zwischen Jer 8,15 und 14,19b für unsere Untersuchung keine große Relevanz hat, gehen wir im Rahmen dieser Arbeit auf sie nicht ein.

[22] Der Saul quälende böse Geist kommt von JHWH (1Sam 16,14.15), David erschrickt vor dem Schwert des Engels des Herrn (1Chr 21,30, vgl. auch Dan 8,17), Hiob sieht sich von Gott gequält (Hi 7,14; 9,34; 13,21, vgl. auch Jes 21,4) und vor ihm müssen auch seine Freunde erschrecken (Hi 13,11); den Frevler erschreckt Not und Drangsal, weil er dem Allmächtigen trotzt (Hi 15,24.15) oder weil er von Gott nichts wissen will (Hi 18,11.21). Das Erschrecken hat in 2Sam 22,5 und in der Parallelstelle Ps 18,5 einen geheimnisvollen Hintergrund. Nur selten werden der Mensch (Hi 33,7) oder die weltimmanente Ereignisse (Est 7,6) als Verursacher des Erschreckens angeführt.

[23] *Kraus*, BK XV/1, 481, setzt Ps 69 in der nachexilischen Zeit an.

[24] Die Formulierung קוה ל liegt auch in Jes 5,2.4.7 vor, wo sie sich durch Konkretion (משפח ... צעקה; משפט ... צדקה) und feine dichterische Ausgestaltung auszeichnet und die durch den Undank verursachte Enttäuschung JHWHs ausdrückt. Die Jesajastellen könnten für die angeführte nachexilische, allgemein gehaltene und formelhafte Formulierung als Vorbilder gedient haben.

[25] Für das Vorkommen dieses Verb vgl. o. Anm. 22. Das Nomen בעות steht in Hi 6,4 und in Ps 88,17.

und die Nomina שלום und טוב als Synonyme dienen zur Bezeichnung des Wohlstandes und des Glücks in den exilisch/nachexilischen Stellen Esr 9,12; Jes 52,7 und Jer 33,9[26]. Die unterschiedliche Schilderung der Not in V. 19a bzw. V. 19b und die mehrfachen terminologischen Beziehungen von V. 19b zu der nachexilischen Literatur legen die Annahme der ursprünglichen Selbständigkeit der beiden Vershälften und die sekundäre Eintragung von Jer 14,19b in das spätexilische Volksklagelied nahe.

Nachdem wir das Verhältnis zwischen JHWH und seinem Volk bzw. seinem Heiligtum als zentrales Thema der Volksklage herausgestellt, die Not, aus der sie geboren wurde, historisch interpretiert und als durch JHWHs Passivität bewirkte Verzögerung der Rückkehr aus dem Exil definiert haben, fällt es auf den ersten Blick schwer, zwischen der das Wirken JHWHs in der Natur zentral stellenden Vertrauensäußerung (V. 22) und den ihr vorausgehenden Klageelementen eine direkte Beziehung zu herstellen. Unsere Aufgabe wird jedoch erleichtert, wenn wir die oben beobachtete enge Beziehung zwischen dem Volksklagelied und Lev 26[27] vor Augen halten. Eine flüchtige Analyse zeigt, daß in diesem Kapitel des sogenannten Heiligkeitsgesetzes das Wirken JHWHs in der Natur und in der Geschichte zusammengesehen werden: Im Falle des Gehorsams verheißt er seinem Volk Natursegnungen und sicheres Wohnen im Land[28], der Ungehorsam und der Bundesbruch haben dagegen vergebliches Mühen um Ernte, Dürre und Hunger[29], bzw. Unterjochung durch den Feind und Exilierung[30] als Folgen. Diese Beobachtung legt die Annahme nahe, daß der Autor des Volksklageliedes, der sich mehrfach an Lev 26 anlehnt, das Gedankenpaar vom Wirken JHWHs in der Geschichte und in der Natur diesem Kapitel entnommen hat. Er machte, nachdem das Geschichtswirken JHWHs unwahrnehmbar blieb, seine sich in der Natur zeigende Macht zur Grundlage des Vertrauens in der Not. Dabei griff er auf aussagekräftige Formulierungen der exilischen Literatur, wie die syndetisch formulierte Doppelfrage[31], die eine Aussage über JHWHs Macht enthält oder

---

Auffälligerweise drücken das Verb בעת und das Nomen בעות an den angeführten Stellen das Empfinden des Einzelnen und nicht einer Gemeinschaft, wie das bei unserer Stelle der Fall ist, aus.

[26] Das Wortpaar שלום - טוב tritt noch in dem exilischen Klagelied des Einzelnen Thr 3 (V. 17) auf, wo es den Zustand des Klagenden vor seiner gegenwärtigen Not beschreibt.

[27] Auf diese Nähe hat auch Bak, *Klagender Gott*, 66, ausdrücklich hingewiesen.

[28] Vgl. Lev 26,4-9.10.

[29] Vgl. Lev 26,16b.19b-20.26.

[30] Vgl. Lev 26,17.25.33.

[31] Vgl. insbesondere Jes 49,24 und 50,2. Diese Frageform ist auch in Hi 11,2 und Koh 11,6 belegt. Die rhetorische Doppelfrage, deren erstes Glied durch die Fragepartikel ה und das zweite durch אם eingeleitet wird, ist ein für die jeremianischen

diese Aussage einleitet[32], sowie auf den Nominalsatz אתה הוא, der die
Einzigkeit und die Weltherrschaft JHWHs in Gebeten artikuliert[33].

## 2. Bilanz

Die vorausgehende Analyse hat V. 19b aufgrund seiner Aussage über
die Not, die von der des Gesamtabschnittes abweicht, sowie seiner
Terminologie und Formulierung, die sich mit der nachexilischen Literatur mehrfach berühren, als einen sekundären Eintrag innerhalb von
Jer 14,19-22 identifiziert. Seine Eintragung wurde durch das sowohl in
diesem als auch im vorausgehenden Versteil anwesende Nomen מרפא
sowie durch die ähnliche Formulierung von V. 19aβ und V. 19b veranlaßt. Die wegen seiner Thematik – JHWHs Wirken in der Natur – auf
den ersten Blick nicht in den Kontext passende Vertrauensäußerung in
V. 22 hat sich dagegen, im Hintergrund von Lev 26, als ein organischer Teil des Volksklageliedes erwiesen. Die Untersuchung hat auch
die Plausibilität der spätexilischen Entstehung des ursprünglichen
Volksklageliedes Jer 14,19a.20-22 aufgrund seiner mehrfachen terminologischen und inhaltlichen Beziehungen zu der exilisch/nach-
exilischen Literatur aufgezeigt. Sie stellte gleichzeitig das Bangen des
exilierten Volkes um sein Gottesverhältnis als das zentrale Thema des
Klageliedes heraus (V. 19aα.21), welches durch die sich in der Hinausschiebung der Rückkehr aus dem Exil manifestierenden Passivität
JHWHs (V. 19aβ) ausgelöst wurde. In dieser schwierigen Situation
schöpfte die spätexilische Gemeinde aus ihrem Glauben an dem einzigen und allherrschenden Gott Hoffnung und Kraft (V. 22).

---

Sprüche typisches Stilmittel. Die beiden Fragen werden in diesen Sprüchen jedoch
nie durch ein Waw verbunden.
[32] Hierin zeigt sich die Besonderheit der syndetischen Doppelfrage der Exilszeit.
Die asyndetische Doppelfrage der jeremianischen Sprüche dient dagegen als Ausdruck für das unbegreifliche Verhalten des Gottesvolkes.
[33] Vgl. 2Sam 7,28; 2Kön 19,15; 1Chr 17,26; 2Chr 20,6; Neh 9,6f; Ps 44,5 und Jes
37,16.

## V. Die Antwort JHWHs: Abweisung und Gerichtsankündigung in Jer 15,1-4

### 1. Analyse

Jer 15,1-4 stellt die Antwort JHWHs auf das Klagelied des Volkes Jer 14,19a.20-22 dar. Er gliedert sich in eine Abweisung der Bitte (V. 1) und in eine Gerichtsankündigung (VV. 2-4)[1] und ist, im Gegensatz zu dem vorausgehenden Volksklagelied, nicht poetisch, sondern prosaisch formuliert. Dieser formale Unterschied legt den sekundären Charakter der Antwort gegenüber der Klage nahe. Gleichzeitig läßt sich eine enge inhaltliche Verbindung zwischen den beiden Texten beobachten, die davon zeugt, daß der Verfasser bei der Formulierung der Antwort das Klagelied Jer 14,19a.20-22 vor Augen gehalten hat. Diese Verbindung zeigt sich vor allem in dem Gebrauch solcher Formulierungen, die durch ihre Aussageabsichten den Wendungen des Volksklageliedes nahestehen. Da es um keine offensichtlichen, schon auf den ersten Blick erkennbaren, sondern um sublime Beziehungen geht, möchten wir sie in der hier folgenden Analyse aufzeigen.

Als erstes untersuchen wir die Abweisung Jer 15,1a hinsichtlich ihrer Struktur. In dieser Vershälfte steht nach dem einleitenden ויאמר יהוה אלי ein Konditionalsatz (V. 1aβ), in dem die Fürbitte von Samuel und von Mose als die einzige Möglichkeit genannt wird, bei JHWH die Umwandlung seiner Entscheidung zu bewirken, die aber in dem folgenden negierten Nominalsatz V. 1aγ in aller Entschiedenheit verworfen wird. Eine ähnliche Konstruktion begegnet auch in Jer 22,24[2], wo mit ihrer Hilfe die endgültige Auflösung der speziellen Beziehung zwischen JHWH und dem König Jojachin ausgesagt wird[3]. Da dieser Satzbau besonders aussagekräftig ist, wurde bewußt auf ihn zurückgegriffen, um mit seiner Hilfe die unwiderrufliche Kündigung des speziellen Bundesverhältnisses zwischen JHWH und seinem Volk zu verbalisieren. Auf diese Weise erweist sich Jer 15,1a als Abweisung der in Jer 14,21aβ an JHWH gerichteten Bitte des Volkes, seinen Bund mit ihm nicht aufzulösen (אל־תפר בריתך אתנו).

Nach der Untersuchung der Struktur der Verhälfte Jer 15,1a wenden wir uns dem negierten Nominalsatz V. 1aγ, insbesondere der im ganzen AT singulären Formulierung אין נפשי zu. Sie steht formal dem negierten partizipialen Nominalsatz אין פניך הלכים von Ex 33,15aα nahe. Neben dieser formalen Verwandtschaft weisen diese Formulierungen

---

[1] Vgl. den ähnlichen Aufbau von Jer 14,11f.

[2] Jer 22,24 betrachtet *Thiel*, Redaktion von Jeremia 1-25, 243, als einen vorgegebenen Spruch (die Personalien schreibt er D zu).

[3] *Carroll*, Jeremiah, 438, formuliert die Aussageabsicht von Jer 22,24ff: „any special relationship thought to exist between king and Yahweh will count for nothing".

auch terminologische Beziehungen auf, die sich vor allem in dem
Gebrauch von פנים und נפש zeigen. Diese beiden Nomina können nämlich, weil das „Angesicht" das göttliche Wesen „besonders unmittelbar
repräsentiert"[4] und das Nomen פנים als Ersatz für das Personalpronomen stehen kann[5], als Synonyme verstanden werden, die die Gegenwart JHWHs zum Ausdruck bringen. Folglich drückt der negierte Nominalsatz אין נפשי אל־העם הזה in Jer 15,1aγ die Abwesenheit JHWHs bei
seinem Volk aus und bestätigt auf diese Weise die in Jer 14,19aβ formulierte Erfahrung des Volkes bezüglich des Sich-Zurückziehens
JHWHs.
Die Formulierung אין נפשי wirft auch auf die Ursache der Auflösung
des Bundes und des Fernbleibens JHWHs ein Licht, indem sie es als
aus Ungeneigtheit resultierende Abwendung charakterisiert.
Dies tritt durch die Nähe der Formulierung אין נפשי zu der in Jer 6,8 und
Ez 23,18 belegten Wendung יקע נפש מן hervor. Diese Wendung bringt
in Jer 6,8 in einem Konditionalsatz die *Drohung* der Abwendung
JHWHs von Juda, in Ez 23,18[6] dagegen das *Wahrwerden* dieser Drohung zum Ausdruck. Die letztere Stelle führt die Abwendung JHWHs
auf seine Abneigung und auf seinen Überdruß zurück. Da der Nominalsatz אין נפשי אל־העם הזה in V. 1aγ den Ausgang des oben skizzierten
Vorganges darstellt, geht der durch ihn geschilderte Zustand ebenfalls
auf die Abneigung JHWHs zurück, die in der distanzierenden Bezeichnung העם הזה noch stärker hervorgehoben wird. Da die Verben
der Geringschätzung und Nichtachtung in der klagenden Tripelfrage
Jer 14,19a und in der Bitte Jer 14,21 des Volksklageliedes (s.o.) ebenfalls auf die Abneigung JHWHs hinweisen, tritt die inhaltliche Verbindung zwischen der Volksklage und der göttlichen Antwort deutlich
hervor.
Hinsichtlich der Ursache der Abwesenheit JHWHs ist der Gebrauch
des Nomens נפש in V. 1aγ ebenfalls aussagekräftig. Die נפש Gottes ist
Ausdruck seiner „intensive(n) Zuwendung"[7]. Demzufolge sagt ihre
Negierung „den Überdruß, die Abwendung nach großer Leidenschaft
der Zuwendung"[8] aus. Da auf diese Gefahr in dem zweiten Glied der
klagenden Tripelfrage Jer 14,19a durch die Formulierung אם־בציון געלה
נפשך hingewiesen wurde, zeigt sich die inhaltliche und terminologische
Verbindung zwischen Jer 14,19a.20-22 und Jer 15,1 nochmals in aller
Deutlichkeit.
Nach dem Aufzeigen der feinen inhaltlichen Beziehungen von Jer 15,1
zu der Klage des Volkes Jer 14,19a-22 und seiner Aussageabsicht als
Abweisung aus Ungeneigtheit und unwiderrufliche Kündigung des

---

[4] *Noth*, Exodus, 211.
[5] Vgl. *Simian-Yofre*, ThWAT VI, 635f.
[6] *Zimmerli*, BK XIII/1, 537, hält diesen Vers für eine Erweiterung.
[7] Vgl. *Seebass*, ThWAT V, 551.
[8] Vgl. *Seebass*, ThWAT V, 552.

Bundesverhältnisses durch JHWH befragen wir diesen Vers hinsichtlich der Beziehung JHWHs zu seinem Propheten.

Dabei gehen wir von der bisher zurückgestellten einleitenden Formel אלי יהוה ויאמר aus. Diese Formel leitet im Jeremiabuch meistens ein von JHWH initiiertes Gespräch ein[9], in dem das Verhalten des Gottesvolkes[10], der (falschen) Propheten[11] oder an unserer Stelle die Haltung JHWHs dem Volk gegenüber *vor dem Propheten* enthüllt wird. Da diesen Gottesreden eine Aufforderung zur Umkehr[12], ein Schuldaufweis[13] oder eine Strafankündigung[14] folgt, weisen sie sich als Scheltreden aus. Jedoch sind sie nicht an die Betroffenen, sondern an den Propheten gerichtet. Demzufolge haben sie ihre Bedeutung in der Kundgabe und im Klarlegen des Hintergrundes des Gerichtshandelns Gottes. Hierdurch wird der Prophet, ebenso wie Abraham[15], als ein Vertrauter JHWHs dargestellt[16]. Als solcher hat er jetzt nicht mehr die Aufgabe, JHWHs Urteil dem Volk mitzuteilen, sondern es auszuführen: das Volk aus der Gegenwart JHWHs zu entlassen (Jer 15,1b).

Angesichts der Härte der Abweisung des Volkes fällt diese besondere Beziehung zwischen JHWH und seinem Propheten auf. Sie weist durch diese Gegenüberstellung auf den Positionswechsel des Propheten hin: Er steht jetzt auf der Seite Gottes. Dieser Seitenwechsel kommt nicht nur durch die neue Aufgabe des Propheten, sondern auch dadurch zum Ausdruck, daß, während das Volk entlassen wird, der Prophet offensichtlich in der Gegenwart JHWHs bleibt. Durch dieses Motiv verbindet sich Jer 15,1 mit der Konfession Jer 15,10ff, insbesondere mit der Zurechtweisung in V. 19b, wo der Prophet davor gewarnt wird, sich zu dem Volk zu kehren.

---

[9] Sonst steht sie am Anfang von Aufforderungen (Dtn 1,42; 2,2.9.31; 3,2.26; 9,12; 10,11; Jes 8,1.3; Jer 1,7; 11,6; 13,6; 14,11; Ez 23,36; Hos 3,1) und Deutungen von Visionen (Jer 1,12; 24,3; Am 7,8; 8,2). In Dtn 9,13 und 18,17 leitet sie eine göttliche Bestätigung ein.

[10] Vgl. Jer 3,6.11 und 11,9.

[11] Vgl. Jer 14,14.

[12] Vgl. Jer 3,12.

[13] Vgl. Jer 11,13.

[14] Vgl. Jer 14,14.

[15] Vgl. Gen 18,17, wo in einem Selbstgespräch JHWHs Abraham als Gottes Vertrauter beschrieben wird. Das Vertrauensverhältnis zwischen JHWH und Abraham kommt dadurch zum Ausdruck, daß JHWH sein Vorhaben ihm mitteilt, „damit ihm auch das Handeln Gottes draußen in der Geschichte, das sonst den Menschen verborgen bleibt, offenbar werde; er soll das, was sich in Sodom ereignen wird, verstehen!" (*vRad*, Genesis, 164f). Mit dem Abschnitt Gen 18,16-33 verbindet sich Jer 15,1 auch durch die Formel (יהוה) לפני עמד (V. 22; vgl. auch Gen 19,27) als Ausdruck der Fürbitte.

[16] Die Absicht, Jeremia in die Reihe der Gottesfreunde hineinzustellen, äußert sich durch den Gebrauch der Einleitungsformel אלי יהוה ויאמר, die außerhalb der Propheten nur noch in bezug auf Mose verwendet wird (vgl. Dtn 1,42; 2,2.9.31; 3,2.26; 5,28; 9,12.13; 10,11 und 18,17).

Bevor wir Jer 15,1 verlassen und uns der Gerichtsankündigung Jer
15,2-4 zuwenden, werfen wir noch ein Blick auf das Entlassen des
Volkes in V. 1b. Es wird durch einen zusammengesetzten Verbalsatz
artikuliert, in dem der mit Hilfe des Imperativs von שלח[17] ausgedrückten
Aufforderung ein Waw-Imperfekt folgt. Ähnlich aufgebaute Sätze
drücken das Ersuchen von Einzelpersonen wie Elimelek[18], Jakob[19] und
des aramäischen Hadad[20] aus, in das Heimatland zurückkehren zu dürfen, sowie die an den ägyptischen Pharao gestellte Forderung, das
Volk zum Dienst JHWHs zu entlassen[21], wobei das Ziel in einem Finalsatz mit Zielangabe anhand des Waw-Imperfekts von הלך formuliert
wird. Es ist kaum zu übersehen, daß in Jer 15,1 eine der im Buch Exodus geschilderten Situation entgegengesetzte Lage nachgezeichnet
wird: Während dort die Entlassung des Volkes den Dienst JHWHs
zum Ziel hat, wird hier das Volk aus der (kultischen) Gegenwart
JHWHs entlassen. Der Gebrauch des Verbs יצא anstatt des gewöhnlichen הלך sowie die Abwesenheit der geläufigen Zielangabe machen
gleichzeitig deutlich, daß es sich hier um ein Entlassen in das Nichts
handelt, worauf die Frage von V. 2a Bezug nimmt.
In der Gerichtsankündigung Jer 15,2-4 fällt zunächst das totale Fehlen
von Berührungen terminologischer und inhaltlicher Art zwischen ihr
und Jer 14,19a.20-22 auf. Auch mit dem vorausgehenden V. 1 verbindet sie sich nur literarisch[22] durch das Verb יצא, mit Hilfe dessen die
Frage des Volkes in V. 2a formuliert wird. Das Fehlen von Beziehungen zwischen Jer 14,19a.20-22 und 15,2-4 sowie der literarische Charakter der Verbindung zwischen Jer 15,1 und 15,2-4 spricht für die Eigenständigkeit von VV. 2-4. Diese Annahme wird auch durch seine literarische Eigenart unterstützt: Er ist nämlich nach der von B. O.
Long[23] als Frage-Antwort-Schema Typ B[24] bezeichneten Form gestal-

---

[17] Die Imperativ-Form von שלח steht immer mit einer Objektangabe. Sie wird
durch das dem Verb angehängte Objektsuffix (vgl. etwa Gen 24,56) oder durch ein
direktes Objekt (vgl. etwa Ex 4,23) bezeichnet. Aus diesem Grund soll die Lesart
der Peschitta und und der Vg. bevorzugt und שלחם gelesen werden.

[18] Vgl. Gen 24,56.

[19] Vgl. Gen 30,25.

[20] Vgl. 1Kön 11,21.

[21] Vgl. Ex 4,23; 5,1; 7,16.26; 8,4.16; 9,1.13 und 10,3.7.

[22] Den phrasenhaften Charakter dieser Frage erkennt *Wanke*, Jeremia 1, 148, der
meint, daß die Frage „kaum einen realen Geschehenshintergrund wider(spiegelt),
sondern [...] vielmehr der literarischen Verknüpfung von V. 1 mit der folgenden
ausgeführten Unheilsankündigung (V. 2b-4)" dient. *Thiel*, Redaktion von Jeremia
1-25, 190, versteht VV. 1b.2abα als „literarischen Übergang zu dem folgenden
Spruch".

[23] Vgl. *Long*, JBL 1971, 129-139.

[24] Long unterscheidet zwischen dem Frage-Antwort-Schema Typ A, welches „ex-
presses a peculiar sort of pedagogical historiography which sought to place the destruction in the context of broken covenant and a realized covenantal curse" (131),

tet, die auch Jer 5,19; 13,12-14; 16,10-13 und Ez 21,12; 37,19 zugrunde liegt[25]. Diese Beobachtungen legen die von McKane formulierte Schlußfolgerung nahe, daß „Yahweh's answer consisted of 15.1 only ... and that 15.2-4 are a piecemeal elaboration of 15.1"[26]. Daß VV. 2-4 die Ausarbeitung von V. 1 darstellt, beweist die Frage אנה נצא als Ausdruck der Ratlosigkeit[27] in V. 2a, die den Gedanken der Entlassung des Volkes in das Nichts aufgreift.

## 2. Bilanz

Die Untersuchung von Jer 15,1-4 hat innerhalb dieses Textes zwei eigenständige Einheiten, die Antwort JHWHs auf die vorausgehende Klage des Volkes in V. 1 und die Gerichtsankündigung gegen das Volk in VV. 2-4, klargelegt.

Durch das Ausarbeiten der feinen inhaltlichen Beziehungen der göttlichen Antwort Jer 15,1 zu dem vorausgehenden Klagelied des Volkes Jer 14,19ff hat die Analyse aufgezeigt, daß die Antwort JHWHs als Ausdruck der Kündigung des Bundesverhältnisses zwischen ihm und seinem Volk explizit für die Volksklage verfaßt wurde. Zugleich hat sie auf die zweite Aussageabsicht von Jer 15,1, auf die Thematisierung des JHWH-Prophet-Volk-Verhältnisses, aufmerksam gemacht, wodurch die Antwort JHWHs sich mit der Konfession Jer 15,10ff thematisch verbindet.

Da Jer 15,1 für das spätexilische Volksklagelied verfaßt wurde, kann er in der fortgeschrittenen Phase der Entstehung des Jeremiabuches, also in der spät- oder nachexilischen Zeit, entstanden sein. Für diese Annahme spricht auch die späte Entstehung der als Gespräch JHWHs

---

und Typ B, welches „roots in the situation where persons sought oracles through a prophet" (138).
[25] Unser Abschnitt zeigt auffallende formale und inhaltliche Gemeinsamkeiten mit Jer 13,12-14: Die Antwort wird durch die Formeln כה אמר יהוה (Jer 13,13₁; 15,2bα₁) und נאם יהוה (Jer 13,14b; 15,3aα) in beiden Texten als *JHWH-Rede*, und zwar *über* die Fragenden, formuliert (vgl. die Formulierung in der dritten Person Plural maskulin). Sie besagt die totale Vernichtung (in Jer 13,14b kommt dies durch den negativen Verbalsatz מהשחיתם לא-אחמול ולא-אחוס ולא ארחם, in Jer 15,3 durch die vier Arten der Strafe, insbesondere durch die Formulierung Inf. cstr. + ל, welche die tödliche Absicht aufzeigt, zum Ausdruck). Die beiden anderen Stellen Jer 5,19 und 16,10-13 enthalten die genannten Formeln nicht und sind direkt an die Fragenden gerichtet (vgl. die Formulierung in der zweiten Person Plural maskulin).
[26] *McKane*, Jeremiah I, 335.
[27] *Holladay*, Jeremiah 1, 440, charakterisiert diese Frage zutreffend als „not one demanding decision of the people ... but implies 'Where are we being taken?'" und zieht Dtn 1,28 als Parallele heran. Vgl. auch 2Sam 13,13; Ps 139,7. Siehe dagegen 2Sam 2,1, wo die Frage Davids אנה אעלה beantwortet wird.

mit dem Propheten gestalteten Texte[28] sowie die inhaltliche Beziehung
von Jer 15,1 zu der Konfession Jer 15,10ff, deren Präsenz vorausgesetzt werden kann.

Die Gerichtsankündigung Jer 15,2-4 hat sich als eine Ausarbeitung von
Jer 15,1 ausgewiesen. Da die Beziehungen zwischen den beiden Texten sich auf den gemeinsamen Gebrauch des Verbs יצא und auf das
Aufgreifen des Motivs der Entlassung in das Nichts beschränken, legt
sich die Annahme nahe, daß Jer 15,2-4 aus überlieferten, möglicherweise schon erweiterten[29] Texten zusammengestellt wurde. Aufgrund
dieser Beobachtungen kann der Abschnitt mit einiger Wahrscheinlichkeit zu den jüngsten Texten des Jeremiabuches gezählt werden. Der
Verweis auf die Sünde Manasses in V. 4b mag wohl eine Glosse darstellen.

---

[28] Jer 3,6ff. wird von den meisten Exegeten in der nachjeremianischen Zeit ange-
setzt: *Carroll*, Jeremiah, 145, *Holladay*, Jeremiah 1, 77.116, und *Thiel*, Redaktion
von Jeremia 1-25, 93, denken an die Exilszeit. *Wanke*, Jeremia 1, 48, schreibt diese
Passage einem nachexilischen Kommentator zu. *McKane*, Jeremiah I, 69, hebt den
umfassenden Charakter des theologischen Anliegens dieser Passage hervor.
*Rudolph*, Jeremia, 23, setzt Jer 3,6-13 dagegen in der Frühzeit Jeremias an. Auch
*Weiser*, Jeremia 1-25,14, 29f, schreibt das Prosastück VV. 6-11 dem Propheten zu.
Für Jer 11,1-14 vgl. *Rudolph*, Jeremia, 71, *Thiel*, Redaktion von Jeremia 1-25,
144ff, und *Wanke*, Jeremia 1, 119ff.

[29] Den bearbeiteten Charakter dieser Texte beweist das Zugegensein des über die
Vernichtung hinaus weisenden Nomens שבי in V. 2bγ, in dem sich wahrscheinlich
die Erfahrung der Exilszeit widerspiegelt. McKane, *Jeremiah I*, 335 stellt unseren
Text interessanterweise mit Jer 4,27 und 5,10 parallel, wo die exilische Erfahrung
durch das Einfügen der Negation לא vor das die totale Vernichtung bezeichnende
Verb כלה zum Ausdruck kommt.

# VI. Die Klage Gottes – Jer 15,5-9

## 1. Analyse

### a) *Übersetzung*[1]

5. [...]¹ Wer wird mit dir Mitleid haben, Jerusalem,
und wer wird dir Beileid bekunden,
und wer wird abbiegen (vom Weg), um nach deinem Wohlergehen
zu fragen?

6. Du hast mich verworfen, Ausspruch JHWHs, mir deinen
Rücken zugekehrt.
Und ich streckte meine Hand gegen dich aus, und ich
vernichtete dich.
Ich konnte es nicht mehr ändern².

7. *Und ich worfelte sie mit der Worfschaufel in den Toren*
*des Landes.*
Kinderlos habe ich gemacht,
ausgerottet habe ich mein Volk.
Von ihren Wegen sind sie nicht zurückgekehrt³.

8. [Ihre]⁴ Witwen sind mir zahlreicher geworden
als der Sand der Meere⁵.
Ich habe [...]⁶ über die Mutter des Jungen am hellen
Mittag Verwüster gebracht.
Ich habe über sie⁷ plötzlich (in der) Stadt
Schrecken fallen lassen.

9. Sie ist dahingewelkt, - die sieben gebar -,
sie hat ihre Seele ausgehaucht.
Ihre Sonne ist untergegangen, als es noch Tag war,
sie ist zuschanden, in ihrer Hoffnung enttäuscht worden.
*Auch ihren Überrest gebe ich dem Schwert*
*vor ihren Feinden, Ausspruch JHWHs.*

---

¹ Die Partikel כי ist redaktionell und hat die Funktion, diesen Abschnitt mit dem vorausgehenden Text zu verbinden (vgl. *Thiel*, Redaktion von Jeremia 1-25, 194, und *Wanke*, Jeremia 1, 150). Weil diese Verbindung eine sekundäre ist, lassen wir LXX und Peschitta folgend die Partikel weg.
² Die LXX bietet hier „καὶ οὐκέτι ἀνήσω αὐτούς" („und nicht mehr werde ich sie loslassen"). Es liegt kein Grund vor, den Text nach der LXX zu ändern.
³ Die LXX faßt diesen Satz als eine Begründung auf: διὰ τὰς κακίας αὐτῶν „wegen ihrer Bosheit...". S.u. 132, Anm. 63.
⁴ Ich schließe mich der Lesart von LXX, Peschitta, Tg. an, dem Vorschlag von BHS folgend.
⁵ BHS schlägt die Umstellung dieses Satzes vor. Er sollte an das Ende von V. 8 versetzt werden. Da dieser Satz eine Ergänzung darstellt (s.u.), ist diese Umstellung nicht angebracht.
⁶ LXX folgend soll להם getilgt werden.
⁷ Einige Handschriften, Peschitta und Tg. lesen עליהם („über sie" pl.). Da עליה in MT sich auf die in V. 8aβ erwähnte Mutter bezieht, soll sie nicht geändert werden.

*b)Die literarkritische Analyse von Jer 15,5-9*

Am Anfang unserer Analyse steht die Untersuchung von Jer 15,5-9 hinsichtlich seiner Einheitlichkeit. Dabei fällt schon beim ersten Anblick der formale Unterschied zwischen VV. 5-6 und VV. 7-9 auf: Während VV. 5-6 als Anrede formuliert sind und sich an eine zweite Person feminin richten, beschreiben VV. 7-9 das Gerichtshandeln JHWHs an seinem eigenen Volk (עַמִּי) und dessen Folgen. Sie scheinen keinen Adressaten zu haben[8]. Der anredende Charakter der ersten und der beschreibende Charakter der zweiten Gottesrede könnten als Hinweis auf ihre ursprüngliche Selbständigkeit aufgefaßt werden[9]. Für diese Annahme spricht auch die Tatsache, daß das Objekt des Gerichtes in VV. 5-6 Jerusalem, in VV. 7-9 dagegen das Volk darstellt[10]. Da Jer 15,5-9 sich als eine planvoll aufgebaute Texteinheit erweist, in der die in V. 6a.bα bündig begründete, angekündigte und ausgeführte Strafe in VV. 7-9 eingehend geschildert wird, könnten die beiden Sprucheinheiten jedoch sehr früh zusammengewachsen oder selbst von dem Propheten zusammengestellt worden sein.

Innerhalb der durchgängig perfektisch formulierten indirekten Gottesrede VV. 7-9 fällt V. 7a durch die Waw-Imperfekt-Form וָאֶזְרֵם an der Spitze und V. 9b durch die Imperfekt-Form אָתֵּן auf. Sie weichen von ihrem Kontext, in dem vom Volk, von den Witwen und von einer Mutter die Rede ist, auch dadurch ab, daß sie sich auf eine nicht näher bestimmte Mehrzahl beziehen[11]. Durch diese Spannungen zum Kontext weisen sich diese beiden Vershälften als sekundäre Erweiterungen aus[12].

Fragen wir nach ihrer Aussageabsicht, so werden wir mit erheblichen Schwierigkeiten konfrontiert. Zunächst stellt sich die Frage, ob das Verb זרה als Bezeichnung für das Gerichtshandeln Gottes auf konkrete Ereignisse schließen läßt. Bei der Beantwortung dieser Frage scheint die qal-Form dieses Verbs ausschlaggebend zu sein, die uns eine Übertragung des Bildes vom Worfeln verwehrt[13]. Ziehen wir noch in Betracht, daß die Constructusverbindung שַׁעֲרֵי הָאָרֶץ zusammen mit der

---

[8] *Bak*, Klagender Gott, 11, rechnet VV 7-9 zusammen mit Jer 12,7f zu den „Klage-Phänomen in monologischer Formulierung".

[9] *McKane*, Jeremiah I, 337, sieht in Jer 15,5-9 „a mixture af address and soliloquy attributable to Yahweh".

[10] Das „Volk" und „Jerusalem" werden in Jer 4,10.11 zusammen erwähnt. Diese Verse sind jedoch spätere Einschübe (Vgl. *Wanke*, Jeremia 1, 60.61).

[11] Vgl. das Objektsuffix dritte Person Plural maskulin beim Verb זרה in V. 7a und das Possessivsuffix dritte Person Plural beim Nomen שׁאֵרי in V. 9b.

[12] So auch *Wanke*, Jeremia 1, 150. *Beuken / van Grol*, BEThL 1981, 314, bezeichnen V. 7a als „a typical pivot line". V. 9b dagegen betrachten sie als eine Glosse (320), dessen Imperfekt-Charakter sich durch seine redaktionelle Funktion erklärt: „Perhaps this distortion of perspective was necessary in order to make the transition to the following lament of the prophet (15,10-21)".

[13] Vgl. *Jenni*, Das hebräische Pi'el, 135.

Präposition ב höchstwahrscheinlich die Gesamtheit der Städte Judas als den Schauplatz des Gerichtshandelns bezeichnet[14], so bringt V. 7a die Totalität des Gerichtes zum Ausdruck. Eine ähnliche Aussageabsicht können wir auch V. 9b entnehmen. Den Gedanken der völligen Vernichtung bringt er durch die spärlich belegte Formel נתן לחרב[15] anschaulich zum Ausdruck, da sie das nach der Katastrophe Übriggebliebene zum Objekt hat[16]. Die verwandte Aussageabsicht von V. 7a und V. 9b läßt diese beiden Erweiterungen auf dieselbe Hand zurückführen. In ihnen spiegelt sich die Reaktion auf die Katastrophe von 587 v.Chr. wider, und sie sind höchstwahrscheinlich in der unmittelbar darauf folgenden Zeit entstanden.

*c) Jer 15,5-6.7b-9a – eine Klage Gottes?*
Nach der literarkritischen Analyse von Jer 15,5-9 und dem Aufhellen der Aussageabsicht der beiden Ergänzungen V. 7a und V. 9b wenden wir uns dem Gedicht selbst zu. Unsere Untersuchung möchte die strukturelle, terminologische und inhaltliche Besonderheit von Jer 15,5-6.7b-9a aufzeigen, mit dem Ziel, den Klagecharakter dieser Passage herauszustellen.
Wir gehen von der Beobachtung aus, daß in diesem Text die Wendungen und Formulierungen der prophetischen Gerichtsverkündigung und der Klage nebeneinander stehen. Das Nebeneinander dieser unterschiedlich beheimateten Ausdrücke nötigt uns dazu, ihre Rolle und ihre gegenseitige Beziehung zu bestimmen sowie die durch ihr Nebeneinander zum Ausdruck kommende spezielle Aussageabsicht herauszustellen[17].

---

[14] Dieses Verständnis wird durch den Vorgang des Worfelns nahegelegt, welches auf der Tenne „außerhalb der Stadt (2 24₁₆), möglichst nahe des Tores (2R. 22₁₀ Jer. 15₇...)" geschah (*H. Weippert*, BRL², 63).

[15] Die Formel kommt außerhalb von 15,9b in 25,31 und Mi 6,14bβ vor. Zu dieser Formel s. auch *Kaiser*, ThWAT III, 174.

[16] In unserem Text hat es den Rest des Volkes und in Mi 6,14bβ das in der Not Gerettete als Objekt.

[17] Das Nebeneinander der Klage- und der Gerichtselemente wird meistens durch den angenommenen geschichtlichen Hintergrund dieses Textes erklärt: Die Klageelemente werden durch die Not der ersten Deportation von 597 v.Chr., die Gerichtselemente durch die noch bevorstehende und unvermeidliche Zerstörung Jerusalems erklärt. Vgl. *Craigie / Kelley / Drinkard*, Jeremiah 1-25, 200, *Rudolph*, Jeremia, 95f, und *Schreiner*, Jeremia 1-25,14, 98. *Weiser*, Jeremia 1-25,14, 128f, nimmt sogar unterschiedliche Sprecher innerhalb dieses Abschnittes an: VV. 5.8f betrachtet er als Äußerung des mitleidenden Propheten, in VV. 6.7 sieht er dagegen das Wort Gottes. Die meisten Forscher gehen jedoch davon aus, daß der ganze Abschnitt eine JHWH-Rede darstellt.
*Beuken / van Grol*, BEThL 1981, 318, erklären das Nebeneinander der Klage und der Gerichtsworte durch die Unmöglichkeit der Tröstung: „it has been made impossible for the speaker, YHWH, to be concerned about Jerusalem. [...] God finds that no one laments over Jerusalem, and that also from himself, who had to effect

*α) Der Klagecharakter der direkten Gottesrede Jer 15,5-6*

Die durch das Nebeneinander der Elemente der Klage und der Gerichtsverkündigung nahegelegte Aufgabe wird uns auch durch die
Struktur der direkten Gottesrede Jer 15,5-6 auferlegt. Diese Passage
enthält eine Klage über die trostlose Lage Jerusalems in V. 5, der ein
Schuldaufweis in V. 6a und ein Bericht über die Ausführung des
Gerichtes durch JHWH in V. 6b folgt. Dieser Aufbau macht deutlich,
daß die direkte Gottesrede das in V. 5 angesprochene Jerusalem für das
eingetroffene Gericht verantwortlich macht und dadurch JHWH in seinem Handeln rechtfertigt. Stellt sich diese Aussageabsicht als die be-
stimmende innerhalb von VV. 5-6 heraus, so erweist sich die Bezeichnung von Jer 15,5-6 als Gottesklage als unangemessen. Dies hat aufgrund der engen Verbindung von VV. 5-6 mit 7b-9a auch für das Verständnis der indirekten Gottesrede Konsequenzen. Da die Frage nach
dem Verantwortlichen insbesondere durch den Schuldaufweis V. 6a
und den Bericht über den Vollzug des Gerichts V. 6b aufgeworfen
wird, untersuchen wir zunächst diese beiden Versteile.

Der Schuldaufweis in V. 6a scheint die angenommene Aussageabsicht
der direkten Gottesrede zu bestätigen. Er zeigt nämlich schon mit seinem ersten Wort, dem vorangestellten Personalpronomen des invertierten Verbalsatzes אתי נטשת את[18], auf das schuldige Jerusalem. Die verwendete Terminologie scheint jedoch auch klagende Töne anklingen
zu lassen.

Die Schuld Jerusalems wird in V. 6b₁ durch die Wendung נטש את zum
Ausdruck gebracht. Da das Verb נטש in dieser für die Verkündigung
des Propheten Jeremia charakteristischen Wendung[19] stets JHWH als
Subjekt und das Volk als Objekt, in unserem Vers dagegen Jerusalem
als Subjekt und JHWH als Objekt hat, stellt sich unwillkürlich die Frage nach dem Motiv ihrer ungewöhnlichen Verwendung.

---

this, every chance to comfort has been taken away". Hierin sehen sie die Ursache
des Gerichtes: „Therefore God's part can be none other than of destroyer". Einige
Seiten später (320) führen sie das Sich-Lösen Jerusalems von JHWH als die Ursache des Gerichtes an und kehren das Verhältnis zwischen Klage und Gericht um,
indem sie schreiben: „God excuses himself that he has been forced hereto by Jerusalem herself, that he cannot do otherwise and that therefore he cannot comfort
her".

[18] Der invertierte Verbalsatz mit dem hervorgehobenen Subjekt ist ein öfter ge-
brauchtes Stilmittel des Jeremiabuches. Er tritt meistens in einem Schuldaufweis
auf (vgl. Jer 2,20; 3,1; 13,21; 48,7).

[19] Diese Wendung tritt zum ersten Mal in dem Abschlußvers der Einheit 7,21-29
auf, der meistens dem Propheten Jeremia zugeschrieben wird (*McKane*, Jeremiah
I, 177f, *Rudolph*, Jeremia, 54, *Schreiner*, Jeremia 1-25,14, 60, *Seidl*, BBB 1995,
162, *Thiel*, Redaktion von Jeremia 1-25, 121ff, und *Wanke*, Jeremia 1, 93). Ferner
ist sie in der Gottesklage 12,7-12 (V. 7aβ) und in dem Anfangsvers der Einheit Jer
23,33-40 belegt (In Jer 23,33 liegt vermutlich ein [jeremianischer] Spruch vor.
Vgl. *Thiel*, Redaktion von Jeremia 1-25, 253, Anm. 78).

Auf der Suche nach diesem Motiv fällt uns die zweifache Aussagerichtung des Verbs נטש auf, die sich darin zeigt, daß es eine „willentliche
und absichtliche Handlung"[20] bezeichnet, die als Trennung charakterisiert werden kann[21]. Dieses Verb hebt also die volle Verantwortung
des Handelnden für seine Tat hervor und verlagert die Schuld gleichzeitig auf die Ebene der persönlichen Beziehung. Aufgrund der doppelten Aussagerichtung dieses Verbs fügt sich die Wendung נטש את
glänzend in den Schuldaufweis ein, läßt aber auch klagende Töne hörbar werden, indem sie das Gesprochene als Worte eines Verlassenen
charakterisiert. So zeugt diese Wendung von einem Gleichgewicht von
Anklage und Klage, welches ihre ungewöhnliche Verwendung motiviert hat.

Die einzigartige Formulierung אחור תלכי[22] von V. 6a₃ läßt die Waage
zugunsten der Klage ausschlagen: Als Beschreibung des Weggehenden
aus der Sicht des Bleibenden[23] lenkt sie die Aufmerksamkeit wieder
auf die Ebene des Persönlichen. Durch den Gebrauch des anthropomorphen Nomens אחור als Gegenbegriff von פנים macht sie zugleich
deutlich, daß mit dem Davongehenden jede Kommunikationsmöglich-
keit ausgeschlossen ist[24], und charakterisiert folglich die durch die
Wendung נטש את bezeichnete Trennung als endgültig.

Der Aufbau von Jer 15,6a weist also zunächst auf die Verantwortlichkeit Jerusalems hin. Seine Terminologie und Formulierung stellen jedoch stärker den klagenden als den anklagenden Charakter des Schuldaufweises heraus, zudem er in den Mund des verlassenen JHWH gelegt wird.

Nach dem Verhältnis von Anklage und Klage fragen wir auch in dem
Bericht über das Vollstrecken der Strafe durch JHWH in V. 6b.

In Jer 15,6b lassen sich zuerst ebenfalls die Elemente der Anklage ver-
nehmen: Das Waw-Imperfekt ואט an der Spitze charakterisiert das Gerichtshandeln JHWHs als Folge der Schuld Jerusalems, deren Verantwortlichkeit der Gebrauch des Verbs שחת, welches das vernichtende
Handeln JHWHs „stets (als) Reaktion auf menschliche Schuld"[25] bezeichnet, noch mehr hervorhebt.

In dieser Vershälfte meldet sich aber auch der Ton der Klage. Um ihn
hörbar zu machen, müssen wir den Aufbau von V. 6b genauer untersuchen.

Das erste Glied dieser Vershälfte, V. 6aα, stellt einen zusammengesetzten Verbalsatz dar, in dem der erste Satz durch die Wendung נטה את

---

[20] Vgl. *Lundbom*, ThWAT V, 437.

[21] *Lundbom*, ThWAT V, 436.

[22] Die Verbindung des Substantivs אחור mit dem Verb הלך ist im AT einmalig. Eine
ähnliche Formulierung begegnet noch in Jes 4,1.

[23] Vgl. Ex 33,23.

[24] Vgl. auch Jer 7,24.

[25] *Conrad*, ThWAT VII, 1240.

יד das „Sich Bereitmachen"[26] JHWHs zu einer Handlung und der zweite (Konsekutiv-)Satz ואשחיתך deren Ausführung ausdrückt. Ähnlich abgefaßte Sätze sind in dem Jeremia-, Ezechiel- und Zephanjabuch belegt und bezeichnen das Gerichtshandeln JHWHs an seinem eigenen
Volk (Ez 6,14; Zeph 1,4), an den Fremdvölkern (Jer 51,25; Ez
25,7.13.16; Zeph 2,13) und an den falschen Prophetinnen (Ez 14,9).
An diesen Stellen treten jedoch das Verb נטה in Waw-Perfekt- oder pt.-
Form und das das Gerichtshandeln JHWHs bezeichnende zweite Verb
durchgängig in Waw-Perfekt-Form auf[27]. Sie stellen ohne Ausnahme
Gerichtsankündigungen dar und kennzeichnen JHWHs Gerichtshandeln als ein bevorstehendes Ereignis. In ihnen dient das Auseinanderhalten des Sich Bereitmachens JHWHs und der Ausführung des Gerichtes zur Warnung der Adressaten. Wozu dient es aber in einem Bericht über das Vollziehen des Gerichts? Angesichts der gleichbleibenden Formulierung des oben skizzierten Satztyps in den angeführten
Stellen kann die verschiedenartige Formulierung – die Waw-Imperfekt-Form – in V. 6aα (ein ähnliches Phänomen haben wir auch bei der
Wendung נטה את in V. 6a beobachten können) kaum anders als beabsichtigte Abweichung verstanden werden.
Die nächstliegende Erklärung ist, daß diese Vershälfte das Wahrwerden der Drohung und dadurch den ultimativen Charakter der prophetischen Gerichtsankündigung hervorheben will. Immerhin fragt man
sich, ob diese Botschaft der in V. 5 beschriebenen tiefen Not angemes-
sen ist. Eine zweite Deutungsmöglichkeit wäre, in dem Auseinanderhalten des Sich-Bereitmachens und der Ausführung des Gerichtes den
Hinweis auf den inneren Kampf JHWHs beim Einlösen seiner Drohung zu sehen. Diese Deutung legt die innerlich kausative hi.-Form[28]
des Verbs שחת ebenfalls nahe, für die die „Intention des Subj., vernich-
tend vorzugehen, maßgeblich" ist[29].
Das zweite Glied von V. 6b, der Satz נלאיתי הנחם, erhärtet diese Deutung einerseits durch den Gebrauch des „willens- oder gefühlsbe-
tont(en)"[30] Verbs לאה, andererseits durch seinen Aufbau: Die Formulierung ni.-Perfekt vom Verb לאה mit dem anschließenden Infinitivus
constructus von נחם[31] bringt den Wandel im Strafwillen JHWHs zum
Ausdruck, der den Ausgang eines innerlichen Prozesses mit geschicht-

---

[26] *Ringgren*, ThWAT V, 409.
[27] Eine Ausnahme bildet Zeph 2,13, wo die beiden Verben in Waw-Imperfekt-
Form belegt sind. Aber auch hier wird ein zukünftiges Ereignis angekündigt.
[28] Vgl. *Jenni*, Das hebräische Pi'el, 260.
[29] *Conrad*, ThWAT VII, 1235.
[30] Vgl. *Ringgren*, ThWAT IV, Sp. 410.
[31] Eine ähnliche Konstruktion begegnet auch in Jes 11,14; Jer 6,11 und 20,9.

lichen Konsequenzen[32] darstellt. Auf diese Weise stellt sich V. 6bβ als die transzendente Erklärung für das Gerichtshandeln JHWHs heraus[33]. Rückblickend können wir feststellen, daß in dem Bericht über das Vollziehen des Gerichts in V. 6bα die Ausdrücke der Anklage und der Klage nebeneinander stehen. Der Anklagecharakter dieses Satzes zeigt sich in der Charakterisierung des Gerichtshandelns JHWHs als die Folge des Fehlverhaltens Jerusalems, sein Klagecharakter durch den Hinweis auf das dem Gerichtshandeln vorausgehende innere Ringen JHWHs mit seinem Strafwillen.

Das Nebeneinander der Elemente der Gerichtsverkündigung und der Klage über das Gericht läßt sich also sowohl in dem Schuldaufweis V. 6a als auch in dem Bericht über das Vollziehen des Gerichts durch JHWH V. 6b beobachten. Demzufolge hat sich unsere anfängliche, durch die Struktur der direkten Gottesrede Jer 15,5-6 nahegelegte Annahme über das Überwiegen des Gerichtsmotivs in diesem Text als unzutreffend erwiesen. Im Gegenteil: Es macht sich in V. 6 eher die Klage gegenüber dem Gericht geltend.

Nun untersuchen wir das erste Element der direkten Gottesrede, die Klage in V. 5, um wie bei V. 6a.b ihre Aussageabsicht herauszustellen. Da in diesem Vers die Elemente der Klage durch das Qina-Metrum sowie durch die Wendung ל נוד offensichtlich vorherrschen, könnte diese Zielsetzung als verfehlt erscheinen. Sie wird jedoch dadurch nahegelegt, daß die Klageelemente in rhetorischen Fragen (V. 5aα.aβ.b) auftreten, die ihnen eine Doppeldeutigkeit verleihen: Sie können als Ausdruck des aufrichtigen Mitleides, aber auch der bitteren Ironie verstanden werden[34].

Da die Deutung des rhetorischen Charakters dieser Fragen größtenteils davon abhängt, welche von den beiden nächstliegenden Parallelstellen, Jes 51,19 und Nah 3,7, zu denen V. 5 durch die Wendung ל נוד eine terminologische Nähe aufweist[35], bei der Interpretation herangezogen wird, prüfen wir kurz die Beziehungen von V. 5 zu diesen beiden Stellen. Schon ein flüchtiger Vergleich überzeugt uns, daß Jes 51,19 unserem Vers näher steht als Nah 3,7. Diese Nähe zeigt sich vor allem dar-

---

[32] *Jeremias*, Die Reue Gottes, 51, sieht in diesem Satz den „Bruch zwischen jetzigem und allem bisherigen Handeln Jahwes".

[33] *Beuken / van Grol*, BEThL 1981, 317, sehen dagegen den Gebrauch des Verbs נחם durch die Paralleltexte Jes 51,19; Nah 3,7 und Thr 2,13 motiviert, wo es parallel steht mit dem Verb נוד, und führen seine ni.-Form auf die Unmöglichkeit der Kommunikation mit Jerusalem zurück.
*Holladay*, Jeremiah 1, 441, möchte für V. 6bβ die Lesart der LXX annehmen, weil „הַנָּחֵם ,letting them go', would reflect the verb in 14:9, and, if correct, would be Yahweh's ironic answer to the people: in 14:9 they said ,Do not leave us!' [...]. Yahweh's answer would be, ,I am tired of leaving you'". Vgl. auch *Craigie / Kelley / Drinkard*, Jeremiah 1-25, 204.

[34] *Holladay*, Jeremiah 1, 441, charakterisiert sie als „ironic questions".

[35] Vgl. auch Thr 1,2.7.16f.21.

in, daß sowohl in Jer 15,5 als auch in Jes 51,19 in der Form einer *direkten* Rede JHWHs *Jerusalem* angesprochen wird[36] – im Gegensatz zu Nah 3,7, wo über *Ninive* in *dritter Person Singular feminin* gesprochen wird. Darüber hinaus kann man eine weitere, inhaltliche Verwandtschaft zwischen Jes 51,19 und Jer 15,5 beobachten: Beide Texte führen die Unmöglichkeit des Trostes auf das Gericht Gottes zurück, durch das die potentiellen Tröster dahingefallen sind (Jer 15,7b-8; Jes 51,18.20). Aufgrund dieser stilistischen und inhaltlichen Verwandtschaft zwischen Jer 15,5 und Jes 51,19 können wir die rhetorischen Fragen im Lichte dieser Parallelstelle eher als Ausdruck einer aufrichtigen als einer ironischen Klage verstehen. Dieses Verständnis legt auch der Aufbau von V. 5 nahe. Ihm ist nämlich eine im ganzen AT einmalige Häufung der rhetorischen Fragen eigen, die durch ihren Wortgebrauch und ihre Reihung eine Steigerung der Dramatik ausdrücken. In der folgenden Analyse werden wir sie separat sowie hinsichtlich ihrer gegenseitigen Beziehung untersuchen.

Als erstes fällt das Verb חמל[37] am Anfang der Klage auf[38]. Dieses Verb artikuliert ein tätiges Verhalten gegenüber einer Person oder einer Gruppe in der Not[39], welches ihre totale Vernichtung[40] oder ihre Rettung herbeiführt[41]. Fassen wir dieses Verb als Ausdruck der noch bevorstehenden Vernichtung auf, so sind wir genötigt, im Hintergrund dieser Klage die Not der ersten Deportation oder den Anfang der Zerstörung Jerusalems und in der rhetorischen Frage V. 5aα die Unabwendbarkeit der endgültigen Verwüstung zu sehen. Verstehen wir es aber als Bezeichnung der Rettung, so drückt das Ausbleiben der Hilfe in V. 5aα die Hoffnungslosigkeit der Situation und die Hilflosigkeit Jerusalems aus. Da von der zukünftigen erbarmungslosen Vernichtung im Jeremiabuch in den beiden Texten Jer 13,14 und 21,7 mit Hilfe der

---

[36] Interessant ist die Behauptung *Westermanns*, Das Buch Jesaja 40-66, 198, der in Jes 51,17-20 eine zur JHWH-Rede umgewandelte Volksklage sieht. Sollte dies zutreffen, so könnte dieser Text als eine Weiterführung von Jer 15,5 verstanden werden.

[37] Vgl. *Tsevat*, ThWAT II, 1043.

[38] *Beuken / van Grol*, BEThL 1981, 318, sehen in diesem Verb den Ausdruck der Kondolenz. Dabei berufen sie sich auf die Beobachtung, daß „the root is to be found in the lament genres (Lam 2,2.17.21; 3,43; Job 16,13; 27,22)". Diese negative Ausdrücke dienen jedoch als Näherbestimmung für die Vorgehensweise JHWHs und gehören eher in den Vorstellungskreis des Bannes als der Kondolenz.

[39] Das Objekt dieses tätigen Verhaltens bezeichnet die Präposition על in suffigierter Form (dabei wird auf eine vorher genannte Person oder Gruppe Bezug genommen) oder zusammen mit einem Nomen.

[40] Diese Wendung steht im Zusammenhang mit dem Bann (vgl. 1Sam 15,3.5.9), mit Verleitung zur Idolatrie (Dtn 13,19; Ez 9,5) und in den Fremdvölkersprüchen (vgl. etwa Jer 50,14 und Hab 1,17) in negativer Bedeutung.

[41] Vgl. Ex 2,6; 1Sam 23,21; 2Sam 21,7.

formelhaften Formulierung לא חוס לא חמל ולא רחם gesprochen wird[42], legt sich die Wahrscheinlichkeit des letzteren Verständnisses des Verbs חמל nahe. Dieses Verständnis wird dadurch erhärtet, daß die Wendung חמל על in Ez 16,5 ebenfalls das Ausbleiben der lebensrettenden Hilfe und dadurch die „todgezeichnete[...] Verlorenheit"[43] Jerusalems zum Ausdruck bringt. Immerhin handelt es sich dort um die „Verlorenheit des Anfangs"[44], in die JHWHs fürsorgende Liebe hineingetreten ist. Jer 15,5aα drückt dagegen die „Verlorenheit des Endes" aus, die von JHWH selber herbeigeführt wurde. Selbst Urheber der Not, kommt er also als möglicher Retter nicht mehr in Betracht. Das und die dadurch erreichte Dramatik der Aussichtslosigkeit der Lage Jerusalems beklagt Gott in der rhetorischen Frage מי־יחמל עליך ירושלם. Den Klagecharakter von V. 5 bringt die zu den Ausdrücken der Trauer bzw. Bestattung gehörende Wendung נוד ל[45] in V. 5aβ am deutlichsten zum Ausdruck. Ihre Aufgabe besteht darin, den Freundes- oder Verwandtenkreis, der in Krankheit und Unglück[46] sowie Todesfall[47] dem Betroffenen gegenüber Mitleid bezeugt[48], als den potentiellen Tröster des als Frau dargestellten Jerusalem anzuführen. Hierdurch wird der Kreis der Tröster offensichtlich erweitert, der Trost selber aber von der göttlichen Hilfe auf das menschliche Mitleid eingeengt. Der rhetorische Charakter der Frage drückt dann in diesem Versteil aus, daß auch in diesem Kreis kein Tröster zu finden ist. Den Grund dafür führt die Gerichtsschilderung VV. 7b-9a durch das Motiv der Witwen und der kinderlos gewordenen Frau an. Auf diese Weise stellt sich noch einmal die enge Beziehung zwischen der direkten und der indirekten Gottesrede Jer 15,5-6 und 7b-9a heraus.

Die letzte zweigliedrige Frage in V. 5b[49] will Tröster in noch weiteren Kreisen aufspüren[50]. Das Verb סור in V. 5bα führt nun über JHWH, den Freund oder Verwandten, hinaus irgendeinen Reisenden als mög-

---

[42] Das Ezechielbuch verwendet dafür die feste Formulierung לא חוס עין ולא חמל. Vgl. Ez 5,11; 7,4.9; 8,18 und 9,5.10.

[43] *Zimmerli*, BK XIII/1, 349.

[44] *Zimmerli*, ebd.

[45] Vgl. *Bak*, Klagender Gott, 14.

[46] Jes 51,19; Hi 2,11; 42,11.

[47] Jer 16,5; 22,10; 48,17.

[48] Vgl. *Ringgren*, ThWAT V, 291f.

[49] *Holladay*, Jeremiah 1, 441, meint, daß Jeremia hier Ps 122,6-8 vor Augen hatte. Auch *Kraus*, BK XV/2, 841, verweist bei Ps 122,6 auf Jer 15,5. Dabei gehen sie von der vorexilischen Entstehung dieses Psalms aus. Da „Jerusalem ... überhaupt erst in der exilisch-nachexilischen Zeit ein Psalmthema geworden" ist (*Spieckermann*, Heilsgegenwart, 192, Anm. 13), ist eine Beziehung zwischen Ps 122,6 und Jer 15,5 zweifelhaft. Über die Datierung hinaus übersehen sowohl Holladay als auch Kraus, daß das Verb שאל in der formelhaften Wendung in Jer 15,5 eine andere Bedeutung hat als in der Aufforderung von Ps 122,6.

[50] *Beuken / van Grol*, BEThL 1981, 318, beobachten, daß „the vocabulary of v. 5a is typical for the lament, that of 5b not at all".

lichen Tröster an[51], der bereit ist, von seinem Weg abzubiegen und das Befinden und Ergehen Jerusalems „im Zusammenhang mit der Begrüßung"[52] zu erkunden. Offensichtlich engt der beigeordnete Finalsatz in V. 5bβ den Trost durch die Wendung לשאל לשלום noch weiter ein, indem er ihn in der gelegentlichen zwischenmenschlichen Begegnung sucht[53]. Die vorausgesetzte negative Antwort auf diese rhetorische Frage schließt aber auch diese Möglichkeit aus und steigert durch das totale Desinteresse und die totale Isolation die Aussichtslosigkeit der Lage Jerusalems bis ans Äußerste.

Die obige Analyse hat herausgestellt, daß in V. 5 sich sowohl hinsichtlich des Trösters als auch des Trostes eine absteigende Tendenz zeigt: V. 5aα sucht den Tröster in JHWH und den Trost in der Rettung, V. 5aβ in den Freunden und Verwandten sowie in ihrem Mitleid, V. 5b nur noch in den gelegentlichen zwischenmenschlichen Beziehungen sowie in dem elementarsten Interesse gegenüber dem Notleidenden. Der rhetorische Charakter der in diesen Versteilen stehenden Fragen streitet auf diese Weise jede Möglichkeit des Trostes ab. Auf diese Weise erweist sich V. 5 durch seine Formulierung und seinen Aufbau als eine Klage über die dramatische Aussichtslosigkeit der Lage sowie über die Trostlosigkeit Jerusalems, die für die ganze direkte Gottesrede bestimmend ist und sie eindeutig als Gottesklage ausweist.

An dieser Stelle stellt sich die Frage von Beuken / van Grol: „Is the description of the judgment subordinate to the lament [...] or is the lament subordinate to the announcement of judgment"[54]? Um diese Frage zu beantworten, müssen wir die indirekte Gottesrede V. 7b-9a hinsichtlich ihres Klagecharakters und ihrer Beziehung zu VV. 5-6 untersuchen.

---

[51] Vgl. *Snijders*, ThWAT V, 804f.

[52] *Fuhs*, ThWAT VII, 917f.

*Holladay*, Jeremiah 1, 441, schreibt V. 5b eine zweite Bedeutung zu. Er übersetzt לשאל mit „to Sheol" und sieht in dieser Wortverbindung eine Richtungsangabe. Dabei beruft er sich auf Ri 20,8, wo die Wendung סור ל mit einer Ortsangabe verbunden ist. Er verkennt aber die Satzkonstruktion von V. 5b und die Tatsache, daß dieser Wendung in der Regel ein Finalsatz angehängt wird (vgl. Ex 3,4; Ri 14,8; 2Sam 2,22), sowie den formelhaften Charakter der Wendungen. Er meint, daß mit den „Toren des Landes" in V. 7a die Tore der Scheol gemeint sind. Durch die vorangehende Analyse hat sich aber herausgestellt, daß שערי הארץ nicht den Zielort der Verbannung, sondern den Schauplatz des Gerichtes darstellt. Darüber hinaus hat sich V. 7a als ein Nachtrag erwiesen, was die Aufeinanderbezogenheit von V. 5b und 7a zweifelhaft macht.

[53] *Fuhs*, ebd., meint, daß wegen des zunichte gemachten Bundesverhältnisses Israel „im kommenden Gericht [...] keinen Bundesgenossen mehr" hat. Daß die dritte rhetorische Frage sich auf JHWH bezieht, ist deswegen unwahrscheinlich, weil die letzte Wendung ein menschliches Subjekt hat. Gegen ein „kommendes Gericht" spricht die perfektische Formulierung in VV. 7b-8.

[54] *Beuken / van Grol*, BEThL 1981, 315.

*β) Der Klagecharakter der indirekten Gottesrede Jer 15,7b-9a*

Da Jer 15,7b-9a eine Gerichtsschilderung mit dem dieser Gattung charakteristischen Wortgebrauch und Stil darstellt, wollen wir seinen Klagecharakter und seine Aussageabsicht nicht aufgrund seines Wortgebrauchs, sondern seines Aufbaus sowie seiner Beziehung zu der als Gottesklage erwiesenen Passage VV. 5-6 aufzeigen. Nach der Bedeutung der den ganzen Abschnitt kennzeichnenden Imperfekta, die sowohl ein bevorstehendes als auch ein schon in Gang gesetztes bzw. eingetroffenes Gericht schildern können, werden wir im Rahmen der Bilanz fragen.

Den *Aufbau* der indirekten JHWH-Rede bestimmen die zwei Parallelsätze VV. 7bα.8aα und VV. 8aβ.b.9a, in denen der Beschreibung des *Gerichtshandelns* Gottes (VV. 7bα.8aβ.b), mit Hilfe von Verben in erster Person Singular Perfekt (שכלתי, אבדתי, הבאתי, הפלתי) ausgedrückt, die Schilderung der *Folgen* (VV. 8aα.9a) des Gerichtes, anhand von Verben in dritter Person Plural (עצמו) oder Singular (בושה וחפרה, נפחה) Perfekt formuliert, folgt[55] (vgl. u. die Tabelle). Aus diesem Rahmen fällt nur V. 7bβ durch seinen begründenden Charakter heraus. Diesen Versteil werden wir später untersuchen.

---

[55] *Beuken / van Grol*, BEThL 1981, 321f, bestimmen den Aufbau dieses Abschnittes anders: Aufgrund von formalen Entsprechungen zwischen V. 6b und V. 7b sowie V. 7a und V. 8a kommen sie zu der Schlußfolgerung, daß „vv. 6b-8a connect parts I and II as a claps". V. 8b-c und V. 9a-b (nach der Gliederung von MT V. 8aβ.b und V. 9a) betrachten sie als „two rounded off scenes, of which the first gives more attention to the acting subject, God, and the fact of the judgment, the second more to the deplorable situation in which the victim remains".
Da wir V. 7a als eine Erweiterung identifiziert haben, halten wir – wie schon oben Anm. 52 angemerkt – die ursprüngliche Aufeinanderbezogenheit von V. 7a und V. 8a für unwahrscheinlich. Aber auch das Verbinden von V. 6b mit V. 7b scheint uns als gezwungen. Es stimmt zwar, daß die beiden Vershälften „from action to cause" gehen und ihr erstes Kolon je zwei Verben enthält, aber während in V. 6b das zweite Verb in einem Konsekutivsatz das erste weiterführt, steht in V. 7b ein Verbpaar. Deswegen scheint uns die Strukturbestimmung von VV. 7b-9a als Beschreibung von Handeln und Folgen angemessener zu sein. Sie wird auch dadurch unterstützt, daß den beiden Parallelsätzen VV. 7b.8aα und VV. 8aβ.b.9a ein ähnlicher Aufbau zugrunde liegt, indem in dem zweiten Satz je auf das in dem ersten Satz genannte Subjekt Bezug genommen wird: durch das Possessivsuffix dritte Person Plural bei אלמנתם, ' in V. 8aα auf das עמי von V. 7bα, durch עליה in V. 8bα auf das אם בחור von V. 8a, durch das Possessivsuffix dritte Person Singular feminin bei שמשה in V. 9a₂ auf das ילדת השבעה von V. 9a₁.

שכלתי אבדתי את־עמי (מדרכיהם לוא־שבו)    Gerichtshandeln V. 7bα.(β)

עצמו־<sup>56</sup>לי ׳אלמנתם׳ מחול ימים    Folge V. 8aα

הבאתי ׳עליהם׳ על־אם בחור שדד בצהרים    Gerichtshandeln V. 8aβ.b

הפלתי עליה פתאם עיר ובהלות

אמללה ילדת השבעה נפחה נפשה    Folge V. 9a

׳בא׳ שמשה בעד יומם בושה וחפרה

Der Wechsel zwischen Schilderung von Gerichtshandeln und Gerichtsfolgen in den beiden Satzpaaren V. 7b – 8aα und V. 8aβ.b – 9a$_{1-3}$ zeigt
in aller Deutlichkeit, daß die indirekte JHWH-Rede nicht nur an dem
Gericht, sondern auch an dessen Auswirkung interessiert ist. Die
Struktur der beiden Satzpaare legt sogar nahe, daß das Hauptinteresse
der indirekten Gottesrede in der Schilderung der Gerichtsfolgen liegt:
Während das erste Satzpaar aus zwei einfachen Sätzen mit je zwei Kola besteht, weist das zweite Satzpaar zwei Sätze mit je vier Kola und
einem zusammengesetzten Prädikat auf, wobei das Prädikat in V.
8aβ.b mit Hilfe von zwei (בוא und נפל), in V. 9a dagegen mit Hilfe von
vier Verben (אמל, נפח, בוש und חפר) und des Ausdrucks בוא שמש gebildet
wird. Hierdurch tritt die Absicht der Steigerung zutage, die bei dem die
Folgen des Gerichts schildernden letzten Satz in V. 9a ihren Höhepunkt erreicht. Auf diese Weise bringt die indirekte Gottesrede die
Aussichtslosigkeit der durch das Gottesgericht entstandenen Lage zum
Ausdruck.
Neben der alternativen Formulierung von VV. 7b-9a fällt auf, daß das
erste Satzpaar das Gerichtshandeln JHWHs durch die beiden Verben
שכל und אבד in V. 7bα allgemein, das zweite dagegen in V. 8aβ.b mit
Hilfe von Metaphern näher beschreibt. Dementsprechend bezeichnet
der Kollektivbegriff עם in V. 7bα das Objekt des Gerichts, und die Pluralform עצמו drückt dessen Folgen aus, während in V. 8aβ.9a das Gericht sich gegen die אם בחור richtet und die Folgen, die die ילדת השבעה
trägt, durch Verben im Singular der dritten Person feminin beschrieben
werden. Demzufolge erscheint das zweite Satzpaar als die Versinnbild-
lichung des ersten. Da die zwei wichtigen theologischen Aussagen
über JHWH im Zusammenhang mit dem Objekt und den Folgen des
Gerichtes in VV. 7b-8aα, nämlich daß das Gerichtsobjekt JHWHs sein
eigenes Bundesvolk darstellt und daß er selber von den Folgen mitbetroffen wird, sich nicht versinnbildlichen lassen, fanden sie in VV.
8aβ.b-9a keine Aufnahme. Immerhin bedeutet dies nicht, daß sie ihre
Bedeutung im Vergleich zu der gesteigerten Schilderung der Gerichtsfolgen eingebüßt hätten.
Nach dem Aufbau von VV. 7b-9a untersuchen wir die Beschreibung
des Gerichtshandelns JHWHs sowie der Gerichtsfolgen separat. Dabei

---

<sup>56</sup> Die Charakterisierung von V. 8aα als Beschreibung der Gerichtsfolgen beruht
auf dem dativischen Verständnis der Präposition ל. Vgl. u. 134, Anm. 70.

nehmen wir zunächst V. 7bα und 8aβ.b, die Beschreibung des *Ge-richtshandelns* JHWHs, unter die Lupe. Das Gerichtshandeln JHWHs wird in V. 7bα durch die beiden Verben שכל und אבד als ein kriegeri-sches Ereignis charakterisiert. Gleichzeitig bezeichnet das Verb אבד durch seine pi.-Form die Zerstörung als einen aktuellen Zustand und stellt JHWH als einen Kriegsgott dar[57]. Das Verb שכל pi. beschreibt JHWHs Gerichtshandeln als eine ernste Gefährdung der Zukunft des Gottesvolkes. Die faktitive Bedeutung der pi.-Form dieser Verben so-wie ihr allgemeiner Charakter in V. 8aβ.b erinnern stark an Jer 6,26b, zu dem er durch seine Terminologie, durch das Verb בוא (Jer 6,26bα, 15,8aβ), durch das Partizip von שדד (Jer 6,26bβ, 15,8aβ) sowie durch das Adverb פתאם (Jer 6,16bα, 15,8b) deutliche Beziehungen aufweist (vgl. Tabelle).

| | |
|---|---|
| Jer 15,8aβ.b | הבאתי׳עליהם׳ על־אם בחור שדד בצהרים |
| | הפלתי עליה פתאם עיר ובהלות |
| Jer 6,26b | כי פתאם יבא השדד עלינו |

Gleichzeitig weicht Jer 15,8aβ.b vor allem durch die Form des Verbs בוא von Jer 6,26b ab: Während dieses Verb in Jer 6,26b im qal-Imperfekt steht und ein unbestimmtes Subjekt hat, ist es in Jer 15,8aβ.b in hi.-Perfekt-Form mit JHWH als Subjekt belegt. Angesichts der terminologischen Verwandtschaft zwischen den beiden Stellen las-sen sich diese Abweichungen am besten als beabsichtigt auffassen: Die perfektische Formulierung in Jer 15,8aβ.b bezeugt das Eintreffen des in Jer 6,26b angekündigten Unheils und führt es durch die hi.-Formen הבאתי und הפלתי in der ersten Person Singular auf JHWH zurück. Auf diese Weise weist sich Jer 15,8aβ.b als eine Geschichtsdeutung aus, die Jeremia als einen wahren Propheten und JHWH als den Herr der Geschichte darstellt.

Die Schilderung der *Gerichtsfolgen* VV. 8aα.9a wird einerseits durch den alternativen Aufbau von VV. 7a-9a, andererseits durch die ersten beiden Wörter der Beschreibung des Gerichtshandelns JHWHs, genau-er durch die faktitive Bedeutung der pi.-Form von אבד und שכל, vorbe-reitet. Die Schilderung der Gerichtsfolgen greift durch die beiden Mo-tive der Verwitwung in V. 8aα und der Unfruchtbarkeit in V. 9a sowie durch ihre Formulierungen auf die alte Tradition der Vermehrung und Segnung zurück und behauptet ihre Umkehrung: Der Sand des Meeres (חול הים), der in den Vätergeschichten[58] als Ausdruck für das Übermaß der Nachkommen dient, steht hier als Bezeichnung für die Witwen. Die Mutter von sieben Kindern, die im Hannalied[59] als Zeichen für die

---

[57] Vgl. *Otzen*, ThWAT I, 22.
[58] Vgl. Gen 22,17 und 32,13.
[59] Vgl. 1Sam 2,5.

Segensmacht JHWHs dient, verwelkt und wird hier zur entehrten[60], vorzeitig unfruchtbar gewordenen Frau. Diese implizite Referenz auf frühere Heilstaten Jahwes dient „dem Aufweis der Identität Gottes im Einsatz für und gegen Israel, wobei der Ton zugleich darauf fällt, daß diese Identität Gottes sich in der Unüberbietbarkeit und in der Totalität sowohl des Heils als auch des Unheils zeigt"[61]. Immerhin handelt es sich bei der Umkehrung der Heilstradition nicht einfach um eine Erfahrung mit negativem Vorzeichen, sondern gleichzeitig um eine einschneidende, analogielose Erfahrung, die durch die Abänderung der aufgegriffenen Formulierung, durch die Pluralform ימים, ausgedrückt wird[62].

Bevor wir auf die letzte Frage der indirekten Gottesrede, die Frage nach der Bedeutung der Imperfekta, eingehen, kehren wir noch kurz zu V. 7bβ zurück. Dieser Versteil fällt einerseits durch seinen Begründungscharakter[63], durch den er aus dem oben skizzierten Rahmen herausfällt, andererseits durch seine Formulierung auf. Auch seine Stelle wird als ungewöhnlich empfunden, weil eine Gerichtsbegründung nach dem vorausgehenden Schuldaufweis von V. 6a als unnötig erscheint. Darüber hinaus ist die Formulierung der im Jeremiabuch mehrfach auftretenden Wendung שׁוב מן (ה)דרך auffallend. Außerhalb unserer Stelle enthält sie nämlich zusätzlich das attributive Adjektiv רע oder רעה, welches den durch das Nomen דרך bezeichneten Lebenswandel als

---

[60] Ihre Schmach kommt durch das für die Individualklagen charakteristische Verbpaar בוש und חפר von V. 9a einprägsam zum Ausdruck. Vgl. Hi 6,20; Ps 35,4.26; 40,15; 70,3; 71,24; 83,18; Jes 1,29; 24,23; 54,4; Jer 50,12 und Mi 3,7.

[61] *Jeremias*, FS Preuß, 310.

[62] Die Wendung חול ימים tritt noch in Hi 6,3, wo sie die Unerträglichkeit des Leides, und in Ps 78,27 auf, wo sie „(d)ie Fülle des Heils" (*Spieckermann*, Heilsgegenwart, 142f) artikuliert.

[63] Die LB faßt V. 7bβ als einen Relativsatz auf und übersetzt: „... mein Volk, das sich nicht bekehren wollte von seinem Wandel". Ähnlich die ZB: „von ihrem Wandel kehren sie nicht um". Die EÜ folgt der LXX: „weil es von seinen schlimmen Wegen nicht umkehren wollte". Die ELB übersetzt wörtlich: „sie sind von ihren Wegen nicht zurückgekehrt".
*Rudolph*, Jeremia, 96, bezeichnet 7bβ als einen untergeordneten Begründungssatz. Eine ähnliche Auffassung vertritt auch *Schmoldt*, ThWAT VII, 1324. *Wanke*, Jeremia 1, 149, schreibt dem V. 7bα auch einen Warnungscharakter zu, indem er 7bβ als „von ihrem Wandel aber wandten sie nicht ab" übersetzt. *Weippert*, Prosareden, 139, meint, „daß Jeremia an dieser Stelle das Gericht Jahwes damit begründet, daß das Volk nicht von seinem Wandel ließ".
*Beuken / van Grol*, BEThL 1981, 321f, meinen, daß dieser Satz „can be indicate the consequence of God's action [...], but also again the reason for God's action".
*Holladay*, Jeremiah 1, 442, versteht die Präposition מן in 7bβ als Comparativus, לוא שבו als einen Relativsatz und übersetzt „I have wiped them out to a greater number than their ways from which they do not return".

böse charakterisiert[64]. Mit dieser Formulierung steht sie in Aufforderungen zur Umkehr[65], in der Konstatierung des Nicht-Umkehrens[66] sowie in Äußerungen der durch das prophetische Wort[67] oder das Unheil[68] bewirkten Hoffnung auf Umkehr, jedoch in keiner Gerichtsbegründung. Das einmalige Fehlen der attributiven Näherbestimmung bei dem Nomen דרך[69] in einem Begründungssatz nötigt uns dazu, nach dem Grund dieser Eigenart von V. 7bβ zu fragen. Dabei fällt auf, daß V. 7b Gemeinsamkeiten mit Jer 6,27 aufweist: Beide Verse bezeichnen Juda als „mein Volk" (עמי) und nehmen darauf durch das mit dem nicht näherbestimmten Nomen דרך verbundenen Possessivsuffix dritte Person Plural maskulin Bezug. Da Jer 6,26 bei der Formulierung von V. 8b eine entscheidende Rolle gespielt hat, legt sich der Einfluß von Jer 6,27 auf V. 7b nahe, der die angeführten Eigentümlichkeiten von V. 7bβ erklärt. Dabei ist nicht ganz ausgeschlossen, daß dieser Versteil von einem Ergänzer stammt, der die Verbindung von V. 8b zu Jer 6,26 sowie seinen gerichtsdeutenden Charakter erkannt hat.

Die Untersuchung des Aufbaus der indirekten Gottesrede VV. 7b-9a hat ihre alternative Formulierung sowie ihre auf Steigerung angelegte Struktur als Ausdruck der Hoffnungslosigkeit der durch das Gericht JHWHs entstandenen Lage herausgestellt: Durch dieses Motiv verbindet sie sich mit der direkten Gottesrede VV. 5-6, insbesondere mit V. 5. Die Analyse der Schilderung des Gerichtshandelns JHWHs VV. 7bα.8aβ.b hat dieses Handeln als ein kriegerisches Ereignis und JHWH als einen Kriegsgott aufgezeigt, eine Vorstellung, die VV. 7b-9a offensichtlich mit dem vorausgehenden, die Wendung נטה את יד und das Verb שחת aufweisenden V. 6bα verknüpft. Auf denselben Vorstellungskreis weist auch die Schilderung der Gerichtsfolgen VV. 8aα.9a durch die mit Hilfe der Umkehrung der Heilstradition der Segnung und Vermehrung ausgedrückte Totalität des Gerichtes hin. Durch den Gedanken der Analogielosigkeit des göttlichen Handelns zeigt sie gleichzeitig zu V. 6bβ eine besondere Beziehung. Durch diese mehrfachen Beziehungen verbindet sich die indirekte Gottesrede VV. 7b-9a organisch mit der direkten Gottesrede VV. 5-6. Die Zugehörigkeit der von der Gerichtsthematik beherrschten VV. 7b-9a zu den als Klage JHWHs ausgewiesenen VV. 5-6 verleiht ihr einen deutlichen Klagecharakter.

---

[64] Vgl. 2Kön 17,13; 2Chr 7,14; Ez 13,33; 33,11 und Jona 3,8.10. Im Jeremiabuch steht דרך zusammen mit מעללים (18,11; 23,22; 25,5; 35,15) oder allein (26,3; 36,3.7).

[65] 2Kön 17,13; Jer 15,5; 18,11 und 35,15.

[66] 1Kön 13,33.

[67] Jer 26,3.

[68] Jer 36,3.7.

[69] *Weippert*, Prosareden, 138, bietet eine tabellarische Darstellung aller Belege, in denen die Konstruktion שוב מדרך belegt ist. Aus dieser Darstellung geht deutlich hervor, daß Jer 15,7 die einzige Stelle ist, an der die Charakterisierung von דרך fehlt.

Ihn hebt das erste Satzpaar V. 7b.8aα noch deutlicher hervor, indem es das Gerichtsobjekt durch das Possessivsuffix erste Person Singular in V. 7aα als Eigentum, ja als Bundesvolk JHWHs (עמי) bezeichnet und JHWH durch die Suffixform der ersten Person Singular לי[70] in V. 8aα als solchen darstellt, der von den Folgen seines eigenen Gerichtes mitbetroffen ist[71]. Auf diese Weise greift die indirekte Gottesrede VV. 7b-9a den Gedanken der Trost- bzw. Aussichtslosigkeit Jerusalems aus VV. 5-6 auf und führt ihn weiter, indem sie JHWH in die Reihe der Mitbetroffenen des Gerichts einordnet. JHWH kann als Gerichtsvollstrecker Jerusalem und das Volk nicht retten, er kann als Mitbetroffener auch kein Beileid bekunden oder das Interesse eines Wanderers zeigen, trotzdem bleibt er gerade durch sein „Geschick" mit seinem Volk verbunden. Deshalb kann die Gottesklage Jer 15,5-6.7b-9a keineswegs als ironisch bezeichnet werden.

## 2. Bilanz

Die literarkritische Analyse von Jer 15,5-9 hat eine an Jerusalem gerichtete direkte Gottesrede in VV. 5-6 von einer adressatlosen indirekten Gottesrede in VV. 7-9 abgehoben. Innerhalb der indirekten Gottesrede hat sie V. 7a und V. 9b als zwei Erweiterungen von derselben Hand erkannt, die die Totalität des Gerichtes betonen. Die Strukturanalyse von VV. 7b-9a hat auch V. 7bβ verdächtigt, sekundär zu sein.

Die Analyse der direkten Gottesrede Jer 15,5-6 hat diesen Text als eine Klage Gottes über die aussichtslose Lage Jerusalems aufgezeigt. Gleichzeitig hat sie das Nebeneinander von Anklage und Klage als ein Wesensmerkmal der Gottesklage aufgedeckt. Die Untersuchung der indirekten Gottesrede Jer 15,7b-9a hat ihren Klagecharakter einerseits durch das Darlegen der mehrfachen Beziehungen dieses Textes zu der vorausgehenden Klage Gottes VV. 5-6, andererseits durch das Herausstellen seines besonderen Interesses an der Schilderung der Gerichtsfolgen, von denen JHWH selber mitbetroffen ist, klargelegt. Auf diese Weise hat sich der ganze Abschnitt Jer 15,5-6.7bα.(β?)-9a als eine Klage JHWHs über die durch sein Gericht herbeigeführte Aussichtslosigkeit Jerusalems bzw. des Volkes und über sein Leiden ausgewiesen, in der die Klage gegenüber der Anklage vorherrscht.

---

[70] Die Suffixform לי bezeichnet in Jer 4,12 JHWH als den Urheber des Unheils. Sie könnte in V. 8aα auch in diesem Sinne aufgefaßt werden, der Kontext erlegt ihr jedoch ein dativisches Verständnis auf, indem er JHWH nicht als den Urheber, sondern als den direkt Handelnden beschreibt.

[71] *Beuken / van Grol*, BEThL 1981, 323, betonen ebenfalls, daß „(t)hat there is no comforter for Jerusalem, also touches YHWH". Immerhin interpretieren sie das Leiden JHWHs nicht als ein Mit-Leiden, sondern als Einsamkeit.

Verblieben ist nur noch die Frage nach der Bedeutung der insbesondere in VV. 7b-9a auftretenden Imperfekta, die für das Erhellen des geschichtlichen Hintergrundes und für die Datierung der Gottesklage bestimmend ist.

In der Forschung wird die hier beschriebene Not meistens im Zusammenhang mit der babylonischen Drohung gesehen. In der Identifizierung dieser Drohung gehen die Meinungen jedoch weit auseinander: Holladay sieht [72] im Hintergrund des ganzen Abschnittes 14,1-15,9 die Ereignisse von November/Dezember 601 v.Chr.

Die Mehrheit der Ausleger denkt an die verschiedenen Momente der Strafexpedition der Babylonier in 597 v.Chr. [73] Dabei stützen sie sich auf V. 7a. Diese Vershälfte eignet sich aber wegen ihrer theologischen Aussageintention – sie bringt zusammen mit V. 9b die Totalität des Gerichts zum Ausdruck – kaum für die Nachbildung der Abfolge der Geschichtsereignisse.

Nach McKane [74] stehen im Hintergrund von Jer 15,5-9 die Zerstörung Jerusalems und die zweite Deportation.

Reventlow dagegen meint, daß „die große Unbestimmtheit der Schilderung jedem Versuch einer historischen Festlegung" widerstrebt [75].

Die Formeln und formelhaften Wendungen verleihen der Gottesklage in der Tat eine gewisse Vagheit. Durch die obige Analyse haben sich jedoch einige Anhaltspunkte ergeben, die einen historischen Rückschluß ermöglichen: Der Verweis auf die beispiellose Härte des Vorgehens JHWHs (V. 6bα), auf den Bruch zwischen seinem jetzigen und allem bisherigen Handeln (V. 6bβ) sowie auf die gesteigerte Umkehrung der Heilstradition der Segnung und Vermehrung (VV. 8aα.9a) läßt an ein einmaliges Ereignis in der Geschichte Judas denken. Dieses Ereignis kann am besten mit der Zerstörung Jerusalems und der zweiten Deportation in 587 v.Chr. gleichgesetzt werden. Die Gerichtsschilderung in V. 8aβ.b erhärtet diese Annahme, indem sie das Geschehene bewußt als Eintreffen der Unheilsankündigung Jeremias darstellt. Dieser Gedanke verbindet die Gottesklage mit den vorausgehenden VV. 13-16a und stellt wahrscheinlich die Motivation für die redaktionelle Verbindung beider Texte dar, da er durch die Betonung des Eintreffens der Unheilsbotschaft diese legitimiert, aber die Heilsverkündigung der

---

[72] *Holladay*, Jeremiah 1, 427ff.

[73] *Schreiner*, Jeremia 1-25,14, 98, denkt an die Zeit „vor 597 [...], wo das Land mit seinen Städten bereits verheert war und Jerusalem der Untergang drohte". *Rudolph*, Jeremia, 95, denkt „an die Vorgänge von 597 [...], und zwar noch ehe das Schicksal der Hauptstadt sich erfüllte". *Weiser*, Jeremia 1-25,14, 128, meint, „daß es sich hier um ein fortgeschrittenes Stadium der Belagerung Jerusalems kurz vor der Kapitulation" handelt. Vgl. auch *Jeremias*, Die Reue Gottes, 51.

*Wanke*, Jeremia 1, 150, läßt die Frage offen: „Zeitlich könnte man ihn mit den Ereignissen um 597 bzw. 587 v. Chr. in Zusammenhang bringen".

[74] *McKane*, Jeremiah I, 343.

[75] *Reventlow*, Liturgie, 182ff.

Pseudopropheten als Lüge herausstellt. Auf diese Weise wurden auch die in der spätexilisch/nachexilischen Zeit aufgekommenen unbegründeten Hoffnungen zunichte gemacht.

# VII. Die Konfession Jer 15,10-21

## 1. Übersetzung[1]

V. 10   Wehe mir, meine Mutter,
        daß du mich geboren hast:
                Einen Mann des Streites
                und einen Mann des Haders
        für das ganze Land.
        Ich habe nicht geliehen, und sie haben mir nicht geliehen.
        'Sie alle verfluchen mich'[2].

V. 11   'Fürwahr'[3] JHWH!
        Hab ich Dir nicht zum Guten 'gedient'[4]?
        Bin ich bei Dir nicht eingetreten
        in der Zeit des Unheils und der Not
        für den Feind?
        [..............................]

V. 15   Du weißt es!
        JHWH,
        denk an mich
        und nimm dich meiner  an
        und räche dich für mich an meinen Verfolgern!
        (Übe) keine Langmut, (sonst) wirst du mich wegraffen!
        Erkenne: deinetwillen trage ich Schmach!

V. 16   Fanden sich deine Worte, dann habe ich sie gegessen,
        und dein Wort ist mir zur Wonne geworden
        und zur Freude meines Herzens.
        Denn dein Name wurde über mich ausgerufen,
        JHWH, Gott der Heerscharen.

V. 17   Ich saß nicht im Kreise der Fröhlichen, um zu frohlocken.
        Wegen deiner Hand saß ich allein,
        weil du mich mit Grimm erfüllt hast.

V. 18.  Warum ist mein Leid ewig
        und meine Wunde unheilbar?
        Sie weigert sich zu heilen.
        Du bist mir geworden
        wie ein Trugbach,
        wie Wasser, die unzuverlässig sind.

V. 19   Darum so spricht JHWH:
        Wenn du umkehrst und ich lasse dich umkehren,
        wirst du vor mir stehen;
        und wenn du Edles vom Gemeinen absonderst,
        wirst du wie mein Mund sein.

---

[1] In den übersetzten Text wurden VV. 12-14 und VV. 20-21 nicht aufgenommen, weil sie im Laufe der Analyse zusammen mit ihren Parallelen ausführlich behandelt werden.

[2] Vgl. BHS.

[3] L. mit der LXX אמן.

[4] L. mit BHS שרתיך.

Sie sollen sich zu dir kehren,
aber du sollst dich nicht zu ihnen kehren!
[...............................]

## 2. Problemstellung – skizziert mit Hilfe eines Forschungsüberblicks

Im Gegensatz zu der recht einstimmigen formgeschichtlichen Beurteilung von Jer 15,10-21 als individuelles Klagelied wird sein Aufbau, je
nach der textkritischen Beurteilung von V. 11aα und den literarkriti-
schen Entscheidungen in bezug auf VV. (12)13-14, die fast wörtlich in
Jer 17,1.3-4 belegt sind, und VV. 19-21, die mehrfache Beziehungen
zu Jer 1,(8.)18-19 aufweisen, unterschiedlich bestimmt.
Eine bedeutende Gruppe von Forschern nimmt anstelle von יהוה אמר in
V. 11aα die Lesart der LXX an und liest V. 11 als eine von אמן יהוה
eingeleitete Propheten-Rede. In der Bestimmung der Länge und der
Funktion dieser Rede bewegen sich die Meinungen auf einer breiten
Skala:
Ittmann[5] betrachtet V. 11 als ein Prophetenwort, in dem Jeremia „auf
die Angriffe seiner Gegner" antwortet, welches in V. 15 fortgesetzt
wird, und nimmt „den ursprünglichen Ort von V. 12-14 in 17,1.3f" an.
Rudolph[6] liest V. 11 als „die Beteuerung Jer's" und bezeichnet VV.
12-14 als „ungehörige[n] Einschub aus 17 1-4". Wanke[7] bezeichnet VV
10-11.15aα¹ als Klageruf mit Unschuldsbeteuerung und eliminiert die
Unheilsankündigung VV. 12-14. O'Connor[8] betrachtet VV. 10-11 als
die Klage des Propheten, VV. 12-14 dagegen als eine Antwort
JHWHs, wobei V. 12 „a message of assurance to the prophet" enthält
und VV. 13-14 „ (bring) a word of judgment upon the people and
promise the vindication to the prophet. The latter two verses have been
editorially inserted for the purpose of explaining the implications of vv
11-12".
Weiser[9] zählt neben V. 11 auch V. 12 zu der Propheten-Rede, die
„kaum zum öffentlichen Vortrag bestimmt" war und weist „das an das
Volk gerichtete Drohwort V. 13f." Kap. 17 zu. Carroll sieht VV 10-12
ebenfalls als eine Einheit, betrachtet sie aber als eine Rede von einem
„individual speaking for the community", VV. 13-14 dagegen als eine
JHWH-Rede.
Schreiner[10] geht am weitesten, indem er, LXX folgend, die Fortsetzung
von V. 10 in V. 15 sieht, V. 11 als einen Einschub, V. 12 als „als eine
Randbemerkung [...], die in den Text geraten ist" betrachtet, und das
Drohwort VV. 13-14 Jer 17,3-4 zuweist.

---

[5] Vgl. *Ittmann*, Konfessionen, 48-49.
[6] Vgl. *Rudolph*, Jeremia, 97.
[7] Vgl. *Wanke*, Jeremia 1, 152.
[8] Vgl. *O'Connor*, Confessions, 50.
[9] Vgl. *Weiser*, Jeremia 1-25,14, 130-132.
[10] Vgl. *Schreiner*, Jeremia 1-25,14, 100.

Folgt man MT, so sieht man sich vor der schwierigen Aufgabe, die Funktion des in V. 11 einsetzenden JHWH-Wortes VV. 11-14 sowie sein Verhältnis zu dem vorangehenden Klageruf in V. 10 zu bestimmen. Einige der Lösungen seien hier angeführt.

Reventlow[11] bezeichnet VV. 11-14 als eine Gerichtsankündigung gegen das Volk, dem V. 10 – eine „Klage ganz im Individualstil"[12] mit „Aussagen, die der allgemeinen Individualklage angehören"[13] – vorangeht, in der beispielhaft „der Vorbeter mit einem individuellen Schicksalsbild als Repräsentant der Gesamtheit vor Gott" (ebd.) tritt. Das seiner Auffassung zugrundeliegende „Denken in der ‚corporate personality'"[14] bietet ihm die Möglichkeit, das Nebeneinander des Persönlichen und Kollektiven zu erklären.

McKane scheidet VV. 13-14 aus und betrachtet VV. 10-12 als „a unit, consisting of Jeremiah's complaint in v. 10 and Yahweh's answer in vv. 11-12"[15]. Immerhin meint er, weil „Jeremiah does not receive much of an answer (vv. 11-12) to his intensely felt private anguish", daß "the whole must be interpreted as having a public rather than a private and personal significance"[16]. Die "public orientation" der göttlichen Antwort bringt er, nachdem er שרותך in שאריתך abgeändert hat, in Zusammenhang mit einem Rest, dessen aussichtslose Situation in den Äußerungen des Propheten zum Ausdruck kommt. Demzufolge „(t)he comfort which Jeremiah receives, is a word of qualified hope for the future of his people"[17].

Hubmann beschreitet einen ganz anderen Weg. Nach einer Untersuchung der Doppelüberlieferungen[18] kommt er zu der Schlußfolgerung, daß Jer 15,13-14 durch Wiederverwendung eines vorgegebenen Textes in seinen heutigen Kontext geraten und demzufolge sekundär ist[19]. Aufgrund eines Vergleiches zwischen Jer 15,13-14 und 17,3-4 kommt er zu dem Ergebnis, daß in VV. 13-14 nicht das Volk, sondern der Prophet angesprochen wird[20]. Dieses Ergebnis sichert er dann durch die Exegese dieser Passage[21] und charakterisiert VV. 11-14 als eine Antwort JHWHs auf die Klage des Propheten in V. 10. In dieser Antwort wird die „von der Berufung her zugesagte Festigung und Stär-

---

[11] *Reventlow*, Liturgie, 210-228.
[12] *Reventlow*, Liturgie, 216.
[13] *Reventlow*, Liturgie, 217.
[14] Vgl. *Reventlow*, Liturgie, 200-202.216.
[15] *McKane*, Jeremiah I, 345.
[16] *McKane*, Jeremiah I, 349.
[17] *McKane*, Jeremiah I, 350.
[18] Vgl. *Hubmann*, Untersuchungen, 217-244.
[19] Vgl. *Hubmann*, Untersuchungen, 244.
[20] *Hubmann*, Untersuchungen, 233, weist darauf hin, daß die Elemente, die in Jer 17,3-4 „sicher auf das Volk als Angesprochenes hinweisen, in 15,13f. entweder fehlen, oder durch die Veränderungen ausgeschaltet sind".
[21] Vgl. *Hubmann*, Untersuchungen, 267-272.

kung"[22] als zureichend, die Anfechtung als „von Gott mitgesetzt mit
der Berufung" (ebd.) aufgezeigt. Zugleich kündigt sie den „ersatzlosen
Verlust"[23] der privaten Güter des Propheten und die Verbannung seiner Gegner an.
Holladay, auf den Hubmann sich öfters beruft, kommt zu ähnlichen
Ergebnissen[24]: Er betrachtet VV. 11-14 als die Antwort JHWHs auf
die Klage des Propheten, wobei er zwischen einer ursprünglichen
Antwort (VV. 11-12) und ihrer sekundären Erweiterung (VV. 13-14)
unterscheidet. Die ursprüngliche Antwort enthält eine „reassurance
analogous to that found in the oracle of salvation (compare on 1:17-
19)" und die Erweiterung „an announcement to Jrm of Yahweh's
judgment of his enemies [...]; an announcement of the suffering that
the prophet is undergoing [...]; and a summary statement about the
coming destruction, [...] which acknowledges the suffering that both
Jrm and his enemies are destined to undergo"[25].
Bak sieht in dem Nebeneinander des Individuellen und Kollektiven,
des Prophetischen und Psalmartigen ebenfalls keine Spannung, weil er
in dem gesetzesfrommen Gerechten „das unter dem Unheilshandeln
*Jahwes* unschuldig leidende *Gottesvolk*" sieht[26]. Er versteht VV. 11-
14 als ein von JHWH verkündetes Unheilswort, welches sowohl den
Klagenden als auch seine Gegner unter dasselbe Gericht JHWHs
stellt[27]. Der JHWH-Rede schreibt er die Funktion der Zurückweisung
der Klage in V. 10 zu, der eine Bitte in V. 15, Unschuldsbeteuerung
und Vertrauensäußerung in V. 16, Klage über Gott in VV. 17f und
Antwort Gottes in VV. 19ff folgen[28]. Ähnlich verbindet auch Smith
das Individuelle mit dem Kollektiven, indem er behauptet, daß „the life
of Jeremiah has a paradigmatic quality. Jerusalem's children are cursed
like Jeremiah; the fate of the people thus corresponds to the fate of the
prophet"[29].

## 3. Exegetische Untersuchung von Jer 15,10-21

Aus dem vorangehenden unvollständigen Forschungsüberblick ist hervorgegangen, daß die textkritischen und literarkritischen Probleme eng
mit den Interpretationsfragen verzahnt sind, von denen die Bestimmung der Adressaten von VV. 11-14 und die Frage nach dem Verhältnis zwischen Individuellem und Kollektivem innerhalb von VV. 10ff

---

[22] *Hubmann*, Untersuchungen, 271.
[23] *Hubmann*, Untersuchungen, 271.
[24] Vgl. *Holladay*, Jeremiah 1, 450-451.
[25] *Holladay*, ebd.
[26] *Bak*, Klagender Gott, 150.
[27] *Bak*, Klagender Gott, 134, zieht Jer 45,3-5bα als Parallele heran.
[28] Vgl. *Bak*, Klagender Gott, 131ff.
[29] Vgl. *Smith*, Laments, 52.

herausragt. Aus diesem Grund gehen wir in der folgenden Analyse –
von dem geläufigen methodischen Verfahren abweichend – von der
Exegese der einzelnen Verse aus, wobei wir auf ihre Beziehungen zueinander, zum Jeremiabuch und zu der außerjeremianischen Literatur
besonders achten werden.

Die Konfession setzt mit dem an die Mutter[30] des Klagenden adressier-
ten Klageschrei אוי־לי אמי in V. 10aα ein, dem sich in V. 10aβ.b eine
durch כי eingeleitete Begründung anschließt. Dabei bleiben sowohl die
Identität des Sprechers als auch die im Hintergrund des Klagegeschreis
stehende Not im Dunkel. Deswegen vermuten einige Forscher hinter
diesem Klageruf eine allgemeine Not[31] und eine andere Person als Jeremia[32].

Die Identität des Sprechers kann in der Tat mit keiner Sicherheit ge-
klärt, sondern nur erahnt werden. In bezug auf die Not, die hinter dem
Klageruf steht, helfen uns jedoch diejenigen Belege, in denen die Formel אוי לי/לנו... כי[33] steht, weiter: Die Formel bezeichnet an diesen Stellen meistens das Erschrecken[34] und die Angst eines Menschen oder eines Kollektivs als Reaktion auf eine *plötzliche* und *akute* Drohung[35].
Aus diesem Grund kann V. 10 kaum als Beschreibung einer allgemeinen Not verstanden werden[36].

Von den erwähnten Belegen mit der Formel אוי לי/לנו... כי ist Jes
6,5aα[37] in bezug auf V. 10 besonders aussagekräftig und wichtig, weil

---

[30] Die Anrede an die Mutter ist mit *Bak*, Klagender Gott, 131, und *Holladay*, Jeremiah 1, 452, als ein rhetorisches Mittel zu betrachten. Das Nomen אם dient
zugleich zur stichwörtlichen Verbindung der Prophetenklage mit der vorausgehenden Gottesklage (vgl. Jer 15,8aβ).

[31] *Bak*, Klagender Gott, 132, behauptet: „In der Klage über die Geburt handelt es
sich […] viel mehr um den *Sinn* des Lebens als um die gegenwärtige Notlage als
solche". Ähnlich meint *Reventlow*, Liturgie, 218, daß die Seelenkämpfe oder die
„persönlichen Anfechtungen des Propheten in seinem Amte" keinen Anhaltspunkt
im Text haben.

[32] *Bak*, Klagender Gott, 132, spricht allgemein von dem „Klagenden". *Carroll*, Jeremiah, 327, meint, daß „the speaker may be viewed better as an individual speaking for the community ... or as a pietist expressing the complaint of the pious
against their oppression by the community at large". Ähnlich urteilt *Wanke*, Jeremia 1, 152, nach dem „(i)n den Klagetexten […] kein eindeutiger Hinweis auf einen prophetischen Sprecher zu finden" ist und daher gilt: „Die Klagetexte sind
auch im Munde eines jeden andern Beters denkbar".

[33] 1Sam 4,7; Jes 6,5; 24,16; Jer 4,13.31; 6,4; 10,19 mit על. Vgl. 45,3; 48,46 und
Thr 5,16.

[34] Vgl. *Zobel*, ThWAT II, 384. *Wolff*, BK XIV/2, 284f, bezeichnet die Formel אוי לי
als „Angstruf". Vgl. auch 1Sam 4,7; Jes 6,5 und Jer 4,13.31.

[35] Besonders ausdrucksvoll ist die Behauptung *Wildbergers*, BK X/1, 251: „Wer
die Wehe über sich ausruft, bezeugt damit, daß er sich in seiner Existenz bedroht
weiß, ja, daß über ihn geradezu die Totenklage anzustimmen ist".

[36] Gegen *Bak*. Vgl. o. Anm. 31.

[37] Meistens wird Jer 45,3 als Parallelstelle herangezogen. Jes 6,5aα steht jedoch
durch seine Formulierung unserer Stelle viel näher.

dieser dem Berufungsbericht Jesajas entstammende Satz eine weitgehend ähnliche Struktur aufweist wie Jer 15,10a: Auf den durch die
Formel אוי לי ausgedrückten Klageruf folgt eine mit einem Nominalsatz formulierte Begründung, welche die Selbstbezeichnung des Klagenden darstellt:

|  Jer 15,10a | Jes 6,5aα |
|---|---|
| אוי לי אמי | אוי לי כי נדמתי |
| כי ילדתני איש ריב ואיש מדון לכל־הארץ | כי איש טמא־שפתים אנכי |

Diese Stelle zeigt uns, daß der Klageruf אוי לי auch im Zusammenhang
mit einem prophetischen Erlebnis verwendet wurde[38], was aufgrund
der strukturellen Ähnlichkeiten zwischen den beiden Texten auch für
Jer 15,10 angenommen werden kann[39].
Die angestellten Beobachtungen lassen die Folgerung zu, daß der Klageruf אוי לי אמי in V. 10aα auf eine akute Lebensbedrohung hinweist,
welche mit der prophetischen Tätigkeit des Propheten Jeremia zusam-
menhängt[40]. Diese Tätigkeit und damit auch der Grund für die Drohung wird durch die Selbstbezeichnung איש ריב ואיש מדון konkretisiert.
Diese teils rechtliche[41], teils weisheitliche[42] Formulierung bezeichnet
einen Rechtsgegner[43], der durch seine Anklagen für ständige Auseinandersetzung verantwortlich ist. Wir können hier vor allem an die
anklagende (Früh)Verkündigung Jeremias denken[44], die mit Hilfe von
rechtlicher Terminologie vorgetragen wurde. Für diese Annahme
spricht auch die sich dem Nominalsatz anschließende Formulierung
לכל הארץ, die das ganze Land als Wirkungsbereich der Propheten bezeichnet[45]. Dieser als ständiger Streit charakterisierten und das ganze

---

[38] Nach *Zobel*, ThWAT II, 384, ist der Angstruf nichts genuin Israelitisches und an
keine Gattung gebunden.
[39] Gegen *Bak, Carroll, Reventlow* und *Wanke*. Vgl. o. 141, Anm. 31.32.
[40] *Holladay*, Jeremiah 1, 450.452, *Hubmann*, Untersuchungen, 271, *Craigie / Kelley / Drinkard*, Jeremiah 1-25, 208, und *O'Connor*, Confessions, 50-51, bringen
die Klage des Propheten aufgrund des Motivs der Geburt mit der Berufung Jeremias (Jer 1) in Zusammenhang.
[41] Vgl. Ri 12,2; Hi 31,35 und Jes 41,11.
[42] Vgl. Prov 26,21.
[43] Gegen *Wanke, Jeremia 1*, 153, der in diesem Nominalsatz die Bezeichnung für
einen unschuldigen Angeklagten sieht. Ähnlich urteilt auch *Holladay*, Jeremiah 1,
452: „Jrm is the victim rather than the instigator of quarrels". In Hi 31,35 und Jes
41,11 bezeichnet איש ריב jedoch den Rechtsgegner. Vgl. auch *Rudolph*, Jeremia,
98.
[44] Vgl. z.B. Jer 2,9; 3,1ff. *Hubmann*, Untersuchungen, 260, denkt zwar in erster
Linie an zwischenmenschliche Auseinandersetzungen, schließt aber nicht aus, daß
„Jeremias Anteil daran in der prophetischen Verkündigung begründet" sei.
[45] Diese Formulierung ist im Jeremiabuch nur noch in 23,15 belegt, wo sie im Gegensatz zu den außerjeremianischen Belegen Ex 19,5; 2Kön 19,11; 1Chr 22,5; Jes

Land umfassenden Tätigkeit entsprechend fiel auch die Reaktion aus: *Alle*[46] Menschen verfluchten[47] den Propheten. Die Verfluchung, die schon für sich genommen die Gefährdung des menschlichen Lebens bedeutet[48], erscheint dadurch in gesteigerter Form, daß sie nicht die Verhaltensweise eines Einzelnen, sondern eines Kollektivs bezeichnet. Der Einblick in das Ausmaß der Gefahr könnte die ängstliche Reaktion ausgelöst haben, die ihren Ausdruck in dem Klageruf gefunden hat, den wir dem Propheten abzusprechen keinen Grund haben.

Die sprichwörtliche Formulierung[49] von V. 10b$_1$ ist in erster Linie als Unschuldsbeteuerung zu verstehen. Die negative Formulierung bringt zum Ausdruck, daß die Ursache des vorher erwähnten Streites und Haders *nicht* in den zwischenmenschlichen Beziehungen des Propheten liegt. Auf diese Weise verstärkt V. 10b$_1$ die Aussage von V. 10aβ$_2$. V. 10 stellt also einen Klageruf des Propheten Jeremia dar, der seine Existenz durch die Adressaten seiner Verkündigung gefährdet sieht und diese Gefährdung auf die Verkündigung des Gotteswortes zurückführt.

V. 11 wird durch die am Anfang einer Gottesrede ungewöhnliche Formulierung יהוה אמר eingeleitet, die wir nach der LXX als יהוה אמן lesen. Demnach betrachten wir V. 11 als die Fortsetzung der in V. 10aβ$_2$.b ausgedrückten Unschuldsbeteuerung. Den Beweis für diese Interpretation möchten wir durch die Analyse der Struktur und der Terminologie dieses Verses erbringen.

Der Einleitung in V. 11aα folgen in V. 11aβ.b zwei von אם-לא eingeleitete bejahende Schwursätze. Da solche Schwursätze in der prophetischen Literatur in der als JHWH-Rede formulierten Gerichtsankündigung gegen das eigene Volk[50] oder gegen Fremdvölker[51] beheimatet

---

37,11; Thr 2,15 und Ez 20,6.15; 22,4 nicht die ganze Erde, sondern den Wirkungs- und Einflußbereich der (Pseudo)Propheten bezeichnet.

[46] Das nach dem Vorschlag von BHS korrigierte כלהם kommt in 2Sam 23,6 vor, wo es die Gesamtheit der Übeltäter bezeichnet. In unserem Text steht es in absoluter Form und bezeichnet die Gesamtheit der Bewohner des Landes.

[47] Obwohl die pi.-Form von קלל primär „klein oder verächtlich machen" bedeutet, steht sie oft dem ארר nahe. *Scharbert*, ThWAT VII, 43, ist zuzustimmen: „Aber einen Menschen, mit dem man nichts zu tun haben will und den man daher heruntermacht, den beschimpft man nicht nur, sondern man verwünscht und verflucht ihn auch. Daher bekommt *pi* häufig die Bedeutung 'verwünschen, verfluchen'." In diesem Sinne interpretiert *Scharbert*, ebd., auch Jer 15,10.

[48] Vgl. Nah 1,14.

[49] *Bak*, Klagender Gott, 132, sieht hinter dieser Redewendung „die ungerechte Praxis des Wuchers in der nachexilischen Gemeinde" und zieht Jes 24,2 als Beweis heran. *Hubmann*, Untersuchungen, 272, denkt an den einwandfreien Umgang des Propheten mit seinen privaten Gütern. Jedoch läßt uns die geprägte Formulierung von V. 10 (10aα Klageschrei; 10aβ weisheitliche und rechtliche Terminologie) auch in 10b eher an eine sprichwortartige Redewendung denken.

[50] Vgl. Jes 5,9; Jer 22,5.6.

[51] Vgl. Jes 14,24; Jer 12,17; 49,20; 50,45.

sind, klingt der doppelte Schwursatz im Munde des Propheten[52] fremd. Der *Form* nach sollte man also V. 11, MT folgend, als eine JHWH-Rede verstehen. In eine JHWH-Rede will aber die *Terminologie* von V. 11 nicht recht hineinpassen. Die textlich als sicher geltende, in der prophetischen Literatur nur selten belegte[53] Formulierung ב פגע qal/hi. von V. 11b bedeutet „jmd. mit allem Nachdruck (für einen anderen) bitten"[54] und hat meistens Menschen als Subjekt. Mit JHWH als Subjekt tritt sie nur in Hi 36,32 und Jes 53,6 auf und wird kausativ als „jemanden treffen lassen" übersetzt. Da in Jes 53,6 neben ב פגע hi. auch das Objekt angegeben wird (את עון כלנו), steht diese Stelle unserem Vers besonders nahe und könnte als Parallele herangezogen werden[55]. Dem steht jedoch im Wege, daß die Objektangabe את האיב in Jer 15,11b wegen der durch den weiten Abstand des Objekts zum Prädikat entstandenen äußerst ungewöhnlichen Satzkonstruktion als Eintrag betrachtet werden muß[56]. Aus diesen Gründen ist es unwahrscheinlich, daß in V. 11b JHWH das Subjekt des Verbs פגע ist.

In V. 11b bereitet das textlich unsichere Wort שרותך große Schwierigkeiten. Angesichts der schmalen Basis für die Herleitung dieses Wortes von dem im AT nicht belegten Verb שרר sowie für die Übernahme der Qere-Form שריתיך[57] ist es angebracht, V. 11 hinsichtlich seiner Struktur zu befragen. Er enthält, wie schon oben erwähnt, zwei Schwursätze in Parallelformulierung. Die wenigen Belege, die eine ähnliche Struktur aufweisen, sind entweder syndetisch als synonymer[58] oder asyndetisch als synthetischer[59] Parallelismus aufgebaut. Da die beiden Schwursätze in unserem Vers asyndetisch miteinander verbunden sind, steht V. 11 den letztgenannten Belegen nahe und kann als ein synthetischer Parallelismus verstanden werden, in dem der zweite Satz den ersten steigernd fortsetzt. Dies bedeutet, daß wir das ungesicherte Wort שרותך auf ein der Bedeutung von ב פגע nahestehendes Verb, also auf שרת, zurückführen sollen[60]. Durch diese Entscheidung haben wir uns aber weitere Schwierigkeiten verschafft. Das Verb שרת hat nämlich im Jeremiabuch nur kultische Konnotationen: Seine pt.-

---

[52] In Jer 42,5 verpflichtet sich *das Volk* anhand eines durch אם לא eingeleiteten Schwursatzes, das durch Jeremia vermittelte Gotteswort zu befolgen.

[53] Vgl. Jes 53,12; 59,16; Jer 7,16; 27,18; 36,25.

[54] *Maiberger*, ThWAT VI, 505f.

[55] Vgl. *Hubmann*, Untersuchungen, 203.253f. Er nimmt dabei den früheren Vorschlag Holladays auf, den dieser in seinem Kommentar wegen des Eintragcharakters der Objektangabe modifiziert hat (Vgl. *Holladay*, Jeremiah 1, 447).

[56] Vgl. *Holladay*, Jeremiah 1, 447.453.

[57] Das Verb שרה kommt nur noch in Hi 37,3 vor, wo es „loslassen" bedeutet.

[58] Vgl. Num 5,19: אם־לא שכב איש אתך ואם־לא שטית טמאה תחת אישך.

[59] Vgl. Ps 137,6; Jer 49,20 und 50,45.

[60] Vgl. *Ittmann*, Konfessionen, 45. Ähnlich verfährt auch *Hubmann*, Untersuchungen, 262, aber weil er V. 11b im Lichte von Jes 53,6 versteht, übersetzt er שרותך mit „deine Anfeindung".

Form dient in Jer 33,21.22 zur Bezeichnung der Leviten, seine dritte Person Plural-Form in einem Relativsatz von Jer 52,18 zur Bezeichnung der Tempelgeräte. Da diese Texte in die Spätzeit gehören[61], in der das Verb שרת „durchweg auf den kultischen Bereich bezogen"[62] ist, dürfen wir annehmen, daß an unserer Stelle seine Grundbedeutung „dienen"[63] durchschimmert und Jeremia als den Diener JHWHs darstellt. Immerhin handelt es sich dabei um ein in der nachjeremianischen Zeit entworfenes Dienerbild. Dafür sprechen die beiden Formulierungen לטוב und בעת־רעה ובעת צרה, welche die Aussagen der Formel פגע ב und des Verbs שרת näher bestimmen. Die Formulierung לטוב wird nämlich nie im Zusammenhang mit dem kultischen Dienst der Priester oder der Leviten gebraucht. Sie dient vielmehr zur Bezeichnung der Folgen des Gehorsams, die als reichlicher Segen verstanden werden[64]. Das Nebeneinander von בעת רעה und בעת צרה ist im ganzen AT singulär. Die Formulierung בעת רעה kommt im Jeremiabuch nur im Zusammenhang mit den Götzen vor[65], deren Ohnmacht die von JHWH abgefallenen Judäer in der Zeit der Bedrängnis beschämt. Der Prophet dagegen wandte sich in dieser Zeit JHWH zu und erwies sich auf diese Weise als ein Gottesfürchtiger. Die Wortverbindung עת צרה ist überwiegend in den jüngeren Texten des Jeremiabuches[66] sowie in der nachexilischen Literatur[67] belegt und bezeichnet die Zeit der Bedrängnis, in der die Gemeinde Gottes oder der Einzelne um Rettung schreit und Rettung erfährt. Dementsprechend weist sich der Prophet durch den erfahrenen Segen als ein Gottesfürchtiger und durch sein Verhalten in der Zeit der Not als ein exemplarischer Gerechter aus. Sein vorbildliches Verhalten beteuert seine Unschuld, wodurch V. 11 sich in die Reihe der Unschuldsbeteuerungen der Konfessionen einordnen läßt. Für dieses Verständnis von V. 11 spricht auch die jüngere Parallele Hi 21,15, wo עבד und פגע ב die Gottesfurcht und den Glauben im Gegensatz zu der Gottlosigkeit zum Ausdruck bringt. Immerhin können wir aufgrund dieser Beobachtungen annehmen, daß V. 11 in sei-

---

[61] Jer 33,14-26 fehlt in der LXX. *Levin*, Verheißung, 255, meint, daß „die jüngsten Davidverheißungen des Alten Testaments [...] in Jer 33,14-26, dem abschließenden Abschnitt des heilsprophetischen Teils des Jeremiabuches, enthalten" ist. *Thiel*, Redaktion von Jer 26-45, 37, schreibt Jer 33,14-26 einer „mindestens [...] weitere[n] post-dtr. Hand" zu. *Schmid*, Buchgestalten, 60f, hält Jer 33,14-26 für den „jüngsten zusammenhängenden Text in Jer 30-33" (61) und führt wegen des Fehlens dieses Abschnittes in der LXX das Ende des 4. vorchristlichen Jahrhunderts als terminus a quo seiner Entstehung an. Vgl. auch *Rudolph*, Jeremia, 201, und *Schreiner*, Jeremia 25,15-52,34, 199.

[62] *Engelken*, ThWAT VIII, 502.

[63] Vgl. *Engelken*, ThWAT VIII, 496.502.

[64] Vgl. Dtn. 6,24; 10,13; 28,11 und 30,9. In Mi 1,12 bezeichnet sie den Besitz des Menschen.

[65] Vgl. Jer 2,27.28; 11,12. In ähnlichem Kontext steht בעת צרה in Ri 10,14.

[66] Vgl. Jer 14,8 und 30,7.

[67] Vgl. Neh 9,27; Ps 37,39; Jes 33,2 und Dan 12,1.

nen heutigen Kontext in der exilischen Zeit eingefügt[68] wurde. Diese Annahme wird auch dadurch erhärtet, daß die Schwursätze in der Form eines Parallelismus meistens in exilischen Texten[69] belegt sind und im Munde eines Individuums in Ps 137,6 exemplarische Funktion[70] haben.

Aufgrund der weitgehenden Übereinstimmungen zwischen Jer 15,13-14 und 17,3-4 und der lexikalischen Beziehung von V. 12 durch das Nomen ברזל zu Jer 17,1 betrachten einige Forscher VV. 12-14 als eine Einheit[71]. Andere dagegen machen auf die beachtlichen Unterschiede zwischen Jer 15,12 und 17,1 aufmerksam und behandeln V. 12 und VV. 13-14 gesondert[72]. Durch diese Beobachtung veranlaßt, widmen wir in der hier folgenden Analyse V. 12 gesonderte Aufmerksamkeit. Wir untersuchen ihn hinsichtlich seiner Struktur, Terminologie und seiner Beziehungen zu den weiteren Teilen des Jeremiabuches. Auf diese Weise hoffen wir, die Beziehung von V. 12 zu VV. 13-14 sowie die Rolle von VV. 12-14 innerhalb der Konfession zu bestimmen.

V. 12 erweist sich durch die Fragepartikel ה am Anfang als eine rhetorische Frage. Ihrer klaren Struktur steht jedoch ihre unsichere Bedeutung entgegen, die neben den zahlreichen Lesevarianten und Änderungsvorschlägen[73] auch die hier folgenden Fragen belegen: Wer ist das Subjekt der Imperfekt-Form von רעע II? Weist das Präformativ dritte Person Singular maskulin auf ein allgemeines Subjekt oder auf eine konkrete Person hin, m.a.W. meint הירע etwa „zerbricht *man*?" oder „zerbricht *er*?". Wenn das letzte der Fall ist, wer ist diese Person: Jeremia, der durch seine Fürbitte den kupfernen Himmel und die eiserne Erde zerbrechen und so die Dürre abwenden kann? Oder JHWH, der den Feind oder das Volk nicht zerbrechen wird? Was bezeichnet das Substantivpaar ברזל ונחשת als Objekt des Satzes: die Dürre als Gottes unabwendbares Gericht[74], den unüberwindbaren Propheten[75], eine militärische Macht oder die Mitglieder des Gottesvolkes[76]? Wozu dient die Wortverbindung מצפון: zur Bezeichnung einer geographischen

---

[68] *Schreiner*, Jeremia 1-25,14, 100, betrachtet V. 11 ebenfalls als einen Einschub.

[69] Nach *Kraus*, BK XV/2, 905, ist Ps 137 „der einzige Psalm des Psalters, der sicher datierbar ist. Es wird hingewiesen auf die Situation der in Babylonien exilierten Juden". Auch *Spieckermann*, Heilsgegenwart, 116, setzt Ps 137 in der Zeit des babylonischen Exils an.

[70] Vgl. Ps 137,5-6 und dazu *Spieckermann*, Heilsgegenwart, 119.

[71] Vgl. *Ittmann*, Konfessionen, 49, *Rudolph*, Jeremia, 96, und *Wanke*, Jeremia 1, 152.

[72] *Schreiner*, Jeremia 1-25,14, 100, betrachtet diesen Vers als eine Randbemerkung. *McKane*, Jeremiah I, 349, und *Weiser*, Jeremia 1-25,14, 132, sehen in VV. 11-12 die Antwort Gottes.

[73] Vgl. BHS.

[74] Vgl. Dtn 28,23.

[75] Vgl. *Hubmann*, Untersuchungen, 266.

[76] Vgl. Jer 6,28.

Richtung[77] oder als Apposition für die Näherbestimmung einer militärischen Macht[78]?

Auf dem Weg, den schwierigen V. 12 zu enträtseln und ihm ein vertretbares Verständnis abzugewinnen, gehen wir von der Frage nach dem Subjekt von רעע II[79] aus. Dieses Verb ist im Jeremiabuch nur hier belegt[80]. In qal bezeichnet es in überwiegend[81] späteren Texten das direkte[82] oder indirekte[83] Handeln[84] JHWHs. Da dieses Verb an unserer Stelle in qal steht, kann JHWH als der Handelnde angenommen werden. Demzufolge stellen ברזל und נחשת das Objekt seines Handelns dar. Dies ist insofern ungewöhnlich, als die beiden hier parallel stehenden Nomina sonst immer als Appositionen auftreten[85]. Ihre selbständige Verwendung erschwert nun, zwischen V. 12 und dem Berufungsbericht Jer 1 eine Verbindung herzustellen und das Objekt mit dem Propheten zu assoziieren[86]. Die beiden Nomina könnten wegen der Formulierung ברזל מצפון auch als Anspielung auf den Feind aus dem Norden verstanden werden. Dieses Verständnis ist jedoch wegen des Einschubcharakters dieser Formulierung[87], die wahrscheinlich zur Klärung der seltenen Objektangabe את־האיב von V. 11b eingefügt wurde, kaum möglich.

Einen selbständigen Gebrauch des Substantivpaares ברזל ונחשת weist nur Jer 6,28aβ auf, wo es eine Erweiterung[88] darstellt. Der als Prüfer eingesetzte Prophet zieht in 6,30 seine Folgerung, die Läuterungsunfähigkeit Judas, und bezeichnet das Volk als „verworfenes Silber". In das vorgegebene Bild des Metalls, das im Ofen durch Schmelzen ge

---

[77] Vgl. *Hubmann*, Untersuchungen, 265.

[78] *McKane*, Jeremiah I, 350, meint, daß „it is improbable that מצפון can be disengaged from ,the enemy from the north' in this obscure verse". *Schreiner*, Jeremia 1-25,14, 100, denkt ebenfalls, daß hier auf den Feind vom Norden hingewiesen wird. *Wanke*, Jeremia 1, 153, identifiziert diese Macht mit den Babyloniern. So auch *Holladay*, Jeremiah 1, 455.

[79] Vgl. *Dohmen*, ThWAT VII, 584f.

[80] In 2,16 liest die EÜ רעע anstatt רעה. *Schreiner*, Jeremia 1-15,14, 21, und *Wanke*, Jeremia 1, 38f, halten diesen Vers für eine Erweiterung.

[81] Eine Ausnahme stellt der Königspsalm Ps 2 (V. 9) dar, der aus der vorexilischen Zeit stammt. Vgl. *Kraus*, BK XV/1, 13, und *Spieckermann*, Heilsgegenwart, 195.217.

[82] Vgl. Hi 34,24 und Ps 44,3 (s. BHS). Ps 44 wird von *Emmendörffer*, Der ferne Gott, 114, in der tempellosen Zeit angesetzt.

[83] Vgl. Ps 2,8.9.

[84] Die Folgen der Handlung JHWHs (Jes 24,19) oder einer Begebenheit (Prov 18,24) bringt die hitp.-Form zum Ausdruck.

[85] Vgl. Dtn 8,9; 28,23; 33,25; Ps 107,16 und Jer 1,18.

[86] In Jer 1,18 dienen die beiden Nomina als Appositionen zu עמוד und חומה und gehören zu einer dreigliedrigen Formulierung.

[87] In der LXX und Peschitta fehlt das zweite ברזל. Peschitta enthält außerdem auch מצפון nicht.

[88] נחשת וברזל fehlt in der LXX. Darüber hinaus zerstören sie den Versrhythmus.

reinigt werden soll, wurden die beiden Nomina ברזל und נחשת durch den
Verfasser von V. 12 mit der Absicht eingefügt, durch diese Nomina Jer
6,27-30 und 15,12 miteinander zu verbinden[89]. Auf diese Weise griff
er den Gedanken des verworfenen Metalls von 6,30 auf und führte ihn
weiter. Ihn interessierte das weitere Geschick des verworfenen Metalls: Wird es nach seiner Verwerfung von JHWH auch zertrümmert?
Die durch den Stil der rhetorischen Frage gegebene Antwort lautet:
Nein.

Aus demselben Grund fügte er vermutlich auch die Gerichtsankündigung aus 17,3f in 15,13-14 ein. Die thematische Verbindung zwischen
V. 12 und VV. 13-14 bot das Motiv des brennenden Zorns JHWHs
dar. Durch die Hinzufügungen und Weglassungen aus 17,3f hat der
Verfasser die gute Absicht JHWHs gegenüber seinem Volk hervorgehoben (s.u. den tabellarischen Vergleich beider Texte):
Durch die *Hinzufügung* von לא במחיר[90] hat er das Eigeninteresse
JHWHs ausgeschlossen, den wirklichen Grund seines Handelns dagegen durch ובכל...ובכל[91] intensiviert.

Durch das *Weglassen* der Formulierung שמט מן מן נחלה von Jer 17,4aα
wurde zugleich das Revozieren der (Land)Gabe JHWHs zunichte gemacht und der Schaden auf den erworbenen Besitz (חיל und אוצר[92]) be-
grenzt, um dadurch die Hoffnung auf die erneute Gabe Gottes zu ermöglichen. Aus dem Weglassen von והעבדתיך resultierte ein Objektwechsel: Während in Jer 17,4 das Volk das Objekt des Gerichtshandelns Gottes darstellt, richtet sich dieses, als Exilierung[93] hingestellte
Handeln nach Jer 15,14aα gegen den Feind. Dies bedeutete zwar nicht
das Ende des Unheils über das eigene Volk – dagegen spricht das sowohl das Volk als auch den Feind in das Gericht einschließende עליכם
–, wohl aber die Aussicht darauf. Eine ähnliche Aussageabsicht läßt

---

[89] *Wanke*, Jeremia 1, 85, Anm. 88, meint, daß dieses Substantivpaar „von Ez
22,18.20 her deutend in den Text eingefügt" wurde. *McKane*, Jeremiah I, 155,
denkt, daß „(t)hey may betray further influence of 1.18, or their insertion may have
been encouraged by the list of metals in Ezek 22,18 (copper, tin, iron, lead) or
22.20 (copper, iron, lead, tin)". *Schreiner*, Jeremia 1-25,14, 55, bezeichnet es als
„Glosse aus 1[18]".
[90] Vgl. Jes 45,13.
[91] Diese Formulierung kann grammatisch in der Tat mit „sowohl – als auch"
(*Hubmann*, Untersuchungen, 268) übersetzt und die beiden Sätze als beigeordnet
verstanden werden. Eine solche Übersetzung ist jedoch nur dann möglich, wenn
die Parallelität zwischen den beiden Sätzen auch auf der Bedeutungsebene gegeben ist. Vgl. Gen 1,26; Neh 9,10; Est 8,17 und Jes 7,9.
[92] Vgl. Jes 30,6; Ez 28,4.
[93] Die Bemerkung von *Holladay*, Jeremiah 1, 455, in bezug auf die leichte Ver-
wechslung von ד mit ר ist zwar richtig, aber da auch das Objektsuffix weggelassen
wurde, kann es sich nur um eine absichtliche Veränderung handeln. Aus diesem
Grund sollte והעבדתי nicht nach 17,4aβ korrigiert werden. Für dieses Verständnis
spricht auch die Formel ארץ (אשר) לא ידעת (vgl. Jer 14,18; 16,13; 22,28 und Ez
32,9).

auch die Abschwächung des ewig brennenden Zorns (עד־עולם תוקד) zu einem gegenwärtigen (יקד ho. Impf.) Zorn erkennen.

| Jer 17,3aβ.4 | Jer 15,13-14 |
|---|---|
| חילך כל־אוצרותיך לבז אתן | חילך ואוצרותיך לבז אתן |
| | לא במחיר |
| במתיך בחטאת בכל־גבוליך | ובכל־חטאותיך ובכל־גבוליך |
| ושמטתה ובך מנחלתך אשר נתתי לך | |
| והעבדתיך את־איביך בארץ אשר לא ידעת | והעברתי את־איביך בארץ לא ידעת |
| כי־אש קדחתם באפי עד־עולם תוקד | כי־אש קדחה באפי עליכם תוקד |

Durch ihre verhüllte Zukunftsperspektive stellen VV. 13-14 die Weiterführung von V. 12 dar, indem sie die Frage nach der Zukunft des verworfenen Gottesvolkes nicht nur negativ, sondern auch positiv beantworten. V. 12 bezeugt das Überleben des Gottesvolkes nach dem Gericht und die Überwindung der Katastrophe von 587 v.Chr. VV. 13-14 blicken dagegen auf das mögliche Ende des Exils voraus. Da in V. 14aα die Vernichtung des Feindes (Babylonien) in Aussicht gestellt wird, ist die Texteinheit VV. 12-14 höchstwahrscheinlich in der spätexilischen Zeit entstanden und in Kap. 15 eingefügt worden. Die Abänderung von אמן יהוה זu אמר יהוה in V. 11aα sowie die Erweiterung את האיב am Ende von V. 11b weisen auf die redaktionelle Anpassung des vorgegebenen Textes, wahrscheinlich durch den Verfasser von Jer 15,12-14.

V. 15 enthält eine dreigliedrige Bitte (V. 15aα₁.aα₂.aβ) mit Begründung (V. 15b). Die beiden ersten Glieder der Bitte sind positiv (V. 15aα), das dritte Glied (V. 15aβ) dagegen negativ formuliert.

Der Beter drückt sein Anliegen zunächst in V. 15aα₁ anhand der beiden Verben זכר und פקד aus. Dieses Verbpaar ist mit JHWH als Subjekt in den Gerichtsankündigungen Hos 8,13; 9,9 und Jer 14,10[94] sowie in den nachexilischen Psalmen Ps 8,5 und 106,4[95], wo das Verbpaar die Zuwendung JHWHs bezeichnet, belegt. In der prophetischen Gerichtsankündigung treten diese Verben zusammen mit den selbständigen Objekten עון und חטאת[96] auf. In den genannten Psalmstellen werden ihnen dagegen Objektsuffixe angehängt[97]. Da זכר und פקד in V. 15aα₁ positive, auf die Hinwendung JHWHs zielende Bedeutung haben und ihnen Objektsuffixe angehängt sind, steht dieser Versteil den erwähnten na-

---

[94] Jer 14,10 stellt ein Zitat aus dem Hoseabuch (Hos 8,13aβ.bα) dar.
[95] Vgl. *Bak*, Klagender Gott, 135, *Spieckermann*, Heilsgegenwart, 247, Anm. 22, und *Kraus*, BK XV/1, 67, BK XV/2, 728.
[96] Dieses Begriffspaar wird in Jer 3,6 in bezug auf die Lade gebraucht, wo es die totale Abwendung von ihr zum Ausdruck bringt.
[97] In Ps 8,5 wird den beiden Verben ein Objektsuffix erste Person Plural, in Ps 106,4 ein Objektsuffix erste Person Singular angehängt.

chexilischen Psalmbelegen nahe, wodurch sich für ihn eine (nach)exilische Entstehung nahelegt[98].
Die Hilfe JHWHs wird in V. 15a$\alpha_2$ als Rache[99] konkretisiert, worum mit der selten belegten Formel נקם מן gebeten wird. Mit Hilfe dieser Formel fordert der Beter JHWH auf, sich für ihn an seinen Feinden zu rächen[100]. Auf diese Weise zeigt V. 15a$\alpha_2$ die für das Klagelied des Volkes und des Einzelnen[101] charakteristischen drei Subjekte auf, wobei zwischen dem als Goël angesprochenen JHWH[102] und dem Beter eine enge Beziehung vorausgesetzt wird[103]. Dadurch steht V. 15a$\alpha_2$ V. 16b nahe, wo die Zugehörigkeit des Klagenden zu JHWH durch die bekannte Formel קרא שם על zum Ausdruck gebracht wird.
Durch die Aufnahme der Rachevorstellung verlagert sich nun der Ton in V. 15a$\alpha_2$ von dem in V. 10 angesprochenen prophetischen Amt auf die Beziehung des Beters zu JHWH. Eine ähnliche Tonverschiebung gegenüber V. 10 macht sich auch in der Bezeichnung der Feinde durch die nominale Form von רדף[104] bemerkbar. Diese Feindbezeichnung konkurriert nämlich mit den Formulierungen לכל־הארץ und 'כלהם' in V. 10a$\beta$ und V. 10b$_2$, indem sie den Kreis der Feinde auf eine Gruppe reduziert, sowie mit dem Verb קלל in V. 10b, das auf eine allgemeine Not hinweist[105].
V. 15a$\beta$ weist mit der Negation אל[106] am Anfang, mit dem Verb לקח am Ende und mit der Formulierung לארך אפך in der Mitte einen besonderen Aufbau auf. Die vorangestellte Negation אל bezieht sich höchstwahrscheinlich auf die ihr unmittelbar folgende Formulierung לארך אפך, und das nachgestellte תקחני stellt einen Finalsatz[107] dar. Demzufolge wird in V. 15a$\beta$ durch die Negierung der Langmut JHWHs 'um das Nicht-Zurückhalten seines Zorns[108] bzw. „um die baldige *Vollstreckung* des

---

[98] Das Pendant der durch זכר und פקד ausgedrückten Bitte stellt die mit Hilfe der Verben עזב und שכח ausgedrückte Klage des Volkes dar. Vgl. Jes 49,14 und Thr 5,20.
[99] Vgl. *Lipiński*, ThWAT V, 610ff.
[100] Dies ist insofern auffallend, als die Formel נקם מן die Rache an dem persönlichen Feind (die Rache Simsons an den Philistern in Ri 16,28, Sauls an seinen Feinden in 1Sam 14,24, JHWHs an seinen Gegnern in Jes 1,24 und Jer 46,10) und nur selten die Rache für einen anderen (JHWHs Rache an den Midianitern für die Söhne Israels in Num 31,2) bezeichnet.
[101] Vgl. *Westermann*, Lob und Klage, 132.139.
[102] Vgl. *Liedke*, Rechtssätze, 48f.
[103] Vgl. auch Jer 11,20 und 20,12.
[104] Vgl. auch Jer 17,18 und 20,11.
[105] Vgl. *Frevel*, ThWAT VII, 369ff.
[106] Vgl. *Joüon*, Grammar II, 603f, § 160*f*.
[107] Vgl. *Bak*, Klagender Gott, 135.
[108] Dieses Motiv begegnet auch in der jeremianischen Verkündigung (Jer 6,11), aber im Zusammenhang mit dem Gericht JHWHs, welches die durch die entgegengesetzten Alter (Kind und Greis) und Geschlechter (Mann und Frau) ausgedrückte Gesamtheit des Gottesvolkes trifft.

Gerichts"[109] gebeten[110]. Der Verweis auf die möglichen Folgen im Fall der Nichterfüllung verleiht der Bitte eine besondere Eindringlichkeit[111].

Die zwischen der Negation und dem Verb stehende Formulierung לארך אפך zeigt eine Nähe zu der Formel ארך אפים[112]. Diese Formel dient eher zur Charakterisierung JHWHs als seines Handelns[113], deshalb ist ihr Auftreten in einer Bitte um das *Einschreiten* Gottes ungewöhnlich. Nicht weniger aufsehenerregend ist ihre Herauslösung aus der zweigliedrigen Formulierung ארך אפים[115]וגדל/ורב[114] חסד sowie ihre Abänderung durch das Anhängen des Possessivsuffixes zweite Person Singular maskulin. Ein solches Umgehen mit einer sowohl formal als auch funktional festgeprägten Formel ist am besten als Ergebnis eines längeren Prozesses vorzustellen. Deshalb weist die Formulierung in V. 15aβ לארך אפך in die nachjeremianische Zeit. Diese Annahme erhärtet die einmalige Verwendung des Verbs ארך zusammen mit dem suffigierten Nomen אף bei Deuterojesaja in Jes 48,9.

V. 15b leitet der Imperativ דע ein, gefolgt von einem Objektsatz. Durch ähnlich konstruierte Sätze wird man zum Erkennen und Sich-Überzeugen[116], zum Überlegen und Entscheiden angesichts einer Drohung[117] sowie zur Verantwortung vor Gott[118], zum Nachforschen und Aufmerken[119] und in den Psalmen zum Erkennen der Gottheit

---

[109] Vgl. auch *Bak*, Klagender Gott, 137, und *Reventlow*, Liturgie, 219.

[110] Anders *Gerstenberger*, JBL 1963, 400, der לארך emendiert und den Zorn Gottes auf den Beter bezieht. Ähnlich urteilt auch *Seybold*, Der Prophet Jeremia, 155.

[111] *Bak*, Klagender Gott, ebd., versteht das vetitive תקחני als eine „Bitte um die *Wegnahme des eigenen Lebens*". Dabei beruft er sich auf Jona 4,2f (und Nah 1,2f), zu dem V. 15aβ terminologische Beziehungen aufweist. Eine inhaltliche Verbindung zwischen diesen beiden Stellen ist jedoch wegen des rechtlichen Charakters der gewünschten Rache in V. 15aβ sowie der Andersartigkeit des theologischen Anliegens beider Texte eher unwahrscheinlich. Deswegen verstehen wir die Verbform תקחני, als Ausdruck der gewaltsamen Wegnahme im Gegensatz zu Ps 73,24, wo sie die „heilsame Aufnahme" ausdrückt (vgl. *Ridderbos*, Psalmstudien, 168, Anm. 72), besser als Verweis auf die Folgen des Zurückhaltens des göttlichen Zorns auf den Beter. Vgl. *Hubmann*, Untersuchungen, 247.

[112] Die Redewendung ארך אפים dient in den Psalmen (Ps 86,15; 103,8; 145,8) und in der späteren prophetischen Literatur (Joël 2,13; Nah 1,3; Jona 4,2) als Ausdruck der Langmut Gottes. Vgl. *Dentan*, VT 1963, 34ff. Von einem Zurückhalten des göttlichen Zorns spricht Jes 48,9 in einer Ich-Rede JHWHs.

[113] Vgl. *Dentan*, VT 1963, 48f.

[114] Vgl. Ps 145,8.

[115] Vgl. Ex 34,6; Num 14,18; Neh 9,17; Ps 86,15; 103,8; Joël 2,13 und Jona 4,2.

[116] Über die Größe (1Sam 12,17), den Verantwortlichen (1Sam 14,38 und Hi 19,6) des Vergehens, das Wohlwollen des anderen (1Sam 24,12) sowie seine böse Absicht (1Sam 20,7; 1Kön 20,7 und 2Kön 5,7).

[117] Vgl. Gen 20,7; 1Sam 25,17 und 1Kön 20,22.

[118] Vgl. Hi 11,6 und Koh 11,9.

[119] Vgl. 1Sam 23,22.23.

JHWHs[120] bzw. seines Werks[121] aufgefordert. Unsere Stelle steht denjenigen Belegen nahe, wo der Redende durch den Verweis auf die böse Absicht des anderen sowie auf die Verantwortlichen seine Unschuld hervorhebt. Da sie eine an JHWH gerichtete Anrede enthält, in der einmalig JHWH der Adressat des Imperativs von ידע darstellt, die die Schmach des Beters auf JHWH zurückführt, weist V. 15b unter den erwähnten Belegen eine besondere Nähe zu Hi 19,6 auf, der für die bestehende Lage JHWH verantwortlich macht[122] und darüber hinaus zu dem exilischen[123] Ps 44,23[124] sowie dem nachexilischen[125] Ps 69,8a, mit dem er fast wörtlich übereinstimmt. Durch die Hervorhebung seiner Unschuld sowie die Zurückführung seiner Schmach auf JHWH will der Betende JHWH zur Erhörung seiner Bitte und zum Einschreiten bewegen.

Die inhaltliche Spannung von V. 15 zu V. 10, die sich vor allem in der Verlagerung des Akzents von dem prophetischen Amt auf die persönliche Beziehung zwischen JHWH und dem Betenden zeigt, verweist auf den sekundären Charakter von V. 15. Seine formalen, terminologischen und inhaltlichen Beziehungen zu der exilisch/nachexilischen Weisheits- und Klageliteratur legen zugleich die spätexilisch/nachexilische Zeit für seine Entstehung nahe. Die weitgehenden Entsprechungen zwischen V. 15aα$_1$ und Ps 8,5; 106,4 sowie zwischen V. 15b und Ps 69,8a[126] beweisen, daß V. 15 in Anlehnung an vorgegebenes Material geschaffen wurde. Sein Autor fügte ihn in die prophetische Klage ein, um sie mit dem wichtigen Element des Klageliedes, mit der Bitte, zu versehen. Durch diesen Eingriff ist ein regelrechtes Klagelied des Einzelnen entstanden. Darüber hinaus bot die allgemeine Psalmsprache für breitere Kreise die Möglichkeit, sich mit dem Schicksal Jeremias zu identifizieren.

Die literar- und formkritische Beurteilung von V. 16 hängt hauptsächlich davon ab, wie wir die Formulierung נמצאו דבריך von V. 16aα auffassen: Verstehen wir das ihr innewohnende Nomen דבר als Terminus technicus für das dem Propheten zuteil gewordene Gotteswort, so müssen wir sie mit Ittmann[127], Rudolph[128], Schreiner[129] und Weiser[130] als

---

[120] Vgl. Ps 46,11 und 100,3.

[121] Vgl. Ps 4,4.

[122] Die Imperativ-Form von ידע als „Vertrauensäußerung" zu verstehen (*Bak*, Klagender Gott, 138), entbehrt jeder Grundlage. Sie steht vielmehr einem Hilfeschrei nahe.

[123] Vgl. *Emmendörffer*, Der ferne Gott, 114.

[124] Vgl. *Emmendörffer*, Der ferne Gott, 111f.

[125] *Kraus*, BK XV/1, 481, und *Bak*, Klagender Gott, 138, betrachten Ps 69 als nachexilisch. *Spieckermann*, Heilsgegenwart, 152, dagegen ordnet Ps 69 (in seinem Grundbestand) in die Reihe der vorexilischen Individualklagen ein.

[126] Vgl. *Bak*, Klagender Gott, 138.

[127] Vgl. *Ittmann*, Konfessionen, 169-171.

[128] Vgl. *Rudolph*, Jeremia, 99.

Ausdruck des prophetischen Wortempfanges verstehen[131]. Ordnen wir דבר in die Reihe der den göttlichen Willen bezeichnenden Nomina חקה, תורה, מצוה, עדות, אמרה ein[132], so ist die Formulierung נמצאו דבריך von V. 16aα als Ausdruck der Willensoffenbarung JHWHs zu lesen.

Für dieses letztere Verständnis hat sich in der letzten Zeit insbesondere Bak stark gemacht[133]. In der Parallelität zwischen V. 16a und Ps 119,111 und Ps 19,19 und in dem mehrmaligen und fast ausschließlichen Vorkommen des Nomens דבר mit dem Possessivsuffix zweite Person Singular maskulin in Ps 119[134] sieht er die „engere Beziehung von Jer 15,16a zu den sog. Thorapsalmen als zu der prophetischen Literatur"[135] begründet. Aufgrund dieser Beobachtungen kommt Bak zu der folgenden Schlußfolgerung: „(H)inter der Wortaussage in Jer 15,16a stehen mehr die Erfahrungen der nachexilischen Zeit als die prophetischen Erfahrungen mit dem Wort Jahwes"[136].

Das gemeinsame Auftreten von דבריך/דברך in Ps 119 und in V. 16a ist in der Tat nicht zu übersehen. Die Frage ist nur, wie diese terminologische Nähe zu bewerten ist. Um diese Frage zu beantworten, untersuchen wir kurz den Gebrauch von דבר in Ps 119.

Dabei stellt sich heraus, daß das Nomen דבר als Bezeichnung des Willens JHWHs, von Ps 17,4 abgesehen, wo der Ausdruck דבר שפתיך die „Willensbekundung Gottes in der Thora"[137] bezeichnet, im ganzen Psalter nur in Ps 119 belegt ist[138]. Mit dem Possessivsuffix zweite Per-

---

[129] Vgl. *Schreiner*, Jeremia 1-25,14, 101f.

[130] Vgl. *Weiser*, Jeremia 1-25,14, 133.

[131] Ein anderes Verständnis vertritt *Holladay*, Jeremiah 1, 458f, der diese Formulierung mit dem Auffinden der Gesetz-Rolle in der Zeit Josias und mit der Berufung Jeremias in Zusammenhang bringt.
*Hubmann*, Untersuchungen, 275f, liest diese Formulierung als Ausdruck des Verhältnisses Jeremias zu dem überlieferten Wort.
*McKane*, Jeremiah I, 353, sieht in Jer 15,16 und Ez 3,1f die „indicative of a mysterious dialectic, a strange tension of suffering and joy, of pain and satisfaction. There is a joy which even a prophet of doom finds when he stands in the path of duty and says what he must".

[132] Obwohl דבר von den angeführten Nomina nur mit חקק parallel steht (Ps 119,16), steht jedoch außer Zweifel, daß dieses Nomen in Ps 119 zur Bezeichnung des Willens Gottes dient.

[133] Vgl. *Bak*, Klagender Gott, 141-143.148-150.

[134] דברך ist in Ps 119,16.17.89.101.105.160, דבריך in Ps 119,57.130.139 als Bezeichnung der Willensoffenbarung JHWHs belegt.

[135] *Bak*, Klagender Gott, 142f.

[136] *Bak*, Klagender Gott, 143.

[137] *Kraus*, BK XV/1, 131.

[138] *Reventlow*, Liturgie, 220, führt noch Ps 17,4; 33,4; 56,5.11; 105,8; 107,20; 130,5; 147,15ff und 148,8 als solche Belege an, in denen „der Ausdruck דבר oft synonym für »Gebot« gebraucht wird. Diese Belege gehören unterschiedlichen Gattungen an: dem Hymnus (Ps 33; 147; 148), dem individuellen Klagelied (Ps 56; 130), dem Geschichtspsalm (Ps 105) und dem Danklied (Ps 107). Bei einer flüchtigen Untersuchung dieser Stellen stellt sich aber heraus, daß das Nomen דבר

son Singular maskulin tritt es innerhalb des Psalters ausschließlich in Ps 119 auf[139]. Daher legt sich die Schlußfolgerung nahe, daß wir es in Ps 119 mit einer eigenen Ausdrucksweise zu tun haben, die keineswegs für die nachexilische Zeit insgesamt charakteristisch ist. Deswegen wirkt eine Erklärung allgemein aus der nachexilischen Zeit heraus kaum befriedigend.

Nimmt man mit Bak trotzdem eine Verbindung zwischen Ps 119 und Jer 15,16 an, so muß die oben angeführte Nähe auf eine Anlehnung an Ps 119 oder auf einen gemeinsamen Autor bzw. Verfasserkreis zurückgeführt werden. Der letztere kommt wegen der sich nur auf den Halbvers V. 16a beschränkenden Berührungen nicht in Betracht. Deswegen suchen wir über die terminologische Verwandtschaft zwischen Jer 15,16a und den von Bak zitierten Versen Ps 119,111 und 19,9 und anderen angeführten Stellen[140] hinaus nach weiteren Beziehungen, die auf eine literarische Abhängigkeit zwischen Jer 15,16a und Ps 119 schließen lassen.

Dabei fallen anstelle solcher Beziehungen eher die sich in der *Formulierung* zeigenden Unterschiede zwischen Jer 15,16a und den angeführten Psalmbelegen auf: Während in Ps 119 Nominalsätze oder lauter Perfekta das *Verhältnis* des Frommen zu den vorgegebenen Willensäußerungen JHWHs beschreiben[141], weist Jer 15,16a zunächst durch den mit Hilfe von מצא ni. formulierten Verbalsatz auf ein Geschehen hin, in dem der Mensch fast keine Rolle spielt, und macht anschließend durch die Formulierung היה ל[142] auf einen *Vorgang* aufmerksam, dessen Anfang die Wortoffenbarung[143] (V. 16aα), die vom Propheten willig aufgenommen wurde (אכל)[144], und dessen Ende das

---

meistens als Ausdruck der schöpferischen (Ps 33,4, z.St. vgl. *Koch*, Studien, 83; 147,15ff), oder heilschaffenden Macht (Ps 107,20; 130,5) Gottes dient, die sich auch in seinem Wirken in der Natur (Ps 147,15ff, z.St. vgl. *Koch*, Studien, 85; 148,8), oder in seinem Schutz und Eingreifen (Ps 56,5.11) manifestiert.

[139] Das Nomen דבר tritt auch im DtrG (2Sam 7,21; 1Kön 8,26 = 2Chr 6,17) mit dem Possessivsuffix 2.P. sg. auf, zielt aber auf die an David gegebene Verheißung JHWHs. Vgl. auch Ri 13,12.17; 2Chr 1,9 und Neh 9,8.

[140] Ps 119,162a/14; 119,24/143/77.92.174; 119,47/16/70; 1,2/119,35b; 119,140. Vgl. auch *Bak*, Klagender Gott, 141, Anm. 66.

[141] Zutreffend formuliert *Ittmann*, Konfessionen, 169, Anm. 589: „Der »fordernde und helfende Tatwille Jahwes« ist dem Psalmbeter tatsächlich vorgegeben [...]. Er muß nicht jeweils gefunden und einverleibt werden."

[142] Zu ל...היה vgl. Jer 2,14.31; 3,1; 5,13; 11,14 u.a.

[143] Auf Thr 2,9 als Parallele zu V. 16aα hat schon *Rudolph*, Jeremia, 99, Anm. 1, aufmerksam gemacht. Darüber hinaus, daß die Formulierung לא־מצאו חזון מיהוה dem נמצאו דבריך nahe steht, gibt dieser Vers durch seine Nähe zu Jer 4,9 deutlich zu erkennen, daß es sich hier um die prophetische Offenbarung handelt.

[144] Von einem ähnlichen Ausgang, allerdings mit negativem Vorzeichen, spricht auch Jer 6,10b: הנה דבר־יהוה היה להם לחרפה לא יחפצו־בו. Bekanntlich steht dieser Halbvers in seinem Wortlaut Jer 20,8b nahe, jedoch weist er sich durch den metonymen Gebrauch von חרפה eher als Parallele zu 15,16aβ aus. Vgl. *Holladay*, Jere-

gewachsene innere Verhältnis Jeremias zum Gotteswort[145] bzw. zu seinem Auftrag[146] (V. 16aβ) markiert. Daß das Verhältnis des Propheten zum Gotteswort als Ergebnis eines Prozesses zu verstehen ist, gibt nicht nur die Formulierung היה ל zu verstehen, sondern auch die Satzkonstruktion, in der das zeitliche Nacheinander durch das am Anfang stehende Perfektum und die darauf folgenden zwei Waw-Imperfekta zum Ausdruck gebracht wird[147].

Die aufgezeigten Unterschiede in der Formulierung zwischen Jer 15,16a und den von Bak als Parallele angeführten Belegen lassen eine literarische Abhängigkeit von Jer 15,16a von Ps 119 als unwahrscheinlich erscheinen. Da sich Jer 15,16a weder von der nachexilischen Gebetsliteratur allgemein noch von Ps 119 her erklären läßt, liegt die Annahme nahe, daß dieser Halbvers von Jeremia verfaßt wurde. Demzufolge bezeichnet das Nomen דבר das dem Propheten zuteil gewordene Gotteswort und die Formulierung נמצאו דבריך dessen Offenbarung[148].

Der prophetische Charakter von V. 16a wird auch durch das Begriffspaar שׂשׂון und שׂמחה bestätigt, welches hauptsächlich für die prophetische Literatur[149] charakteristisch ist. Es tritt zwar vorwiegend in späteren Texten auf, das Wortpaar geht jedoch ohne Zweifel auf die vorexilische Prophetie zurück[150]. Im Jeremiabuch begegnen wir ihm in Jer 16,9 in einem authentischen Selbstbericht[151]. Demzufolge ist auch V. 16aβ im Munde des Propheten gut denkbar. Ja mehr noch, wir haben höchstwahrscheinlich mit einer bewußten Wortwahl, mit dem beabsichtigten Gebrauch des Wortpaares שׂשׂון und שׂמחה, zu tun. Dadurch

---

miah 1, 214. Der Kontext, in dem er steht, sein Erweiterungscharakter (vgl. *Wanke*, Jeremia 1, 80) und der erläuternde Parallelsatz ולא יחפצו־בו (vgl. BHS) machen ebenfalls deutlich, daß die Aussage von Jer 6,10b über das Verhältnis des Volkes zum Wort JHWHs grundsätzlicher Art ist. Der Verfasser von Jer 6,10b hatte wahrscheinlich beide Stellen vor Augen (Wegen des Erweiterungscharakters von Jer 6,10 ist es unwahrscheinlich, daß Jer 20,8b sich an 6,10b anlehnt, wie *Ittmann*, Konfessionen, 163, es behauptet), als er das Gegenstück von V. 16aβ formulierte.

[145] Das Wort דבריך soll nach der Qere-Form im Singular (דברך) gelesen werden.

[146] Zutreffend ist die Beobachtung *Ittmanns*, Konfessionen, 171, Anm. 601: „Die singularische Verwendung von דבר weist auf eine Bedeutungsänderung in Richtung >Auftrag< hin".

[147] Diese Konstruktion ist besonders geeignet, einen ganzen Prozeß zu beschreiben (den Prozeß des Bannes in Jos 11,17, des Gerichtes in Jes 26,14 und des Blühens und Verwelkens in Hi 14,2) oder eine Geschichte in einem Satz zu schildern (etwa die Unterdrückung der Israeliten in Ägypten, ihre Entlassung und ihr Fortgehen in 1Sam 6,6). Vgl. auch 1Kön 12,20; 2Kön 12,22; Ps 78,59; Jes 26,14; Ez 3,14 und 16,7.

[148] Vgl. auch *Neumann*, VT 1973, 216.

[149] Vgl. Jes 22,13; 35,10; 51,3.11; Jer 7,34; 15,16; 16,9; 25,10; 33,11und Est 8,16.17.

[150] Dieses Substantivpaar tritt in Jes 22,13 auf, der auf den Propheten zurückgeht und wahrscheinlich die Ereignisse nach 701 v.Chr. schildert. Vgl. *Kaiser*, Jesaja 13-39, 113f.

[151] Vgl. *Thiel*, Redaktion von Jeremia 1-25, 196, und *Wanke*, Jeremia 1, 156.

nämlich, daß das innere Verhältnis des Propheten zum Gotteswort in einem Begriffspaar mit unverkennbar gesellschaftlichen Konnotationen[152] zum Ausdruck gebracht wird, wird zu verstehen gegeben, daß das Wort bzw. das Amt, in dem der Prophet steht, in seinem Leben an die Stelle der vom gesellschaftlichem Leben gewährten Freude getreten ist.

Die in V. 16a zum Ausdruck kommende willige Aufnahme des Gotteswortes und das daraus gewachsene innere Verhältnis des Propheten zu seinem Amt hat die Funktion, seine Unschuld zu beweisen. Was besagt der durch כי eingeleitete V. 16b?

Durch die bekannte Formel קרא שם על bringt V. 16b die Zugehörigkeit[153] des Betenden zu JHWH zum Ausdruck. Hiermit wird der Akzent von dem Amt des Propheten wieder einmal, wie bei V. 15, auf die Beziehung des Betenden zu JHWH verlegt[154]. Über diese Tonverschiebung hinaus fällt auf, daß diese sonst kollektiv gebrauchte oder auf Institutionen verwendete Formel hier einmalig auf eine Einzelperson angewandt wird[155]. Ihre Funktion als Begründung ist ebenfalls seltsam. Sie tritt nämlich im Jeremiabuch durchweg in Scheltreden[156] und Gerichtsankündigungen[157] auf. Als Beweggrund wird sie in den beiden jüngeren Belegen Jer 14,9 und Dan 9,19 in einer Klage gebraucht. Die einmalige Anwendung der Formel קרא שם על auf eine Einzelperson sowie ihre nur in der jüngeren Literatur belegte begründende Funktion legen den sekundären Charakter von V. 16b nahe. Da diese Formel innerhalb von Jer 14 - 15 in der exilisch/nachexilischen Volksklage Jer 14,8-9 auftritt[158], stellt sie in Jer 15,16b einen redaktioneller Eintrag dar, mit Hilfe dessen die Klage des Volkes und des Propheten miteinander verbunden worden sind.

---

[152] Das Wortpaar ist auch in Ps 51,10, in einem individuellen Klage- und Bittlied aus der exilisch-nachexilischen Zeit, belegt (zur Datierung von Ps 51 vgl. *Spieckermann*, Heilsgegenwart, 247, Anm. 22, und *Kraus*, BK XV/1, 384), aber auch hier hat es (kult)gemeinschaftliche Bedeutung, zumal „der Psalmist an die תרועה des Dankfestes, der תודה", denkt (*Kraus*, BK XV/1, 388).

[153] Vgl. *Boecker*, Redeformen, 166ff.

[154] *Ittmann*, Konfessionen, 171, meint, daß mit dieser Formel „der einzig legitime Tatbestand über alle Verträge hinaus postuliert" und dadurch die Rechtsformel zur Herrschaftsformel wird. Die durch diese Formel artikulierte Beziehung zwischen JHWH und Jeremia definiert er als eine „gegenseitige Abhängigkeit": „Der Prophet kann trotz aller Anfechtungen mit dem unverfügbaren Wort leben, weil er sich von der Verpflichtung Jahwes ihm gegenüber gehalten weiß. Andererseits: Empfängt Jeremia eine Botschaft, dann wird er an Jahwes Bekenntnis zu ihm erinnert". Ein solches gegenseitiges Abhängigkeitsverhältnis kann aber dem Text kaum entnommen werden.

[155] Vgl. *Bak*, Klagender Gott, 144, und *Wanke*, Jeremia 1, 155.

[156] Vgl. Jer 7,10.11.30 und 32,34.

[157] Vgl. Jer 7,14; 25,29.

[158] Vgl. Jer 14,9b$_2$.

In der formgeschichtlichen Beurteilung von V. 17 zeigen sich in der neueren Forschung Divergenzen: Dieser Vers wird für eine Klage[159], eine Unschuldsbeteuerung[160], für beides[161] oder für ein Konglomerat verschiedener Elemente der Klagepsalmen[162] gehalten. Um seine Funktion innerhalb der Prophetenklage Jer 15,10-21 zu bestimmen, untersuchen wir V. 17 zunächst hinsichtlich seiner Verfasserschaft und seiner Aussageabsicht.

V. 17 besteht aus einer negativen (V. 17a) und einer positiven Aussage (V. 17b). Die positive Aussage in V. 17b enthält einen doppelten Kausalsatz, wobei der erste Satz durch מפני[163], der zweite durch כי eingeleitet wird und der zweite den ersten erklärt. Ein solcher doppelte Kausalsatz ist in der prophetischen Literatur neben Jer 38,7-13 nur noch in der prophetischen Klage Jer 13,17 belegt. In der Gebetsliteratur tritt er in der vorexilischen klagenden Partie von Ps 102 (VV. 1-12)[164] auf[165]. Zu dieser Stelle weist Jer 15,17b dadurch eine besondere Nähe auf, daß er die mit der Wurzel בדד ausgedrückte Einsamkeit des Betenden[166] auf den durch das Nomen זעם bezeichneten Zorn JHWHs zurückführt[167]. Diese Nähe erklärt sich am besten durch die Anlehnung an das vorexilische Klagelied des einzelnen. Für diese Annahme spricht das selbständige Umgehen mit dem Nomen זעם: Während es in der Notschilderung Ps 102,4-12 den die Krankheit herbeiführenden Zorn Gottes bezeichnet, steht es in Jer 15,17b für den Strafwillen

---

[159] Vgl. *Ittmann*, Konfessionen, 159, *Koch*, Formgeschichte, 210ff, *Schreiner*, Jeremia 1-25,14, 102, und *Wanke*, Jeremia 1, 155.

[160] Vgl. *Carroll*, Jeremiah, 331, *Holladay*, Jeremiah 1, 451, *Hubmann*, Untersuchungen, 278, und *Reventlow*, Liturgie, 223.

[161] *Craigie / Kelley / Drinkard*, Jeremiah 1-25, 211, meinen, daß „(t)hese two interpretations are not necessarily mutually exclusive. Jeremiah could have found that his prophetic vocation prevented him from being a normal man and in fact brought rejection by his people. He could have recognized these results of his calling as indicative of his innocence".

[162] *Bak*, Klagender Gott, 146.

[163] Dieser präpositionale Ausdruck hat in der Prophetenliteratur eine „lokale" Bedeutung und steht in der Beschreibung des Verhaltens des einzelnen Menschen oder des Volkes „vor" einer bedrohenden oder gewaltigen Macht. Nur im Jeremiabuch tritt er in der Begründung des Gerichts auf, welches das Volk „wegen" seiner Sünde trifft.

[164] Für die Datierung vgl. *Spieckermann*, Heilsgegenwart, 247, Anm. 22. *Kraus*, BK XV/2, 695, versteht dagegen den ganzen Psalm aus der exilisch/nachexilischen Zeit.

[165] Vgl. auch Ex 9,11; 1Kön 8,11=2Chr 5,14 und Ps 38,4f.

[166] In Ps 102,8 steht die pt.-Form des Verbs בדד, in Jer 15,17aα das Nomen בדד.

[167] Wegen der inhaltlichen und terminologischen Nähe zwischen Jer 15,17b und Ps 102,1-12 können wir gegenüber *Bak*, Klagender Gott, 146, den Sprachgebrauch von V. 17 keineswegs als kollektiv bezeichnen.

JHWHs, der den Propheten erfüllt hat[168]. Aufgrund dieser Beobachtungen ist anzunehmen, daß V. 17 in Anlehnung an das Klagelied des
einzelnen von dem Propheten Jeremia verfaßt wurde.
Diese Annahme erhärten die Berührungen zwischen dem vorexilischen
individuellen Klagelied Ps 26,4f[169] und der negativen Aussage in V.
17a (vgl. Tabelle).

Ps 26,4f    לא־ישבתי עם־מתי־שוא ועם נעלמים לא אבוא
שנאתי קהל מרעים ועם־רשעים לא אשב

Jer 15,17a        לא־ישבתי בסוד משחקים ואעלז

Diese offenkundigen Berührungen lassen auch in bezug auf V. 17a an
eine Anlehnung an das vorexilische Klagelied des einzelnen schließen.
Die Verwendung des in der vorexilischen Individualklage[170] Ps 28 (V.
7) auftretenden Verbs עלז legt zunächst die Wahrscheinlichkeit dieser
Verfahrensweise nahe. Das singuläre Auftreten des Verbs ישב innerhalb des Jeremiabuches in einem perfektisch formulierten negierten
Verbalsatz[171] sowie der vorexilische gruppenspezifische Gebrauch des
Nomens סוד[172] gegenüber seinem religiös-kultischen Gebrauch der exilisch-nachexilischen Zeit[173] beweisen dann, daß der Prophet sich der
Klagesprache bedient hat. Aufgrund dieser Beobachtungen können wir
annehmen, daß V. 17a wie V. 17b von dem Propheten in Anlehnung
an das vorexilische Klagelied des einzelnen verfaßt wurde.
Nachdem die obige Analyse die jeremianische Verfasserschaft von V.
17 erschlossen hat, fragen wir im folgenden nach seiner Aussageabsicht. Dabei gehen wir von der Beobachtung hinsichtlich der Satzkonstruktion beider Halbverse aus: Sie enthalten je einen zusammengesetzten Verbalsatz, in dem das zweite Satzglied (V. 17aβ.bβ) das erste
(V. 17aα.bα) näher auslegt und bestimmt. Die strukturelle Ähnlichkeit
zwischen V. 17a und V. 17b weist auf eine bewußte Formulierung hin
und bestätigt dadurch unsere Auffassung über die jeremianische Verfasserschaft des ganzen Verses. Die den beiden Halbversen zugrundeliegende Satzkonstruktion spielt für das Verständnis der in der For-

---

[168] Vgl. Jer 6,11 Jer 23,9, wo in einem V. 17b ähnlichen doppelten Kausalsatz, in
dem die einzelnen Sätze jeweils durch מפני eingeleitet werden, die „Betrunken-
heit" des Propheten auf „JHWH und sein heiliges Wort" zurückgeführt wird.
[169] Vgl. *Spieckermann*, Heilsgegenwart, 252.
[170] Vgl. *Spieckermann*, ebd.
[171] Das negierte Verb ישב dient im Jeremiabuch durchweg zur Charakterisierung
des unbewohnten Landes oder der unbewohnten Stadt (vgl. Jer 2,6; 6,8; 17,6; 22,6;
49,18.33; 50,13.39.40 und 51,43).
[172] Vgl. *Fabry*, ThWAT V, 777f.
[173] Das Nomen bezeichnet die religiös-kultische Gemeinschaft (Ps 25,14; 55,15;
111,1) oder die Schar der Bösen (Ps 64,3; 83,4).

schung unterschiedlich interpretierten Formulierungen סוד־משׂחקים[174] in
V. 17a₁, מפני ידך und ישׁב בדד[175] in V. 17bα eine wichtige Rolle: Die
Waw-Imperfekt-Form ואעלי in V. 17a₂ legt nämlich als beigeordneter
Finalsatz die Tätigkeit der zum „Kreis der Fröhlichen" Gehörenden
dar, und der mit כי eingeleitete Satz in V. 17bβ erläutert den mit מפני
eingeleiteten ersten Kausalsatz in V. 17bα. Da der Kontext des Verbs
עלז an dieser Stelle keine negativen Akzente setzt, ist auch hier von einer positiven Wertung auszugehen[176]. So bezeichnet die Constructusverbindung סוד־משׂחקים das fröhliche Zusammensein als Form des judäischen gesellschaftlichen Lebens, aus dem der Prophet ausgeschlossen
ist[177]. In V. 17bβ wird durch das Nomen זעם[178], welches die Formulierung מפני ידך in V. 17bα deutet, deutlich gemacht, daß die Ursache der
Einsamkeit des Propheten in seiner Gerichtsverkündigung liegt[179].
Demzufolge drückt V. 17 zunächst in seiner negativen Aussage (V.
17a) die Isolation des Propheten in der Gesellschaft aus. Danach bezeichnet er in seiner positiven Aussage (V. 17b) die Isolation als eine
prophetische Existenzform, die von JHWH auferlegt[180] und von dem
Propheten – nach der negativen Aussage in V. 17a – akzeptiert wurde.
Auf diese Weise beweist V. 17 die Unschuld des Propheten und ordnet

---

[174] *Bak*, Klagender Gott, 145, denkt allgemein an die judäische Gesellschaft. Vgl.
auch *McKane*, Jeremiah I, 353f, und *Rudolph*, Jeremia, 99. Der Constructusverbindung mißt *Ittmann*, Konfessionen, 158, eine spezifischere Bedeutung zu, indem
er an den intimen „Schutzraum zur Aufarbeitung persönlicher Ängste" denkt. Vgl.
auch *Schreiner*, Jeremia 1-25,14, 102. *Holladay*, Jeremiah 1, 459, und *Hubmann*,
Untersuchungen, 278ff, identifizieren den סוד־משׂחקים mit den Heilspropheten. *Reventlow*, Liturgie, 223, dagegen sieht hier den Ausdruck der „boshaften Zusam-
menrottung".
[175] *Bak*, Klagender Gott, 145f, sieht in dieser Formulierung den Ausdruck der „Erfahrungen des Volkes ..., das vom Gericht Jahwes betroffen ist". *Ittmann*, Konfessionen, 159, interpretiert sie als „Ausschluß aus der Gesellschaft". *Reventlow*, Liturgie, 224, verweist auf Lev 13,46 und versteht das „Allein-Sitzen" als Ausdruck
der Krankheit. Ebenso *Wanke*, Jeremia 1, 155. *Craigie / Kelley / Drinkard*, Jeremiah 1-25, 211, meinen: „Jeremiah had become a social leper, an outcast among his
own people".
[176] Vgl. *Vanoni*, ThWAT VI, 129.
[177] Ez 13,9 bezeichnet mit סוד ebenfalls eine Gemeinschaft, aus der die Propheten
ausgeschlossen werden.
[178] Vgl. *Wiklander*, ThWAT II, 625.
[179] Vgl. *Hubmann*, Untersuchungen, 278, *Ittmann*, Konfessionen, 159, *McKane*,
Jeremiah I, 354f, *Rudolph*, Jeremia, 99, und *Schreiner*, Jeremia 1-25,14, 102. *Holladay*, Jeremiah 1, 460, *Reventlow*, Liturgie, 224f, und *Wanke*, Jeremia 1, 155,
denken dagegen an eine Krankheit. *Bak*, Klagender Gott, 145f, sieht die Ursache
der (auf das Gottesvolk bezogenen) Isolation in dem vollzogenen Gericht. Dagegen spricht aber Jes 30,27, wo das Verb מלא mit dem Nomen זעם nicht auf das vollzogene, sondern auf das bevorstehende Gericht hinweist. Auch Jer 6,11 ist in diesem Sinne zu verstehen.
[180] Im Gegensatz zu Ps 26,4f handelt es sich hier nicht um das Sich-Abgrenzen des
Propheten. Seine Einsamkeit ist die Folge seiner Verkündigung.

sich in die Reihe der in VV. 10.16 formulierten Unschuldsbeteuerungen ein. Immerhin läßt V. 17 auch klagende Töne hörbar werden – vor allem, wenn man von den in V. 16a formulierten prophetischen Erfahrungen herkommt –, indem er durch den Gedanken des Sich-Fügens des Propheten auf die Mühe aufmerksam macht, die ihm die gesellschaftlichen Folgen der Gerichtsverkündigung bereitet haben[181]. V. 17 leitet so zu der Klage in V. 18 über und bereitet die das Verhältnis des Propheten zu seiner Umgebung thematisierende Antwort JHWHs in V. 19 vor.

Der Prophet findet den Grund seines Leidens weder in seinem Verhältnis zu den Mitmenschen (V. 10b), noch in seiner Beziehung zu seinem Amt (V. 16 Wortempfang und V. 17 Isolation als prophetische Existenzform) und zum Herrn. Es ist ein Leiden ohne irgendeinen Grund, und die Tatsache, daß ein Ende nicht in Aussicht[182] ist, macht es unerträglich. Es kann uns nicht verwundern, daß hier die „Warum-Frage" laut wird und anklagende Töne gegenüber Gott[183] in den Vordergrund treten. Diese Frage ist der Ausdruck der Unbegreiflichkeit: Warum das ständige Leiden, wenn es keinen Grund dafür gibt? Sie ist aber viel mehr, nämlich die Frage nach dem wahren Grund des Leidens.

Die Klage des Propheten besteht aus einem zusammengesetzten Fragesatz (V. 18a.bα), den die Fragepartikel למה, und aus einem Aussagesatz, den die figura etymologica היו תהיה einleitet.

V. 18a.bα erweckt durch die Warum-Frage und das am meisten in den Psalmen belegte Nomen נצח auf den ersten Blick den Eindruck, daß er die Sprache der (exilisch/nachexilischen)[184] Psalmen spricht. Bei näherem Zusehen stellt sich jedoch die eigentümliche Terminologie dieses Versteiles heraus, die sich einerseits in seiner Abweichung von den Psalmbelegen, andererseits durch seine Beziehung zu den jeremianischen Sprüchen zeigt.

Das Nomen נצח bezieht sich in den Psalmen auf das Verhalten JHWHs dem einzelnen[185] und seinem Volk[186] gegenüber, auf sein Wohnen in Ewigkeit[187], auf das Denken und Verhalten der Gottlosen[188] und des Feindes[189] sowie auf dessen endgültige Beseitigung[190], jedoch nie auf

---

[181] Es ist jedoch fraglich, ob wir in V. 17 schon von einer Klage über Gott sprechen können, wie *Bak*, Klagender Gott, 146, es meint.

[182] Vgl. die eigenartige Häufung der Leidensbegriffe (מכה und כאב) und die Hervorhebung ihrer Dauer.

[183] Vgl. *Westermann*, Lob und Klage, 141.

[184] Vgl. etwa Ps 44,24; 74,19.

[185] Vgl. Ps 9,19 und 103,9 (Vertrauensäußerung); Ps 13,2 (Klage).

[186] Vgl. Ps 44,24; 77,9; 79,5 und 89,47 (Frage) sowie Ps 74,19 (Bitte).

[187] Vgl. Ps 68,17.

[188] Vgl. Ps 10,11.

[189] Vgl. Ps 74,10.

[190] Vgl. Ps 9,7 und 52,7.

eine Not. Der einmalige Gebrauch dieses Nomens für die Charakterisierung einer persönlichen Notlage in V. 18a weist auf seinen selbständigen, von den Psalmen unabhängigen Gebrauch hin. Diese Annahme erhärtet das Auftreten des in den Psalmen völlig fehlenden Adjektivs אנוש von V. 18 aβ. Da dieses spärlich belegtes Adjektiv und die ihm in der Bedeutung nahestehende qal-pt.pass.-Form des Verbs אנש meistens in vorexilischen Prophetensprüchen belegt sind[191], legt sich der prophetische Charakter der Warum-Frage in V. 18a.bα nahe. Ihn bestätigt das Auftreten des im Jeremiabuch, und zwar meistens in den jeremianischen Sprüchen[192], belegten Nomens מכה in V. 18aβ.

Ähnliches läßt sich auch bei dem Aussagesatz in V. 18bβγ beobachten. Die figura etymologica stellt nämlich ein beliebtes Stilmittel Jeremias dar, mit dessen Hilfe der Prophet den rettenden Eifer JHWHs für sein Volk (6,9), die Unbußfertigkeit (6,15=8,12) sowie die totale Verdorbenheit des Volkes (Jer 3,1) und dessen Mitgliedern (9,3), seine (13,17) und JHWHs (31,20) tiefe Trauer um sein Volk und die Verwünschung seiner Geburt (20,15) zum Ausdruck bringt. Durch den Ausdruck אכזב מים לא נאמנו nimmt der Prophet auf die Selbstbezeichnung JHWHs מקור מים חיים in Jer 2,13baα Bezug und charakterisiert ihn so, wie einst JHWH die Götzen beschrieben hat: לא יכלו המים. Jeremia erfährt das Gegenteil dessen, was er von JHWH verkündet hat. Hiermit hat die Klage ihren Tiefpunkt erreicht.

Der selbständige Gebrauch des Nomens נצח in Jer 15,18a.bα, der Stil der figura etymologica in V. 18bβγ sowie die mehrfachen Berührungen von V. 18 mit den jeremianischen Sprüchen lassen die Schlußfolgerung zu, daß V. 18 von Jeremia durch die Aufnahme der Terminologie der Gerichtsverkündigung und der Prophetenklage verfaßt wurde und den organischen Teil seiner Klage darstellt. In diesem Vers führt er die in V. 10 angefangene Schilderung der Not steigernd weiter, indem er – nach ihrer räumlichen Gesamtheit[193] – durch das Nomen נצח ihr zeitliches Fortdauern betont und nach der unbeschränkten menschlichen Feindschaft[194] durch das Bild des unzuverlässigen Baches auf seine Enttäuschung über JHWH hinweist.

Die Antwort auf die Klage stellen VV. 19-21 dar. Innerhalb dieser Passage ist zwischen der bedingten Zusage von V. 19, in dem der Prophet als aktives Subjekt auftritt, und der unbedingten Zusage JHWHs von VV. 20-21, wo der Angesprochene als Objekt erscheint, eine lite-

---

[191] Vgl. Jer 17,16 und Mi 1,9. Unser Vers steht auch Jer 30,12.15 nahe. Diese Nähe wird durch die jeremianische Verfasserschaft (vgl. *Schreiner*, Jeremia 25,15-52,34, 178) oder durch das Schöpfen aus älteren Sprüchen (vgl. *Schmid*, Buchgestalten, 143f) erklärt.

[192] Vgl. Jer 6,7; 10,19(?); 14,17. Zu Jer 30,12.14 s.o. Anm.191.

[193] Vgl. die Formulierungen לכל-הארץ in V. 10aβ.

[194] Vgl. die Formulierung 'כלהם קללוני' in V. 10b₂.

rarische Spannung zu beobachten[195], die VV. 20-21 als sekundär ausweist. Aufgrund dieser Beobachtung untersuchen wir zunächst V. 19
und anschließend VV. 20-21.

V. 19 enthält neben der für die Gerichtsankündigung charakteristischen Einleitung לכן כה אמר יהוה in V. 19a$\alpha_1$ zwei parallele Bedin-
gungssätze[196] (V. 19a$\alpha_{2.3}$ und V. 19a$\beta$) und eine Aufforderung (19b).
Die Bedingungssätze legen in ihrem Vordersatz durch das Motiv des
Zurückkehrens zu Gott zunächst die Zerstörung der Prophet-JHWH-
Beziehung durch die Klage klar und fordern anschließend durch das
Motivpaar „Wertvoll - Verachtet" den Propheten auf, von seinen Aussagen Abstand zu nehmen. In ihrem Nachsatz stellen sie dann mit Hilfe der Formulierung עמד לפני[197] und היה כפי die Wiedereinsetzung des
Propheten in sein Amt in Aussicht. Demzufolge geht V. 19a auf die
Klage des Propheten nicht ein, sondern bemüht sich darum, den durch
die Klage verursachten Schaden zu beheben. Bei V. 19b scheint es jedoch anders zu sein. Durch die Gegenüberstellung des Propheten und
seiner Hörer sowie durch die Warnung an den Propheten, sich zu ihnen
zu kehren, greift dieser Vers auf das Thema der Einsamkeit in V. 17
zurück. Durch die Thematisierung der Einsamkeit in einer Warnung
wird einerseits zugegeben, daß sie weiterhin eine besondere Gefahr
darstellt, andererseits wird zum Ausdruck gebracht, daß sie unlöslich
zu der prophetischen Existenz gehört und einen ihrer wichtigen Aspekte verkörpert. Die Einsamkeit ist die einzige Möglichkeit, die Verlassenheit JHWHs vor dem Volk nachzuzeichnen und das Gewissen des
ungehorsamen Volkes durch den kritischen Abstand ihm gegenüber als
eine Chance zur Umkehr wachzuhalten. Das Heraustreten aus der Isolation und das „Sich-zum-Volk-Kehren" wäre nichts anderes als das
Verspielen dieser Chance. In diesem Sinne ist das Leiden des Propheten kein Leiden *wegen* etwas, sondern ein Leiden *um* etwas: ohne rati-
onalen Grund, aber mit einem deutlichen *Ziel* und *Sinn*.

Der erste Vers der unbedingten göttlichen Zusage in VV. 20-21, V. 20,
weist enge Berührungen mit Jer 1,8.18-19 auf. Diese Berührungen
wurden in der neueren Forschung meistens auf eine literarische Abhängigkeit zwischen beiden Texten zurückgeführt, wobei die Frage,
wo dieser Text ursprünglich sei, unterschiedlich beantwortet wurde:
Während einige Forscher an eine Übernahme aus der Konfession in
den Berufungsbericht denken[198], nehmen die anderen einen umgekehr-

---

[195] *Hubmann*, Untersuchungen, 290-293. Vgl. auch *Holladay*, Jeremiah 1, 465.
[196] Einen ähnlichen Aufbau trifft man auch in Jer 4,1 an.
[197] Für עמד לפנה vgl. auch Jer 18,20.
[198] Vgl. *Ittmann*, Konfessionen, 184, und *Thiel*, Redaktion von Jeremia 1-25, 77.
Eine Zurückwirkung von VV. 20-21 nimmt auch *Schreiner*, Jeremia 1-25,14, 102,
an.

ten Weg an[199]. Weil diese Frage in der Funktionsbestimmung von VV. 20-21 innerhalb der Konfession eine wichtige Rolle spielt, versuchen wir, sie zu klären. Dabei gehen wir von einem Vergleich von Jer 15,20 mit 1,18-19 aus, und anschließend untersuchen wir Jer 15,20 hinsichtlich seiner Terminologie.

Über die Entsprechungen sowie Abweichungen zwischen den beiden Texten gibt die folgende Tabelle eine gute Übersicht[200]. Die Abweichungen lassen sich folgendermaßen zusammenfassen: Während Jer 1,18a$_3$.b die Gegner des Propheten durch den globalen Ausdruck על־כל־הארץ und durch die Aufzählung von verschiedenen Gruppen kennzeichnet, weist 15,20aα nur die Bezeichnung העם הזה auf; anstelle von drei Metaphern in Jer 1,18a$_2$ wird die Standfestigkeit des Propheten in 15,20aα mit Hilfe von nur einer Metapher ausgedrückt; der Beistandsformel folgt in Jer 1,19b ein einfacher, in 15,20b ein zusammengesetzter Finalsatz.

| Jer 1,18-19 | Jer 15,20 |
|---|---|
| ואני הנה נתתיך היום | ונתתיך לעם הזה |
| לעיר מבצר ולעמוד ברזל ולחמות נחשת | לחומת נחשת בצורה |
| על־כל־הארץ | |
| למלכי יהודה לשריה לכהניה ולעם הארץ | |
| ונלחמו אליך ולא־יוכלו לך | ונלחמו אליך ולא־יוכלו לך |
| כי־אתך אני נאם־יהוה להצילך | כי־אתך אני להושיעך ולהצילך נאם־יהוה |

Die bündige Formulierung von Jer 15,20 im Vergleich mit 1,18-19 läßt sich sowohl durch seinen Vorlagecharakter als auch durch die Zusammenfassung der breiteren Formulierung in Jer 1,18-19 erklären. Gehen wir davon aus, daß Jer 1,18-19 als Vorlage gedient hat und die bündige Formulierung von 15,20 auf die Zusammenfassung des langatmigen Textes Jer 1,18-19 zurückgeht, so verwundert das Ersetzen der Formulierung על־כל־הארץ aus 1,18a durch den Ausdruck העם הזה in 15,20, da diese die Antwort JHWHs mit der Klage des Propheten stichwortartig (vgl. לכל־הארץ in V. 10aβ) glänzend hätte verbinden können. Das Fehlen dieser Formulierungen legt die Annahme nahe, daß Jer 15,20 sich nicht aus Jer 1,18f nährt. Umgekehrt ist die Erklärung Hubmanns für den Gebrauch des Ausdrucks העם הזה, daß das Volk „als g a n z e s nunmehr Gegner Jeremias und nicht nur eine Gruppe"[201] ist, auch nicht zwingend, da sich die Aufzählung der Stände in Jer 1,18f durch den Ouvertüre-Charakter des Berufungsberichtes gut erklären läßt.

Um zu einer vertretbaren Folgerung zu kommen, untersuchen wir Jer 15,20 hinsichtlich seiner terminologischen Beziehungen zu den anderen Teilen des Jeremiabuches. Dabei fällt auf, daß die Bezeichnung העם

---

[199] Vgl. *Hubmann*, Untersuchungen, 292, *Levin*, Verheißung, 151, Anm. 8, und *Wanke*, Jeremia 1, 152.

[200] Vgl. auch *Ittmann*, Konfessionen, 182-184.

[201] *Hubmann*, Untersuchungen, 299.

הזה neben der Gerichtsverkündigung des Propheten[202], den Fürbittstellen[203] und der Auseinandersetzung mit den Heilspropheten[204] nur noch in der Leidensgeschichte Jeremias begegnet[205]. Da es sich bloß um zwei Belege handelt, sollten wir diesem Tatbestand keine allzu große Bedeutung beimessen. Sie zu ignorieren, hindert uns jedoch eine weitere Beobachtung: An unserer Stelle tritt das Verb ישע auf, welches neben den Stellen der Götzenpolemik[206] hauptsächlich in den Heilsverheißungen des Jeremiabuches auftritt[207], wo es die Rettung aus der *Gefangenschaft* bezeichnet. Der Gebrauch dieses Verbs in unserem Vers erklärt sich folglich am besten mit der Einkerkerungserfahrung des Propheten. Aufgrund dieser Beobachtungen können wir mit einiger Sicherheit annehmen, daß V. 20 einen Zuspruch JHWHs aus der Zeit der Leidensgeschichte Jeremias darstellt, dessen Terminologie sich nicht durch die bewußte Abwandlung des vorgegebenen Spruches Jer 1,18-19, sondern durch den geschichtlichen Hintergrund erklärt. Er könnte gerade wegen dieses seinen Hintergrundes, der Hervorhebung der Unbesiegbarkeit des Propheten sowie der Beistandsverheißung JHWHs als Antwort auf die Klage des Propheten über sein ewiges Leiden, unheilbare Wunde und erschreckende Gotteserfahrung in V. 18, der Prophetenklage zugefügt worden sein. Dies könnte recht früh nach der Zerstörung Jerusalems und der Deportation geschehen sein. Demzufolge stellt V. 20 einen selbständigen Spruch dar, der mehrfach verwendet wurde. Seine letzte Ausprägung erhielt er durch die Aufnahme in den Berufungsbericht Jer 1.

V. 21 enthält einen synthetischen Parallelismus, der zwar durch das Verb נצל in seinem ersten Glied mit dem vorausgehenden V. 20 verbunden ist, sich jedoch von ihm durch die Darstellung der Gegner als einzelne Gruppen mit Hilfe der Pluralformen רעים und ערצים deutlich abhebt. Gleichzeitig steht er dem nachexilischen V. 15 nahe, der die Gegner des Beters durch die qal-pt.-Form des Verbs רדף bezeichnet. Daher ist er demselben Redaktor zuzuschreiben, aus dessen Hand auch V. 15 stammt. Diese Annahme wird durch die deutliche Nähe von V. 21 zu der exilisch/nachexilischen Weisheitsliteratur erhärtet: Die Nomina יד und כף als Bezeichnung der feindlichen Gewalt treten gemeinsam in dem nachexilischen Ps 71 (V. 4)[208] auf, die Plural-Form des Adjektivs עריץ ist zusammen mit dem Verb פדה in einem ähnlichen

---

[202] Vgl. etwa Jer 4,11; 5,14.23; 6,19.21; 7,33; 8,5; 9,14; 13,10; 14,10; 15,1; 16,5; 19,11; 21,8 und 23,32.33.
[203] Vgl. Jer 7,16; 11,14; 14,11.
[204] Vgl. Jer 27,16; 28,15 und 29,32.
[205] Vgl. Jer 37,18 und 38,4.
[206] Vgl. Jer 2,27.28 und 11,12.
[207] Vgl. Jer 23,6; 30,7.10.11; 31,7; 33,16; 42,11 und 46,27.
[208] Vgl. *Kraus*, BK XV/1, 490.

Parallelismus in Hi 6,23 belegt[209]. In diese Richtung verweist auch die enge Beziehung von V. 21 zu dem exilisch/nachexilischen Vers Jer 31,11.

## 4. Bilanz

Durch die Analyse der einzelnen Verse hat sich die Konfession Jer 15,10-21 als ein mehrschichtiger Text ausgewiesen. Ihr liegt eine auf Jeremia zurückgehende Prophetenklage in VV. 10.15aα$_1$.16a.17-18 mit einer göttlichen Antwort in V. 19 zugrunde, in der das prophetische Amt und dessen Folgen zentral stehen. Diese Klage fängt mit einem Klagegeschrei (V. 10aα.β$_1$) an, welches dem Einblick in die auf den Propheten lauernde Gefahr (V. 10b$_2$) entsprungen ist. Mit Hilfe der sprichwörtlichen Formulierung in V. 10aβ beschreibt der Prophet sich selber als einen Rechtsgegner und drückt auf diese Weise aus, daß die Gefahr, in der er steht, die Folge seiner Gerichtsverkündigung darstellt. Um dies zu beweisen, führt Jeremia sein einwandfreies zwischenmenschliches Verhalten (V. 10aβ$_2$), seine Bereitschaft, das ihm zuteil gewordene Gotteswort aufzunehmen, sowie sein inniges Verhältnis zu diesem Gotteswort (V. 16a) und schließlich das Akzeptieren der von JHWH auferlegten Einsamkeit als prophetische Existenzform (V. 17) an. Nachdem der Prophet seine Unschuld bewiesen hat, läßt er eine harte Klage anklingen (V. 18). Die Klage beschreibt in V. 19a die Allgemeinheit der Not mit Hilfe von zeitlichen Kategorien und betont auf diese Weise, nachdem ihr umfassender Charakter in V. 10 durch Ausdrücke der Gesamtheit artikuliert worden war, ihre Dauerhaftigkeit. Zugleich bereitet sie durch die Begriffe der Verwundung und Heilung die in V. 19b laut werdende Anklage JHWHs vor. Die göttliche Antwort weist zunächst den Propheten zurecht (V. 19a), indem sie auf die durch die Klage des Propheten verursachte Aufhebung des Prophet-JHWH-Verhältnisses und die Absetzung des Propheten hinweist. Anschließend geht sie auf das Problem der Einsamkeit ein und warnt Jeremia, aus ihr herauszutreten (V. 19b). Die rekonstruierte Prophetenklage erweist sich auf diese Weise als terminologisch, strukturell und inhaltlich einheitlich und geschlossen. Diese Prophetenklage erfuhr in der frühen Exilszeit durch die Hinzufügung des selbständigen Prophetenspruches V. 20 eine erste, ab-

---

[209] Diese Nomina treten meistens in der exilisch/ nachexilischen Weisheitsliteratur auf (vgl. Hi 35,12 und Ps 35,37 sowie Hi 15,20; 27,13; Ps 37,35) auf. Das Nomen קָצף ist in den Psalmen als Bezeichnung der feindlichen Gewalt nicht weiter belegt. Im Jeremiabuch steht es in 12,7 in einer Gottesklage, hat aber keine individuelle, sondern kollektive Konnotationen. In der nachexilischen Literatur dient es zur Bezeichnung JHWHs als den Feind Hiobs (Hi 13,21) bzw. der feindlichen Macht, aus der JHWH die Heimgekehrten gerettet hat (Esr 8,31).

schließende Erweiterung[210]. Der Bearbeiter stellte der Klage über die
ständige Not (V. 19a) die Zusage JHWHs und der tiefen Glaubenskrise
(V. 19b) die Beistandsverheißung entgegen. Ein weiterer Bearbeiter
ergänzte die Reihe der Unschuldsbeteuerungen mit dem Element der
Fürbitte durch die Eintragung von V. 11. Die in V. 20 stehende Metapher der eisernen Mauer und die harte Verurteilung des ganzen Volkes
könnten den exilischen Verfasser dazu veranlaßt haben, die nach dem
Geschick des gerichteten Volkes fragenden VV. 12-14 in die erweiterte Prophetenklage einzufügen. Dabei änderte er die die Unschuldsbeteuerung von V. 10 fortsetzende Propheten-Rede von V. 11 durch das
Korrigieren von אמן in אמר in eine JHWH-Rede um. Diese (spät)exi-
lische Fassung der Konfession enthielt nur prophetische und kollektive
Elemente. Erst in der nachexilischen Zeit, als die Konfession durch die
Hinzufügung von V. 15aα$_{2-3}$.β.b und V. 21 ihre endgültige Form erhielt, sind die individuellen und psalmartigen Elemente hinzugekom-
men.

Neben diesen Bearbeitungsschichten hat die Analyse V. 16, der die
Formel קרא שם על aufweist, als eine redaktionelle Ergänzung erkannt,
mit Hilfe derer die Konfession mit der Klage des Volkes Jer 14,8-9
verbunden wurde. Darüber hinaus wurden die Objektangabe את־האיב
von V. 11b sowie die Wortverbindung ברזל מצפון in V. 12 als auf den
Feind aus dem Norden verweisende, präzisierende Ergänzungen erkannt.

Das in dem der Analyse vorausgeschickten kurzen Forschungsüberblick hervorgehobene Nebeneinander von Individuellem und Kollektivem ist nach dem Ergebnis der Untersuchung der Konfession eigentlich als ein Nacheinander, als etwas Gewachsenes zu verstehen. Die
Spannung zwischen Individuellem und Kollektivem wird zwar hierdurch nicht aufgehoben, jedoch erklärt. Diese Erklärung befreit uns
von dem Zwang, die von der Konfession aufgegebenen Schwierigkeiten innertextlich zu deuten, und öffnet den Weg zu einer historischen
Auslegung.

---

[210] Für die Abschlußfunktion der Formel נאם יהוה *Rendtorff*, ZAW 1962, 28.

# Dritter Teil
# Jeremia 18

Der dritte und letzte Abschnitt, den wir behandeln, stellt Kap. 18 des Jeremiabuches dar. Den nebeneinander stehenden Gottes- (VV. 13-17) und Prophetenklagen (VV. 18-23) geht der prosaisch verfaßte Bericht über den Besuch Jeremias beim Töpfer und dessen Deutung voran (VV. 1-12), den wir zuerst untersuchen.

## I. Jer 18,1-12 – Jeremia beim Töpfer

### 1. Analyse

In der Ermittlung der ersten literarischen Einheit innerhalb von Kap. 18 sowie in der Frage ihrer Herkunft zeichnen sich in der Forschung nach wie vor[1] erhebliche Differenzen ab:
H. Weippert[2] schreibt VV. 1-12 als einen Text aus einem Guß dem Propheten Jeremia zu. Weiser[3] sieht wegen des straffen und geschlossenen Aufbaus von VV. 1-11 keinen Grund, „die Echtheit der Erzählung und ihrer Deutung" in Zweifel zu ziehen. Nur V. 12 betrachtet er als eine nachträgliche Überleitung. Holladay[4] tritt ebenfalls für die jeremianische Verfasserschaft dieses Textes ein, aber er rechnet mit einer mehrstufigen Entstehung. Drinkard läßt zwar die Möglichkeit offen, daß VV. 1-12 von einem anderen Autor als Jeremia verfaßt wurden, der aber „has certainly used the language of Jeremiah to create the message"[5].

---

[1] Für die unterschiedlichen Ansichten in der älteren Forschung vgl. *Thiel*, Redaktion von Jeremia 1-25, 210f, Anm. 1-6.

[2] Vgl. *Weippert*, Prosareden, 67.

[3] Vgl. *Weiser*, Jeremia 1-25,14, 152.

[4] *Holladay*, Jeremiah 1, 514, meint: "18:1-6 would have been an early recension of the passage, and it would have extended by vv 7-11 sometime between the time of the temple sermon (the autumn of 609) and the time of the dictation of the first scroll (605/604). [...] It is proposed here that v 12 is an authentic report by Jrm, added at a later time".

[5] *Craigie / Kelley / Drinkard*, Jeremiah 1-25, 243.

Schreiner[6] und Thiel[7] schreiben nur VV. 2-6 dem Propheten zu, VV. 7-10.11-12 dagegen sehen sie als deuteronomistisch an[8]. Rudolph[9] bezeichnet VV. 1-12 als „ein Stück aus der Quelle C", dessen „Verfasser einen Selbstbericht Jer's benützt hat". Wanke[10] urteilt differenzierter, indem er VV. 2-6 als einen „nach der Gattung ‚Berichte über symbolische Handlungen' gestaltete(n) Selbstbericht Jeremias", V. 11 als eine deuteronomistische Erweiterung, VV. 7-10 als ein noch jüngeres, wahrscheinlich nachexilisches Stück und V. 12 als redaktionelle Klammer betrachtet. Brekelmans[11] beurteilt VV. 1-6.11a als eine „original saying", die „has gone through a double redaction: an exilic one which added v. 11b-12 and a post-exilic one to which we owe vv. 7-10"[12].

In der folgenden Analyse untersuchen wir zunächst die Beziehung zwischen dem Bericht Jeremias über seinen Besuch beim Töpfer (VV. 2-4) und seiner Deutung (VV. 5-6), danach die Aussageabsicht der Deutung und anschließend behandeln wir die Alternative VV. 7-10 und den Abschnitt VV. 11-12.

*a) Der Bericht Jeremias über seinen Besuch beim Töpfer und seine Deutung in Jer 18,2-6*

Aus der vorausgehenden kurzen Darstellung ist hervorgegangen, daß VV. 2-6 meistens für einen einheitlichen Text betrachtet[13] und dem Propheten Jeremia zugeschrieben[14] wird. Bei näherem Hinsehen fallen jedoch Unebenheiten auf, die gegen die Einheitlichkeit von VV. 1-6 Bedenken aufkommen lassen.

Der Ich-Bericht Jer 18,2-6 gliedert sich in zwei Unterabschnitte: in einen Befehl an den Propheten mit dessen Befolgung (VV. 2-4) und in ein von der Worteereignisformel eingeleitetes JHWH-Wort (VV. 5-6). Innerhalb des ersten Unterabschnittes fällt schon auf den ersten Blick

---

[6] Vgl. *Schreiner*, Jeremia 1-25,14, 113f.

[7] Thiel, *Redaktion von Jeremia 1-25*, 212-217.

[8] Vgl. auch Carroll, *Jeremiah*, 371-375, und McKane, *Jeremiah I*, 422f.

[9] Vgl. *Rudolph*, Jeremia, 111. *Seybold*, Der Prophet Jeremia, 140, ordnet den Abschnitt 1-12 als mögliche „erzählerische Veranschaulichung einer theologischen Erwägung", als eine „Lehr-Demonstration" (Anm. 8) in die symbolischen Handlungen ein und schreibt ihn dem Deuteronomisten zu (33).

[10] Vgl. Wanke, *Jeremia 1*, 172.

[11] Vgl. *Brekelmans*, BEThL 1981, 343-350.

[12] *Brekelmans*, BEThL 1981, 349f.

[13] *Levin*, Verheißung, 169, Anm. 65, betrachtet בחמר ביד היוצר in V. 4a sowie den in der LXX fehlenden Ausdruck בית ישראל in V. 6b als Angleichungen an das Deutewort und VV. 4b.6a als Einschübe, die mit der „geschichtstheologischen Reflexion V. 7-10" zusammenhängen.
*McKane*, Jeremiah I, 422, läßt die Frage offen, ob VV. 5-6 die ursprüngliche Interpretation von VV. 1-4 ist.

[14] *Seybold*, Der Prophet Jeremia, 138, sieht in Jeremia den Ausgangspunkt der Zeichenhandlung, aber nicht unbedingt auch den Tradenten des Selbstberichtes.

die stringente Formulierung von VV. 2-3 auf: Der Befehl und dessen Befolgung werden in zwei gleichmäßig aufgebauten Sätzen abgefaßt (V. 2a.b und V. 3a.b), die sich jeweils aus zwei *einfachen* beigeordneten Sätze zusammensetzen und durch das Waw-Imperfekt in V. 3a, durch die Kongruenz von ושמה und והנה an der Spitze von V. 2b und V. 3b sowie durch das Wiederholen des im Befehl V. 2a auftretenden Verbs ירד in V. 3a mehrfach aufeinander bezogen werden[15]. Ferner kann in diesem Text eine bewußte Anlage beobachtet werden, die in der Syntax und in der Wortwahl zutage tritt: Durch die Voranstellung des Adverbs שמה mit abgeblaßtem He locale[16] in dem invertierten Verbalsatz V. 2b wird auf den Ort aufmerksam gemacht, an dem JHWH dem Propheten sein Wort hören lassen will. Durch die beiden allgemeinen Bezeichnungen דבר mit Possessivsuffix in der ersten Person Plural[17] in V. 2b und מלאכה in V. 3b wird zugleich der Inhalt der Offenbarung und die Konkretheit des Geschehens zurückgestellt, um auf diese Weise eine gespannte Erwartung auf die göttliche Mitteilung herbeizuführen. Schließlich wird das Geschehen in V. 4 anhand des Nomens כלי bzw. כלי אחר sowie der Verben שחת und עשה in chiastischer Ordnung konkretisiert und durch das von der Wortereignisformel in V. 5 eingeleitete JHWH-Wort V. 6 gedeutet.

Angesichts der Stringenz im Satzbau und des auf Steigerung angelegten Aufbaus von VV. 2-3 fällt zunächst die Satzkonstruktion und die dadurch bewirkte zweifache Fokussierung von V. 4 auf: Er besteht, im Gegensatz zu VV. 2-3, nicht aus zwei *einfachen*, sondern aus zwei *zusammengesetzten* beigeordneten Sätzen (V. 4a₁₋₃ und V. 4bα.β), die neben dem Mißraten und Neumachen des Gefäßes auch deren *Art* – das Mißraten *in der Hand des Töpfers* (V. 4a₂) und das Neumachen *nach seinem Gutdünken* (V. 4bβ) – thematisieren. Der von der Satzkonstruktion von VV. 2-3 abweichende Satzbau sowie das Verlassen der zielstrebigen Gedankenführung in V. 4 stellt die Frage nach der Beziehung dieses Verses zu den vorausgehenden VV. 2-3.

Durch eine erste Prüfung erweist sich V. 4 als Fortsetzung von VV. 2f: Dieser Vers bezieht sich durch das Personalpronomen הוא V. 4a₂, durch das Waw-Imperfekt in der dritten Person Singular ויעשהו in V. 4bα auf den in V. 3 stillschweigend vorausgesetzten arbeitenden Töpfer und durch das dem Verb עשה angehängte Objektsuffix in der dritten Person

---

[15] Ähnlich ist Jer 13,1.2 aufgebaut, wo die Entsprechung durch die Wiederholung von קנה verdeutlicht wird.

[16] Vgl. *Jenni*, Lehrbuch, 275.

[17] דְּבָרַי wird in der Prophetenliteratur im Zusammenhang mit dem Bekanntgeben des göttlichen Wortes selten gebraucht. Wo diese Form auftritt, bezieht sie sich im Gegensatz zu der Singular-Form des Nomens דבר auf kein konkretes Gotteswort, sondern auf die Offenbarung allgemein. Nicht zufällig steht sie in dem Berufungsbericht Jeremias (Jer 1,9) und in dem „an den Knecht Gottes gerichtete[n] Gotteswort" (*Westermann*, Jesaja 40-55, 197f) Jes 51,16.

Singular maskulin auf das Gefäß. Auf diese Weise fügt sich V. 4 in
den Ich-Bericht gut ein.

Dann fällt aber das zweimalige Nennen des Töpfers in V. 4a₃ und in V.
4bβ, wobei das bestimmte Nomen היוצר aus der Constructusverbindung
בית היוצר heraustritt und sich verselbständigt, auf[18]: Eine Einführung
des Töpfers wäre in V. 3b an der Stelle von הנהו angebracht, nicht aber
in V. 4a₃ und V. 4bβ. Als ungewöhnlich wird ferner die Konstruktion
des Relativsatzes in 4a₂₋₃ empfunden: Er enthält zwei Näherbestim-
mungen, von denen die erste (אשר הוא עשה בחמר) sich auf das Gefäß, die
zweite (ביד היוצר) auf dessen Mißraten bezieht. Diese zweite Näherbestimmung klappt durch den ungewöhnlich großen Abstand zu dem Bezugswort הכלי in V. 4a merklich nach und wirkt daher deplaziert[19].

Das Nebeneinander des Rückverweises und der Neueinführung sowie
die ungewöhnliche Struktur des Relativsatzes in V. 4a₂₋₃ erwecken den
Eindruck der Uneinheitlichkeit von V. 4. Da diese inhaltlichen und
syntaktischen Unebenheiten durch V. 4a₃ und V. 4bβ verursacht werden, machen sich diese Versteile verdächtig, in V. 4 sekundär eingetragen zu sein. Diesen Verdacht verstärkt die Sachlage, daß nach der
Ausscheidung dieser Texte ein zweigliedriger Vers übrigbleibt, der einen ähnlichen Aufbau aufweist wie VV. 2-3 und dessen Fortsetzung
darstellt:

ונשחת הכלי אשר הוא עשה בחמר ושב ויעשהו כלי אחר

Aufgrund dieser Beobachtungen können V. 4a₃ und V. 4bβ als Ergänzungen betrachten. Bemerkenswerterweise haben sie in V. 6 ihre inhaltlichen und wörtlichen Entsprechungen: Das in V. 4a₃ durch die
Formulierung ביד היוצר und in V. 4aβ durch den Relativsatz כאשר ישר[20]
בעיני היוצר לעשות angesprochene souveräne Handeln JHWHs wird in
chiastischer Ordnung in V. 6b und V. 6a thematisiert. Diese Entsprechungen weisen auf einen Zusammenhang zwischen V. 6 sowie V. 4a₃
und V. 4aβ hin, den wir durch die Analyse von V. 6 aufhellen wollen.

Als erstes fällt die in *zweiter* Person Plural maskulin abgefaßte und an
das Haus Israel[21] gerichtete Anrede von V. 6 nach der in *erster* Person

---

[18] Diese Ungereimtheit registriert die LXX (und die Vg.) ebenfalls und klammert
aus den beiden Constructusverbindungen ביד היוצר und בעיני היוצר das Nomen היוצר
aus. Zugleich hängt sie den beiden Nomina יד und עין das Possessivsuffix in der
dritten Person Singular maskulin an. Vgl. BHK.

[19] Diese Beobachtung macht auch *Levin*, Verheißung, 169, Anm. 65.

[20] Die Wendung ישר בעין bezieht sich an dieser Stelle in einem von אשר eingeleiteten Relativsatz einmalig auf das Handeln Gottes. Sonst bezeichnet sie in der Regel
das JHWH wohlgefällige Handeln des Menschen und steht in einem von bestimmten Artikel eingeleiteten Relativsatz (vgl. etwa Dtn 12,25.28; 13,19; 21,9; 1Kön
11,33.38; 14,8; 15,5 u.ö.).

[21] Das zweite בית ישראל von V. 6b fehlt in der LXX. Aus diesem Grund streicht es
*Levin*, Verheißung, 169, Anm. 65.

Singular formulierten Wortereignisformel ויהי דבר יהוה אלי לאמור von
V. 5 auf. Sie wird als ungewöhnlich empfunden, weil die Wortereignisformel in dieser Formulierung innerhalb des Jeremiabuches[22] als
Einleitung einer Gottesrede[23], einer Aufforderung an den Propheten[24]
oder einer an Jeremia gerichteten JHWH-Rede über einen Dritten[25]
dient, jedoch nie als Einleitung einer an eine zweite Person gerichteten
Rede.

Als zweites fällt die Form von V. 6 auf: Er besteht aus zwei Ver-
gleichssätzen (V 6a.b), die durch die Formel נאם יהוה[26] miteinander
verbunden sind. Der erste ist ein Fragesatz, der JHWH mit dem Töpfer, der zweite ein Aussagesatz, der das „Haus Israel" mit dem Ton in
der Hand des Töpfers vergleicht.

Ähnlich aufgebaute zweigliedrige Verse sind in Jer 2,14.32; 8,4f.22;
13,23; 18,14f. und 22,28 belegt. Sie sind antithetisch formuliert und
weisen in ihrem ersten Glied eine rhetorische Doppelfrage[27], in ihrem
zweiten Glied dagegen einen Aussage-[28] oder Fragesatz[29] auf. Die
Doppelfrage des ersten Gliedes drückt etwas Unbegreifliches und Wi-
dersinniges[30] oder Unmögliches[31] aus, welches durch das zweite Glied
auf das Gottesvolk (oder in Jer 22,28 auf den König) übertragen wird,
um dadurch sein Verhalten oder seine Lage zu charakterisieren. Auf
diese Weise erhalten diese Verse einen anklagenden und klagenden
Charakter und rücken dadurch in die Nähe der Gottesklagen des Jeremiabuches[32].

---

[22] Die in der ersten Person Singular formulierte Wortereignisformel ist außerhalb
des Jeremiabuches nur bei Ezechiel (Ez 3,16; 6,1; 7,1; 11,14; 12,1; 12,8;
12,17.21.26; 13,1; 14,2.12; 15,1; 16,1; 17,1.11; 18,1; 20,2; 21,1.6.13.23; 22,1;
22,17.23; 23,1; 24,1.15; 25,1; 27,1; 28,1.11.20; 30,1; 33,1.23; 34,1; 35,1; 36,16;
37,15; 38,1) und Sacharja (Sach 4,8; 6,9) belegt.

[23] Jer 1,4.11.13.

[24] Jer 2,1; 13,13; 16,1; 28,12; 29,30.

[25] In Jer 13,8f über Juda und Jerusalem, in 24,4f über die Weggeführten und in
32,26 über die Stadt.

[26] Diese Formel fehlt in der LXX. Sie als Zeichen der Glossierung anzusehen und
aus dem MT zu streichen, haben wir keinen Grund. Im Gegenteil, wie das aus der
folgenden formgeschichtlichen Analyse von V. 6 hervorgeht, ist sie als konstitutives Element dieses Verses anzusehen. Vgl. auch *Rendtorff*, ZAW 1962, 34.

[27] Vgl. Jer 2,32a; 8,4.22a; 13,23a; 18,14.

[28] Jer 2,32b; 13,23b; 18,15.

[29] Jer 8,5.22b.

[30] Jer 2,14.32; 8,4f; 18,14f; 22,28.

[31] Jer 13,23.

[32] Durch das Nebeneinander von Anklage und Klage weisen sich diese Belege als
Vorläufer der Klage JHWHs aus. Aus diesem Grunde können sie kaum den „Disputationsworten" (gegen *Schmidt*, FS Schunck, 156f) zugeordnet werden. Dagegen
spricht auch die Tatsache, daß die angeführten Stellen keine Einwände erkennen
lassen, auf die der Prophet eingeht.

Da Jer 18,6 nicht antithetisch formuliert ist, sich nicht auf das Verhalten des Gottesvolkes bezieht und keinen klagenden Ton erkennen läßt,
kann er trotz der oben erwähnten strukturellen Verwandtschaft mit den
angeführten Stellen nicht zu ihnen gerechnet werden. Er steht einer
anderen Gruppe von Versen näher, die aus zwei durch die Formel נאם
יהוה verbundenen, ausgeglichenen Fragesätzen bestehen und in Jer
5,9.29; 23,23.29 belegt sind. Sie weisen eine synonyme Formulierung
auf, in der die rhetorischen Fragen die Funktion haben, die Unvermeid-
lichkeit der Strafe[33], Gottes kritische und richtende Anwesenheit[34] oder
die vernichtende Kraft seines Wortes[35] zum Ausdruck zu bringen. Diese Belege bezeichnen wir mit W.H. Schmidt als „Disputationsworte",
in denen „der Prophet nicht mit einem Gotteswort, das Gehör und Gehorsam verlangt, dem Hörer gegenüber(tritt), sondern [...] auf Einwände gegen seine Botschaft" eingeht[36].
Aufgrund der offenkundigen strukturellen Beziehungen zu den angeführten Stellen kann Jer 18,6 – obwohl er in dem zweiten Glied einen
Aussage- und keinen Fragesatz hat – in die Reihe der Disputationsworte eingeordnet werden. Diese besondere Prägung weist V. 6 als einen
selbständigen Spruch aus, wodurch sich die Annahme nahelegt, daß er
dem Ich-Bericht VV. 2-4 sekundär angehängt und mit ihm durch die
Formulierung ביד היוצר in V. 4a verbunden wurde. Dabei diente die in
der ersten Person Singular formulierte Wortereignisformel in V. 5 zur
Charakterisierung von V. 6 als die Deutung des beim Töpfer Geschau-
ten[37]. Für diese Annahme spricht auch die Tatsache, daß V. 6 keinerlei
weitere Beziehungen zu VV. 2-4 aufweist.
Es stellt sich aber die Frage nach dem ursprünglichen Deutewort: Ist es
verlorengegangen oder durch das von V. 6 ersetzt worden? Wenn das
letzte der Fall ist, aus welchem Motiv? Auf diese Fragen suchen wir
aufgrund der literarischen Eigentümlichkeit des Ich-Berichtes VV. 2-4
eine Antwort.
Jer 18,2-6 wurde wegen seiner strukturellen Verwandtschaft mit Jer
13,1-11 als „narrative of a symbolic action"[38] oder als ein nach den
„'Berichte[n] über symbolische Handlungen'[...] gestalteter Selbstbericht Jeremias"[39] bezeichnet[40]. Die Verwandtschaft zwischen den bei-

---

[33] Jer 5,9=5,29=9,8.

[34] Vgl. Jer 23,23. Vgl. auch Jer 7,11.

[35] Jer 23,29.

[36] *Schmidt*, FS Schunck, 150.

[37] An der Spitze der in erster Person Singular formulierten Wortereignisformel
steht das Waw-Imperfekt ויהי meistens dann, wenn sie Deutungen von Visionen
oder symbolischen Geschehnissen einleitet (Jer 1,11; 13,8; 18,5 und 24,4).

[38] *Holladay*, Jeremiah 1, 513.

[39] *Wanke*, Jeremia 1, 172. Ähnlich urteilt auch *Seybold*, Der Prophet Jeremia, 140,
und bezeichnet Jer 18,1ff zusammen mit Jer 19 als „Berichte von symbolischen
Handlungen des Propheten".

den Texten ist in der Tat nicht zu übersehen: Dem Befehl an den Propheten (Jer 13,1.3-4.6; 18,2) folgen die Ausführung des Befehls (13,2.5.7; 18,3-4) und die Deutung des Geschehens (13,8-11; 18,5-6). Jer 18,2-6 weicht jedoch von Jer 13,1-11 dadurch ab, daß der Prophet zu keiner Handlung, sondern dazu aufgefordert wird[41], sich an einen bestimmten Ort zu begeben.

Eine ähnliche Aufforderung ergeht auch an den Propheten Ezechiel in Ez 3,22-27. Bei näherem Zusehen weist Jer 18,2ff mehr Gemeinsamkeiten mit diesem Text auf als mit den symbolischen Handlungen von Jer 13,1-11 und Jer 19: Darüber hinaus, daß beide Texte, wie auch Jer 13,1-11 als Ich-Berichte gestaltet sind, werden die Propheten nicht dazu aufgefordert, etwas zu tun, sondern dazu, zu einem bestimmten Ort – in das Töpferhaus (Jer 18,2) bzw. in die Ebene (Ez 3,22) – zu gehen, auf daß ihnen dort das Wort Gottes mitgeteilt werde. Sowohl Jeremia als Ezechiel befolgen diesen Befehl (Jer 18,3a; Ez 3,23aα). An den von Gott bestimmten Orten wird ihnen eine „Vision" zuteil, wobei das Geschaute jeweils mit הנה eingeleitet und mit einem Partizip dargestellt (Jer 18,3b; Ez 3,23aβ[42]) wird. In Ez 3,24b erhält der Prophet einen zweiten Befehl, sich in sein Haus einzuschließen. Der weitgehend ähnliche Aufbau und Wortgebrauch beider Texte geht aus der folgenden Skizze hervor:

Jer 18,2ff         Ez 3,22ff

Aufforderung an den Propheten (Jer 18,2ab; Ez 3,22bα.bβ)

| Jer 18,2ff | Ez 3,22ff |
|---|---|
| קום וירדת בית היוצר | קום צא אל־הבקעה |
| ושמה אשמיעך את־דברי | ושם אדבר אותך |

Befolgung der Aufforderung (Jer 18,3a.b; Ez 3,23aα.β)

| Jer 18,2ff | Ez 3,22ff |
|---|---|
| וארד בית היוצר | ואקום ואצא אל־הבקעה |
| והנהו עשה מלאכה על־האבנים | והנה־שם כבוד־יהוה עמד |

---

[40] *Weippert*, Prosareden, 53, meint ebenfalls, daß „Jer 18 1-12 [...] ohne weiteres in die Nähe der symbolischen Prophetenhandlungen gerückt werden" kann.
Eine neutrale, sich auf den Aufbau von VV. 2-6 beziehende Bezeichnung begegnet bei *Thiel,* Redaktion von Jeremia 1-25, 210: „Ich-Bericht mit anschließendem Jahwewort". *Carroll*, Jeremiah, 372, nimmt in die Bezeichnung „metaphor of divine capacity" schon das Verständnis des Deutewortes V. 6 auf. Eine andere Gattungsbestimmung begegnet bei *Levin*, Verheißung, 169f, der Jer 18,2-6 in die Reihe der Apophthegmata einordnet. Er meint, daß „die szenische Rahmung erst im Verlauf der Überlieferung aus dem jeweiligen Logion herausgewachsen" ist. Das Logion sieht er in 18,6b, nachdem er V. 6a als Einschub ausgeschieden hat.
[41] Vgl. auch Jer 19,1-2.10.
[42] *Zimmerli*, BK XIII/1, 106, möchte Ez 3,23aβ zusammen mit VV. 23b-24a als Aussagen, „die erst bei der Gestaltung des Buchganzen als Klammerelemente eingefügt worden sind", ausscheiden. Die oben vorgeführten strukturellen Gemeinsamkeiten zwischen Jer 18,2ff und Ez 3,22ff sprechen jedoch dagegen. Das Geschaute spielt in der als Deutung zu verstehenden JHWH-Rede eine wichtige Rolle. In der von Zimmerli herangezogenen neutestamentlichen Parallele (Apg 8,26f) wird das Geschehen ebenfalls mit καὶ ἰδοὺ eingeleitet.

Nehmen wir nun mit Zimmerli an, daß Ez 3,22-24 zunächst eine „Zeichenhandlung [...] ohne jede weitere Deutung"[43] bietet, die von dem Jüngerkreis des Propheten in VV. 25-26 nachinterpretiert wurde, so legt sich aufgrund der Beziehungen zwischen den beiden Texten für Jer 18,2-6 die Folgerung nahe, daß VV. 2-4 einen ebenfalls ungedeuteten Bericht Jeremias über seinen Besuch beim Töpfer darstellt, der von seinem Jüngerkreis durch ein überliefertes Prophetenwort interpretiert wurde.

Das Prophetenwort wurde dabei mit Hilfe von Stichwortverbindungen mit VV. 2-4 terminologisch verknüpft. Für diese Annahme spricht das Fehlen der spezifisch deuteronomistischen Terminologie[44] innerhalb von VV. 2-6 sowie der Disputationswortcharakter von V. 6, wodurch dieser Spruch sich als jeremianisch erweist[45].

Bevor wir VV. 2-6 verlassen, fragen wir noch nach dem Aussageinhalt von V. 6, nach dem Einwand, der in diesem Disputationswort widerlegt wird.

V. 6 wird in der Forschung fast einstimmig als Ausdruck der souveränen Verfügungsmacht Gottes verstanden. Ihr wird entweder eine negative oder eine positive Bedeutung zugeschrieben, indem sie aus der vorexilischen Zeit als Drohung[46] oder aus der Exilssituation heraus als Grundlage der Hoffnung[47] verstanden wird[48]. Demzufolge wird in dem Disputationswort Jer 18,6 dem Gegenargument, daß JHWH keine Macht hat, das Unheil herbeizuführen[49] oder das Unheil abzuwenden, seine Allmacht entgegengehalten. Ein solcher Einwand kann jedoch in der vorexilischen Zeit schwerlich geortet werden. Daß JHWH Unheil bringen *kann*, war in dieser Zeit kaum eine Frage. Das Volk und die Heilspropheten haben nie seine Macht, sondern seine Absicht, Unheil zu bringen, in Zweifel gezogen. Sogar nach dem Eintreffen des Un-

---

[43] *Zimmerli*, BK XIII/1, 108.

[44] Vgl. *Thiel*, Redaktion von Jeremia 1-25, 211, der Jer 18,2-6 als einen Text, der „ganz frei von D-Termini erscheint", charakterisiert.

[45] *Thiel*, Redaktion von Jeremia 1-25, 212f, sieht in der Bezeichnung „Haus Israel" ein wichtiges Indiz für die Authentizität dieses Spruches.

[46] *Schreiner*, Jeremia 1-25,14, 113f, spricht sogar vom „Zerstören" des mißratenen Volkes. *Thiel*, Redaktion von Jeremia 1-25, 214 bezeichnet diesen Abschnitt als Gerichtsdrohung und spricht von der völligen Beseitigung und Vernichtung des Gefäßes. Dem scheint jedoch das Objektsuffix in der dritten Person Singular des Waw-Imperfekts ויעשהו zu widersprechen, das zwischen dem mißratenen und dem „anderen" Gefäß eine deutliche Beziehung herstellt.

[47] *Carroll*, Jeremiah, 372: „The potter's activity provides a metaphor of divine capacity. As such the piece is a positive, optimistic metaphor of hope for the future".

[48] Manche Forscher, die Jer 18,1-11(12) als eine Einheit betrachten, sehen in V. 6 eine neutrale Aussage, die ihre Bedeutung von VV. 7ff. her bekommt. Vgl. *Weippert*, Prosareden, 54.

[49] Vgl. *Brekelmans*, BEThL 1981, 346, der meint, daß „(t)he meaning of the original saying [...] would be: Yahweh who is planning disaster for this people is able to do so, because he has the power".

heils um das Jahr 597/96 v.Chr. haben sie dessen vorübergehenden Charakter und die baldige, von JHWH herbeizuführende Wende laut verkündet[50]. Auf die Ohnmacht JHWHs wird nur in der spätexilischen Volksklage Jer 14,7-9 angespielt[51]. Immerhin ist die dort auftretende Warum-Frage (V. 9aβ) כגבור לא־יוכל להושיע ... למה תהיה, die JHWH mit einem kraftlosen Helden vergleicht, eher als eine Appellation an JHWHs Macht als eine Aussage über seine Ohnmacht zu verstehen.

Da die Thematisierung der Machtlosigkeit JHWHs sich weder in der vorexilischen noch in der Exilszeit ermitteln läßt, suchen wir nach weiteren möglichen Einwänden, die in dem Disputationswort Jer 18,6 entkräftet werden. Dabei kehren wir zu der Struktur dieses Verses zurück. Er besteht, im Gegensatz zu den oben angeführten Disputationsworten, nicht aus zwei Fragesätzen, sondern aus einem Frage- und einem Aussagesatz, wobei der Aussagesatz keine Wiederholung, sondern die Weiterführung des Fragesatzes darstellt. Demzufolge kann V. 6b als Auslegung von V. 6a verstanden werden. Er bringt jene Basis zum Ausdruck, auf der das durch das Verb עשה in V. 6a bezeichnete Verfahren JHWHs mit seinem Volk verstanden werden kann, nämlich die Zugehörigkeit von Gott und Volk: Wie Töpfer und Ton zueinander gehören, so gehören JHWH und Israel zusammen. Diese Zusammengehörigkeit wurde mißverstanden, indem sie als Garantie für das Nichteintreffen des Unheils gesehen wurde. Die Hände Gottes waren durch diese besondere Beziehung quasi gebunden. In diese Richtung weist auch die Formulierung לא אוכל לעשות in V. 6a, die nicht nur Unfähigkeit[52], sondern auch Verhindert-Sein[53] zum Ausdruck bringt. Auf dieses falsche Verständnis der JHWH-Volk-Beziehung wurde in diesem Disputationswort eingegangen und es widerlegt. In diesem Sinne sollten wir die Annahme von Wanke verstehen, nach der hier „ein Verhalten kritisiert werden soll, das Jahwes Souveränität in Frage stellt"[54].

JHWHs Handeln kann jedoch nicht als Willkürhandlung verstanden werden. Dagegen spricht der Vergleich JHWHs mit dem Töpfer. Durch ihn wird ausgesagt, daß, wie der Töpfer sich auf das versteht, was er macht, so auch JHWH. Deswegen kann Israel der Richtigkeit des Handelns Gottes sicher sein. Daß die Art dieses Handelns nicht immer den menschlichen Vorstellungen und Erwartungen entspricht, bringt die Erweiterung כאשר ישר בעיני היוצר לעשות in V. 4bβ zum Ausdruck. In diesem Sinne ist V. 6 einerseits die Widerlegung falscher Hoffnungen und die Rechtfertigung des Handelns JHWHs, andererseits aber Ausdruck dessen, daß das Unheil keine willkürliche Zerstö-

---

[50] Vgl. die Auseinandersetzung Jeremias mit Hananja in Jer 28.
[51] S.o. 81ff.
[52] Vgl. Num 11,14; Dtn 1,9; 7,17; 31,2.
[53] Vgl. Gen 19,22 (der Engel); Num 22,6 (Balam); 22,18 (Bileam), Jer 6,10 (das Volk) und 36,5 (Jeremia).
[54] *Wanke*, Jeremia 1, 173.

rung, sondern ein Handeln mit einem gut umrissenen, bestimmten Ziel ist, zu verstehen. Es geht letztlich darum, daß das Volk dem, was in den Augen JHWHs gut ist, entspreche. Das Unheil ist nur als Mittel zu verstehen, wodurch dieses Ziel erreicht wird. Aus diesem Grunde soll das Handeln JHWHs nicht als totale Vernichtung, sondern eher als ein Versuch, das Volk durch das Gericht zu erziehen und zur Umkehr zu bewegen, verstanden werden. Für dieses Verständnis spricht auch das Verb שוב, welches vor einem Waw-Imperfekt (ויעשׂהו in V. 6b) meistens auf eine nochmalige Handlung hinweist[55].

*b) Die Alternative Jer 18,7-10*
Dem interpretierten Ich-Bericht VV. 2-6 schließt sich die Alternative VV. 7-10 an. Sie ist kunstvoll abgefaßt und weist eine ausgewogene Struktur auf:

| Jer 18,7-8 | Jer 18,9-10 |
|---|---|
| רגע אדבר על גוי ועל ממלכה | ורגע אדבר על גוי ועל ממלכה |
| לנתוש ולנתוץ ולהאביד | לבנות ולנטע |
| וְשָׁב הגוי ההוא מרעתו | ועשה הרעה בעיני |
| אשר דברתי עליו[56] | לבלתי שמע בקולי |
| ונחמתי על־הרעה | ונחמתי על־הטובה |
| אשר חשבתי לעשות לו | אשר אמרתי להיטיב אותו |

Als Ich-Rede JHWHs formuliert, verbinden sich VV. 7-10 stilistisch mit dem von der Wortereignisformel eingeleiteten Disputationswort VV. 5-6 und durch das Waw-Perfekt ושב terminologisch mit dem Ich-Bericht VV. 2-4 (V. 4bα). Ihre inhaltliche Beziehung zu der vorausgehenden Passage ist jedoch prekär. Um sie aufzudecken, untersuchen wir VV. 7-10 hinsichtlich ihres Aussageinhaltes.

Die Alternative Jer 18,7-10 bezieht sich zweifellos auf das „Verhältnis zwischen Jahwes Handeln an den Völkern und deren eigenem Verhalten"[57]. Als „grundsätzliche Überlegung über das Schicksal der Völker" besagt sie, „daß jedem Volk die Teilhabe an Jahwes Heilsplan offensteht"[58]. Immerhin stellen sich die Fragen: „(W)oran entschied sich

---

[55] In Dtn 30,3; Ri 19,7; 1Kön 19,6; 2Kön 1,11.13; 4,35; 19,9; 21,3; 2Chr 19,4; 33,3; Neh 2,15; 9,28; Ps 78,41; Jer 34,16; Dan 11,10; Sach 5,1; 6,1; Mal 1,4; 3,18.
[56] Dieser Relativsatz tritt ausnahmslos dort auf, wo das Eintreffen der Verheißungen und Ankündigungen JHWHs zugesichert und festgestellt wird. Sein Auftreten ist an unserer Stelle ungewöhnlich. Aus diesem Grund und wegen seines Fehlens in der LXX und Peschitta legt sich seine Ausscheidung mit *Jeremias*, Die Reue Gottes, 84, Anm. 85, *McKane*, Jeremiah I, 427, und *Wanke*, Jeremia 1, 172, Anm. 233, nahe. Allerdings geht in diesem Fall die Ausgewogenheit der Alternative verloren. Wollen wir ihn der Struktur von VV. 7-10 willen behalten, so legt sich für ihn aufgrund seiner Parallelität mit V. 10aβ die Funktion nahe, das in dem vorausgehenden Satz umschriebene Verhalten des Volkes näher zu bestimmen.
[57] *Thiel*, Redaktion von Jeremia 1-25, 214.
[58] *Thiel*, Redaktion von Jeremia 1-25, 215.

denn bei den Völkern Heil und Unheil, wie sah bei ihnen ‚Abkehr von ihrer Bosheit' und ‚Hören auf Jahwes Stimme' aus?"[59] Kann auf diese Fragen nur annäherungsweise eine Antwort versucht werden, oder müssen wir uns mit der „Unausgeglichenheit im System"[60] begnügen? Auf der Suche nach einer Antwort gehen wir von der deuteronomisch-deuteronomistischen Wendung שמע בקול aus, welche nach Thiel die Erfüllung von „Jahwes Forderungen im Gesetz"[61] bedeutet. Der für die deuteronomistischen Partien des Jeremiabuches charakteristische Ausdruck לבלתי weist dadurch, daß er zusammen mit dem Verb שמע die Verweigerung des Gehorsams gegenüber Gott und seinen Geboten bezeichnet[62], auf vorhandene Gesetzeskenntnis bei den Völkern hin, was der Alternative einen von McKane[63] und Thiel[64] beobachteten und hervorgehobenen hypothetischen und theoretischen Charakter verleiht. Ein ähnliches Verständnis legt auch die das Verhalten der Völker umschreibende Wendung שוב מן הרעה in V. 8aα nahe. Auf diese Wendung hat Weippert[65] aufmerksam gemacht, indem sie auf die Existenz der ihr ähnlichen, im Jeremiabuch geläufigen, zur Charakterisierung des ganzen Lebenswandels dienenden Konstruktion שוב מן הדרך הרעה hingewiesen hat[66]. Eine Unterscheidung zwischen den beiden Formulierungen legt die Tatsache nahe, daß, während die erwähnte Konstruktion dadurch, daß sie zur Charakterisierung des Nomens דרך das Nomen רע[67] und das Adjektiv רעה verwendet, eine gewisse Biegsamkeit aufweist, die Wendung שוב מן הרעה in ihrer Formulierung gleichbleibend ist. Da in dem unmittelbaren Kontext der Alternative, in Jer 18,11, die erwähnte Konstruktion ebenfalls auftritt, steht dem Gebrauch der Wendung שוב מן הרעה in V. 8aα sicher Beachtung zu.
Diese Wendung tritt außerhalb unseres Verses nur noch in dem jeremianischen Spruch Jer 23,13-15 (V. 14), wo sie allgemein das verwerfliche Leben, und in dem exilisch/nachexilischen[68] Vers Jer 44,5,

---

[59] *Jeremias*, Die Reue Gottes, 87.

[60] *Herrmann*, Heilserwartungen, 153.

[61] *Thiel*, Redaktion von Jeremia 1-25, 215.

[62] Vgl. Jer 16,12; 17,23.24.27; 34,10 und 42,13.

[63] *McKane*, Jeremiah I, 426.

[64] *Thiel*, ebd.

[65] Vgl. *Weippert*, Prosareden, 58-59. Weippert nimmt den jeremianischen Charakter dieser Wendung an. Ihre Annahme sieht sie „in dem mittels ישב H eingeleiteten Nachsatz, der zu den Charakteristika des im Jeremiabuch belegten Sprachgebrauchs gehört", bestätigt. In ihrer Argumentation übersieht sie jedoch, daß die Formulierung ישב את hi. gerade in dem deuteronomistischen Vers Dtn 28,63 sowie in Jer 32,40.41 steht. Vgl. auch *Thiel*, Redaktion von Jeremia 1-25, 215.

[66] Vgl. Jer 25,5; 26,3; 35,15; 36,3.7. S. auch 1Kön 13,33 und Jona 3,8.10.

[67] Im Jeremiabuch steht הדרך הרע immer parallel mit רע מעלל (vgl. Jer 23,22; 25,5; 26,3), außerhalb des Jeremiabuches fast immer allein (vgl. 2Kön 17,13; 2Chr 7,14; Ez 13,22; 33,11 und Sach 1,4).

[68] *Schreiner*, Jeremia 25,15-52,34, 230, bezeichnet 44,1-6.7-14 als „dtr orientierte Nachinterpretation". *Thiel*, Redaktion von Jeremia 26-45, 70-73, schreibt Jer 44,1-

wo sie den Götzendienst bezeichnet, auf. Die in der Alternative bisher
zutage getretene deuteronomistische Terminologie legt die Annahme
nahe, daß die Wendung שוב מן הרעה an unserer Stelle sich ebenfalls auf
den Götzendienst bezieht. Allerdings bedeutet dies, daß von den Völkern neben dem in V. 10 formulierten Gesetzesgehorsam auch die Al-
leinverehrung JHWHs als Voraussetzung für das Ausbleiben des geplanten Unheils verlangt wird: zwei wichtige Anliegen des Deutero-
nomiums. Da sie jetzt die Kriterien für die Teilhabe der Völker an dem
von JHWH angebotenen Heil darstellen, legt sich unvermeidlich die
Schlußfolgerung nahe, daß Jer 18,7-10 das Thema des Proselytismus
anschneidet. Dieser Gedanke taucht auch in dem spätexilischen Text
Jer 12,16-17[69] auf, mit dem sich unsere Alternative durch die Verben
נתש, בנה und אבד auch terminologisch verbindet. Dort bietet die bedingte Heilszusage im Fall der Annahme der Religion Israels (ילמדו את־דרכי
עמי) nur die Wiederherstellung nach dem erfahrenen Gericht oder die
totale Vernichtung (vgl. die figura etymologica נתוש […] ונתשתי in V.
17b) an. Das Heil als Vermeidung des Gerichtes kommt aber nicht ins
Visier. Darüber hinaus gilt das Heilsangebot in Jer 12,16-17 einer be-
grenzten Zahl von Völkern (vgl. die vorausgehenden VV. 14-15) und
ist an die Wiederherstellung Judas gebunden. Im Vergleich zu Jer
12,16-17 stellt die Alternative 8,7-10 die Weiterführung des Themas
Proselytismus dar, indem sie das Heil vor dem Gericht uneinge-
schränkt und von dem Geschick des Gottesvolkes unberührt allen Völkern anbietet. Aus diesem inhaltlichen Grund, obwohl die Analyse den
deuteronomistischen Charakter der Terminologie und des Anliegens
der Alternative Jer 18,7-10 aufgezeigt hat, ist man dazu geneigt,
McKane in seiner Folgerung recht zu geben: „vv. 7-10 are not fitted
for the function of interpreting a parable: they amount to a general,
theological statement, with a carefully contrived structure, and they
have too abstract an aspect to entitle them to be considered as an interpretation of the parable of the potter and his clay"[70]. Demzufolge setzen wir diesen Text frühestens in der spät-, jedoch besser in der nachexilischen Zeit an[71]. Für den späteren Charakter dieses Textes spricht
auch der Gebrauch der Infinitivreihen לנתוש לנתוץ ולהאביד in V. 7b und
לבנת ולנטע in V. 9b. Da sie in Jer 1,10 die Tätigkeit des Propheten unter

---

14 D zu. *Carroll*, Jeremiah, 731, läßt die Frage nach der Herkunft von Jer 44,1-14
offen. *Pohlmann*, Studien, 169f, weist VV. 4-6 einem späteren Bearbeiter zu.

[69] S.o. 71-74.

[70] *McKane*, Jeremiah I, 426.

[71] Vgl. *Carroll*, Jeremiah, 373; *Jeremias*, Die Reue Gottes, 143f, und *Wanke*, Jeremia 1, 174. Die Zurückführung der Alternative auf den Propheten Jeremias halten wir trotz der Bemühungen *Weipperts*, Prosareden, 48-67, die den prophetischen Charakter dieses Textes durch das Aufzeigen seines Wortspielcharakters,
des typisch jeremianischen Wortgebrauchs sowie durch ihre Einordnung in die Al-
ternativsprüche Jeremias aufweisen möchte, für ganz unwahrscheinlich. Für die
Kritik Weipperts vgl. *McKane*, Jeremiah I, 423-426.

dem Gottesvolk und den Völkern, in 31,28 JHWHs Handeln an seinem
Volk, in 12,17 an seinem Volk und gleichzeitig an den Nachbarvölkern
bezeichnen, stellen sie mit JHWH als Subjekt und den Völkern als Objekt die letzte Phase ihrer „Ausweitung ins Universale, die über die
deuteronomistische Grenze hinaus(führt)"[72] dar.

Die oben aufgezeigte terminologische und stilistische Beziehung von
VV. 7-10 zu dem vorausgehenden gedeuteten Ich-Bericht weist darauf
hin, daß jener Text für seinen heutigen Kontext geschaffen wurde.
Diese Annahme erhärten seine Beziehungen zu den folgenden VV. 11-
12 durch die Verben שוב und חשב, die hi.-Form von יטב sowie das Nomen רעה, die wir anschließend untersuchen werden.

*c) Aufforderung an „den Mann von Juda und die Bewohner von Jeru-
salem" – Jer 18,11-12*

VV. 11-12 fängt mit einem von ועתה eingeleiteten Redebefehl (11aα₁)
an, gefolgt von einer durch die Botenformel כה אמר יהוה (V. 11aα₂)
eingeleiteten, an „den Mann von Juda und die Bewohner von Jerusalem" gerichteten *Gottesrede* (V. 11aβγ.b). Ihr schließt sich in V. 12 die
*Antwort* der Angesprochenen an.

Da die Einheitlichkeit dieser Passage in der letzten Zeit von Holladay[73], McKane[74], Wanke[75] und Brekelmans[76] angezweifelt wurde,
empfiehlt es sich, diese beiden Verse gesondert zu untersuchen. Die
folgende Analyse will die gegenseitige Beziehung von V. 11 und V. 12
aufgrund ihrer Aussageinhalte herausstellen. Zu diesem Zweck untersuchen wir sie hinsichtlich ihres Aufbaus, Wortgebrauchs und ihrer
Beziehungen zu den weiteren Partien des Jeremiabuches.

Schon beim ersten Lesen fallen in V. 11 die aus den anderen Partien
des Jeremiabuches bekannten Formulierungen und Ausdrücke auf.
Vor ihrer Analyse wollen wir auf den Aufbau dieses Verses aufmerksam machen, der sich durch eine durchgängige Doppelformulierung
kennzeichnet: Die Angeredeten werden in V. 11aα als איש יהודה und
ישבי ירושלם bezeichnet, die Gerichtsdrohung wird in V. 11aβγ durch die

---

[72] *Hermann*, Jeremia, 70. *Levin*, Verheißung, 143-146, erklärt die Verteilung der
erwähnten Belege durch Fortschreibung, wobei er Jer 18,7.9 als Quellen für die
weiteren Stellen betrachtet. Der auf das Hervorheben der Rolle JHWHs weisende
Subjekt- sowie auf die Universalisierung weisende Objektwechsel innerhalb der
Infinitivreihen deutet jedoch eher auf den Gebrauch einer vorgegebenen, ursprünglich „binnenorientierten" Formulierung hin.

[73] *Holladay*, Jeremiah 1, 517, bezeichnet V. 12 als „an authentic observation from
Jrm, added some time later on the basis of his experience of attempting to commu-
nicate the message of vv 1 – 11".

[74] *McKane*, Jeremiah I, 426, betrachtet V. 12 als eine Erweiterung, welche die
Funktion hat, eine Brücke zu VV. 13-17 zu bilden.

[75] *Wanke*, Jeremia 1, 172, schreibt V. 12 ebenfalls eine redaktionelle Rolle zu.

[76] *Brekelmans*, BEThL 1981, 346.349, betrachtet V. 11a als die Fortsetzung von
VV. 1-6 und VV. 11b-12 als eine exilische Erweiterung.

beiden partizipialen Ausdrücke יוֹצֵר רָעָה עַל[77] und חֹשֵׁב מַחֲשָׁבָה עַל verbalisiert, und die Aufforderung wird in V. 11b mit Hilfe der beiden imperativischen Formulierung שׁוּב מִן הַדֶּרֶךְ הָרָעָה und יטב את הדרך והמעלל artikuliert. Da die Bezeichnung der Angesprochenen als אִישׁ יְהוּדָה וְיֹשְׁבֵי יְרוּשָׁלַם innerhalb des Jeremiabuches eine geläufige Formulierung darstellt[78], fallen zunächst auch die übrigen Doppelformulierungen nicht auf. Sie gewinnen jedoch erheblich an Bedeutung, wenn wir die Tatsache in Betracht ziehen, daß die erwähnten zwei Benennungen außerhalb unserer Stelle in keiner Gerichtsdrohung des Jeremiabuches zusammen auftreten und daß die Formulierungen der Aufforderung nur noch in Jer 35,15 nebeneinander belegt sind[79]. Dieser Befund weist darauf hin, daß wir es in V. 11 mit einer bewußten Kontamination von einzelnen Ausdrücken und Formulierungen zu tun haben, die einerseits den folgenschweren Gerichtsernst, andererseits die Eindringlichkeit der Aufforderung zum Ausdruck bringt.

Angesichts dieser Eindringlichkeit in Unheilsdrohung und Umkehraufforderung überrascht die Absenz des Hinweises auf die Folgen des Gehorsams. Den Parallelstellen Jer 7,3.5-7; 26,13 sowie Jer 25,5; 26,3; 35,15 und 36,3.7, zu denen V. 11 durch die stereotypen Formulierungen שׁוּב מִן הַדֶּרֶךְ הָרָעָה sowie יטב את הדרך ואת המעלל terminologische Beziehungen aufweist, liegt nämlich ein festes Schema zugrunde: Den Aufforderungs- (7,3a; 25,5aα; 26,13a; 35,15aα), den von כִּי־אִם (7,5ff) eingeleiteten Bedingungs- und von אוּלַי (26,3a; 36,3abα.7) eingeführten Konzessivsätzen, in denen die obigen Formulierungen meistens einzeln auftreten, schließt sich regelmäßig ein Konsekutivsatz an, der das Bleiben der Judäer in ihrem Land (7,3b.7; 25,5aβγ; 35,15aβγ), das Bereuen des beschlossenen Unheils (26,3b.13b) und die Vergebung der Sünden (36,3bβ) durch JHWH als Folge des Hörens auf Gottes Forderung in Aussicht stellt. Unsere Stelle ist die einzige, die keinen solchen Konsekutivsatz enthält. Dies ist um so mehr auffallend, als die Konsekutivsätze in den angeführten Stellen eine gut umrissene Funktion und theologische Bedeutung haben: Sie dienen zusammen mit der Feststellung des Nichthörens (Jer 7,27; 25,7; 35,15b) zur Begründung des Unheilshandelns JHWHs oder als Ausdruck des erneuten Angebots (26,13), durch das „die Prediger der Worte des Propheten Jeremia im Exil [...] ihre Zeitgenossen zum Gehorsam locken wollten"[80].

Die Abwesenheit eines solchen Konsekutivsatzes in V. 11 besagt, daß unsere Stelle, im Gegensatz zu ihren Parallelen, weder die Begründung

---

[77] *Thiel*, Redaktion von Jeremia 1-25, 216, setzt diese Formulierung zu Recht mit dem in Jer 6,19; 11,11; 19,3 und 45,5 belegten Ausdruck בוא רעה על hi. parallel.
[78] Vgl. Jer 4,4; 11,2.9; 17,25; 32,32; 35,13 und 36,31. Außerhalb des Jeremiabuches ist sie in 2Kön 23,2; 2Chr 34,30 und Dan 9,7 belegt.
[79] In Jer 35,15 kommt neben den erwähnten beiden Formulierungen auch die Forderung vor, den fremden Göttern nicht nachzufolgen (אל־לכו אחרי אלהים אחרים).
[80] *Jeremias*, Die Reue Gottes, 145.

des eingetroffenen Unheils noch das Nahelegen des erneuten Heilsangebots zum Anliegen hat. Sie drückt vielmehr aus, daß JHWH mit der Befolgung der Aufforderung nicht mehr rechnet. Mit diesem Hintergrund kann die durch den Aufbau von V. 11 zutage tretende Eindringlichkeit nur noch den letzten verzweifelten, absurden Versuch JHWHs zum Ausdruck bringen, auf sein Volk in der letzten Stunde vor dem Unheil einzuwirken. Läßt sich dieser Gedanke auch in V. 12 verfolgen?

V. 12 enthält eine kurze Antwort in V. 12a und eine Begründung in V. 12b. Die Antwort stellt die ni.-pt.-Form des Verbs נואש[81] dar, die die Aussichtslosigkeit der vorausgehenden Warnung und Aufforderung zum Ausdruck bringt und V. 12 auf diese Weise inhaltlich mit V. 11 verbindet. Neben dieser gedanklichen Verbindung sind zwischen V. 11 und V. 12 auch strukturelle Ähnlichkeiten zu beobachten: In V. 12bαβ liegt eine V. 11 kennzeichnende Doppelformulierung vor. Dabei handelt es sich um die – genau wie יוצר רעה עליכם in V. 11aβ – wahrscheinlich durch den Kontext motivierte[82] einmalige Formulierung הלך אחרי מחשבה in V. 12bα und um den im Jeremiabuch geläufigen Ausdruck שררות לב in V. 12bβ. Durch ihn verbindet sich V. 12 mit Jer 7,24; 9,13; 11,8; 13,10; 16,12; 23,17 und Dtn 29,18.

Ein kurzer Überblick dieser Stellen macht uns darauf aufmerksam, daß in diesem Ausdruck gewöhnlich die Präposition ב (Jer 7,24; 11,8; 13,10; 23,17 und Dtn 29,18) und nur an zwei Stellen, in Jer 9,13 und in 16,12, אחרי gebraucht wird. Da diese beiden Verse zu zwei Abschnitten (9,11-15 und 16,10-13) gehören, die nach dem Frage-Antwort-Schema gestaltet sind, können wir annehmen, daß der Gebrauch der Präposition אחרי in V. 12 anstatt des geläufigen ב auf die bewußte Anlehnung an die genannten Stellen zurückgeht, wodurch VV. 11-12 sich als ein Gespräch zwischen JHWH und seinem Propheten ausweist. Diese Annahme erhärtet das Waw-Perfekt ואמרו an der Spitze von V. 12, welches in Jer 13,12 und 16,10 im Munde JHWHs ebenfalls auftritt[83]. VV. 11-12 rückt auf diese Weise in die Nähe der von der Formel ויאמר יהוה אלי eingeleiteten Gottesreden, die den Propheten als den Vertrauten JHWHs darstellen[84]: In der Stunde des sich anbahnenden Gerichtes deckt Gott mit spürbarer Wehmut vor seinem Propheten den Grund für die Unaufhaltsamkeit des Unheils, die Unwilligkeit seines Volkes, auf. Die inhaltlichen und strukturellen Verbindungen zwischen V. 11 und V. 12 lassen hinsichtlich unserer anfänglichen Frage die Schlußfolge-

---

[81] Vgl. auch Jer 2,25.

[82] Das Substantiv מחשבה ist in Jer 18,18 belegt.

[83] *Craigie / Kelley / Drinkard*, Jeremiah 1-25, 242.245, ändert das Waw-Perfekt ואמרו von V. 12aα, LXX, Peschitta und Tg. folgend, in das Waw-Imperfekt וימארו und meint: „(T)hese words are a response of the people in which they despair over their inability to change".

[84] S.o. 115f.

rung zu, daß die beiden Verse zueinander gehören. Die bei der Formulierung von V. 12 beobachtete Anlehnung an Jer 13,12 und 16,10 legt gleichzeitig die Annahme nahe, daß der Abschnitt Jer 18,11-12 ein Gespräch zwischen JHWH und dem Propheten über die Sinnlosigkeit der Gerichtsandrohung und der Umkehraufforderung, die in der Unwilligkeit der Angeredeten begründet ist, darstellt. Aufgrund dieses seines Themas und des in ihm laut werdenden klagenden Tones stellen VV. 11-12 das Vorspiel der folgenden Gottesklage Jer 18,13-17 dar. Vor ihrer Analyse möchten wir aber noch auf die Frage nach der Herkunft von Jer 18,11-12 eingehen.

Das Sprachmilieu der späteren, größtenteils deuteronomistischen Texte des Jeremiabuches fällt, wie die herangezogenen Parallelen zeigen, schon auf den ersten Blick ins Auge. Dennoch zögert man, diesen Text als eindeutig deuteronomistisch zu bezeichnen. Der Grund dafür liegt in dem Aussageinhalt von VV. 11-12, der durch die Kontamination von einzelnen Formulierungen und Ausdrücken sowie durch das Fehlen des die Folgen des Gehorsams in Aussicht stellenden Konsekutivsatzes zum Ausdruck kommt: die Eindringlichkeit sowie die Aussichts- und Sinnlosigkeit der Warnung und der Aufforderung. Durch diesen Aussageinhalt heben sich diese Verse von allen ihren Parallelen ab. Diese Motive lassen auf die Bestürzung nach dem Eintreffen der Drohung denken und legen die unmittelbar auf die Zerstörung Jerusalems folgende Periode als Entstehungszeit für diesen Text nahe. Es könnte gut möglich sein, daß wir an dieser Stelle die Augenzeugen der Genese der deuteronomistischen Theologie des Jeremiabuches sind, die beim Erschrecken über das Unheil ansetzt und dann, die Katastrophe begründend sowie das Heilsangebot aktualisierend, die durch das Unheil verursachte Krise bewältigt. Diese Annahme erhärtet die vor allem bei den singulären Formulierungen dieses Textes zu beobachtende Verwandtschaft zu der jeremianischen Verkündigung: Der partizipiale Ausdruck עַל רָעָה יוֹצֵר von V. 11aβ steht der in jeremianischen Sprüchen ebenfalls belegten Formulierung עַל/אֶל רָעָה בוֹא hi.[85] und der mit Hilfe des Partizips eines Verbs und eines Nomens von derselben Wurzel konstruierte Ausdruck מַחֲשָׁבָה חֹשֵׁב[86] in V. 11aγ den ähnlichen Formulierungen der jeremianischen Sprüche Jer 6,13; 8,10 und 30,13[87] nahe.

---

[85] S.o. 20, Anm. 75, und *Levin*, Verheißung, 177.
[86] *Craigie / Kelley / Drinkard*, Jeremiah 1-25, 243.
[87] Für die Diskussion über den Verfasser und die Entstehungszeit dieses Textes s. *Schmid*, Buchgestalten, 143ff.

## 2. Bilanz

Die obige Analyse hat nachgewiesen, daß der Prosaabschnitt Jer 18,1-12 vier ursprünglich selbständige Unterabschnitte enthält: Einen ungedeuteten Selbstbericht Jeremias über seinen Besuch beim Töpfer, der Ez 3,22-24 nahesteht. Dieser wurde in VV. 5-6 mit Hilfe eines überlieferten Disputationswortes durch den Schülerkreis des Propheten gedeutet. Durch diese Deutung wurde die in der speziellen JHWH-Gottesvolk-Beziehung fußende falsche Sicherheit hervorgehoben und der willkürliche Charakter des Handelns Gottes bestritten. Dem gedeuteten Selbstbericht schlossen die (früh)deuteronomistischen Redaktoren im Zuge der Hinzufügung der Gottesklage VV. 13-17 und der Konfession VV. 18-23 den Abschnitt VV. 11-12 als redaktionelle Brücke und als Vorspiel für die Gottesklage an. Für diese Annahme spricht die Tatsache, daß die Redaktoren bei der Formulierung dieses Abschnittes sowohl den gedeuteten Selbstbericht (vgl. die Constructusverbindung בית היוצר V. 2a.3a.4a₃ und das bestimmte Nomen היוצר in V. 6a.b mit dem Partizip יוצר in V. 11aβ) als auch die Gottesklage (vgl. die inhaltliche Verbindung zwischen VV. 11-12 und VV. 13-17) und die Konfession (vgl. die Formulierung חשב מחשבה in V. 11aγ und V.18aα) vor Augen hielten. In den so entstandenen Textkomplex wurde die nachexilische Alternative VV. 7-10 eingefügt. Anlaß dazu gab wahrscheinlich das als Hinweis auf die Schöpfung und auf die Universalität JHWHs verstandene Verb יצר. Allerdings beweist das Fehlen des oben erwähnten Konsekutivsatzes in VV. 11-12, daß die Alternative, in der das durch ähnliche Sätze artikulierte Bereuen des Unheils- bzw. Heilsplanes JHWHs eine wichtige Rolle spielt, bei der Formulierung dieses Textes nicht berücksichtigt wurde.

## II. Jer 18,13-17 – eine Klage Gottes?

### 1. Analyse

Im Gegensatz zu Jer 12,7-13 und 15,5-9, bei deren Bezeichnung als Gottesklage ziemliche Übereinstimmung herrscht[1], wird auf den Klagecharakter dieses Abschnittes nur ausnahmsweise hingewiesen[2]. Jer 18,13-17 wird meistens als ein Gerichtswort mit Scheltrede und Gerichtsankündigung bezeichnet[3]. Da die Elemente der Gerichtsverkündigung auch in den bisher behandelten Gottesklagen zu beobachten waren und ihr Klagecharakter erst durch die Untersuchung ihrer Struktur sowie ihrer Terminologie erkennbar wurde, unterziehen wir Jer 18,13-17 auch einer solchen Analyse.

Dabei können wir den einleitenden V. 13aα mit der für die Gerichtsankündigung charakteristischen Formel יהוה אמר כה לכן übergehen. Ihr redaktioneller Charakter an unserer Stelle tritt dadurch, daß dieser Formel meistens eine Ich-Rede JHWHs[4] oder eine JHWH-Rede über einen dritten[5], jedoch nie eine Aufforderung folgt, in aller Deutlichkeit zutage[6].

Die Gliederung von Jer 18,13-17 hängt hauptsächlich von dem Verständnis des Verbs כשל an der Spitze von V. 15b ab. Lesen wir es nach MT als ein hi.-Waw-Imperfekt in der dritten Person Plural, so stellen VV. 15b-16, oder mindestens V. 15b, die Fortsetzung der vorausgehenden Passage VV. 11-12 dar. Folgen wir dem Vorschlag der BHK/BHS und lesen wir dieses Verb in der ersten Person Singular mit Objektsuffix in der dritten Person Plural, so leitet V. 15b die Gerichtsankündigung über das Gottesvolk ein. Lesen wir כשל mit LXX, Peschitta und Vg. als ein ni.-Waw-Imperfekt in der dritten Person Plural ohne Objektsuffix, so beschreiben VV. 15b-16 die Folgen des in V. 15b thematisierten Vergessens JHWHs und des Götzendienstes[7]. Von der Untersuchung der Struktur sowie der Terminologie der einzelnen Verse erhoffen wir die Klärung ihrer gegenseitigen Beziehungen und die Herausstellung des Aufbaus von Jer 18,13-17.

---

[1] S.o. 56, Anm. 1.
[2] Vgl. *Craigie / Kelley / Drinkard*, Jeremiah 1-25, 247.
[3] Vgl. *Holladay*, Jeremiah 1, 522, *Schreiner*, Jeremia 1-25,14, 114, *Wanke*, Jeremia 1, 175, *Weiser*, Jeremia 1-25,14, 155f.
[4] Vgl. etwa Jer 5,14; 6,21; 9,6.14; 11,11.21.22; 23,28 u.ö.
[5] Vgl. Jer 14,19; 22,18; 23,2 und 36,30.
[6] *Holladay*, Jeremiah 1, 523, meint, daß diese Einleitung „may have strayed from the beginning of v 17".
[7] Für die Überlegungen über die Struktur dieses Textes s. auch *Holladay*, Jeremiah 1, 520f.

Der Abschnitt setzt in V. 13aβ mit einem durch den verstärkten Imperativ שַׁאֲלוּ־נָא verbalisierten Aufruf ein[8]. In ihm wird eine unbestimmte Mehrzahl dazu aufgefordert, die Völker zu befragen, ob jemand von zunächst nicht näher beschriebenen Taten gehört hat. Die sich anschließende rhetorische Frage מִי שָׁמַע כָּאֵלֶּה[9] in V. 13aγ setzt eine negative Antwort voraus und zielt auf die Unvergleichbarkeit dieser Taten[10]. Der perfektische, als invertierter Verbalsatz formulierte Aussagesatz in V. 13b bringt dann durch das im Jeremiabuch singuläre, wahrscheinlich der Verkündigung Hoseas entlehnte Nomen שַׁעֲרוּרִי[11] das Ohnegleichen und durch das Adverb מְאֹד die völlige Anstößigkeit der Tat der Jungfrau Israels zum Ausdruck[12]. Die für die jeremianischen Sprüche charakteristische rhetorische Doppelfrage von V. 14, deren erste Frage durch die Fragepartikel ה und die zweite durch אם eingeleitet wird, drückt anschließend die Unbegreiflichkeit dieser Tat aus. Sie wird in V. 15a₁, in der ersten Hälfte des durch כִּי eingeleiteten, perfektisch formulierten Kausalsatzes V. 15a[13], als Vergessen JHWHs konkretisiert. An dieser Stelle wird die Stimme der Frühverkündigung Jeremias laut, die gleichzeitig an Hosea erinnert[14]. Schließlich führt der imperfektisch formulierte, mit V. 15a₁ asyndetisch konstruierte V. 15a₂ den Götzendienst[15] als Beweis für diese Tat an.

---

[8] Bei V. 13aβ fällt das Auftreten des Imperativs von שׁאל zusammen mit der Präposition ב auf. Diese Formulierung drückt nämlich in Ri 18,5 das Einholen eines Orakels aus. Wo Menschen befragt werden, dort steht meistens die Präposition ל. Allerdings tritt die Formulierung בגוים in Hab 1,5, zwar nicht mit dem Verb שׁאל, sondern mit ראה, in ähnlichem Kontext auf.
[9] Bei dieser rhetorischen Frage verwundert die Plural-Form des Demonstrativpronomens. Von dieser ungewöhnlichen Form sowie von dem unmittelbaren Kontext veranlaßt, möchte *Holladay*, Jeremiah 1, 523, anstelle des genannten Demonstrativpronomens das Nomen אלה mit vorangestellter Präposition כ lesen.
[10] Vgl. Jes 66,8.
[11] Dieses Nomen ist außer Jer 18,13 nur in Hos 6,10 belegt. שׁערור ist in den jeremianischen Versen Jer 5,30 und 23,14 belegt.
[12] Das Adverb מאד bezeichnet im Jeremiabuch die Gründlichkeit und Intensität eines Handelns (2,10.36), die Totalität der Vernichtung (9,18; 14,17; 20,11; 50,12) sowie der Verdorbenheit (24,2.3).
[13] Ähnliche Formulierungen mit einer Doppelfrage und einem Kausalsatz stehen in Jes 66,8aβγ.b; Jer 31,20a und Mi 4,9b.
[14] Dieses Thema ist für die (Früh)verkündigung Jeremias charakteristisch – das Verb שׁכח ist nämlich mit dem Volk als Subjekt und JHWH als Objekt innerhalb des Jeremiabuches nur in Jer 2,32; 3,21 und 13,25 belegt –, reicht aber in die ältere Prophetie zurück: Auf das Vergessen JHWHs durch den Götzendienst sowie durch „die Vergötzung von Wohlstand und menschlicher Leistung" (*Jeremias*, Hosea, 164) kommen Hos 2,15 und 8,6 zu sprechen. In dem nachhoseanischen Vers Hos 8,14 wird dieses Vergessen auf die prunkvollen Bauten als Zeichen des Reichtums und der menschlichen Sicherheit zurückgeführt.
[15] Obwohl לשׁוא innerhalb des Jeremiabuches durchweg die Erfolglosigkeit eines Bemühens (der Züchtigung [2,30] sowie der Läuterung durch JHWH [6,29] und des Versuches, den Feind von seinem Plan abzuhalten [4,30]) ausdrückt und das

Durch diesen Aufbau, den Wortgebrauch und den Aussageinhalt stehen VV. 13aβ-15a Jer 2,10-11 nahe[16]: Der Aufruf von V. 10abα fordert das Gerichtsforum auf, sich vom äußersten Westen bis zum äußersten Osten nach einer bestimmten Tat zu erkundigen. Auf diese Tat
wird in V. 10bβ zunächst durch die rhetorische Frage הן היתה כזאת angespielt. Unmittelbar darauf wird sie in einer zweiten rhetorischen
Frage in V. 11aα als Umtausch von Göttern konkretisiert. Abschlie-
ßend konstatiert V. 11b diese Tat beim Gottesvolk. Die Unvergleichbarkeit dieser Tat drückt diese letzte Vershälfte einerseits durch den
antithetisch formulierten invertierten Verbalsatz, der das Verhalten des
Gottesvolkes mit dem der Völker in Beziehung setzt, andererseits
durch das (wie das Nomen שערורי von Jer 15,13b) im Jeremiabuch und
im ganzen AT singuläre Verb ימר aus[17].
Neben diesen weitgehenden Übereinstimmungen sind auch wichtige
Unterschiede zwischen Jer 2,10-11 und 18,13aβ-15a zu beobachten:
Der letztere Text läßt, indem er die Taten des Gottesvolkes nicht gleich
nach V. 13aβγ, sondern erst beim Ausklang aufdeckt, einen auf Steigerung angelegten Aufbau erkennen. Gleichzeitig hebt er neben der in V.
13 ausgedrückten Unvergleichbarkeit durch die Doppelfrage von V. 14
auch die Unbegreiflichkeit dieser Taten hervor[18], die dem Text einen
klagenden Ton verleiht[19]. Diesen Ton verstärkt die Bezeichnung des
Gottesvolkes als בתולת ישראל in V. 13b, die außerhalb der Heilsverheißung für das ehemalige Nordreich in Jer 31,4.21 nur noch in dem Kla-
getext Am 5,2 auftritt. Das Nomen בתולה kommt, zusammen mit בת[20]
עמי, בת יהודה oder בת ציון ebenfalls in Klagetexten vor[21]. Den Klagecharakter dieses Unterabschnittes unterstreicht schließlich seine Formulierung als indirekte Rede JHWHs.
Der Rest unseres Abschnittes, VV. 15b-17, ist ebenfalls in diesem Stil
verfaßt. Allerdings fällt innerhalb dieser Passage das Fehlen der in VV.
13aβ-15a beobachteten Stilmittel sowie der auf die vorexilische Prophetie hinweisenden Terminologie auf. Wir können hingegen in V.

---

Nomen שוא als Bezeichnung für die Götzen nur in Ps 31,7 und Jona 2,9 vorkommt,
legt sich für V. 15a$_2$ dennoch dieses Verständnis nahe. Vgl. *Reiterer*, ThWAT VII,
1116.
[16] Für den Vergleich beider Texte s. auch *Craigie / Kelley / Drinkard*, Jeremiah 1-
25, 248.
[17] Einen ähnlichen Aufbau weisen auch Dtn 4,32 und Jes 66,8 auf, wo es sich um
die Unvergleichbarkeit der Tat Gottes handelt.
[18] Diese Aussageabsicht tritt trotz der unsicheren Bedeutung der Doppelfrage deutlich hervor.
[19] Jer 2,10-11 läßt eher einen anklagenden Charakter erkennen, der einerseits durch
den Kontext, andererseits durch die in Ez auf die entsetzlichen Folgen des Gerichtes hinweisenden Verben שמם und שער in dem folgenden V. 12 zum Ausdruck
kommt.
[20] Vgl. Jer 6,26; 8,19.21.22.23. S. auch Thr 2,11 und 3,48.
[21] Vgl. Jer 14,17 und 46,11; Thr 1,15 und 2,13.

15b und V. 16a einen gleichförmigen Aufbau beobachten: Beide Vershälften enthalten zweigliedrige Sätze, deren erstes Glied einen einfachen Verbalsatz, das zweite dagegen eine asyndetische attributive
Konstruktion darstellt. Die attributive Konstruktion dient dabei als
Apposition[22] der Adverbialbestimmung des Verbalsatzes. Ähnliche
Struktur weist auch der invertierte Verbalsatz in V. 16b auf, indem das
zweite Glied des zusammengesetzten Prädikats ויניד בראשו ישם das erste
erklärend und verdeutlichend weiter führt (vgl. die tabellarische Darstellung u.). Die Asyndesis in VV. 15b.16a erscheint deswegen als ungewöhnlich, weil die in der Adverbialbestimmung sowie in der attributiven Konstruktion stehenden Nomina außerhalb unserer Stelle durchweg miteinander syndetisch verbunden oder in Parallelformulierung
als Synonyme auftreten: דרך + שביל ist in Ps 77,20a, דרך + נתיבה in Jes
42,16[23]; 43,16; Thr 3,9 und Hos 2,8, שמה + שרקה als konstante Elemente[24] der festen Formulierung נתן/שים לשמה ולשרקה in 2Chr 29,8; Jer 19,8;
25,9.18; 29,37 und 51,37 belegt. Steckt hinter dieser Formulierung eine bestimmte Aussageabsicht?

|            | Attributive Konstruktion | Verbalsatz          |
|------------|--------------------------|---------------------|
| V. 15bα    | שבילי עולם               | ויכשלום בדרכיהם      |
| V. 15bβγ   | דרך לא סלולה             | ללכת נתיבות          |
| V. 16a     | שרוקת עולם               | לשום ארצם לשמה       |
| (V. 16b    | ויניד בראשו              | (כל עובר עליה ישם    |

Bei der Beantwortung der obigen Frage gehen wir von der Beobachtung aus, daß, während der dritte Satz schon in seinem ersten Glied das
gehaltvolle Femininum שמה aufweist, die beiden vorausgehenden Verbalsätze V. 15bα₁ und 15bβ zwei neutrale Ausdrücke (דרכיהם und
נתיבות) enthalten, deren Bedeutung mit Hilfe der sie näherbestimmen-
den adverbialen Konstruktionen שבילי עולם und דרך לא סלולה herausgestellt werden soll.
Dabei gehen wir von dem Ausdruck שבילי עולם in V. 15bα₂ aus. Da er
in anderen Teilen des Alten Testaments nicht belegt ist, ziehen wir die
beiden verwandten Ausdrücke דרך עולם aus Ps 139,24 und נתיבה עולם
aus Jer 6,16 heran: Der erste Ausdruck bezeichnet den „Weg des rech-
ten Lebens vor JHWH"[25] für den Einzelnen, der zweite den „Weg [...]

---

[22] *McKane*, Jeremiah I, 432, betrachtet שבילי עולם ebenfalls als Apposition zu
דרכיהם.
[23] Die beiden Nomina stehen an dieser Stelle in einer asyndetischen Parallelformulierung und werden als „unbekannt" charakterisiert.
[24] Als drittes Element treten noch die Nomina זועה (2Chr 29,8), חרבה (Jer 25,9),
קללה (Jer 25,18), אלה und חרפה (Jer 29,18) auf.
[25] *Kraus*, BK XV/2, 921.

Jahwes mit dem Volk"[26]. Daher liegt die Annahme nahe, daß die attributive Konstruktion שבילי עולם in V. 15bα₁ einen positiven Aussageinhalt hat[27] und zusammen mit dem vorangehenden Nomen דרך die ver-
läßlichen Gotteswege und die damit verbundenen Traditionen bezeichnet. Folglich handelt es sich in V. 15b um das Stürzen des Gottesvolkes auf diesen Gotteswegen. Da JHWH als Urheber eines solchen
Stürzens nicht in Betracht kommt, hat das Waw-Imperfekt am Anfang
dieser Vershälfte die Götzen als Subjekt und das Gottesvolk bzw. dessen Mitglieder als Objekt. Demzufolge soll das Verb כשל als hi.-Waw-
Imperfekt und V. 15bα als Erklärung für das Vergessen JHWHs gelesen werden.

Der zweite Satz in V. 15bβγ bereitet größere Schwierigkeiten. Dadurch, daß die attributive Konstruktion דרך לא סלולה hier einmalig vorkommt, ist es schwer, ihr einen Bedeutungsinhalt zu entnehmen. Die
negativ näherbestimmten Bezeichnungen der Wege als דרך לא ידעו und
נתיבות לא ידעו von Jes 42,16 sowie ארח לא אשוב von Hi 16,22 helfen uns
wegen ihrer speziellen Aussageabsicht auch nicht weiter. Wollen wir
das Femininum נתיבה wegen Mangel an Textzeugen gegen Holladay
und Rudolph mit keinem zweiten Nomen ergänzen[28], so sind wir darauf angewiesen, diesen Versteil von dem vorausgehenden her zu verstehen. Da in V. 15bα von Stürzen, in V. 15bγ dagegen von Gehen
(nach dem Stürzen) die Rede ist, dürfen wir den Ausdruck דרך לא סלולה
als Kontrast zu שבילי עולם verstehen und als Ausdruck des „neuen Weges" des Götzendienstes lesen. Demzufolge bringt der durch die Präposition ל + Infinitivus constructus eingeleitete Finalsatz in V. 15bβγ
die Absicht der Götzen zum Ausdruck, das Gottesvolk zu ihrem Dienst
zu verleiten. Der dritte Satz in V. 16a ist ebenfalls ein Finalsatz, der
die eigentliche Absicht der Götzen artikuliert: das Land zu verwüsten.
Im Gegensatz zu V. 15bα treten sie an dieser Stelle kaum als Urheber
auf, sie wissen aber, daß die Idolatrie Verwüstung zur Folge hat, deren
Größe in dem invertierten Verbalsatz mit zusammengesetztem Prädikat von V. 16b geschildert wird.

Die Untersuchung von VV. 15b.16 hat ein überraschendes Götzenbild
konturiert: Die Götzen können das Gottesvolk auf den altgewohnten
Bahnen stürzen, um es auf die neuen Wege des Götzendienstes zu lok-
ken und sein Land zu verwüsten. Daß dieses Götzenbild mit dem von
V. 15a, welches durch das Nomen שוא gerade die Wirkungslosigkeit

---

[26] *Wanke*, Jeremia 1, 82. Eine negative Konnotation hat nur die attributive Konstruktion ארח עולם in Hi 22,15.
[27] Gegen *Holladay*, Jeremiah 1, 521.525, der dem Nomen עולם aufgrund seines
Aussageinhalts in V. 16a eine negative Bedeutung zuschreibt und die Wortverbindung שבילי עולם als „endless tracks" übersetzt.
[28] *Holladay*, Jeremiah 1, 525, auf den Vorschlag von *Rudolph*, Jeremia, 112, und
BHS zurückgreifend, liest נתיבות תהו. Vgl. auch *Wanke*, Jeremia 1, 175.

der Götzen hervorhebt, in krassem Gegensatz steht, geht einem jeden sofort auf. Wie kann dieser Gegensatz erklärt werden?

Da die hi.-Form des Verbs כשל mit den Göttern (von Damaskus) als Subjekt nur noch in 2Chr 28,23 belegt ist[29] und unsere Passage solche Wörter aufweist, die überwiegend in der exilisch/nachexilischen Literatur auftreten[30], legt sich die Annahme nahe, daß VV. 15b-16 in der spät- oder nachexilischen Zeit entstanden ist und sekundär in den heutigen Text eingefügt wurde. Diese Annahme wird durch die stilistische Eigenart von VV. 15b-16 sowie durch die Tatsache, daß V. 16 fast wörtlich mit Jer 19,8 übereinstimmt, erhärtet. Jedoch kann man sich bei der beobachteten künstlerischen Gestaltung nur schwer vorstellen, daß dem Autor die Spannung zwischen dem von ihm entworfenen und dem in V. 15a skizzierten Götzenbild nicht bewußt war. Im Gegenteil. In VV. 15b-16 handelt es sich um eine bewußte Thematisierung der rätselhaften, unerklärlichen Anziehungskraft der Götzen und des Götzendienstes, die sich des Gottesvolkes bemächtigte und zur Verwüstung des Landes führte. Auf diese Weise verbindet sich diese Passage inhaltlich glänzend mit den vorausgehenden VV. 13-15a, welche die Unbegreiflichkeit des Verhaltens des Gottesvolkes in der Doppelfrage von V. 14 hervorheben, und verstärkt den dort hörbar gewordenen klagenden Ton.

Wir wenden uns zum Schluß kurz V. 17, dem letzten Vers des Abschnittes Jer 18,13-17, zu. Dieser Vers ist in erster Person Singular formuliert und setzt so den Stil von VV. 13-15a fort. Die erste Vershälfte V. 17a drückt das Gerichtshandeln JHWHs aus, welches mit Hilfe des im Jeremiabuch mehrfach belegten Verbs פוץ als Zerstreuung[31] und als Beschämen des Gottesvolkes vor dem Feind (לפני אויב) beschrieben wird. Die zweite Vershälfte V. 17b bringt durch die anthropomorphen Begriffe ערף und פנים das Verhalten JHWHs gegenüber seinem Volk in der Zeit des durch das Nomen איד bezeichneten[32] Unglücks zum Ausdruck. Da seine Zuwendung die einzige Chance für ei-

---

[29] Das Verb כשל tritt in der vorexilischen Prophetie ebenfalls auf, wobei es in qal oder ni. das Gerichtshandeln JHWHs an seinem eigenen Volk (vgl. etwa Jes 3,8; 5,27; Jer 6,15=8,21; 6,21; Hos 4,5; 5,5; 14,2.10) sowie an fremden Völkern (vgl. Jer 46,6.12.16. S. auch 50,32.) bezeichnet.

[30] Das im Jeremiabuch singuläre Verb סלל ist in Hi 19,12; 30,12; Jes 57,14 und 62,10, das Nomen נתיבה in Hi 18,8; 24,13; 30,13; 38,20; Ps 119,105; Jes 42,16; 43,16; 58,12 und 59,8 sowie שביל, wie schon oben angemerkt, außerhalb unserer Stelle nur noch in dem exilischen Ps 77 (V. 20) belegt.

[31] Vgl. Jer 9,15; 10,21; 13,24; 23,1.2; 30,11; 40,15; 52,8. Das Verb פוץ kommt im Ezechielbuch am meisten (18mal) vor.

[32] Dieses Nomen bezeichnet innerhalb der Prophetenliteratur hier einmalig das das Gottesvolk treffende Unheil (vgl. auch Dtn 32,35). Sonst bezieht es sich auf die Völker: Ägypten (Jer 46,21), Moab (Jer 48,16; Ez 35,5), Edom (49,8; Ob 1,13) und Hazor (49,32). In der israelitischen Weisheit drückt es das Unheil des einzelnen sowie der einzelnen Gruppen aus (2Sam 22,19; Hi 18,12; 21,17.30; 30,12; 31,3.23; Ps 18,19; Prov 1,26.27; 6,5; 17,5; 24,22 und 27,10).

ne mögliche Wende darstellt, bedeutet seine Abwendung das Anhalten
der Zerstreuung. Die Motive der Zerstreuung und deren Dauer in V. 17
erinnern an das Thema des Briefes Jeremias an die Exulanten und an
die Zeit zwischen der ersten und zweiten Deportation. Daher liegt die
Annahme nahe, daß dieser jeremianische Spruch durch die Redaktion
mit VV. 13-15a verbunden wurde. Die Zusammenfügung beider Passagen könnte auf denselben exilischen Redaktor zurückgehen, der auch
den kleinen Dialog Jer 9,11-15 gestaltet hat.

## 2. Bilanz

Die Untersuchung hat den in der Forschung beobachteten Vorbehalt
gegenüber dem Klagecharakter von Jer 18,13-17 als berechtigt aufgezeigt. Zugleich hat sie auf die Mehrschichtigkeit dieses Textes hingewiesen, indem sie den die Unvergleichbarkeit und Unbegreiflichkeit
des Verhaltens des Gottesvolkes thematisierenden jeremianischen
Spruch VV. 13-15a von einem anderen, das Exil und dessen Dauer
hervorhebenden, ebenfalls jeremianischen Spruch (V. 17) abgehoben
und aufgrund der Terminologie den spätexilisch/nachexilischen Charakter der Passage VV. 15b-16 aufgewiesen hat. Dabei hat sie den klagenden Ton der ersten Passage VV. 13-15a hörbar gemacht, der in
dem Nebeneinander des Unvergleichlichen und Unverständlichen, in
der Bezeichnung des Gottesvolkes als „Jungfrau Israel", in dem auf
Steigerung angelegten Aufbau sowie in der Formulierung als indirekte
Ich-Rede JHWHs laut wird. Dieser klagende Ton wurde auch von dem
spätexilisch/nachexilischen Autor von VV. 15b-16 wahrgenommen,
der das Motiv der Unbegreiflichkeit des Verhaltens des Gottesvolkes
aufgriff und durch die Gegenüberstellung der Wirkungslosigkeit der
Götter und ihres Einflusses auf das Volk JHWHs bis zum Äußersten
gesteigert hat.

III. Die Konfession Jer 18,18-23

1. Analyse

In der Konfession Jer 18,18-23 hebt sich V. 18 durch seine prosaische Formulierung von den poetisch verfaßten VV. 19-23 ab. Dieser Vers wird in der Forschung aufgrund seiner Form, des redaktionellen Charakters von ויאמרו am Anfang, des Verbs קשׁב in V. 18bβ sowie des Neuansatzes in V. 19 meistens für sekundär gehalten[1]. Auf diese Frage der Zugehörigkeit von V. 18 gehen wir erst später ein, weil wir für das Herausstellen seines Charakters sowie seiner Verbindung zu dem poetischen Teil der Konfession von der Analyse von VV. 19-23 weitere Anhaltspunkte erhoffen.

Innerhalb von VV. 19-23 fällt die Unterschiedlichkeit des Gepräges und der Terminologie in VV. 21-22a und dem übrigen Text ins Auge: VV. 21-22a stehen der Gerichtsverkündigung des Jeremiabuches nahe, VV. 19-20.22b.23 dagegen weisen Beziehungen zu den individuellen Klageliedern des Psalters auf. Aufgrund dieser Beobachtung untersuchen wir die beiden Abschnitte gesondert.

*a) Jer 18,21-22a - Bitte um Unheil über den Feind*
Die meisten Kommentare und Untersuchungen vermerken die oben erwähnte Verwandtschaft zwischen Jer 18,21-22a und der Gerichtsverkündigung des Jeremiabuches[2]. Diese Beobachtung muß weiter präzisiert werden: VV. 21-22a weisen nicht zu der Gerichtsverkündigung des Jeremiabuches allgemein, sondern speziell zu der Gerichtsankündigung Jer 11,21-23 Beziehungen auf[3]: Dieser Text wird in V. 20aα, für eine Bitte ganz ungewöhnlich, ja im ganzen Alten Testament singulär, genauso wie die Gerichtsankündigung in 11,21aα, mit לכן

---

[1] Vgl. *Ahuis*, Gerichtsprophet, 34, *Carroll*, Jeremiah, 378f, *McKane*, Jeremiah I, 437, *O'Connor*, Confessions, 86f, *Thiel*, Redaktion von Jeremia 1-25, 217f, und *Wanke*, Jeremia 1, 176f.
*Craigie / Kelley / Drinkard*, Jeremiah 1-25, 252, scheiden aus metrischen Gründen nur ויאמרו aus. *Holladay*, Jeremiah 1, 529, und *Ittmann*, Konfessionen, 51f, halten V. 18 für original. Ersterer sieht die Zugehörigkeit von V. 18 zu VV. 19ff in der Parallelität zwischen dem nach der LXX gelesenen V. 18bβ und V. 19a, die dem Aufbau von V. 20 nahesteht, begründet. Ittmann hält die „wörtliche Zitierung der Gegner" als festen „Bestandteil aller Konfessionen" (51) wegen des Ausdrucks קול יריבי in V. 19bβ für unentbehrlich.
[2] Vgl. *Ahuis*, Gerichtsprophet, 34f, *Craigie / Kelley / Drinkard*, Jeremia 1-25, 253, *Wanke*, Jeremia 1, 178.
[3] *Bak*, Klagender Gott, 183, betrachtet Ps 109,6-15 als „Gegenstück" zu V. 21-22a, *Holladay*, Jeremiah 1, 530, zieht dagegen Jer 6,11-12 als Parallele heran. Die Berührungen zwischen Jer 18,21-22a und den genannten Texten sind sicherlich erkennbar, jedoch sind sie nicht so eng wie zwischen Jer 18,21-22a und Jer 11,21-23.

eingeleitet[4], enthält die Aufzählung der Familienmitglieder mit Hilfe der Nomina בנים, בחורים und בנות sowie אשה und איש Plural (V. 21; 11,22b), drückt das Unheil durch חרב, רעב und מות (V. 21aα.bβ; 11,22b) aus und begründet es in einem durch כי eingeleiteten Satz mit dem Verb בוא hi. (V. 22aβ; 11,23b)[5].

Diese Gemeinsamkeiten legen die Annahme nahe, daß Jer 18,21-22a in Anlehnung an Jer 11,21-23 verfaßt wurde. Für diese Annahme spricht neben den oben herausgestellten Wortverbindungen und der erwähnten singulären Einleitung der Bitte durch לכן auch die Tatsache, daß die beiden Substantive בן und בחור in keinem Gerichtswort außerhalb dieser beiden Stellen nebeneinander belegt sind. Der Grund, warum der Verfasser auf Jer 11,21-23 zurückgegriffen hat, liegt in dem spezifischen Inhalt sowie in der Wurzel dieses Abschnittes: Er stellt ein Gerichtswort über die Leute von Anatoth dar und fußt auf dem für das Jeremiabuch charakteristischen, sich auf einzelne Gruppen beziehenden Gerichtswort über einen Dritten[6]. Demzufolge hat VV. 21-22a nicht das ganze Volk, sondern einzelne Gruppen vor Augen[7].

V. 18 führt ebenfalls einzelne Gruppen, die Priester, die Weisen und die Propheten, an. Daher liegt die Schlußfolgerung nahe, daß die Bitte um das Unheil in VV. 21-22a und die Aufzählung der Führungsgruppen samt der Beschreibung ihrer Absicht gegenüber dem Propheten in V. 18 zusammengehören. VV. 21-22a setzt V. 18 voraus. Da dieser Vers durch den Gebrauch der Wendung חשב מחשבה[8] sowie des in Sprüchen Jeremias belegten Verbs קבש[9] jeremianische Diktion erkennen läßt, stellt er wahrscheinlich einen Prophetenspruch dar, den der Autor von VV. 21-22a aufgenommen und sich bei der Formulierung des Ganzen vor Augen gehalten hat. Die Aufnahme dieses Prophetenspruches könnte neben dem sich auf die führenden Gruppen beziehenden

---

[4] Auf den singulären Charakter dieses Phänomens weist *Ahuis*, Gerichtsprophet, 35, ebenfalls hin.

[5] *Thiel*, Redaktion von Jeremia 1-25, 159, macht auf die enge Beziehung zwischen Jer 11,21 und 18,21 ebenfalls aufmerksam. Unseren Text betrachtet er aber als D vorgegeben.

[6] S.o. 41-44.

[7] Gegen *Holladay*, Jeremiah 1, 528, der meint: „The words of vv 21-22a […] refer to the whole population, not simply to Jrm's opponents". Vgl. auch *Craigie / Kelley / Drinkard*, Jeremiah 1-25, 253f.

*Bak*, Klagender Gott, 182, möchte zwischen Volk und Führung nicht differenzieren. Zu einer solchen Differenzierung nötigt uns jedoch die Unterschiedlichkeit der Terminologie der Unheilsankündigung über das Volk (Jer 6,11.21; 13,14) und über die Gegner des Propheten (Jer 14,16; 20,4-6; 29,32): Während in der ersten Textgruppe, von Jer 6,11 abgesehen, wo die Aufzählung der Alters- und Sozialgruppen zur Bezeichnung der ganzen judäischen Gesellschaft dient, nur die stereotype Formulierung אבות ובנים begegnet (Jer 6,21; 13,14), zählen die Texte, die sich auf die Gegner Jeremias beziehen, deren Familienmitglieder auf.

[8] S.o. 37f.

[9] Vgl. Jer 6,10.17 und 23,18.

dreigliedrigen Spruch in V. 18aβγ die Wahl des Verbs קשב in V. 18bβ
motiviert haben, welches diesen Spruch sowie die Erweiterung VV.
21-22a mit den poetisch verfaßten VV. 19.22b-23 verband.
Ahuis[10] ordnet diese beiden Texte ebenfalls zusammen und schreibt sie
samt V. 20aβ der deuteronomistischen Redaktion zu. Dieser Befund
erscheint uns wegen der beobachteten weitgehenden Anlehnung an den
deuteronomistischen Text Jer 11,21-23 als fraglich. Gegen den deuteronomistischen Charakter von VV. 21-22a läßt seine Verbindung zu
den Fremdvölkersprüchen der Prophetenbücher durch das Nomenpaar
שכול[11] und אלמנה[12] sowie des Substantivs זעקה ebenfalls Bedenken aufkommen. Von dieser Verbindung zeugt auch das singuläre Vorkommen der Wendung נגר על ידי־חרב im Jeremiabuch (V. 21), die – von dem
vorexilischen Ps 63 (V. 11) abgesehen – nur in der exilischen Gerichtsankündigung gegen Edom in Ez 35[13] (V. 5) belegt ist. Diese Beobachtungen weisen darauf hin, daß der Verfasser von VV. 21-22a bei
der Formulierung dieses Abschnittes nicht nur den deuteronomistischen Text Jer 11,21-23, sondern auch die Fremdvölkersprüche des Je-
remia- und Ezechielbuches sowie die einschlägigen Texte Deuterojesa-
jas vor Augen gehabt hat. Demzufolge legt sich für Jer 18,21-22a eine
spät- oder nachexilische Entstehung nahe.

*b) Jer 18,19-20.22b.23 – Appellation an JHWH und Bitte um das
Nicht-Vergeben der Sünden des Feindes*
Dieser Text zeichnet sich durch seine Elemente – Anrufung (V. 19),
Appellation (V. 20aα), Feindklage (V. 22b), Vertrauensäußerung (V.
23aα) und Bitte (V. 23aβ.b) – als ein Klagelied des einzelnen aus. Die
am Anfang stehende Anrufung ist mit Hilfe der Verben קשב und שמע
formuliert. Das Auftreten dieses Verbpaares in einer an JHWH adres-
sierten Rede ist innerhalb der Prophetenbücher singulär. Es kommt
meistens in nachexilischen Individualklagen[14] und Lobliedern[15] vor.
Aus der vorexilischen Zeit sind die beiden Verben in Ps 61,2 belegt.
Auffälligerweise weisen alle diese Belege unabhängig von Entstehungszeit und Gattung charakteristische Formulierungs- und Struk-
turmerkmale auf: Die Objekte der Verben stellen Synonyme dar, die
die Äußerungen des Beters bezeichnen[16], und das Verb שמע wird re-

---

[10] Vgl. *Ahuis*, Gerichtsprophet, 34f.
[11] Das Adjektiv שכול ist im Jeremiabuch nur hier belegt.
[12] Das Nomenpaar אלמנה/שכול kommt in den Sprüchen gegen Babel (Jes 47,8f), זעקה
in den Sprüchen gegen Babel (Jer 50,46; 51,54), Moab (Jes 15,5.8; Jer 48,4.34)
und Tyrus (Ez 27,1) vor.
[13] Vgl. *Zimmerli*, BK XIII/2, 860.
[14] Vgl. Ps 130,2. S. auch Neh 1,6.
[15] Ps 10,17 und 66,19.
[16] Die Sehnsucht und das Herz der Armen (Ps 10,17), Schreien und Gebet (Ps
17,1; 61,2), Gebet als gemeinsames Objekt beider Vershälften (Ps 66,19), Stimme
und Stimme des Flehens (Ps 130,2).

gelmäßig in die erste, קשׁב dagegen in die zweite Vershälfte eingeglie-
dert[17]. Dieser Befund legt zunächst nahe, anstatt der die Äußerung der
Gegner bezeichnenden Formulierung קול ירי־בי[18] des MT in V. 19b mit
der LXX, Peschitta und Tg. קול רי־בי als Bezeichnung der Äußerung des
Klagenden zu lesen. Gleichzeitig macht er uns auf die Besonderheiten
von V. 19 aufmerksam: In diesem Vers steht das Verb קשׁב voran und
hat nicht die Aussage des Betenden, etwa sein Gebet oder sein Geschrei, sondern ihn selbst zum Objekt (אלי). Angesichts der gleichbleibenden Struktur der genannten Stellen können diese Besonderheiten
von V. 19 am besten durch eine bewußte Gestaltung erklärt werden:
Durch die Voranstellung des Verbs קשׁב wurde die Eindringlichkeit der
Bitte zum Ausdruck gebracht, und durch die Person des Klagenden als
Objekt dieses Verbs wurde diese Aussageabsicht unterstrichen.
Man fragt sich, wodurch diese Eindringlichkeit angeregt wurde. Da der
Text nur die tödliche Absicht der Gegner, aber keine konkrete Lebens-
situation erkennen läßt, versuchen wir sie der Terminologie des Klageliedes zu entnehmen. Die Tätigkeit der Feinde wird in V. 20aβ und V.
22b durch die formelhafte Wendungen כרה שׁוחה und טמן פח bezeichnet,
die heimliches und heimtückisches Handeln zum Ausdruck bringen.
Diese Wendungen treten meistens in Individualklagen eines unschuldig Angeklagten und Verfolgten auf[19]. Demzufolge steht im Hintergrund des Klageliedes Jer 18,19-20.22b.23 ein sich gegen den Klagenden richtendes Rechtsverfahren. Diese Annahme wird durch den
Gebrauch des Nomens 'רי־ב' in V. 19b unterstützt. Die Not des Beters
wird durch die Absicht seiner Rechtsgegner herbeigeführt, ihn gefan-
genzunehmen, zu verurteilen und zu töten. Diese Absicht bringt der
Finalsatz V. 22bα mit dem Verb לכד sowie der Objektsatz את־כל־עצתם
עלי למות in V. 23aα zum Ausdruck[20]. Die Eindringlichkeit der Bitte
macht deutlich, daß der Beter in der Gefahr steht, durch das Fällen des
bevorstehenden Urteils unterzugehen. Trifft dies aber ein, so geschieht
ein Unrecht. Der Klagende ist nämlich unschuldig. Auf seine Unschuld
wird durch die rhetorische Frage in V. 20aα, in der das Nomen טוב das

---

[17] Diese Reihenfolge wird auch an den Stellen eingehalten, an denen das Volk oder
die Völker die Adressaten sind. Vgl. etwa Jes 28,23; 34,1; 49,1; Jer 6,10.19; Hos
5,1 und Mi 1,2.
[18] Dieses Nomen kommt nur in Ps 35,1 und Jes 49,25 vor.
[19] Die Wendung כרה שׁיחה/שׁוחה tritt in Ps 7,16 und 57,7 in einem Gebet eines Angeklagten, sowie in Ps 119,85 auf. Für die Gattungsbestimmung vgl. *Kraus*, BK XV-
1, 55.412. Die Wendung טמן פח/שׁחת/רשׁת tritt in den Klagen des unschuldig Angeklagten (vgl. Ps 31,15; 35,7.8), von Verleumdungen Bedrohten (vgl. Ps 140,6)
oder sogar Eingekerkerten (Ps 142,4) auf. Für die Gattungsbestimmung vgl.
*Kraus*, BK XV/1.2, 248. 276. 924. 932.
[20] *Ittmann*, Konfessionen, 39f, schreibt den ganzen V. 23 wegen seiner Spannung
zu V. 18 und infolge der Abhängigkeiten von Formulierungen anderer Konfessionen einer späteren Bearbeitung zu.

Handeln des Betenden bezeichnet, und durch die Unschuldsbeteuerung
in V. 20b hingewiesen.

Die rhetorische Frage von V. 20aα ist mit der geläufigen Wendung
שׁלם רעה תחת טובה formuliert[21]. Sie wird in der Forschung als Beschreibung des widernatürlichen Verhaltens der Feinde dem Klagenden gegenüber[22] oder als Zitat aus dem Mund der Feinde[23] verstanden. Dabei
werden die Frageform[24] und die unpersönliche Formulierung[25], wodurch sich diese Wendung von ihren Parallelen abhebt, ungenügend
berücksichtigt. Die noch offene Situation des Klagenden läßt V. 20aα
eher als eine Frage nach dem Ausgang des Rechtsstreites verstehen:
„Wird Gutes mit Bösem vergolten?". Auf diese Weise erweist sich die
Frage הישׁלם תחת־טובה רעה als eine starke Appellation an JHWH bzw. an
seine Gerechtigkeit[26]. Für dieses Verständnis spricht auch die Anwesenheit der beiden schon angeführten Wendungen כרה שׁוחה und טמן פח,
die öfter in solchen Passagen auftreten, in denen vom Zurückschlagen
des geplanten Unheils auf den Gegner die Rede ist. Da von einem aktuellen Einschreiten JHWHs nur VV. 21.22a redet[27] – sein Strafhan-
deln wird in V. 23bβ auf die Zeit seines Zorns hinausgeschoben –,
fragt man, worauf die Appellation abzielt. In diesem Zusammenhang
kann uns die Bitte in V. 23aβγ.b weiterhelfen.

Die Bitte besteht in V. 23aβγ aus zwei negativen Aufforderungssätzen
in einem synonymen Parallelismus und in V. 23bα aus einem positiven
Aufforderungssatz, der mit dem vorausgehenden V. 23aβγ mit Hilfe
eines Waw verbunden ist. Die Funktion und die Aussageabsicht der
ersten beiden Sätze sind offenkundig: Als negative Aufforderungssätze
drücken sie die an JHWH gerichtete Bitte aus, den Feinden die Schuld
nicht zu vergeben. Die Funktion und Bedeutung des positiven Satzes
sowie sein Verhältnis zu dem vorausgehenden V. 23aβγ sind problematisch. Er kann mit geringfügigen Textänderungen nach der LXX als
eine die negative Bitte weiterführende Aufforderung verstanden werden[28]. Er kann aber auch als Bitte um das Eingreifen JHWHs gelesen

---

[21] Vgl. Gen 44,4; 1Sam 25,21; Ps 35,12; 38,21; 109,5 und Prov 17,13.

[22] Vgl. *Bak*, Klagender Gott, 172, *Craigie / Kelley / Drinkard*, Jeremiah 1-25, 253,
*McKane*, Jeremiah I, 438, und *Rudolph*, Jeremia, 114.

[23] Vgl. *Holladay*, Jeremiah 1, 528. *Pohlmann*, Ferne Gottes, 52, und *Wanke*, Jeremia 1, 177f, lassen die Frage offen. *Hubmann*, BEThL 1981, 284, meint, „daß
Jeremia hier ein *Wort der Gegner* zitiert".

[24] *Weiser*, Jeremia 1-25,14, 158, hat auf die Bedeutung der Frageform nachdrücklich hingewiesen.

[25] Auf die „*impersonelle Konstruktion*" macht *Bak*, Klagender Gott, 172, aufmerksam. Er meint, daß dadurch „der *Zustand* der *Wirklichkeit* hervorgehoben" wird.

[26] Vgl. *Weiser*, ebd.

[27] Gegen *Schreiner*, Jeremia 1-25,14, 117, und *Wanke*, Jeremia 1, 178, die V. 22bα
als eine Aufforderung zum Eingreifen verstehen.

[28] In diesem Sinne verstehen ihn *Holladay*, Jeremiah 1, 527, *Rudolph*, Jeremia,
114, und *Bak*, Klagender Gott, 178, die anstelle der in MT bezeugten ho.-pt.-Form
des Verbs כשׁל nach der LXX das Nomen מכשׁל mit Possessivsuffix dritte Person

werden[29]. Und er kann, wenn wir MT berücksichtigen, auch als ein Konsekutivsatz gelesen werden, der die Folgen des Aufrechterhaltens der Schuld zum Ausdruck bringt: das Gestürzt-Werden der Feinde. Für dieses Verständnis sprechen die singuläre pu.-pt.-Form des Verbs כשל und das auf die Imperfekta von V. 23aβγ folgende Waw-Perfekt והיו in V. 23bα, die den Folgecharakter dieses Ereignisses einprägsam ausdrücken. Demzufolge beweist das Eintreffen dieses Ereignisses die Wirksamkeit des Tat-Folge-Zusammenhangs[30], wodurch der Klagende wieder ins Recht gesetzt wird[31]. Der vorausgehenden negativen Bitte zufolge kann das Ordnungsprinzip des Tat-Folge-Zusammenhangs durch die Vergebung JHWHs außer Kraft gesetzt werden. Das möchte der Beter eben dadurch verhindern, daß er JHWH dazu bewegt, die Schuld der Gegner nicht zu vergeben. So möchte er die schicksalwirkende Tatsphäre walten lassen und das Handeln JHWHs auf die Zeit seines Zorns hinausschieben[32]. Bis zu dieser Zeit soll im Bereich des individuellen Geschicks das altbewährte, der „Allkausalität Jahwes" integrierte[33] Ordnungsprinzip von Tat-Folge-Zusammenhang für die Gerechtigkeit haften. Demzufolge liegt es kaum in der Absicht des Klagenden, „den Gegnern die Legitimität ihrer religiösen Überzeugungen und Praktiken" abzustreiten[34], und handelt es sich in diesem Klagelied kaum um die Auseinandersetzung von „zwei einander widerstreitenden Richtungen"[35], sondern um die theologische Abhandlung der Frage nach dem Verhältnis von Gerechtigkeit und Schuldvergebung sowie von Gerechtigkeit und endgültigem Gottesgericht. Dadurch erhält das individuelle Klagelied einen universellen Horizont.

Wir kommen noch auf die Unschuldsbeteuerung mit dem Verweis auf das Eintreten des Propheten zugunsten seiner Gegner in V. 20b kurz zu sprechen. Die Fürbitte als solche wird innerhalb des Jeremiabuches öfters thematisiert[36]. Unsere Stelle weist durch die Wendung עמד לפני eine auffallende Nähe zu dem exilisch-nachexilischen Ps 106 (V. 23)[37]

Plural maskulin und anstelle des Waw-Perfekts (Kere) in der dritten Person Plural Imperfekt (והיו) dritte Person Singular maskulin lesen.

[29] Vgl. *McKane*, Jeremiah I, 435, *Schreiner*, Jeremia 1-25,14, 117, und *Wanke*, Jeremia 1, 178.

[30] Vgl. P 7,16; 9,16; 35,7f und 57,7. S. auch Prov 26,27.

[31] Nach Ps 33,11 besteht zwischen der Schuld und der körperlichen Schwachheit ein kausaler Zusammenhang. Demzufolge ist der Sturz der Feinde der offenkundige Beweis für ihre Schuld und für die Schuldlosigkeit des Betenden.

[32] V. 23bβ kann, gegen *Wanke*, Jeremia 1, 178, der schreibt: „So bittet er Jahwe, daß er zur Zeit seines Zorns die Feinde straucheln läßt", wegen seines Aufbaus als invertierter Verbalsatz kaum als zeitliche Näherbestimmung für das Stürzen der Feinde verstanden werden.

[33] *Kraus*, BK XV1, 62.

[34] *Pohlmann*, Ferne Gottes, 54f.

[35] Gegen *Pohlmann*, Ferne Gottes, 54.

[36] Vgl. 7,16; 11,14; 14,11 und 15,1.

[37] Vgl. *Kraus*, BK XV/2, 728.

und Jer 15,1[38] auf und zeigt den Beter als einen Mittler, dessen Aufgabe es ist, den Zorn JHWHs aufgrund seiner besonderen Beziehung zu ihm[39] abzuwenden[40]. Durch die Hervorhebung der besonderen Beziehung des Beters zu JHWH und seines fürbittenden Eintretens für seine Gegner verläßt die Unschuldsbeteuerung das zentrale Thema des Klageliedes, den Zusammenhang von Tat und Folge. Aus diesem Grunde ist V. 20b als eine sekundäre Erweiterung zu betrachten, mit Hilfe derer der Klagende mit dem Propheten Jeremia gleichgesetzt wurde[41]. In dem heutigen Kontext kommt V. 20b die Aufgabe zu, das in V. 20aα erwähnte Gute zu konkretisieren. Um das Gleichgewicht der Erläuterung zu bewahren, hat der Bearbeiter auch den dem V. 22bα entlehnten V. 20aβ eingefügt[42]. Da der Halbvers V. 20b in seiner Aussageabsicht VV. 18.21-22a nahesteht, können wir davon ausgehen, daß sie von derselben Hand stammen und zu der Bearbeitungsschicht der Konfession gehören.

Unsere Analyse hat ergeben, daß die Konfession Jer 18,18-23 mehrschichtig ist. Ihr liegt eine poetisch formulierte Individualklage Jer 18,19-20a.22b.23 mit dem Tat-Folge-Zusammenhang als zentrales Thema zugrunde, der in einem rechtlichen Kontext behandelt wird. Wegen seines rechtlichen Hintergrundes wurde dieses Klagelied von einem späteren Bearbeiter auf das Leben Jeremias bzw. auf seine Auseinandersetzung mit der führenden Schicht (Kap. 26) bezogen und durch VV. 18.20b.21-22a erweitert. Da diese Erweiterung, von dem jeremianischen Spruch in V. 18 abgesehen, Beziehungen zu dem deuteronomistischen Gerichtswort Jer 11,21-23, zu den Fremdvölkersprüchen sowie zu den späten Stellen Num 25,11; Ps 106,23 und Jer 15,1 aufweist, liegt ihre Ansetzung in der spätexilisch/nachexilischen Zeit nahe.

Die Konfession Jer 18,18-23 verbindet sich mit der frühdeuteronomistischen Passage Jer 18,11-12 terminologisch durch die Wendung מחשבה חשב und mit der Alternative Jer 18,7-10 thematische: Während die Alternative einen in seinem Handeln berechenbaren Gott darstellt, thematisiert die Konfession eine berechenbare und gerechte Welt. Diese Thematik der Alternative hat möglicherweise ihre Aufnahme in Kapitel 18 veranlaßt.

---

[38] Zu dieser Stelle s.o. 113-116.

[39] Diese besondere Beziehung des Betenden zu JHWH wird mit Hilfe der Wendung דבר על zum Ausdruck gebracht. Durch sie wird in 1Kön 2,18 die Intervention Batsebas bei König Salomo für Adonija bezeichnet. Batseba wird dabei als eine Person charakterisiert, die vom König nicht abgewiesen wird (V. 17). Vgl. auch Ps 106,23, wo die besondere Beziehung von Mose zu JHWH als sein Auserwählter betont wird.

[40] Für weitere Ausführungen und Literatur vgl. *Bak*, Klagender Gott, 175-177.

[41] Vgl. *Schreiner*, Jeremia 1-25,14, 116.

[42] Vgl. *Rudolph*, Jeremia, 112, *Schreiner*, ebd., *McKane*, Jeremiah I, 439f.

# Vierter Teil
# Ertrag

In diesem Schlußabschnitt fassen wir die Ergebnisse unserer Untersuchung zusammen, um die in der Einleitung gestellten Fragen nach dem Nebeneinander der Gottes- und der Prophetenklage sowie nach ihrer Rolle in der Redaktion und Komposition der behandelten Großabschnitte zu beantworten. Dabei stellen wir zuerst die formalen und inhaltlichen Eigentümlichkeiten der Gottes- und der Prophetenklagen sowie der verschiedenen Bearbeitungsschichten heraus. Gleichzeitig fragen wir nach den Beziehungen jeder Textgruppe zu ihrem Kontext. Schließlich versuchen wir, den Entstehungsprozeß von Jer 11- 12, 14 - 15 und 18 nachzuzeichnen.

## I. Die Klagen Gottes und ihre Beziehungen zum Kontext

Die Untersuchung von Jer 12,7-12; 15,5-9 und 18,13-17 hat den Klagecharakter dieser Texte und auf diese Weise ihre Bezeichnung als „Gottesklagen" als berechtigt aufgezeigt. Die inhaltlichen und formalen Eigentümlichkeiten der einzelnen Gottesklagen sowie ihre Verbindung zum Kontext stellen die folgenden drei Kleinabschnitte heraus.
Anfangs wenden wir uns dem zuletzt behandelten Text *Jer 18,13-17* zu. Dieser Ansatz erscheint uns wegen den sogleich hervorzuhebenden Besonderheiten dieses Klagetextes ratsam.
Jer 18,13ff zeichnet sich einerseits dadurch aus, daß er auf charakteristische Stilmittel und Formulierungen der prophetischen Gerichtsverkündigung zurückgreift: auf die rhetorische Frage מי שמע כאלה in V. 13aγ und die Doppelfrage in V. 14, um die Unvergleichbarkeit und die Unbegreiflichkeit des Verhaltens des Gottesvolkes zu artikulieren, sowie auf die das enge Verhältnis JHWHs zu seinem Volk ausdrückenden Bezeichnungen בתולת ישראל in V. 13bβ und עמי in V. 15a, um den schmerzlichen Charakter dieses Verhaltens herauszustellen.
Gleichzeitig läßt dieser Text Besonderheiten erkennen, durch die er sich von der prophetischen Gerichtsverkündigung abhebt und sich mit den anderen Gottesklagen verbindet. Als erstes sei das Kontaminieren der in der Gerichtsverkündigung gesondert auftretenden Formulierungen klagenden Charakters erwähnt, das Jer 18,13ff einen klagenden

Grundton verleiht. Ferner sei auf den die Unerreichbarkeit des Volkes artikulierenden Stil der indirekten JHWH-Rede hingewiesen. Durch diese Ausdrucksform ist der Text stilistisch mit der ebenfalls als indirekte JHWH-Rede formulierten Gottesklage Jer 12,7-12 verbunden. Durch seine Berührungen mit der prophetischen Gerichtsverkündigung einerseits und mit den Gottesklagen andererseits zeugt Jer 18,13ff von der Ablösung des in der jeremianischen Gerichtsverkündigung öfters belegten *Klagens* JHWHs durch seine *Klage*. Demzufolge ist sie die erste in der Reihe der Gottesklagen. Dafür spricht auch die Tatsache, daß sie den Grund für die Klage JHWHs einzig in der beispiellosen und widernatürlichen, daher unbegreiflichen Abtrünnigkeit seines geliebten, aber unerreichbaren Bundesvolkes sieht und daß sie auf die Folge dieses Fehlverhaltens nicht zu sprechen kommt. Mit diesem Thema beschäftigen sich die Verse 15b-16 sowie V. 17, sie stellen aber interpretierende Ergänzungen dar.

Der Stil der indirekten JHWH-Rede kennzeichnet, wie dies schon oben vermerkt wurde, auch *Jer 12,7-12*. Dieser Stil dient hier jedoch nicht als Ausdruck der Unerreichbarkeit des Volkes, sondern der Reflexion JHWHs über das vernichtende Gericht. Auf das Verhalten des Volkes kommt diese Gottesklage in V. 8a.b$_1$ ebenfalls zu sprechen. Allerdings können wir bei diesem Motiv im Vergleich zu 18,15a eine deutliche Steigerung beobachten: Das Verhalten der נחלה JHWHs wird nicht einfach als Abwendung von Gott, sondern – durch das Löwenbild von V. 8a und den explikativen Vers 8b$_1$ – als Erhebung gegen ihn umschrieben, die der zur Wesensart Judas gewordenen feindlichen Gesinnung entspringt. Ferner sehen wir, daß dieses Thema innerhalb der Klage eine untergeordnete Rolle spielt: Es dient zur Begründung des zentral stehenden Gerichtes, welches in VV. 11-12a als ein kriegerisches Geschehen geschildert wird. Die Wendung בכף (Objekt +) את נתן von V. 12b läßt dabei durch den Gebrauch des Nomens כף anstelle vom üblichen יד an ein aktuelles Ereignis denken. Die Parallelität zwischen Jer 12,7 sowie den die Eroberung Jerusalems beklagenden und auf sie zurückblickenden Versen Thr 2,7a und Jes 47,6b legt zugleich die Annahme nahe, daß im Hintergrund von Jer 12,7ff der Untergang Judas in 587/86 v.Chr. steht. Dieses Ereignis wird durch den Ausdruck für die Gesamtheit des Landes כל־הארץ in V. 11bα sowie durch das Motiv des Aufspürens der dem Krieg Entkommenen in V. 12aα als *totale* und durch die Formulierung ל (Objekt +) את נתן von V. 10b sowie den negierten Nominalsatz אין איש שם על־לב von V. 12bβ als *anhaltende* Verwüstung geschildert.

Das *Objekt* der Verwüstung stellt das Eigentum JHWHs dar. Die für seine Bezeichnung verwendete Nomina נחלה, כרם und חלקה (V. 7aβ.10aα.β) sowie die Constructusverbindungen ידדות נפשי und חלקת חמדתי (V. 7b.10b) geben zu verstehen, daß Gott sich mit seinem Eigentum unauflösbar und innig verbunden weiß. Das *Subjekt* der Verwüstung bezeichnen die Ausdrücke רעים רבים (V. 10aα) und שדדים (V. 12a) als eine militärische Macht. Die strukturelle Verwandtschaft sowie die sich in der Formulierung zeigende Nähe zwischen V. 7 und V. 10 machen jedoch deutlich, daß im Hintergrund dieses Ereignisses JHWH selber steht. Die durch das Gericht herbeigeführte und mit Hilfe der Formulierung את־ביתי עזבתי von V. 7aα ausgedrückte Einsamkeit JHWHs sowie das Trauern des personifizierten Landes über ihn (V. 11aβ.bα) bringt gleichzeitig zum Ausdruck, daß JHWH von diesem Gericht *mitbetroffen* ist. Die auf diese Weise geschilderte Lage kann kaum anders bezeichnet werden als *schmerzlich-paradox*: Wiewohl das Land JHWHs angestammtes und geliebtes Eigentum ist, läßt er es zugrunde richten. Wiewohl JHWH der Urheber des Gerichtes ist, trifft es ihn am meisten. Die Widersprüchlichkeit dieser Situation läßt das in ihrem Hintergrund stehende Dilemma anklingen, die den Grund für die Klage JHWHs darstellt.

Die adäquate Form, um auszudrücken, wie es JHWH zumute ist, wird im Gegensatz zu Jer 18,13ff nicht in der prophetischen Gerichtsverkündigung, sondern in der Klageliteratur Israels gefunden: Der Anfangsvers (V. 7) wird nach der Anklage in der Aussageform des Volksklageliedes formuliert, um auf diese Weise der ganzen indirekten JHWH-Rede einen klaren Klagecharakter zu verleihen. Der Gestaltungswille ist allerdings nicht nur am Anfang, sondern in der ganzen Passage zu beobachten. Nach der Ausscheidung der sekundären Erweiterungen V. 9.11aα.12.13 bleibt nämlich ein Gedicht übrig, das durch seinen gleichbleibenden Versrhythmus mit jeweils zwei kürzeren Kola und einem längeren Kolon sowie seinen gleichmäßigen Aufbau mit jeweils zwei Versen für das Gerichtshandeln JHWHs und die Gerichtsschilderung eine hohe künstlerische Gestaltung aufweist (vgl. Tabelle).

| | |
|---|---|
| V. 7aα | עזבתי את־ביתי |
| V. 7aβ | נטשתי את־נחלתי |
| V. 7b | נתתי את־ידדות נפשי בכף איביה |
| V. 8a | היתה־לי נחלתי כאריה ביער |
| V. 8b$_1$ | נתנה עלי בקולה |
| V. 8b$_2$ | על־כן שנאתיה |
| V. 10aα | רעים רבים שחתו כרמי |
| V. 10aβ | בססו את־חלקתי |
| V. 10b | נתנו את־חלקת חמדתי למדבר שממה |
| V. 11aβ | אבלה עלי שממה |
| V. 11bα | נשמה כל־הארץ |
| V. 11bβ | כי אין איש שם על־לב |

Die bei Jer 12,7-8.10.11aβ.b herausgestellten Motive treten in der dritten Gottesklage *Jer 15,5-6.7b-9a* (VV. 7a.9b haben sich als Erweiterungen erwiesen) ebenfalls auf: Das Verhalten des Gottesvolkes als Begründung des Strafgerichtes wird in V. 6a thematisiert, die Frage der Rolle JHWHs in der Verheerung sowie der dadurch entstandenen Situation durchzieht die ganze Passage. Allerdings können wir bei al-

len diesen Motiven eine deutliche Intensivierung gegenüber Jer 12,7-
8.10.11aβ.b beobachten, die Jer 15,5-6.7b-9a als die letzte Steigerung
der Klage JHWHs ausweist:
Die Darlegung des *Verhaltens* des Gottesvolkes in Jer 15,6a ist im Gegensatz zu 12,8 nicht darum bemüht, dessen aufsässigen Charakter
nachzuzeichnen, sondern darum, dessen Schmerzhaftigkeit hervorzuheben. Das Fehlverhalten Judas wird in persönlichen Kategorien beschrieben: Das Verb נטש in V. 6a₁ und der invertierte Verbalsatz אחור
תלכי in V. 6a₂ charakterisieren das Verhalten des personifizierten
Jerusalems als endgültige Trennung und stellen JHWH als den
Verlassenen dar.
Auch über die *Rolle JHWHs* im Strafgericht spricht Jer 15,5-6.7b-9a
viel prägnanter als 12,7-8.10.11aβ.b: Während der letztere Text die
Verwüstung auf die Schutzlosigkeit des Volkes, bzw. auf dessen
Preisgabe durch JHWH zurückführt (V. 7) und von dem ursächlichen
Zusammenhang zwischen den Geschichtsereignissen und dem Wirken
JHWHs durch die strukturelle Nähe zwischen V. 7 und V. 10 nur an-
deutungsweise spricht, stellt Jer 15,6b.7b.8aβ.b JHWH als den direkten
Urheber der die Zukunft seines Volkes in Gefahr bringenden Zerstörung dar. Ähnliches läßt sich auch über die Verbalisierung des Empfindens JHWHs bei seinem Handeln sagen: Jer 12,7-8.10.11aβ.b läßt
es durch die Widersprüchlichkeit der durch das Gericht entstandenen
Situation nur anklingen, 15,6b dagegen thematisiert es, indem er durch
das Auseinanderhalten des Sich-bereit-Machens JHWHs zum Gerichtshandeln und der Vollstreckung des Gerichtes in V. 6aα sowie
durch den Ausdruck des Wandels im Strafwillen Gottes in V. 6aβ den
das Gericht vorausgehenden Kampf im Inneren JHWHs klarlegt.
Bei der Schilderung der durch das Gericht herbeigeführten *Situation*
lassen sich ebenfalls unterschiedliche Tendenzen beobachten: Während Jer 12,7-8.10.11aβ.b die Totalität und das Andauern der Vernichtung hervorhebt, stellt 15,5-6.7b-9a die Aussichtslosigkeit dieser Situation in den Vordergrund, und zwar so stark, daß sie zum Grundgedan-
ken der Gottesklage wird, der ihre Struktur sowie ihre Formulierung
bestimmt: Der als rhetorische Tripelfrage formulierte Anfangsvers (V.
5) verleiht ihm durch das allmähliche Einengen des Trösterkreises
(Gott – Verwandte – Mitmenschen), durch das sukzessive Verdünnen
des Trostes (Rettung – Mitleid – elementares Interesse) sowie das
Qina-Metrum Ausdruck. Die indirekte Gottesrede in VV. 7b-9a artikuliert ihn durch die mit Hilfe von stets weiter gedehnten Sätzen ausgedrückte Steigerung der Vernichtung und deren Nachwehen sowie
durch den Wechsel von der Beschreibung des Gerichtshandelns (VV.
7bα.8aβ.b) zu der Schilderung der Gerichtsfolgen (VV. 8aα.9a) und
den dadurch erreichten düsteren Ausklang. Die Hoffnungslosigkeit der
Lage einerseits und die an das personifizierte Jerusalem gerichtete Anrede in VV. 5-6 andererseits lassen dann die Dramatik auf den Höhepunkt steigen.

Die Erfassung der Eigentümlichkeiten der Gottesklagen hat die inhaltlichen sowie formalen Unterschiede zwischen ihnen herausgestellt, die das Reden von einer formgeschichtlich ausgeprägten *JHWH-Klage* unmöglich machen und gleichzeitig die Annahme nahelegen, daß die analysierten Texte des Jeremiabuches *Klagen* JHWHs darstellen, die unterschiedlichen geschichtlichen Situationen entsprungen sind und die mit ihnen verbundenen theologischen Fragen in verschiedenen Formulierungen ausführen: Jer 18,13-15a stellt die Klage JHWHs über das widernatürliche Verhalten und die Unerreichbarkeit Judas in der der ersten babylonischen Deportation vorausgehenden Zeit mit Hilfe der prophetischen Verkündigung entlehnter Formulierungen dar. In der Klage Jer 12,7-8.10.11aβ.b reflektiert JHWH über die von dem aufrührerischen Verhalten des Gottesvolkes ausgelöste totale und andauernde Vernichtung um 587/86 v.Chr. durch das Zurückgreifen auf das Anklageelement des Volksklageliedes. Jer 15,5-6.7b-9a ist eine Klage JHWHs über die nach diesem Ereignis entstandene Hoffnungslosigkeit mittels der Form der Leichenklage.

Die Analyse hat die Mehrschichtigkeit der Gottesklagen aufgezeigt, indem sie in Jer 18,13-17 die Verse 15b-16.17, in 12,7-13 die Verse 9.11aα.12.13 und in 15,5-9 die Verse 7a.9b als sekundäre Erweiterungen herausstellte. Diese sekundären Texte kennzeichnen sich durch dreierlei: Sie gehören zu derselben Schicht der jeweiligen Gottesklage, stellen weiterführende Interpretationen dar und lassen zu ihrem weiteren Kontext weder inhaltliche noch terminologische Verbindungen erkennen. Da diese sekundären Erweiterungen die Verbindung der Klagen JHWHs zu ihrem Kontext nicht erhellen, versuchen wir diese Frage beim letzten Abschnitt des Ertrages zu beantworten, in dem wir nach der möglichen Entstehung von Jer 11 - 12, 14 - 15 und 18 fragen.

## II. Die Klagen des Propheten und ihre Beziehungen zum Kontext

Die Analyse der Konfessionen hat die Eigenständigkeit der Texte Jer 11,18-23 und 12,1-6 aufgezeigt und auf diese Weise innerhalb der Großabschnitte Jer 11 - 12, 14 - 15 und 18 vier eigenständige, als Klage des einzelnen formulierte Texte – Jer 11,18-23; 12,1-6; 15,5-21 und 18, 18-23 – ausgegrenzt. Diese Klagen haben sich als mehrschichtig erwiesen:

Innerhalb von *Jer 11,18-23* haben sich zwei charakteristische Elemente der Klage des einzelnen, das in Anlehnung an den exilischen Ps 83,5 formulierte Feindzitat in V. 19b$\alpha_3\beta$ und die in Anlehnung an die nachexilische Texte Ps 118,7 und Mi 7,9 verfaßte Vertrauensäußerung in V. 20, als formgeschichtlich motivierte Ergänzungen herausgestellt. Neben dieser Motivation war bei dem Feindzitat in V. 19b$\alpha_{2-3}\beta$ auch eine redaktionelle Absicht zu beobachten: Er verbindet die Konfession Jer 11,18-23 durch das Motiv des grünenden Baums mit dem vorausgehenden Text Jer 11,15-17. Das Gerichtswort VV. 21-23 ist ebenfalls dem formgeschichtlichen Interesse entsprungen, das aufgrund eines mehrfach verwendeten jeremianischen Gerichtswortes gegen einen Dritten und des spätexilischen Gerichtswortes Jer 14,13-16a als Antwort auf die ergänzte Klage VV. 18-20 konzipiert wurde.

Die verbliebenen Verse 18.19a.b$\alpha_1$ haben sich durch ihre poetische Form sowie durch ihre Nähe zu der Verkündigung der Propheten Jeremia und Hosea als eine Klage Jeremias erwiesen. Den Grund dieser Klage stellt die von JHWH aufgedeckte Not dar. Die Selbstbezeichnung Jeremias mit Hilfe des Nomens כבש als Ausdruck seines vertrauensvollen Verhaltens charakterisiert diese Not als unbegründet, indem sie die Unschuld des Propheten verdeutlicht, und als permanent, beängstigend und schmerzhaft, indem sie die Vertrauten Jeremias als seine Feinde enthüllt.

Eine solche lebensbedrohliche, schmerzhafte und persönliche Not läßt die zweite Konfession *Jer 12,1-6* nicht erkennen. Sie sucht in ihrem Grundbestand VV. 1.2.4b$\beta$ das Walten Gottes in der Welt zu erfahren, indem sie die Wirklichkeit mit klassischen theologischen Aussagen konfrontiert: das Ausbleiben des strafenden Handelns JHWHs mit seinem in V. 1a$\alpha$ durch den Nominalsatz צדיק אתה יהוה formulierten Gerecht-Sein, das Glück der Gottlosen und die Ruhe der Treulosen mit der von JHWH eingesetzten Bundesordnung sowie die auf dem Nicht-Zusehen JHWHs fußende Hoffnung der Frevler auf ihr gutes Ende mit dem Prüfer-Sein Gottes. Dabei stellt sie die Außerkraftsetzung der göttlichen Gerechtigkeit und die Unwirksamkeit der Satzungen des Bundes heraus. Gleichzeitig macht sie JHWH für diesen Umstand verantwortlich, um ihn auf diese Weise zum Einschreiten zu bewegen. Aufgrund dieses seines Themas ist der Text Jer 12,1.2.4b$\beta$ statt als Konfession besser als Weisheitsrede zu bezeichnen.

Diese Weisheitsrede wurde mit Elementen des Klageliedes erweitert: mit einer Unschuldsbeteuerung (V. 3a), einer Verwünschung (V. 3b), einer Klage (V. 4a.bα$_2$) und einem göttlichen Orakel (VV. 5.6), welches zwei vorgegebene Texte – die sprichwörtliche Aussage von V. 5 und den jeremianischen Spruch in V. 6 – enthält, die durch die auf den Vertrautenkreis des Propheten hinweisende Genitivverbindung ארץ שלום verbunden sind. Diese Erweiterungen nehmen innerhalb der zur Klage erweiterten Weisheitsrede neben ihrer formalen Funktion auch verdeutlichende und weiterführende sowie redaktionelle Aufgaben wahr: V. 6 setzt durch den Gebrauch der Formel בגד ב die Familie des Propheten mit den als רשעים und בגדי בגד bezeichneten Frevlern von V. 1bβ.γ gleich, die Unschuldsbeteuerung und die Verwünschung in V. 3 sowie die Antwort Gottes in VV. 5.6 verbinden die Weisheitsrede mit der vorausgehenden erweiterten Prophetenklage Jer 11,18-23, die Klage mit Dürreschilderung in V. 4a.bα$_2$ verkoppelt sie mit der Gottesklage Jer 12,7ff. Die vielseitigen Beziehungen dieser Erweiterungen zu ihrem Kontext zeigen, daß sie der späteren Phase der Entstehung des Jeremiabuches entstammen.

Im Gegensatz zu den gattungsinteressierten, verdeutlichenden und redaktionell motivierten, zusammengehörenden Erweiterungen der Weisheitsrede Jer 12,1-2.4bβ lassen die sekundären Texte der dritten Konfession *Jer 15,10-21* unterschiedliche Absichten erkennen und sich verschiedenen Bearbeitungsschichten zuweisen: Der den Leidenserfahrungen Jeremias entsprungene, der Prophetenklage Jer 15,10.15aα$_1$.16-19 nach der zweiten Deportation Judas hinzugefügte Prophetenspruch in V. 20 brachte durch das Motiv der Unbesiegbarkeit und durch die Beistandsverheißung ein erstes Hoffnungslicht in die in V. 18 geschilderte düstere Not. Der in der Exilszeit eingetragene, die Fürbitte des Propheten thematisierende V. 11 reicherte die in VV. 10b$_1$.16a.17 angeführten Unschuldsbeteuerungen Jeremias an. Der gegen das Ende des Exils eingearbeitete Text VV. 12-14 fragte nach dem Schicksal des Gottesvolkes nach dem erlittenen Gericht und stellte die Heimkehr in Aussicht. Die nachexilischen Verse 15.16b.21 ergänzten schließlich die erweiterte Prophetenklage mit einer Bitte, einem Beweggrund zum Einschreiten JHWHs und einer Verheißung und machten sie auf diese Weise zu einem richtigen Klagelied des einzelnen, das jeder Fromme der nachexilischen Gemeinde nachbeten konnte. Gleichzeitig verband der Ergänzer dieses Klagelied mit der exilisch/ nachexilischen Volksklage Jer 14,8-9.

Da V. 20 und V. 11 zu weiteren Teilen des Jeremiabuches keine Beziehungen erkennen lassen – die Nähe zwischen V. 20 und Jer 1,18f erklärt sich durch die mehrfache Verwendung eines Prophetenspruches –, stellen sie die Prophetenklage weiterführende Erweiterungen dar. Die beiden umfangreicheren Texte VV. 12-14 und VV. 15.16b.21 setzten dagegen ein „Jeremiabuch" schon voraus: Der spätexilische Verfasser von VV. 12-14 fügte nämlich das Substantivpaar ברזל und נחשת

in Jer 6,30 ein, um Jer 15,10ff und 6,27-30 miteinander zu verbinden,
und änderte das Gerichtswort Jer 17,3f seiner Absicht entsprechend
um, um auf diese Weise seine theologische Konzeption über das
Schicksal des Gottesvolkes zu entfalten. Der nachexilische Ergänzer
verband die mehrfach erweiterte Prophetenklage mit der spätexilischen
Volksklage Jer 14,8-9.

Der auf den Propheten zurückgehende verbliebene Text Jer
15,10.15a$\alpha_1$.16-19 ist als Klage des einzelnen mit prophetischer The-
menstellung formuliert. Sein Klagecharakter zeigt sich einerseits in
dem Auftreten der typischen Elemente dieser Gattung – Klageschrei
mit Notschilderung in V. 10a.b$_2$, Unschuldsbeteuerungen in VV.
10b$_1$.16a.17, erneute Klage in V. 18 und Gottesorakel in V. 19 –, andererseits in seinen Beziehungen zu den vorexilischen Klageliedern des
einzelnen in Ps 26 und 102, deren Sprache der Prophet sich bei der
Formulierung von V. 17 bedient hat. Anlaß zur Klage gab die den Propheten von allen Seiten drohende Lebensgefahr (vgl. die Ausdrücke
לכל־הארץ in V. 10aβ und 'כלהם' in V. 10b$_2$) sowie seine fortwährende
und unheilbare (vgl. die Nomina נצח und אנוש in V. 18a$\alpha$.β sowie den
Ausdruck מאנה הרפא in V. 18b$\alpha$) Wunde. Da er in seinem zwischenmenschlichen Verhalten (V. 10b) aufrichtig und in seinem Amt treu
und gehorsam war (V. 16a.17), kann er sein Leiden nur auf die in
Rechtssprache gekleidete (vgl. die teils weisheitliche, teils rechtliche
Formulierung איש ריב ואיש מדון in V. 10aβ), von JHWH angeregte (vgl.
die Formulierung כי־זעם מלאתני in V. 17bβ) Gerichtsverkündigung und
auf diese Weise auf JHWH selbst zurückführen. Die Erkenntnis, daß
der eigentlichen Urheber seiner Not JHWH selber ist, erschüttert sein
Vertrauen ihm gegenüber (vgl. das Bild des versiegenden Baches in V.
18bβγ). Das Heraustreten aus der Einsamkeit und die Integration in die
Gesellschaft bietet sich als Ausweg aus dieser Not an. Dies wird jedoch von JHWH aufs entschiedenste abgewiesen (V. 19b) und der
Prophet dazu aufgefordert, zu JHWH zurückzukehren und von seinen
früheren Aussagen Abstand zu nehmen und auf diese Weise wieder in
den Dienst JHWHs einzutreten (V. 19a).

Die letzte behandelte Konfession *Jer 18,18-23* hat sich ebenfalls als
mehrschichtig erwiesen: Sie besteht aus der poetisch formulierten Individualklage VV. 19-20a.22b-23 mit Anrufung (V. 19), Appellation
(V. 20a$\alpha$), Feindklage (V. 22b), Vertrauensäußerung (V. 23a$\alpha$) und
Bitte (V. 23aβ.b) sowie aus der Bearbeitungsschicht VV. 18.20aβ.b.
21-22a.

Die Individualklage läßt weder durch ihren Wortgebrauch noch durch
ihre Thematik prophetische Merkmale erkennen. Durch die mit Hilfe
des Verbpaares קשב und שמע formulierte Anrufung JHWHs steht sie
den nachexilischen Psalmbelegen Ps 10,17; 66,19 und 130,2 nahe. Ihre
Thematik weist ebenfalls in die Richtung der Gebets- und Weisheitsliteratur: Den Klagenden charakterisieren die beiden Wendungen כרה
שוחה und טמן פח von V. 22b$\alpha$.β als einen unschuldig Angeklagten, dem

beim Rechtsverfahren (s. 'רִיב' in V. 19b) der Untergang droht. In dieser Lage appelliert er durch die rhetorische Frage הֲיְשֻׁלַּם תַּחַת־טוֹבָה רָעָה in V. 20aα auf das von JHWH eingesetzte Ordnungsprinzip der Welt. Da seiner Meinung nach dieses Prinzip durch die Schuldvergebung aufgehoben werden könnte, bittet er JHWH darum, die Schuld seiner Feinde nicht zu vergeben (V. 23aβγ), sondern den Tat-Folge-Zusammenhang walten zu lassen (V. 23b).

Diese Individualklage wurde wegen ihres rechtlichen Hintergrundes auf den Propheten Jeremia bezogen (vgl. Jer 26) und mit VV. 18.20b.21-22a erweitert. Diese Erweiterung zielte auf die Identifizierung des Klagenden mit dem Propheten Jeremia sowie der in der Individualklage anonym auftretenden Feinde (vgl. die unbestimmte Mehrzahl in der Feindklage V. 22b sowie in der Bitte V. 23) mit den führenden Gruppen von Priestern, Weisen und Propheten. Aus diesem Grund stellte der spät/nachexilische Ergänzer der Individualklage den – die führenden Gruppen namhaft machenden, auch das in der Anrufung in V. 19aα stehende Verb קשׁב enthaltenden – Prophetenspruch V. 18 voran. Dabei verband er die Konfession durch die Wendung חָשַׁב מַחֲשָׁבָה עַל (V. 18aα) mit dem mehrschichtigen Prosastück Jer 18,1-12 (s. V. 11aγ), konkretisierte das in V. 19aα angeführte טוֹבָה in V. 20b als Fürbitte deren Grundlage die besondere Beziehung zwischen JHWH und dem Betenden darstellt, und erweiterte sie mit einer in Anlehnung an das Gerichtswort Jer 11,21-23 und an die prophetischen Fremdvölkersprüche verfaßten Verwünschung in VV. 21-22a. Aus strukturellen Gründen – um V. 20 einen ausgeglichenen Aufbau zu verleihen – fügte er den der Feindklage V. 22b entnommenen V. 20aβ ein.

Das Aufzeigen der Mehrschichtigkeit der in Jer 11 - 12, 14 - 15 und 18 stehenden Konfessionstexte hat auf die thematische Unterschiedlichkeit der jeweiligen Grundschichten hingewiesen: Jer 11, 18.19a. bα₁ und 15,10.15aα₁.16-19 lassen *prophetische Themenstellungen* erkennen. Die kurze Prophetenklage Jer 11,18.19a.bα₁ thematisiert die von JHWH aufgedeckte Drohung seitens der Vertrauten des unschuldigen Jeremia. In dem als Klagelied des einzelnen formulierten Text Jer 15,10.15aα₁.16-19 fragt der Prophet nach dem Grund seines Leidens und findet ihn in seiner Gerichtsverkündigung. Die Antwort JHWHs stellt zugleich die Einsamkeit als prophetische Existenzform dar, durch die der Prophet den für die Verkündigung des Gotteswortes nötigen Abstand zu den Hörern wahrt und die Verlassenheit JHWHs veranschaulicht. Die beiden anderen Texte Jer 12,1.2.4bβ und 18,19-20a.22b-23 beschäftigen sich mit *weisheitlichen Themen*: Ersterer spricht das Glück der Gottlosen als Infragestellung des Gerecht-Seins JHWHs sowie der von ihm eingesetzten Bundesordnung, der zweite den Tat-Folge-Zusammenhang als Bürge für die Gerechtigkeit im individuell-menschlichem Bereich sowie die Beziehung zwischen diesem Ordnungsprinzip und der Schuldvergebung an. Wegen des prophetischen Charakters von Jer 11,18.19a.bα₁ und 15,10.15aα₁.16-19

sowie des weisheitlichen Gehaltes von Jer 12,1.2.4bβ und 18,19-
20a.22b-23 erscheint die pauschale Bezeichnung dieser Texte als
„Konfessionen" als unsachgemäß. Wollen wir diese inhaltlichen Differenzen durch die Benennung der Texte zum Ausdruck bringen, so ge-
bührt die die Klage des Propheten von den Individualklagen abhebende Bezeichnung „Konfession" nur den beiden Texten Jer 11,
18.19a.bα₁ und 15,10.15aα₁.16-19.

III. Bearbeitungsschichten in Jer 11 - 12, 14 - 15 und 18

Die Untersuchung von weniger als einem Zehntel des Jeremiabuches läßt zwar keine weitgehenden Schlußfolgerungen hinsichtlich der Entstehung des Jeremiabuches zu, bietet jedoch eine ausreichende Basis, um die Bearbeitungsschichten der drei Großabschnitte Kap 11 - 12, 14 - 15 und 18 im folgenden zu umreißen und kurz zu beschreiben.

Am schmalsten fallen die Spuren des *Schülerkreises* Jeremias aus. Seine Tätigkeit beschränkt sich auf das Ergänzen von einzelnen, unabgeschlossenen jeremianischen Texten: Die Wir-Klage des Propheten in Jer 14,2aα.b-7 versieht er mit einer Antwort JHWHs (VV. 10.11-12) und den ungedeuteten Bericht Jeremias über seinen Besuch beim Töpfer in Jer 18,2-4 mit einem Deutewort (VV. 5-6). Dabei schöpft er aus den Sprüchen des Meisters und aus der vorexilischen Prophetie: Die Abweisung der Klage formuliert er in Jer 14,10b mit Hilfe eines Hoseazitats (Hos 8,13aβ.bα) und begründet sie in V. 10a in starker Anlehnung an die Prophetensprüche Jer 2,19ff und 5,21. Das dem Töpferbericht angeschlossene Deutewort Jer 18,6 stellt ein von Jeremia stammendes Disputationswort dar.

Das Anliegen dieses Kreises war in erster Linie nicht die formale Vervollständigung der überlieferten Prophetentexte, sondern das Aufzeigen der falschen Sicherheit (Jer 18,6) und des sich in der Hilfesuche bei den Ägyptern manifestierenden politischen Fehlverhaltens (Jer 14,10.11-12) als die Ursache der Vernichtung Judas, um auf diese Weise die Daheimgebliebenen in den Wirren der frühen Exilzeit vor falschen Entscheidungen zu warnen.

Die *deuteronomistische* Textschicht hat sich auch nicht als besonders breit erwiesen. Den wahrscheinlich frühesten Zeugen dieser Bearbeitung stellt Jer 18,11-12 dar. Dieser Text enthält zwar jeremianischen Sprüchen zugehörige Formulierungen, steht jedoch durch die mit Hilfe von deuteronomistischer Diktion formulierte Umkehraufforderung in V. 11b gleichzeitig den deuteronomistischen Parallelstellen Jer 7,3.5-7; 25,5; 26,3.13; 35,15 und 36,3.7 nahe. Von ihnen hebt er sich jedoch gleichzeitig ab, weil er von den Folgen des Gehorsams schweigt. Jer 18,11-12 drückt auf diese Weise die Sinn- und Aussichtslosigkeit der Warnung aus, die am besten aus der desperaten Situation unmittelbar vor und nach der Zerstörung Jerusalems zu verstehen ist. Als Dialog zwischen JHWH und dem Propheten gestaltet, stellt er Jeremia als den Vertrauten Gottes dar und läßt auf diese Weise ein Thema anklingen, das in späteren Texten entfaltet wird.

Die Passage Jer 11,9-14 ist schon darum bemüht, die Unabwendbarkeit des Gerichts aufzuzeigen und es zu erklären. Zu diesem Zweck verfaßte der Autor die Schuldfeststellung VV. 9.10aβ.b mit Hilfe von vertragsrechtlicher Terminologie, indem er auf die zur Feststellung und Beschreibung einer Verschwörung dienende Formulierung von 2Kön 17,4a und auf die Wendung ברית פרר zurückgriff, um den Götzendienst von Juda und Israel als Bundesbruch zu charakterisieren, der die Strafe JHWHs als Bundespartner und die durch seine Unerreichbarkeit (VV. 11-14) artikulierte Außerkraftsetzung des Bundesverhältnisses nach sich zieht. Zur Schilderung dieses Gerichtes griff er den erweiterten, das Wirken JHWHs hervorhebenden und auf diese Weise den Handlungsraum des Gottesvolkes einengenden Prophetenspruch VV. 15-17a auf, den er mit Hilfe des den Abwehrversuch durch Opfer thematisierenden redaktionellen Verses 15aβ.b und von V. 17b mit VV. 9-14 verband.

Die als „*exilisch/spätexilisch*" oder „*spätexilisch/nachexilisch*" bezeichneten Partien des Jeremiabuches – diese vage und ungenaue Bezeichnung dient zur Abhebung der unten angeführten Texte von der oben charakterisierten deuteronomistischen Schicht – enthalten sowohl poetischen (Jer 14,8-9 und 14,19a.20-22) als auch prosaischen (Jer 11,3b.5b.6-8; 11,4-5a; 12,14-15.16-17; 14,13-16; 15,2-4 und 18,7-10) Stoff. Wir heben ihre formale und inhaltliche Eigentümlichkeit im folgenden heraus.

Das poetische Material stellen die den exilischen Klagefeiern entstammenden Klagelieder des Volkes dar, die in das Jeremiabuch unverändert aufgenommen und den vorhandenen prophetischen Klagen (der Wir-Klage des Propheten in Jer 14,2aα.b-7 und der Klage über die große Vernichtung in Jer 14,17-18) angehängt wurden. Dabei wurden die prophetischen Klagen mit charakteristischen Elementen des Klageliedes versehen: Die aus Klagebeschreibung (V. 2aα.b), Notschilderung (VV. 2-6) und vom Schuldbekenntnis umrahmter Bitte (V. 7) bestehende Wir-Klage Jer 14,2aα.b-7 erhielt durch die Aufnahme von Jer 14,8-9 eine an das Einschreiten JHWHs appellierende Klage (VV. 8-9a) und eine Vertrauensäußerung (V. 9b). Die als eine einzige Notschilderung formulierte, redaktionell erweiterte (VV. 17a.18b) Klage Jeremias in 14,17-18 wurde durch eine Klage (V. 19a), ein Schuldbekenntnis (V. 20), eine Bitte (V. 21) und eine Vertrauensäußerung (V. 22) ergänzt. Eine spätere Hand fügte in dieses Klagelied das fehlende Element ein: die für die Klage verfaßte, auf sie meisterhaft abgestimmte Antwort JHWHs in Jer 15,1. Da die aufgenommenen Volksklagelieder sich aufgrund ihrer Gattung in den vorgegebenen Stoff mühelos einfügten, mußten sie mit ihm nicht redaktionell verbunden werden.

Die exilischen Volksklagen thematisieren für die fortgeschrittene Exilszeit typische Probleme: In Jer 14,8-9 spiegelt sich die Glaubenskrise der Exilsgemeinde wider, die durch den Bruch zwischen dem in den Gottesprädikationen מקוה ישראל und מושיעו בעת צרה von V. 8a artikulierten Glaubensbekenntnis und der in den Warum-Fragen von V. 8b.9a umschriebenen historischen Situation hervorgerufen wurde. Eine tiefere Glaubenskrise reflektiert 14,19a.20-22, wo durch den Gebrauch der zur Auflösung des Bundes führenden Verben der Geringachtung (מאס), Verachtung (נעל, נבל II) und Mißachtung (נאץ) das Bangen des Gottesvolkes um das Bundesverhältnis zum Ausdruck kommt.

Die Prosapartien sind den poetischen Texten gegenüber eigenständige Gebilde. Sie zeichnen sich formal durch ihren vornehmlich an deuteronomisch/deuteronomistischen Stoff erinnernden Wortgebrauch (vgl. Jer 11,3b.5b mit Dtn 27,26, Jer 11,7-8a mit Jer 7,13.25; 11,7; 25,3.4; 26,5; 29,19; 32,33; 35,14.15 und 44,4, Jer 11,8b mit Dtn 29,23-26, Jer 11,4-5a mit Dtn 26,14; Jer 12,16-17 sowie 18,7-10 mit 1,10; 12,24 und 31,28, Jer 14,3-6 mit Jer 23,9ff) aus, lassen aber einen freien Umgang mit dem vorgegebenen Material erkennen, den die Formulierung der Unermüdlichkeitsformel in Jer 11,7-8a sowie die der Passage 15,2-4 eindeutig bezeugen. Der Kontext wurde bei ihrer Formulierung unterschiedlich berücksichtigt: Während ihm in der Entstehung von Jer 11,4-5a; 12,16-17; 14,13-16a und 15,2-4a eine große Bedeutung beizumessen ist, spielte er bei der Alternative Jer 18,7-10 nur in der Formulierung eine Rolle. Jer 11,3b.5b-8 dagegen ließ die Textumgebung weitgehend unberücksichtigt.

Die inhaltliche Eigenart dieser Texte zeigt sich darin, daß sie verschiedene, eher für die ausgehende Exilszeit charakteristische Themen behandeln. Jer 12,14-15 hat noch das Gericht vor Augen (V. 14), schaut jedoch schon nach der Heimkehr Judas und der Nachbarvölker aus (V. 15). Jer 11,3b.5b-8 hebt durch das deuteronomistische Fluchschema in VV. 3b.5b und die Unermüdlichkeitsformel in V. 7-8 mit der figura etymologica העד העדתי, dem Verb צוה sowie dem Motiv des In-Erfüllung-Bringens des Fluches den Ernst des Gesetzesgehorsams hervor, auf den die wahrscheinlich zweite Exilsgeneration durch eine in V. 6 beschriebene „Zeremonie" mit öffentlichem Verlesen der Bundesurkunde verpflichtet wurde. Jer 11,4-5a greift diesen Gedanken angesichts der aktuell gewordenen Heimkehr auf und stellt ihn als die Voraussetzung der in Aussicht stehenden Landgabe dar. Gesetzesgehorsam steht auch in Jer 12,16-17 zentral, zusammen mit der Forderung der ausschließlichen JHWH-Verehrung, jetzt allerdings als Voraussetzung für das Bleiben der Nachbarvölker in der Gemeinschaft des Gottesvolkes. Diese beiden Forderungen bzw. ihre Erfüllung durch die Völker stehen auch im Mittelpunkt von Jer 18,7-10 als Kriterien für das universale Handeln JHWHs in der Völkerwelt. Jer 14,13-16a spricht ein neues Thema an: Der Passus stellt die bisher offengelassene Frage nach der Verantwortlichkeit des Volkes angesichts des Gerichtes in das Licht seines Verhaltens gegenüber der Prophetie und kommt zu der Schlußfolgerung, daß das Volk sich durch die bewußte Ablehnung der Unheilsbotschaft, genauso wie Jojakim, schuldig gemacht hat.

Aus der *nachexilischen* Zeit stammt der nach dem Frage-Antwort-Schema gestaltete Text Jer 15,2-4a. Er knüpft mit Hilfe des Verbs יצא an den vorausgehenden Vers Jer 15,1 an und arbeitet durch die Frage der Ratlosigkeit אנה נצא in V. 2a sowie durch die aufgenommenen Sprüche in V. 2bα₁β und V. 3 den dort artikulierten Gedanken der Entlassung des Volkes in das Nichts heraus.

IV. Ergebnis

Die Darstellung der Bearbeitungsschichten der Großabschnitte Jer 11 -
12, 14 - 15 und 18 hat ein Bild über die Beschäftigung mit den jeremianischen Texten in der Exilszeit entworfen: Sie hatte ihren Anfang
in der Ergänzungstätigkeit von geringem Umfang des Schülerkreises
Jeremias. Er bemühte sich um die Beantwortung von aktuellen geschichtlichen und theologischen Fragen der unmittelbar auf die Deportation folgenden Zeit. Die Bewältigung der durch die Katastrophe von
587/86 v.Chr. entstandenen Krise stellten sich die Deuteronomisten zur
Aufgabe. Sie legten die Unbußfertigkeit Judas klar und stellten seinen
Götzendienst in der vorexilischen Zeit als das Gericht nach sich zie-
henden Bundesbruch dar. Die durch die Situation der zweiten Hälfte
des Exils aufgeworfenen neuen Fragen hat die „exilisch/spätexilische"
bzw. „spätexilisch/nachexilische" Bearbeitung beantwortet: Den Gesetzesgehorsam hat sie als die Möglichkeit für die Bewahrung der religiösen und nationalen Identität und für die Wahrung der Glaubenskon-
tinuität aufgezeigt und die Verpflichtung des Bundesvolkes auf die
Einhaltung des Gesetzes als Voraussetzung für die Heimkehr dargestellt. Den Gesetzgehorsam zeigte sie auch als die Voraussetzung für
den Wiederaufbau der Nachbarvölker Judas sowie für die uneinge-
schränkte Teilhabe der ganzen Völkerwelt an dem Heil auf. Wo ist der
Platz der Gottes- und Prophetenklagen in diesem Bild? Diese Frage
sowie die Frage nach der Beziehung zwischen den Gottes- und den
Prophetenklagen versuchen wir durch eine Rekonstruktion der Entstehung der Großabschnitte Jer 11 - 12, 14 - 15, 18 zu beantworten.
Bei der Entstehungsrekonstruktion von *Kap 11 - 12* gehen wir von der
Beobachtung aus, daß unter den behandelten Texteinheiten Verbindungen zu dem vorausgehenden *und* zu dem folgenden Text nur in der
erweiterten Weisheitsrede 12,1-6 zu sehen waren: Sie verband sich
durch VV. 3.5-6 literarisch und inhaltlich mit der vorausgehenden erweiterten Prophetenklage 11,18-23 und mit Hilfe von V. 4a.bα thematisch mit der ihr folgenden Gottesklage 12,7ff. Dabei haben sich VV.
3.5-6 als die erweiterte Prophetenklage 11,18-23 entfaltende Erweiterungen erwiesen. Diese Beobachtung sowie der quantitative Unterschied zwischen VV. 3.5-6 und V. 4a.bα legen die Annahme nahe, daß
die Verknüpfung der erweiterten Prophetenklage 11,18-23 mit der
Weisheitsrede 12,1-2.4bβ unabhängig von dem heutigen Kontext er-
folgt war und daß der Klagekomplex 11,18-12,6 zuletzt in den Großabschnitt Jer 11 - 12 eingefügt wurde. Nach seiner Ausscheidung tritt
die Stichwortverbindung zwischen dem erweiterten Prophetenspruch
Jer 11,15-17a und der Gottesklage 12,7ff durch das Nomen בִּיַת (vgl.
11,15a$_1$ und 12,7aα) ans Licht. Da dieser erweiterte Prophetenspruch
durch die redaktionelle Klammer 11,17b in den deuteronomistischen
Text 11,9-14 einverleibt wurde (vgl. בֵּית יִשְׂרָאֵל וּבֵית יְהוּדָה in V. 10bα
und V. 17b$_1$), liegt die Annahme nahe, daß 11,9-17; 12,7-15 den frü-

hesten redaktionellen Abschnitt von Jer 11 - 12 darstellt. Ihm wurde in der spätexilischen Zeit der Abschnitt 11,3b.5b-8 vorangestellt, den man – wahrscheinlich im Zuge seiner Eintragung – mit der Einleitung V. 1.3aβ versah. Eine spätere Hand ergänzte diesen Abschnitt durch die „Füllung" VV. 4.5a. Weil die als Anrede formulierte „Füllung" ohne Adressaten in ihrem Kontext beziehungslos bleibt, ist diese Hand auch für die (nicht sehr geschickte) Eintragung des Aufrufes von VV. 2.3aα verantwortlich zu machen. In den Textkomplex 11,1-17; 12,7-15 wurde schließlich der Klagekomplex 11,18-12,6 – vermutlich wegen des in 11,16a sowie in 11,19bα₂ stehenden Baummotivs – eingefügt und durch den die Dürre als die Folge der menschlichen Bosheit beschreibenden Versteil 12,4a.bα mit der Gottesklage 12,7ff verbunden. Der Schlußabschnitt 12,16-17 könnte diesem Textkomplex als spätexilische Weiterführung von 12,14-15 hinzugefügt worden sein.

Innerhalb von *Jer 14 - 15* stellte die mit einer Bitte endende Wir-Klage des Propheten (14,2aα.2b-7) den Ausgangspunkt dar, der durch den Schülerkreis Jeremias mit einer Antwort (14,10-12) versehen wurde. Dieser als Dialog gestalteten Antwort fügte ein (spät)exilischer Autor seine Abhandlung über die Verantwortlichkeit der Heilspropheten und des Volkes hinsichtlich des Gerichtes hinzu (14,13-16). Als Antwort auf den in den Mund Jeremias gelegten Einwand von V. 13 und zur Schilderung der in V. 16 angekündigten totalen Vernichtung des Volkes und der Propheten fügte er die wahrscheinlich (in einer Sammlung von Jeremia-Sprüchen?) isoliert existierende Prophetenklage 14,17b-18a seinem Text hinzu und nahm die erweiterte Gottesklage 14,5-9 auf. Die letztere verband er durch den redaktionellen Versteil 14,2aβ mit der Wir-Klage des Propheten. Die auf diese Weise entstandene redaktionelle Einheit 14,2-7.10-18 enthielt eine Wir-Klage mit Klagebeschreibung (V. 2), Notschilderung (VV. 3-6), Bitte (V. 7) und göttlicher Antwort (V. 10-12) und eine nur aus Notschilderung bestehende Klage in VV. 17-18. Die Wir-Klage wurde durch die Aufnahme des exilischen Volksklageliedes 14,8-9 mit weiteren Klageelementen versehen (mit der Anrufung JHWHs in V. 8a, den klagenden Warum-Fragen in VV. 8b-9a und der Vertrauensäußerung in V. 9b). Der kurzen Prophetenklage wurde eine spätexilische Volksklage angehängt, um sie auf diese Weise mit klagenden Fragen (V. 19), Schuldbekenntnis (V. 20), Bitte (V. 21) und Vertrauensäußerung zu ergänzen. Eine spätere Hand fügte dem auf diese Weise entstandenen Klagelied die Antwort Gottes in 15,1 hinzu. Die mehrfach erweiterte Prophetenklage 15,10-21 könnte der redaktionellen Einheit 14,2-15,1.5-9 zuletzt angehängt worden sein und bildete, ohne V. 21 und mit נאם־יהוה als Schlußformel, ihren Schluß. Ein nachexilischer Bearbeiter fügte schließlich 15,2-4a als Ausarbeitung von Jer 15,1 ein.

Den Ansatzpunkt für die Entstehung von *Kap 18* stellte der Bericht Jeremias über seinen Besuch beim Töpfer VV. 2-4 dar, der von seinem Jüngerkreis durch das Deutewort VV. 5-6 ergänzt wurde. In Anleh-

nung an diesen Text schuf der deuteronomistische Redaktor VV. 11-
12. Von ihm könnte auch die Einleitung in V. 1 stammen[1]. Ein späterer
Bearbeiter ergänzte die Individualklage 18,19.20a.22b.23 durch die auf
die Auseinandersetzung Jeremias mit der führenden Schicht hinweisenden Elemente in VV. 18.20b.21-22a und verband sie durch die
Wendung חשׁב מחשׁבה mit der redaktionellen Einheit 18,2-6.11-12. Die
in der spätexilischen Zeit bearbeitete Gottesklage 18,13aβγ-15a(15b-
17) wurde zwischen den deuteronomistischen Text VV. 11-12 und die
erweiterte Individualklage VV. 18-23 eingefügt. Die Alternative VV.
7-10 könnte ihren heutigen Platz in der späten Exilszeit erhalten haben.
Diese Rekonstruktionsversuche haben deutlich gemacht, daß die Got-
tes- und die Prophetenklagen in unterschiedlicher Zeit und voneinander unabhängig in die Großabschnitte Jer 11 - 12, 14 - 15 und 18 aufgenommen worden sind. Ihr Nebeneinander geht auf die spätexilische
Einfügung des Klagekomplexes 11,18-12,6 in Kap 11f, auf die Anfü-
gung der mehrfach, zuletzt in der nachexilischen Zeit, erweiterten Prophetenklage 15,10-21 an den redaktionellen Text 14,2-15,1.5-9 und auf
den Einbau der in der spät- oder nachexilischen Zeit bearbeiteten Gottesklage 18,13aβ.γ-15a(15b-16.17) in Kap 18 zurück. Immerhin kann
dieser Tatbestand über die inhaltlichen Beziehungen zwischen der
Klage des Propheten und JHWHs nicht hinwegtäuschen. Sie zeigen
sich vor allem in den gemeinsamen Zügen des Propheten- und Gottes-
bildes: Der Prophet Jeremia und JHWH werden als Leidende und Ein-
same dargestellt. Ihr *Leiden* ist besonders schmerzhaft, da es durch die
Ihren zugefügt worden ist: Der ahnungslose Jeremia befindet sich in
Lebensgefahr, weil seine Vertrauten gegen ihn Mordpläne schmieden.
Gegen JHWH lehnt sich sein eigenes Volk (עמי) auf, an dem er hängt.
Seine innige Beziehung zum Volk wird durch die Bezeichnungen ידדות
נפשׁי ,כרמי חמדתי חלקת und בתולת ישׂראל zum Ausdruck gebracht. Ihre *Ein-*

---

[1] Die berichtende Wortereignisformel kommt in den in dieser Arbeit untersuchten
Großabschnitten des Jeremiabuches (Jer 11-12; 14-15 und 18) nur zweimal (in Jer
11,1 und 18,1) vor. Da die Mehrzahl der Belege sich außerhalb der hier untersuchten Kapitel, ja sogar außerhalb des ersten großen Teils des Jeremiabuches (Jer 1-
25) findet (in Jer 30,1; 32,1; 34,1.8; 35,1; 40,1 und 44,1; außerhalb der genannten
Stellen ist sie in Kap 1-25 noch in 7,1 und 21,1 belegt), können in dieser Untersuchung – wie schon am Anfang der Arbeit angemerkt (s.o. 6, Anm. 11) – keine
weitreichenden Schlußfolgerungen gezogen werden. Allerdings scheint diese Formel in Jer 11,1 die Funktion der Einleitung eines Unterabschnittes (und nicht jener
der Überschrift) zu haben (einige Texte sind nach ihr in den Großabschnitt Jer 11-
12 aufgenommen worden). Solche zwingenden Beweisgründe sind zwar in bezug
auf Jer 18,1 nicht vorhanden. Jedoch sprechen einige Beobachtungen dafür, daß
die berichtende Wortereignisformel in 18,1 eine ähnliche Funktion hat wie in Jer
11,1: Jer 18 enthält disparates, miteinander durch Stichwörter redaktionell – und
nicht inhaltlich – verbundenes Material. Bei den anderen angeführten Stellen dagegen leitet die erwähnte Formel meistens eine thematische Einheit ein. Aufgrund
dieser Beobachtungen ist in der Bestimmung der Funktion dieser Formel Vorsicht
geboten.

*samkeit* hat in der Abwendung des Volkes von JHWH und von seinem Wort ihre Ursache. Der von Gottes Zorn erfüllte Prophet wird wegen seiner Verkündigung aus der Gesellschaft ausgestoßen. JHWH selber kann nicht mehr zu seinem Volk, sondern nur noch *über* es reden, da sein Volk ihm seinen Rücken zugekehrt und sich ihm verschlossen hat. Eine Aussicht, aus dieser Einsamkeit herauszutreten, besteht weder für JHWH noch für Jeremia: JHWH kann sich nämlich außerhalb seines Volkes zu keinem anderen wenden, und der Prophet kann Gott nur auf diese Weise abbilden und das Gewissen des Volkes wach halten. So stehen Jeremia und JHWH in ihrem Leiden und in ihrer Einsamkeit nebeneinander. Die Gemeinsamkeiten zwischen dem Propheten- und dem Gottesbild hören an diesem Punkt auf. Das letztere enthält aber noch ein wesentliches Element: Der strafende JHWH ist von seinem Strafgericht mitbetroffen, indem er dessen Folgen trägt und auf diese Weise seine Schicksalsgemeinschaft mit seinem Volk zeigt. Der Glaube an diesen gerechten und zugleich solidarischen Gott gab dem gerichteten Volk Trost in der schwersten Not und begründete Hoffnung für die Zukunft.

# Literatur

Das alphabetisch geordnete Literaturverzeichnis enthält alle Titel, die in der vorliegenden Arbeit angeführt sind, sowie einen Teil der darüber hinaus benutzten Literatur. Die Abkürzungen für die Reihen und Zeitschriften richten sich nach S. SCHWERTNER, *Theologische Realenzyklopädie. Abkürzungsverzeichnis*, Berlin/New York 1976.

Weitere Abkürzungen:
BEATAJ     Beiträge zur Erforschung des Alten Testaments und des antiken Judentums
EÜ     Einheitsübersetzung, Katholische Bibelgesellschaft GmbH, Stuttgart 1980
ELB     Elberfelder Bibel, Wuppertal u.a. [4]1995
LB     Die Lutherbibel, Berlin u.a. 1986
POT     De Prediking van het Oude Testament
WBC     Word Biblical Commentary
ZB     Zürcher Bibel, Zürich [17]1980

*Ackroyd*, P., Art. יָד, ThWAT III, Stuttgart u.a. 1982, 425-455.
*Ahuis*, F., Der klagende Gerichtsprophet. Studien zur Klage in der Überlieferung von den alttestamentlichen Gerichtspropheten (CThM 12), Stuttgart 1982.
*Allen*, L. C., Ezekiel 1-19, WBC 28, Dallas 1994.
*Allen*, L. C., Ezekiel 20-48, WBC 29, Dallas 1990.

*Bak*, D. H., Klagender Gott – klagende Menschen. Studien zur Klage im Jeremiabuch, BZAW 193, Berlin/New York 1990.
*Bartelmus*, R., Art. שׁכם, ThWAT VII, Stuttgart u.a. 1993, 1327-1334.
*Baumann*, A., Art. אָבַל, ThWAT I, Stuttgart u.a. 1973, 46-50.
*Becking*, B.E.J.H., De ondergang van Samaria. Historische, exegetische en theologische opmerkingen bij II Koningen 17 (Dissertatie RU Utrecht), 1985.
*Beuken*, W.A.M. / *van Grol*, H.W.M., Jeremiah 14,1-15,9. A Situation of Distress and its Hermeneutics. Unity and Diversity of Form-Dramatic Development, in: P.-M. Bogaert, Le livre de Jérémie. Le prophète et son milieu les oracles et leur transmission, BEThL 54, Leuven [2]1997, 297-342.
Bible Works 4, The Premier Biblical Exegesis and Research Program, Big Fork, Montana 1999.
*Biblia Hebraica*, hg. von R. Kittel, Stuttgart [16]1973.
*Biblia Hebraica Stuttgartensia*, hg. von K. Elliger / W. Rudolph, Stuttgart [4]1990.
*Biblia Sacra Iuxta Vulgatam Versionem*, hg. von R. Weber, [2]1975.

*Boecker, H. J.,* Redeformen des Rechtslebens im Alten Testament, WMANT 14, Neukirchen-Vluyn [2]1970.

*Boecker, H. J.,* Klagelieder, ZBK AT 21, Zürich 1985.

*Brekelmans, C.,* Jeremiah 18,1-12 and its Redaction, in: P.-M. Bogaert, Le livre de Jérémie. Le prophète et son milieu les oracles et leur transmission, BEThL 54, Leuven [2]1997, 343-350.

*Bright, J.,* Jeremiah. Introduction, Translation, and Notes, AncB 21, Garden City, New York [2]1965.

*Bultmann, Ch.,* Der Fremde im antiken Juda. Eine Untersuchung zum sozialen Typenbegriff >ger< und seinem Bedeutungswandel in der alttestamentlichen Gesetzgebung, FRLANT 135, Göttingen 1992.

*Carroll, R. P.,* Jeremiah, OTL, London 1986.

*Conrad, J.,* Art. קשׁר, ThWAT VII, Stuttgart u.a. 1993, 211-216.

*Conrad, J.,* Art. נכה, ThWAT V, Stuttgart u.a. 1986, 445-454.

*Conrad, J.,* Art. שׁחת, ThWAT VII, Stuttgart u.a. 1993, 1233-1245.

*Craigie, P. C. / Kelley, P. H. / Drinkard, J. F., Jr.,* Jeremiah 1-25, WBC 26, Dallas 1991.

*Crüsemann, F.,* Studien zur Formgeschichte von Hymnus und Danklied in Israel, WMANT 32, Neukirchen-Vluyn 1969.

*Dentan, R.C.,* The literary affinities of Exodus XXXIV 6f, VT 13 (1963), 34-51.

*Dohmen, C.,* Art. רעע, ThWAT VII, Stuttgart u.a. 1993, 582-611.

*Dohmen, Ch.,* Art. כבשׁ, ThWAT IV, Stuttgart u.a. 1984, 46-54.

*Emmendörfert, M.,* Der ferne Gott. Israels Ringen um die Abwesenheit Jhwhs in tempelloser Zeit. Eine Untersuchung der alttestamentlichen Volksklagelieder auf dem Hintergrund der altorientalischen Literatur (Dissertation U. Hamburg), 1995.

*Engelken, K.,* Art. שׁרת, ThWAT VIII, Stuttgart u.a. 1995, 495-507.

*Erlandsson, S.,* Art. בָּגַד, ThWAT I, Stuttgart u.a. 1973, 507-511.

*Fabry, H.-J.,* Art. סוֹד, ThWAT V, Stuttgart u.a. 1986, 775-782.

*Frevel, C.,* Art. רָדַף, ThWAT VII, Stuttgart u.a. 1993, 362-372.

*Fuhs, H.-F.,* Art. שָׁאַל, ThWAT VII, Stuttgart u.a. 1993, 910-926.

*Fuhs, H.-F.,* Art. גָּעַל, ThWAT II, Stuttgart u.a. 1977, 47-50.

*García-López, F.,* Art. צוה, ThWAT VI, Stuttgart u.a. 1989, 936-959.

*Gerstenberger, E.S.,* Jeremiah's Complaints. Observations on Jer 15,10-21, JBL 82 (1963), 393-408.

*Gerstenberger, E.S.,* Art. עָנָה II, ThWAT VI, Stuttgart u.a. 1989, 247-270.

*Gesenius, W.,* Hebräisches und Aramäisches Handwörterbuch über das Alte Testament, Berlin u.a. [17]1962.

*Graupner, A.,* Auftrag und Geschick des Propheten Jeremia. Literarische Eigenart, Herkunft und Intention vordeuteronomistischer Prosa im Jeremiabuch, BThSt 15, Neukirchen-Vluyn 1989.

*Hausmann, J.,* Art. צָלַח, ThWAT VI, Stuttgart u.a. 1989, 898-924.

*Hermisson, H.-J.,* Jahwes und Jeremias Rechtsstreit. Zum Thema der Konfessionen Jeremias, in: M. Oeming / A. Graupner, (Hgg.), Altes Testament und christliche Verkündigung. FS A.H.J. Gunneweg, Stuttgart u.a. 1987, 309-343.

*Herrmann, S.,* Die prophetischen Heilserwartungen im Alten Testament. Ursprung und Gestaltwandel, BWANT 85, Stuttgart 1965.

*Herrmann, S.*, Jeremia, BK XII, Neukirchen-Vluyn Lfg. 1 1986, Lfg. 2 1990.

*Holladay, W. L.*, Jeremiah 1, Hermeneia, Philadelphia 1986.

*Holladay, W. L.*, Jeremiah 2, Hermeneia, Philadelphia 1989.

*Hubmann, F. D.*, Untersuchungen zu den Konfessionen Jer 11,18-12,6 und Jer 15,10-21, FzB 30, Würzburg 1978.

*Hubmann, F. D.*, Jer 18,18-23 im Zusammenhang der Konfessionen, in: P.-M. Bogaert (Hg.), Le livre de Jérémie. Le prophète et son milieu les oracles et leur transmission, BEThL 54, Leuven ²1997, 271-296.

*Ittmann, N.*, Die Konfessionen Jeremias. Ihre Bedeutung für die Verkündigung des Propheten, WMANT 54, Neukirchen-Vluyn 1981.

*Jenni, E.*, Das hebräische Pi'el. Syntaktisch-semasiologische Untersuchung einer Verbalform im Alten Testament, Zürich 1968.

*Jenni, E.*, Lehrbuch der hebräischen Sprache des Alten Testaments, Basel ²1981.

*Jeremias, J.*, Der Prophet Hosea, ATD 24/1, Göttingen 1983.

*Jeremias, J.*, Der Prophet Amos, ATD 24/2, Göttingen 1995.

*Jeremias, J.*, Die Reue Gottes. Aspekte alttestamentlicher Gottesvorstellung, BThSt 31, Neukirchen-Vluyn ²1997.

*Jeremias, J.*, Umkehrung von Heilstraditionen im Alten Testament, in: J. Hausmann, / H.-J. Zobel, (Hg.), Alttestamentlicher Glaube und Biblische Theologie. FS H. D. Preuß, Stuttgart u.a. 1992, 309-320.

*Johnson, B.*, Art. צָדַק, ThWAT VI, Stuttgart u.a. 1989, 898-924.

*Joüon, P. / Muraoka, T.*, A Grammar of Biblical Hebrew. Part One: Orthography and Phonetics. Part Two: Morphology, Subsidia Biblica 14/1, Roma 1991.

*Joüon, P. / Muraoka, T.*, A Grammar of Biblical Hebrew. Part Three: Syntax. Paradigms and Indices, Subsidia Biblica 14/2, Roma 1991.

*Kaiser, O.*, Art. חֶרֶב, ThWAT III, Stuttgart u.a. 1982, 164-176.

*Kaiser, O.*, Der Prophet Jesaja. Kapitel 1-12 (ATD 17), Göttingen ⁵1981.

*Kaiser, O.*, Der Prophet Jesaja. Kapitel 13-39 (ATD 18), Göttingen ³1983.

*Kaiser, O.*, Einleitung in das Alte Testament. Eine Einführung in ihre Ergebnisse und Probleme, Gütersloh ⁵1984.

*Kedar-Kopfstein, B.*, Art. תָּמַם, ThWAT VIII, Stuttgart u.a. 1995, 688-701.

*Kelley, P.H.*, s. Craigie, P.C.

*Keown, G.L. / Scalise, P.J. / Smothers, Th. G.*, Jeremiah 26-52 (WBC 27), Dallas 1995.

*Kilpp, N.*, Niederreißen und aufbauen. Das Verhältnis von Heilsverheißungen und Unheilsverheißungen bei Jeremia und im Jeremiabuch, BThSt 13, Neukirchen-Vluyn 1990.

*Klopfenstein, M.A.*, Art. בגד, THAT I, München/Zürich ⁴1984, 261-264.

*Knapp, D.*, Deuteronomium 4. Literarische Analyse und theologische Interpretation, GTA 35, Göttingen 1987.

*Koch, K.*, Was ist Formgeschichte? Neue Wege der Bibelexegese, Berlin ²1968.

*Koehler, L. / Baumgartner, W.*, Lexikon in Veteris Testamenti libros, Leiden 1958.

*Kraus, H. J.*, Psalmen I (BK XV/1), Neukirchen ³1966.

*Kraus, H. J.*, Psalmen II (BK XV/2), Neukirchen 1960.

*Kraus, H. J.*, Theologie der Psalmen (BK XV/3), Neukirchen-Vluyn 1979.

*Kraus, H. J.*, Klagelieder (Threni) (BK XX), Neukirchen ²1960.

*Kronholm, T.*, Art. נָתַק, ThWAT V, Stuttgart u.a. 1986, 719-723.

*Leeuwen, C. van*, Amos (POT), Nijkerk 1985.

220                                                                    *Literatur*

*Levin, Ch.,* Die Verheißung des neuen Bundes in ihrem theologiegeschichtlichen Zusammenhang ausgelegt, FRLANT 137, Göttingen 1985.
*Liedke, G.,* Gestalt und Bezeichnung alttestamentlicher Rechtssätze. Eine formgeschichtlich-terminologische Studie, WMANT 39, Neukirchen-Vluyn 1971.
*Lipiński, E.,* Art. נָקַם, ThWAT V, Stuttgart u.a. 1986, 602-612.
*Long, B.O.,* Two question and answer Schemata in the prophets, JBL 90 (1971), 134-139.
*Lundbom, J.,* Art. נָטַשׁ, ThWAT V, Stuttgart u.a. 1986, 436-442.
*Lundbom, J.,* Jeremiah 1 – 20: A New Translation with Introduction and Commentary, AncB 21 A, New York 1999.

*Maiberger, P.,* Art. פָּנַע, ThWAT VI, Stuttgart u.a. 1989, 501-508.
*Marböck, J.,* Art. נָבֵל, ThWAT V, Stuttgart u.a. 1986, 171-185.
*Mckane, W.,* Jeremiah, Vol. I: Introduction and Commentary on Jeremiah I-XXV (ICC), Edinburgh 1986.
*Mckane, W.,* Jeremiah. Volume II: Commentary on Jeremiah XXVI-LII (ICC), Edinburgh 1996.
*Mettinger, T.N.D.,* In Search of God. The Meaning and Message of the Everlasting Names, Philadelphia 1988.

*Neumann, P.K.D.,* Das Wort, das geschehen ist.......... Zum Problem der Wortempfangsterminologie in Jer I – XXV, VT 23 (1973), 171-218.
*Noth, M.,* Das 2. Buch Mose. Exodus (ATD 5), Göttingen [8]1988.

*O'connor, K.M.,* The Confessions of Jeremiah. Their interpretation and their role in chapters 1-25, Princeton 1984.
*Oghushi, M.,* Der Tadel im Alten Testament. Eine formgeschichtliche Untersuchung, EHS.T 115, Frankfurt am Main u.a. 1979.
*Otto, E.,* Art. שָׁעַר, ThWAT VIII, Stuttgart u.a. 1995, 358-403.
*Otzen, B.,* Art. אָבַד, ThWAT I, Stuttgart u.a. 1973, 20-24.

*Pohlmann, K.-F.,* Studien zum Jeremiabuch. Ein Beitrag zur Frage nach der Entstehung des Jeremiabuches (FRLANT 118), Göttingen 1978.
*Pohlmann, K.-F.,* Die Ferne Gottes. Studien zum Jeremiabuch. Beiträge zu den „Konfessionen" im Jeremiabuch und ein Versuch zur Frage nach den Anfängen der Jeremiatradition (BZAW 179), Berlin/New York 1989.
*Preuß, H.D.,* Art. צוּם, ThWAT VI, Stuttgart u.a. 1989, 959-963.
*Preuß, H.D.,* Theologie des Alten Testaments. Band 1. JHWHs erwählendes und verpflichtendes Handeln, Stuttgart u.a. 1991.
*Preuß, H.D.,* Theologie des Alten Testaments. Band 2. Israels Weg mit JHWH, Stuttgart u.a. 1992.

*Rad, G. von,* Das 1. Buch Mose. Genesis (ATD 2-4), Göttingen [12]1987.
*Rad, G. von,* Das 5. Buch Mose. Deuteronomium (ATD 8), Göttingen [4]1983.
*Rad, G. von,* Theologie des Alten Testaments. Band I: Die Theologie der geschichtlichen Überlieferungen Israels, München [8]1982.
*Rad, G. von,* Theologie des Alten Testaments. Band II: Die Theologie der prophetischen Überlieferungen Israels, München [8]1984.
*Ratschow, C.H.,* Werden und Wirken. Eine Untersuchung des Wortes hajah als Beitrag zur Wirklichkeitserfahrung des Ats, BZAW 70, Berlin/New York 1941.
*Rattray, F. / Milgrom, J.,* קֶרֶב, ThWAT VII, Stuttgart u.a. 1993, 161-165.

*Reiterer, F.V.*, Art. שׁוֹא, ThWAT VII, Stuttgart u.a. 1993, 1104-1117.
*Reiterer, F.V. / Fabry, H.-J.*, Art. שׁם, ThWAT VIII, Stuttgart u.a. 1995.
*Rendtorff, R.*, Zum Gebrauch der Formel nᵉ um jahwe im Jeremiabuch, in: Ders., Gesammelte Studien zum Alten Testament, TB 57, München 1975, 256-266.
*Reventlow, H. G.*, Gebet im Alten Testament, Stuttgart u.a. 1986.
*Reventlow, H. G.*, Liturgie und prophetisches Ich bei Jeremia, Gütersloh 1963.
*Ridderbos, N. H.*, Psalmstudien, Kampen 1991.
*Ringgren, H.*, Art. נוד, ThWAT V, Stuttgart u.a. 1986, 291-293.
*Ringgren, H..*, Art. לְאָה, ThWAT IV, Stuttgart u.a. 1984, 409-411.
*Ringgren, H..*, Art. נָטָה, ThWAT V, Stuttgart u.a. 1986, 409-415.
*Römer, T.*, Israels Väter. Untersuchungen zur Väterthematik im Deuteronomium und in der deuteronomistischen Tradition, OBO 99, Freiburg/Göttingen 1990.
*Rudolph, W.*, Jeremia (HAT I, 12), Tübingen ²1958.
*Ruppert, L.*, Art. כָּסַם, ThWAT VII, Stuttgart u.a. 1993, 78-84.
*Ruppert, L.*, Art. נָאַץ, ThWAT V, Stuttgart u.a. 1986, 130-137.

*Scharbert, J.*, Art. אָרַר, ThWAT I, Stuttgart u.a. 1973, 438-451.
*Schmidt, L.*, Pentateuch, in: Boecker, H.J. (u.a.), Altes Testament, Neukirchen-Vluyn, ⁵1996, 88-109.
*Schmid, K.*, Buchgestalten des Jeremiabuches. Untersuchungen zur Redaktions- und Rezeptionsgeschichte von Jer 30-33 im Kontext des Buches. WMANT 72, Neukirchen-Vluyn 1996.
*Schmidt, W.H.*, „Kann ich nicht mit euch verfahren wie dieser Töpfer?" Disputationsworte im Jeremiabuch, in: Nachdenken über Israel, Bibel und Theologie, FS Klaus-Dietrich Schunck, BEATAJ 37, Frankfurt am Main u.a. 1994, 149-161.
*Schmidt, W.H.*, Einführung in das Alte Testament, Berlin/New York ³1985.
*Schmoldt, H.*, Art. קָדַר, ThWAT VI, Stuttgart u.a. 1989, 1176-1178.
*Schneider, W.*, Grammatik des biblischen Hebräisch. Ein Lehrbuch, München ⁷1989.
*Schottroff, W.*, Art. חשׁב, THAT I, München/Zürich 1984, 641-646.
*Schreiner, J.*, Jeremia 1 – 25,14, NEB.AT 3, Würzburg ²1985.
*Schreiner, J.*, Jeremia II 25,15 – 52,34, NEB.AT 9, Würzburg 1984.
*Seebass, H.*, Art. נֶפֶשׁ, ThWAT V, Stuttgart u.a. 1986, 531-555.
*Seebass, H. / Beyerle, S. / Grünwaldt K.*, Art. שָׁקַר, ThWAT VIII, Stuttgart u.a. 1995, 466-472.
*Seidl, Th.*, Jeremias Tempelrede: Polemik gegen die josianische Reform? Die Paralleltraditionen Jer 7 und 26 und ihre Effizienz für das Deuteronomismusproblem in Jeremia befragt, in: W. Groß, (Hg.), Jeremia und die „deuteronomistische Bewegung", BBB 98, Weinheim 1995, 141-180.
*Selms, A.van*, Jeremia deel I, POT, Nijkerk ³1989.
*Selms, A.van*, Jeremia deel II, POT, Nijkerk, ²1984.
*Selms, A.van*, Jeremia deel III en Klaagliederen, POT, Nijkerk ²1984.
*Septuaginta*. Id est Vetus Testamentum graece iuxta LXX interpretes, ed. A. Rahlfs, Stuttgart 1979.
*Seybold, K.*, Der „Löwe" von Jeremia XII 8. Bemerkungen zu einem prophetischen Gedicht, VT 36 (1986), 93-104.
*Seybold, K.*, Der Prophet Jeremia, UB 416, Stuttgart u.a. 1993.
*Simian-Yofre, H.*, Art. פָּנִים, ThWAT VI, Stuttgart u.a. 1989, 629-659.
*Smend, R.*, Die Entstehung des Alten Testaments, ThW 1, Stuttgart u.a. ⁴1989.

*Smith, M.S.,* The Laments of Jeremiah and Their Contexts. A Literary and Redactional Study of Jeremiah 11-20, SBL.MS 42, Atlanta 1990.

*Smith, R.L.,* Micah-Maleachi (WBC 32), Waco 1984.

*Snaith, N.H.,* The meaning of the Hebrew אַךְ, VT 14 (1964), 221-225.

*Snijders, L.A.,* Art. סוּר, ThWAT V., Stuttgart u.a. 1986, 803-810.

*Soderlund, S.,* The Greek Text of Jeremiah. A Revised Hypothesis, JSOT.S 47, Sheffield 1985.

*Soggin, J.A.,* Introduction to the Old Testament. From its origins to the closing of the Alexandrian canon, London ³1993.

*Spieckermann, H.,* Heilsgegenwart. Eine Theologie der Psalmen, FRLANT 148, Göttingen 1989.

*Stahl, R.,* "Deshalb trocknet die Erde aus und verschmachten alle, die auf ihr wohnen...". Der Versuch einer theologiegeschichtlichen Einordnung von Hos 4,3 in: J. Hausmann / H.-J. Zobel, (Hg.), Alttestamentlicher Glaube und Biblische Theologie. FS H. D. Preuß, Stuttgart u.a. 1992, 166-173.

*Steck, O.H.,* Der Abschluß der Prophetie im Alten Testament. Ein Versuch zur Frage der Vorgeschichte des Kanons, BThSt 17, Neukirchen-Vluyn 1991.

*Stuart, D.,* Hosea-Jonah (WBC 31), Waco 1987.


*Thiel, W.,* Die deuteronomistische Redaktion von Jeremia 1-25, WMANT 41, Neukirchen-Vluyn 1973.

*Thiel, W.,* Die deuteronomistische Redaktion von Jeremia 26-45, WMANT 52, Neukirchen-Vluyn 1981.

*Thiel, W.,* HĒFĒR BᴱRĪT. Zum Bundbrechen im Alten Testament, VT 20 (1970), 214-229.

*Tov, E.,* Textual Criticism of the Hebrew Bible, Assen 1992.

*Tsevat M.,* Art. חָמֵל, ThWAT II, Stuttgart u.a. 1977, 1042-1045.

*Tsevat, M.,* Art. בְּתוּלָה, ThWAT I, Stuttgart u.a. 1973, 874-877.


*Vanoni, G.,* Art. עָלַז, ThWAT VI, Stuttgart u.a. 1989, 126-131.

*Vieweger, D.,* Die Spezifik der Berufungsberichte Jeremias und Ezechiels im Umfeld ähnlicher Einheiten des Alten Testaments, BEATAJ 6, Frankfurt a.M. 1986.

*Vieweger, D.,* Die literarischen Beziehungen zwischen den Büchern Jeremia und Ezechiel, BEATAJ 26, Frankfurt a.M. 1993.


*Wagenaar, J.A.,* Oordeel en Heil. Een onderzoek naar de samenhang tussen de heils- en onheilsprophetieën in Micha 2-5 (Dissertation RU Utrecht), 1995.

*Wagner, S.,* Art. מָאֵס, ThWAT IV, Stuttgart u.a. 1984, 618-633.

*Wallis, G.,* Art. חָמַד, ThWAT II, Stuttgart u.a. 1977, 1020-1032.

*Wallis, G.,* Art. שָׂדֶה, ThWAT VII, Stuttgart u.a. 1993, 709-718.

*Wanke, G.,* Jeremia 1,1-25,14, ZBKAT 20.1, Zürich 1995.

*Waltke, B.K. / O'connor, M.,* An Introduction to the Biblical Hebrew Syntax, Winona Lake, Indiana 1990.

*Weippert, H.,* Die Prosareden des Jeremiabuches, BZAW 190, Berlin/New York 1973.

*Weippert, H.,* Schöpfer des Himmels und der Erde. Ein Beitrag zur Theologie des Jeremiabuches, SBS 102, Stuttgart 1981.

*Weippert, H.,* Dreschen und Worfeln, BRL, Tübingen ²1977, 63-64.

*Weiser, A.,* Das Buch Jeremia. Kapitel 1-25,14, ATD 20, Göttingen ⁸1981.

*Weiser, A.,* Das Buch Jeremia. Kapitel 25,15-52,34, ATD 21, Göttingen ⁷1982.

*Weiser, A.,* Die Psalmen I. Psalm 1-60, ATD 14, Göttingen ⁹1979.

*Weiser, A.,* Die Psalmen II. Psalm 61-150, ATD 15, Göttingen [10]1987.

*Wendel, U.,* Jesaja und Jeremia. Worte, Motive und Einsichten in der Verkündigung Jeremias, BThSt 25, Neukirchen-Vluyn 1995.

*Westermann, C.,* Die Klagelieder. Forschungsgeschichte und Auslegung, Neukirchen-Vluyn 1990.

*Westermann, C.,* Grundformen prophetischer Rede, BEvTh 31, München [4]1971.

*Westermann, C.,* Lob und Klage in den Psalmen, Göttingen 1983.

*Westermann, C.,* Das Buch Jesaja. Kapitel 40-66, ATD 19, Göttingen [5]1986.

*Westermann, C.,* Theologie des Alten Testaments in Grundzügen, GAT 6, Göttingen 1978.

*Wiklander, B.,* Art. זעם, ThWAT II, Stuttgart 1977, 621-626.

*Wildberger, H.,* Jesaja I (BK X/1), Neukirchen-Vluyn 1972.

*Wilhelmi, G.,* Weg mit den vielen Altären! (Jeremia XI 15), VT 25 (1975), 119-121.

*Willi-Plein, I.,* Opfer und Kult im alttestamentlichen Israel. Textbefragungen und Zwischenergebnisse, SBS 153, Stuttgart 1993.

*Wolff, H.W.,* Dodekapropheton 2. Joel und Amos, BK XIV/2, Neukirchen-Vluyn [3]1985.

*Wolff, H.W.,* Dodekapropheton 4. Micha, BK XIV/4, Neukirchen-Vluyn 1982.

*Zenger, E.* (Hg.), Einleitung in das Alte Testament, KStTh 1,1, Stuttgart [2]1996.

*Zimmerli, W.,* Ezechiel 1-24, BK XIII/1, Neukirchen-Vluyn 1969.

*Zimmerli, W.,* Ezechiel 25-48, BK XIII/2, Neukirchen-Vluyn 1969.

*Zobel, H.-J.,* Art. יהוה, ThWAT II, Stuttgart u.a. 1977, 382-388.

*Zobel, K.,* Prophetie und Deuteronomium. Die Rezeption prophetischer Theologie durch das Deuteronomium, BZAW 199, Berlin/New York. 1992.

*Zwickel, W.,* Zur Frühgeschichte des Brandopfers in Israel, in: Zwickel, W. (Hg.), Biblische Welten. FS M. Metzger, Freiburg u.a. 1993, 231-248.

# Bibelstellenregister (Auswahl)